Dominik Schenker

Organisierte Freiheit

T V Z

Dominik Schenker

Organisierte Freiheit

Jugendarbeit der katholischen Kirche in der Deutschschweiz

Ein Handbuch

EDITION NZN
BEI TVZ
Theologischer Verlag Zürich

Das Buch wurde ermöglicht durch die Deutschschweizer Fachstelle für kirchliche Jugendarbeit, den SKVV Förderverein, die juse-so Solothurn, den Verein Publikationen des RPI und die Projektadministration FO/RKZ.

Der Theologische Verlag Zürich wird vom Bundesamt für Kultur mit einem Strukturbeitrag für die Jahre 2016–2018 unterstützt.

Bibliografische Information der Deutschen Nationalbibliothek
Die Deutsche Bibliothek verzeichnet diese Publikation in der Deutschen Nationalbibliografie; detaillierte bibliografische Daten sind im Internet über http://dnb.d-nb.de abrufbar.

Umschlaggestaltung: Simone Ackermann, Zürich
Druck: ROSCH-BUCH Druckerei GmbH, Scheßlitz

ISBN: 978-3-290-20116-6

Inhalt

Folgenden Personen möchte ich herzlich für die Unterstützung bei der Erstellung dieses Buches danken:
Marie-Theres Beeler, Ursula Bendler, Walter Blum, Dorothee Foitzik, Rolf Steiner, Helena Jeppesen, Thomas Kyburz-Boutellier, Beat Niederberger, Hans Niggeli, Eugen Trost, Ina Serif, Alfred Steiner, Heinz Wettstein, Peter Zängl.

1 Was ist kirchliche Jugendarbeit, und wie nützt dabei dieses Buch?

Die kirchliche Jugendarbeit ist Teil der Jugendpastoral und der Kinder- und Jugendförderung: Durch die doppelte Zugehörigkeit orientiert sich die kirchliche Jugendarbeit in der Theorie und der Praxis an beiden Fachrichtungen. In der konkreten Praxis unterscheidet sich die Offene Jugendarbeit in kirchlicher Trägerschaft wenig von jener mit anderen Trägerschaftsformen, genauso wie sich konfessionsneutrale und konfessionelle Jugendverbände sehr ähnlich sind: Die relevanten Unterschiede liegen in einer zusätzlichen theologischen Begründungsebene und in den Strukturen.

Die kirchliche Jugendarbeit ist auf die Soziale Arbeit (resp. die Soziokulturelle Animation als Teil der Sozialen Arbeit) als Referenzwissenschaft für die Offene Jugendarbeit angewiesen. Umgekehrt sehen in der Schweiz die FachvertreterInnen der Sozialen Arbeit aktuell kaum Bedarf an theologischer Reflexion, etwa in der Ausbildung. Für eine Tätigkeit in der kirchlichen Jugendarbeit sollte ein/e JugendarbeiterIn jedoch die wichtigsten jugendpastoralen Ansätze kennen und diese diskursiv vertreten können. Neben dieser fachlichen Auseinandersetzung mit den Grundlagen ist es notwendig, dass die Jugendarbeitenden ihre eigenen religiösen Vorstellungen kritisch reflektieren. Dies ist eine Voraussetzung, um Jugendlichen bei Sinnfragen als kompetente GesprächspartnerInnen zur Verfügung stehen zu können. Denn die kirchliche Jugendarbeit gehört zu den wenigen Orten, an denen Durchschnittsjugendliche von sich aus über Sinnfragen, Gott und Glaubensvorstellungen sprechen.

Das Ziel dieses Buches ist es, einen aktuellen Überblick über die Jugendarbeit der katholischen Kirche in der Deutschschweiz, ihre Geschichte und die gegenwärtigen Herausforderungen zu geben.

Kirchliche Jugendarbeit ist einerseits die professionelle Arbeit in den Pfarreien für Heranwachsende und mit ihnen anhand von Methoden der Sozialen Arbeit/Soziokulturellen Animation mit einer zusätzlichen Begründungs- und Reflexionsebene und anderseits die kirchliche Jugendverbandsarbeit: In den ersten drei inhaltlichen Kapiteln (2 bis 4) steht die Zielgruppe im Zentrum: Eine Annäherung an die Lebensphase Jugend findet statt, die Entstrukturierung dieser Phase durch den gesellschaftlichen Wandel und die aktuelle Situation von Kindern, Jugendlichen und jungen Erwachsenen in der Deutschschweiz werden hier beleuchtet. Das fünfte Kapitel widmet sich der Begriffsklärung und Systematisierung im Rahmen der kirchlichen Jugendarbeit. Die religiöse Entwicklungslogik als ein Schlüssel zum Verständnis der facettenreichen Phänomene rund um die Religiosität von Jugendlichen ist Inhalt von Kapitel 6. Kapitel 7 will jene historischen Informationen liefern, die zum Verständnis der heutigen Ausprägung der kirchlichen Jugendarbeit in der deutschsprachigen Schweiz notwendig sind. Die drei wichtigsten Strömungen in der Kinder- und Jugendarbeit innerhalb der Sozialen Arbeit, die Soziokulturelle Animation, die subjektorientierte Jugendarbeit und die lebensweltliche resp. sozialräumliche Jugendarbeit, werden in Kapitel 8 ausführlich dargestellt. In den Kapiteln 9 und 10 werden die theologischen Theorien und Ansätze einer diakonischen Jugendarbeit referiert und miteinander in Beziehung gesetzt: Mystagogie, Diakonie aus der Verantwortung und Respekt der selbstgewählten Differenz. Diese Ansätze bilden die Analyse-, Planungs- und Reflexionsgrundlage für die Praxis der kirchlichen Jugendarbeit der katholischen Kirche in der Deutschschweiz. Die beiden abschliessenden Kapitel 11 und 12 behandeln aktuelle Herausforderungen für die (kirchliche) Jugendarbeit in der Deutschschweiz und die Suche nach zukunftsfähigen Jugendarbeitsformen.

2 Was ist Jugend? Eine Annäherung aus vier Blickwinkeln

Die Frage was Jugend ist, lässt sich nicht einfach beantworten. Das Erste der folgenden vier kurzen Essays beschreibt, wie sich die Jugend nach 1900 als eigenständige Lebensphase zwischen Kindheit und Erwachsenenalter in der westlichen Welt durchsetzte. Es waren und sind die Erwachsenen, die bestimmen, was Jugend ist und was die Heranwachsenden dürfen – dies ist der Fokus des zweiten Essays. In ihrer Grundanlage wird die Jugend als Ausbildungs- und Reifungsphase verstanden: Im dritten Kurzessay stehen die Entwicklungsaufgaben im Zentrum, mit denen sich die Heranwachsenden konfrontiert sehen.

Obwohl die Jugend als soziale Kategorie eine Schöpfung der Erwachsenen ist und sie noch immer über die Definitions- und Kontrollmacht verfügen, dient die nachwachsende Generation den Erwachsenen oft als Projektionsfläche eigener Ängste und Hoffnungen: Die Sichtweisen auf die Jugend, die sich aus diesen Projektionen ergeben, sind Inhalt des abschliessenden Essays.

2.1 Die Erfindung der modernen Jugend

Die Jugend als individuelle Lern- und Entwicklungsphase gab bzw. gibt es nicht in allen Kulturen und zu allen Zeiten. Der moderne Begriff der Jugend ist ideengeschichtlich rund 250 Jahre alt, setzte sich aber erst vor etwas mehr als hundert Jahren breit durch.

Als Erfinder der Idee der modernen Jugend gilt Jean-Jacques Rousseau (1712–1778), der in seinem Roman «Emil oder über die Erziehung» 1762 die Entwicklung eines jungen Mannes – und später in einem zweiten Roman die Entwicklung einer jungen Frau – beschrieb. John R. Gillis (1980) zeigt in seiner Geschichte der Jugend, dass sich jedoch erst nach 1870 die moderne Vorstellung von Jugend als eigenständiger Altersphase zu verbreiten begann.

Es wäre falsch anzunehmen, die 12- bis 25-Jährigen hätten vor dem Jahr 1900 kein von der Kinder- und Erwachsenenwelt getrenntes soziales Leben gehabt. Die Zeugnisse über Rituale und spezifische Feste sowie

Bünde, Bruderschaften und andere Zusammenschlüsse sind vielfältig. Im Unterschied zum 20. Jahrhundert hatten aber weder die beteiligten 12- bis 25-Jährigen noch die Erwachsenengesellschaft das Bewusstsein, dass es sich bei der Jugend um eine eigenständige Altersgruppe handeln könnte: Als Zugehörigkeitsmerkmal galten das Unverheiratetsein und die wirtschaftliche Abhängigkeit. Erst mit der relativ späten Heirat – Männer heirateten mit 27 oder 28, Frauen zwei bis drei Jahre früher – galt man als erwachsen und wurde als Vollmitglied der Gesellschaft betrachtet (vgl. Criblez 2013).

Aus wirtschaftlicher Notwendigkeit heraus wurden die Kinder ärmerer Schichten in landwirtschaftlich geprägten Gesellschaften noch im 19. Jahrhundert so früh wie möglich in den Arbeitsprozess einbezogen (vgl. Gillis 1980, S. 29–32). Mit den politischen, sozialen und technischen Veränderungen der Zeit von 1770 bis 1870, u. a. mit den neuen Wirtschaftsformen der Heimarbeit (z. B. Heimweber im Zürcher Oberland) und später der Fabrikarbeit, veränderten sich auch die Generationenverhältnisse.

Bereits gegen Ende des 18. Jahrhunderts wurde es immer seltener, dass Lehrlinge im Haushalt des Meisters wohnten (vgl. Gillis 1980, S. 60). Anstelle von Kost und Logis erhielten sie eine kleine Entschädigung und mussten die Unterbringung selbst organisieren. Einerseits verminderte dies die Kontrolle der Lehrmeister über die Lehrlinge, andererseits lebten viele der Lehrlinge unter miserablen Bedingungen. Als Folge daraus entstanden im 19. Jahrhundert kirchliche Lehrlingsorganisationen, die einerseits die Lebensbedingungen der Lehrlinge verbessern und andererseits die Kontrolle über sie verstärken sollten. Die Lehrlinge sollte vor jenen Dingen geschützt werden, die die kirchlichen Verantwortlichen als besondere Gefahren für unbetreute Lehrlinge betrachteten: Alkoholismus, sexuelle Aktivität, Nichtbesuchen von Gottesdiensten und Glaubensverlust (Jung 1988, S. 27–34).

Mit der einsetzenden Industrialisierung arbeiteten Kinder und Jugendliche unter prekären Bedingungen an sechs Tagen in der Woche und bis zu 16 Stunden täglich – was massive Auswirkungen auf die Entwicklung und die Gesundheit der Heranwachsenden hatte. Erst das eidgenössische Fabrikgesetz von 1877 verbot die Fabrikarbeit von unter 14-Jährigen. Diese Gesetzgebung war auch Ausdruck eines Bewusstseinswandels: Kinder und Jugendliche sollten besonders geschützt und gefördert werden. So entstand ein gewisser Schonraum für Heranwachsende. Zusätzlich stieg die Bedeutung der Schule, da mit der Zunahme der Komplexität der Wirtschaft auch die Bedeutung einer guten Schulbildung wuchs.

Nach 1875 wurden auch Kinder von weniger Wohlhabenden kontinuierlich aus dem Arbeitsprozess herausgenommen, und so setzte sich 150 Jahre nach Rousseaus Entwicklungsromanen um 1900 fast gleichzeitig in allen westlichen Ländern die Vorstellung von Jugend als eigenständige Lebensphase durch (vgl. Gillis 1980, S. 141f.).

Dieser Prozess wurde wesentlich durch die neu entstandenen sozialwissenschaftlichen Jugendtheorien beeinflusst: Mit dem Werk «Adolescence» prägte der amerikanische Psychologe G. Stanley Hall «endgültig den Begriff für die Übergangszeit zwischen Kindheit und Erwachsenendasein» (Savage 2008, S. 83) und schlug vor, die Adoleszenz als eigenständige Lebensphase zu betrachten.

Die frühen Jugendtheorien beschreiben die Jugendzeit als eine Zeit der Labilität, Gefährdung und Verletzlichkeit. Dies löste bis zum Beginn des Ersten Weltkrieges eine Welle von Jugendschutzbestrebungen aus: Spezielle «Jugendgefängnisse und Jugendgerichte, besondere Arbeitsvermittlungen und Wohlfahrtseinrichtungen für Jugendliche waren Teil der gesellschaftlichen Anerkennung des einmaligen Status jener, die nicht mehr Kind und noch nicht ganz erwachsen waren» (Gillis 1980, S. 141).

Zusammenfassend lassen sich drei Faktoren (vgl. auch Gabriel 1989, S. 30) benennen, die dazu führten, dass die Jugend als eigenständige Lebensphase betrachtet wurde:

1. Der steigende Wohlstand erlaubte es, dass auch Kinder ärmerer Familien nicht mehr notwendigerweise mit Arbeit zur Existenzgrundlage beitragen mussten.
2. Die negativen Folgen der Kinderarbeit in den ersten Fabriken lenkten die Aufmerksamkeit auf junge FabrikarbeiterInnen und ihre Lebensbedingungen, was zu einem Verbot der Kinderarbeit führte. Die Heranwachsenden wurden als eine *spezielle Gruppe* betrachtet, die vor der Ausbeutung durch die Erwachsenengesellschaft geschützt werden musste.
3. Die steigenden Anforderungen in der Berufswelt machten eine vertiefte und damit verlängerte Schulbildung notwendig.

Zum Phänomen Jugend gesellte sich das Phänomen Freizeit: Die Mehrheit der Schülerinnen und Schüler war nach 1900 – mit Ausnahme z. B. der Landwirtschaft und Heimarbeit/Verdingung (vgl. Criblez 2013) – nach Schulschluss nicht mehr selbstverständlich in die Erwerbsarbeit eingebunden. Damit waren Voraussetzungen für das Entstehen von (Freizeit-)Organisationen geschaffen, die sich ausschliesslich an Jugendliche richteten – die bekanntesten waren die deutsche Wandervogelbewegung und die Boy Scouts von Baden-Powell (Gillis 1980, S. 141). Unmittelbar mit der Schaffung der sozialen Realität «Jugend» folgten die ersten «Jugend(arbeits)angebote».

2.2 Was die Jugend ist und darf, bestimmt die Erwachsenengesellschaft

Mit der Definition dessen, was die Jugend ist, bestimmt die Erwachsenengesellschaft die sozialen Orte und Handlungsspielräume der Jugendlichen. Selbstverständlich reagieren die Jugendlichen auf diese Definitionen, Vorstellungen und Normen der Erwachsenengesellschaft, haben eigene Bilder und Vorstellungen. Sie bestimmen so durch ihr Verhalten das soziale Phänomen Jugend mit – trotzdem liegt die Definitionsmacht primär bei der Erwachsenengesellschaft (vgl. für das Folgende: Schäfers/Scherr 2005).

Heute ist es nicht mehr möglich, klare Altersgrenzen für die Lebensphase Jugend zu ziehen. Die Jugend wurde zu Beginn der Jugendforschung nicht als fixe Alterspanne definiert, sondern individuell durch die beiden Fixpunkte Geschlechtsreife (erste Menstruation, erster Samenerguss) und Eintritt ins Erwerbsleben.

Die untere Altersgrenze als Beginn der Geschlechtsreife zu definieren, ist heute kaum mehr sinnvoll. Auch wenn Geschlechtsreife und eine massive Zunahme der kognitiven Fähigkeiten noch heute mit dem Beginn der sozialen Lebensphase Jugend zusammenfallen: Wichtiger für die Definition der Jugendphase ist es, wie die Gesellschaft auf die Geschlechts- und Urteilsreife reagiert (vgl. Schäfers/Scherr 2005, S. 20) und welche gesellschaftlichen Normen und Vorstellungen daraus entstehen. Mit anderen Worten: Der Beginn der Jugendphase ist eine soziale Setzung, sie beginnt dann, wenn die Gesellschaft die Heranwachsenden nicht mehr als Kinder oder Kids, sondern als Jugendliche betrachtet – und ihnen jene Möglichkeiten zur Verfügung stellt, die sie an die Jugendlichen adressiert. Mit verlängerten Ausbildungszeiten und individualisierten Biografien kann der Eintritt ins Berufsleben nicht mehr als Schlusspunkt der Jugendphase betrachtet werden.

Die Schweizer Rechtsordnung kennt eine Vielfalt von Altersgrenzen. Für die Jugendlichen sind, neben dem Mündigkeitsalter (18 Jahre), die Erlaubnis Alkohol zu trinken (16 Jahre) oder Autofahren zu lernen (18 Jahre) kollektiv bedeutsam.

Die Absicht hinter den meisten Altersgrenzen ist der Wunsch, Kinder und Jugendliche zu schützen oder ihren Entwicklungsstand zu berücksichtigen. Etwa im Straf-, Arbeits- und Sexualstrafrecht: Im Strafrecht gilt zwischen 10 und 18 Jahren ein spezielles Kinder- und Jugendstrafrecht. Das Arbeitsrecht schreibt vor, dass Jugendliche unter 15 Jahren keiner bezahlten Arbeit nachgehen dürfen. Gefährliche oder gesundheitsschädigende Arbeiten sind allen unter 18-Jährigen untersagt. Das Schutzalter für sexuelle Handlungen liegt in der Schweiz bei 16 Jahren. Jedoch dürfen unter 16-Jährige sexuell aktiv sein, wenn der Altersunterschied zu ihren SexualparterInnen weniger als drei Jahre beträgt.

Neben der gesellschaftlichen Setzung dürfen die Auswirkungen der konjunkturellen Schwankungen auf die Möglichkeiten und das Selbsterleben der Jugendlichen keinesfalls unterschätzt werden: Welche wirtschaftlichen Zukunftsaussichten hat die nachwachsende Generation? Wie leicht ist es, einen Ausbildungsplatz oder später eine erste Arbeitsstelle zu finden? Über welche materiellen Ressourcen verfügen die Eltern?

Jede Gruppe von Gleichaltrigen erlebt ihre Jugendzeit in einer bestimmten gesellschaftlichen, geschichtlichen und wirtschaftlichen Situation. Das heisst auch, dass jede Gruppe von Heranwachsenden (eine Kohorte) in einer bestimmten geschichtlichen Zeit ähnliche Erfahrungen macht, weil sie zur selben Zeit am selben Ort jung war. Wer 1955 geboren wurde, machte in der Jugendzeit andere kollektive Erfahrungen als jener, der 1965 oder 1985 geboren wurde. Oft fällt es Erwachsenen schwer einzusehen, dass ihre konkreten Jugenderfahrungen nicht mehr auf spätere Kohorten übertragbar sind: Mit dem sozialen Wandel haben sich auch die gesellschaftlichen Bedingungen der Jugendphase verändert.

Trotz der prägenden Kraft kollektiver Erfahrungen dürfen Jugendliche, spätestens für die Zeit nach 1968, nicht mehr als einheitliche Gruppe betrachtet werden. Die Erkenntnis, dass es «die Jugend» als homogene Gruppe nicht gibt, ist rund vierzig Jahre alt (vgl. Scheuch 1975, S. 54, zit. in Schäfers/Scherr 2005, S. 22). Erstaunlicherweise wird diese Erkenntnis z. T. selbst in wissenschaftlichen Jugendstudien nicht immer konsequent beachtet (vgl. Schäfers/Scherr 2005, S. 22). Spätestens bei der medialen Vermittlung von Forschungsresultaten entsteht ein unauflösbares Dilemma zwischen dem wissenschaftlichen

Anspruch einer differenzierten Betrachtung und journalistischen Notwendigkeiten. In mediengängigen, pointierten Darstellungen gehen zwangsläufig wichtige Differenzierungen wie Gender-, Herkunfts- und Milieuunterschiede unter.

2.3 Entwicklungsaufgaben des Jugendalters

Die Stärke des Konzeptes der Entwicklungsaufgaben «ist die Vernetzung der gesellschaftlichen, der biologischen und der subjektiven Bedingungen» (Flammer/Alsaker 2001, S. 68). Ursprünglich wurde die Vorstellung, dass Jugendliche vor spezifischen Entwicklungsaufgaben stehen, vom amerikanischen Pädagogen Robert Havighurst Ende der 1940er-Jahre beschrieben, um Eltern und PädagogInnen ein Arbeitsmodell anzubieten. Havighurst beschreibt die Jugend als eine anforderungsreiche Lebensphase: Zwischen zwölf und zwanzig müssen, als Folgen gesellschaftlicher und individueller Erwartungen, eine Reihe von anspruchsvollen Entwicklungsaufgaben (vgl. Flammer/Alsaker 2001, S. 55–68) gelöst werden. Diese Aufgaben lösen sich nicht von selbst, Jugendliche müssen aktiv daran arbeiten. Scheitern ist möglich und kann für die weitere Biografie ernste Konsequenzen haben.

Havighurst sieht die Entwicklungsaufgaben als Produkt aus biologischen Veränderungen (Geschlechtsreife, körperliche Veränderung in der Pubertät), gesellschaftlichen Aufgaben (z. B. Berufswahl und -ausbildung) und persönlichen Zielen des Individuums (Oerter/Dreher 2002, S. 44). Daraus lässt sich leicht ableiten, dass es für jeweils eine Gruppe von Gleichaltrigen in einer bestimmten Epoche Entwicklungsaufgaben gibt, die von allen bewältigt werden müssen (normative Entwicklungsaufgaben), und Aufgaben, die sich nur Einzelnen stellen (vgl. Flammer/Alsaker 2001, S. 59f.).

Die Vorstellung von Havighurst erwies sich über den praktischen Kontext der Erziehung hinaus auch in der empirischen Forschung als produktiv. Im deutschen Sprachraum bildete die Theorie der Entwicklungsaufgaben ab den späten 1970er-Jahren die Basis für ein breite Forschung. Darin entstand die Sammlung der Entwicklungsaufgaben von Rolf Oerter und Eva Dreher (2002, S. 271), die sich in der Literatur breit durchgesetzt hat.

Ich halte es aufgrund von gesellschaftlichen und technologischen Veränderungen für notwendig, die ursprüngliche Aufzählung von Oerter und Dreher, die in den 1970er- bis 1990er-Jahren entstand, an die heutigen Mittelschichts-/Mainstreamjugendlichen im deutschsprachigen Mitteleuropa im Alter von zwölf bis zwanzig Jahren anzupassen:

Körper	Die biologischen Veränderungen des Körpers durch die Geschlechtsreifung und generell die eigene Erscheinung akzeptieren.
Selbst-/Fremdbild	Wissen, wer man ist und wie man auf andere wirkt.
Beziehungen zu Peers	Einen eigenen Freundeskreis mit gleichaltrigen jungen Frauen und Männern aufbauen und pflegen.
Liebesbeziehungen	Beschäftigung mit der eigenen Sexualität resp. sexuellen Orientierung. Schaffung der persönlichen Voraussetzungen, um eine Liebesbeziehung eingehen zu können.
Rolle	Sich das Geschlechtsrollenverhalten einer jungen Frau resp. eines jungen Mannes aneignen.
Werte	Eigene Weltanschauungen, moralische Vorstellungen und Haltungen entwickeln.
Kontingenzbewältigung	Verarbeitung der Erkenntnis der existenziellen Ungesichertheit des Lebens.
Kommunikation	Selbstverantwortlich mit anderen Menschen in der realen und virtuellen Welt in Austausch treten. Anderen seine eigene Person und Werte verständlich machen können.
Zukunft/Beruf	Eine persönliche und berufliche Zukunftsperspektive entwickeln: Sein Leben planen und Zie-Ziele ansteuern, die man erreichen könnte. Das heisst auch, sich für einen Beruf oder eine Ausbildungsrichtung entscheiden und zielgerichtete Schritte zur Verwirklichung der Wahl tun. Sich mit möglichen Formen der Lebensführung und Partnerschaft/Familie auseinandersetzen.

Durch die gesellschaftlichen Entwicklungen der letzten fünzig Jahre ist die Lösung der Entwicklungsaufgaben des Jugendalters anspruchsvoller geworden. Durch den Wegfall handlungsleitender Traditionen stehen Jugendliche vor dem Zwang zur Wahl. Im Gegensatz dazu waren in der Vergangenheit die individuellen Wahlmöglichkeiten kleiner und das Gros der Entwicklungsaufgaben musste in ähnlicher Form von allen Jugendlichen bewältigt werden. Dadurch bestand ein soziales Wissen darum, wann und wie diese angegangen werden müssen – das von den älteren Jugendlichen auch an die jüngeren Jugendlichen weitergeben wurde. «Allfällige Schwierigkeiten erscheinen für die Mitwelt als normal» (Flammer/Alsaker 2001, S. 61).

Erschwerend kommt hinzu, dass heute die lang- und mittelfristigen Konsequenzen dieser Wahlmöglichkeiten offen sind: Jugendliche müssen zum Beispiel aus zahlreichen Berufsmöglichkeiten, die ihnen aufgrund ihrer Leistungen, Fähigkeiten und ihrer Herkunft offenstehen, eine ganz konkrete Ausbildung wählen. Sie haben jedoch zu keinem Zeitpunkt eine Garantie dafür, trotz allen eigenen Anstrengungen einen geeigneten Ausbildungsplatz resp. nach der Ausbildung einen Arbeitsplatz zu finden. Sie erleben heute, dass mit den persönlichen Wahlmöglichkeiten auch die individuellen Risiken zugenommen haben (vgl. Beck 1986).

2.4 Ängste und Hoffnungen: Jugend als Projektionsfläche

Die Jugend ist häufig Projektionsfläche für Ängste und Hoffnungen von Erwachsenen. Diese Projektionen sagen gewöhnlich mehr über die Ängste und Hoffnungen der Erwachsenen aus als über die Jugendlichen selbst. Die vier Grundhaltungen oder Sichtweisen auf die Jugend lassen sich in einer Vierfeldertafel (siehe: Tabelle 1: Vier Sichtweisen auf die Jugend) mit zwei Dimensionen abbilden: Die erste Dimension ist die Unterscheidung in eine kulturpessimistische und eine kulturoptimistische Sicht. Die Grundfrage lautet hier: Wird mit der nachwachsenden Generation tendenziell alles besser oder schlechter? Das heisst, wird die Jugend als Gefährdung der bestehenden guten Gesellschaftsordnung oder gar als notwendige Erneuerungskraft betrachtet? Die zweite Dimension ist die Frage nach der Gefährdung/Passivität resp. der Gefährlichkeit/Aktivität. Mit anderen Worten, ist die Jugend eigenaktiv/gefährlich, oder ist sie passiv/gefährdet?

Tabelle 1: Vier Sichtweisen auf die Jugend

	Kulturpessimismus	Hoffnung auf neue Generation
gefährtet/passiv	degenerierte Jugend	unterdrückte Jugend
gefährlich/eigenaktiv	barbarische Jugend	verändernde Jugend

Aus diesen vier Sichtweisen kann der Umgang der Erwachsenengesellschaft mit Jugendlichen abgeleitet werden – und damit auch auf die Aufgaben geschlossen werden, die der Kinder- und Jugendarbeit resp. Kinder- und Jugendanimation zugeschrieben werden.

Wird die Jugend als degeneriert betrachtet, wird sie zur Problemgruppe, die therapiert und eingegliedert werden soll. Im weitesten Sinn sind erzieherische/fürsorgerische Massnahmen angesagt: Wie gelingt es, die Jugend anzusprechen, abzuholen und positiv zu beeinflussen? Im Diskurs über den Aufenthalt im öffentlichen Raum ohne erkennbare Tätigkeit, das Herumhängen, Passivität vor dem Computer oder Suchtfragen sind Bilder einer degenerierten Jugend häufig zu finden.

Herrscht das Bild einer barbarischen Jugend vor, wird der Ruf nach Repression, Kontrolle und Disziplinierung laut: Wie kann die Gesellschaft vor den Jugendlichen geschützt werden – und die Jugend vor sich selbst? Nicht überraschend ist im Zusammenhang mit Jugendgewalt oder Vandalismus oft implizit von einer barbarischen Jugend die Rede. Hier geht es um Grenzen und die konsequente Durchsetzung von Regeln. Jugendliche, die sich nicht an die Regeln halten, sollen überwacht, bestraft und möglichst von den anständigen Jugendlichen ferngehalten werden.

Wenn die Jugend als unterdrückt oder verführt beschrieben wird, werden Jugendschutzmassnahmen gefordert. Es liegt in der Logik dieser Betrachtungsweise, sich stellvertretend für die Jugend einzusetzen, die sich selbst nicht entsprechend wehren kann. In einer kritischen Auseinandersetzung mit den Wirkungen der Konsumgesellschaft auf die Jugendlichen werden oft Bilder einer verführten oder unterdrückten Jugend entworfen. Oft werden hier die Massstäbe einer «pädagogisch-reflexiven» Erwachsenengesellschaft normativ gesetzt, den Jugendlichen wird die Fähigkeit abgesprochen, die Funktionsweise von Werbung oder Propaganda zu durchschauen, oder es werden destruktive Verhaltensweisen von Jugendlichen (z. B. Jugendgewalt) als ungeeignete Reaktionsform auf die erwähnte Unterdrückung interpretiert.

In der Vorstellung von Jugend als verändernder Kraft wird die Jugend zum Hoffnungsträger für die Überwindung überkommener, einengender Zustände. Die Jugend soll Ressourcen und Freiräume erhalten, und die Erwachsenengesellschaft soll von den Jugendlichen lernen. Hier besteht die Gefahr, dass nicht die Jugendlichen als Personen im Zentrum stehen, sondern instrumentalisierend die positive Wirkung der Jugend auf die Gesellschaft und/oder die Kirche. Jugendliche werden in solchen Diskursen zum Teil idealisierend, ähnlich «edlen Wilden», als bessere, noch unverdorbene Menschen dargestellt.

3 Jugend und kirchliche Jugendarbeit im gesellschaftlichen Wandel

Jugendliche, als Individuen und als Altersgruppe, stehen in einem widersprüchlichen Verhältnis zum sozialen Wandel: Die Jugendlichen reagieren in erster Linie auf die vorgefundenen gesellschaftlichen Bedingungen. Die Heranwachsenden müssen ihren Platz in der Gesellschaft und im Erwerbsleben suchen, weshalb sie unmittelbar auf soziale Veränderungen, auf Einschränkungen und Möglichkeiten reagieren. Dennoch fanden sich in den letzten Jahrzehnten unter den Heranwachsenden immer Gruppen, die den jeweiligen Zeitgeist verkörperten und damit das mediale Bild ihrer Generation prägten. Diese Minderheiten lebten das aus, was «in der Luft lag»: Sie verstärkten die jeweils aktuellen gesellschaftlichen oder jugendkulturellen Trends. Jugendliche übernahmen in den letzten sechzig Jahren in der Schweiz so die Funktion von Seismografen der Gesellschaft: Sie zeigten Erschütterungen, Trends, Umwälzungen und Brüche auf.

Für die kirchliche Jugendarbeit sind in diesem Zusammenhang drei Phänomene des sozialen Wandels der jüngeren Zeit von spezieller Bedeutung: die Entstrukturierung der Jugendphase im Zug der Individualisierung, die Entstehung neuer sozialer Milieus und der Verlust der Selbstverständlichkeit von konfessioneller Religiosität.

3.1 Entstrukturierung der Jugendphase als Folge der Individualisierung

Bis in die 1960er-Jahre wurde die Jugendphase als Zeit nach dem Beginn der Geschlechtsreife (als biologisches Merkmal) oder nach Beendigung der obligatorischen Schulzeit (als soziales Merkmal) bis zum Berufseintritt und zur Familiengründung definiert. Die Jugendphase wurde in dieser Vorstellung von klaren Marksteinen begrenzt. Für Frauen bedeutete Familiengründung das Ende ihrer Erwerbstätigkeit. In der Schweiz hiess dies noch in den 1960er-Jahren, sich nach der obligatorischen Schulzeit auf die Rolle als Mutter und Ehefrau vorzubereiten – eine Berufslehre für Frauen war zu dieser Zeit keineswegs selbstverständlich. Für einen jungen Mann in der Schweiz sah die «Idealstruktur» vor, nach der Schulzeit einen Beruf zu erlernen (eine Minderheit besuchte das Gymnasium und studierte), die Rekrutenschule zu absolvieren und danach zu heiraten. Die soziale Mobilität war bis in die 1960er-Jahre in der Schweiz geringer als heute: Sozialer Aufstieg war nicht die Regel. Vielfach verblieben die Kinder in derselben Schicht wie ihre Eltern und übten ähnliche Berufe aus.

Die Jugendphase wurde als «Vorbereitungsphase für das spätere Leben» (Münchmeier 1998, S. 3) betrachtet. Die so verstandene Jugendphase beinhaltete dabei Aspekte der Einschränkung und der Sicherheit: Einschränkung, da ein relativ starrer Rahmen einer «Normbiografie» vorlag, in dem wesentliche Abweichungen nicht vorgesehen waren; Sicherheit, da mehr oder weniger die Gewähr bestand, dass derjenige, der sich innerhalb der vorgegebenen Strukturen befand und bewegte, seinen Platz in der Arbeitswelt und der Gesellschaft fand. Die Jugendphase stellte trotz Normvorgaben – zumindest in der Theorie – als «Ausbildungs- und Orientierungsphase» (vgl. Münchmeier 1998) einen relativen Freiraum dar. Seit der «Erfindung» der Jugend Ende des 19. Jahrhunderts wurde etwa in der Bundesrepublik Deutschland nur «in einer relativ kurzen Prosperitätsphase in den 60er- und 70er-Jahren das Konstrukt der Jugend als gesellschaftlich gewährter, chancenvermittelnder Freiraum [wirklich] eingelöst» (Münchmeier 1998, S. 117).

In den 1950er-Jahren begann eine Zeit des wirtschaftlichen Aufschwunges. Der zunehmende Wohlstand bewirkte mit der Erhöhung des Arbeitseinkommens bei gleichzeitiger Abnahme der Arbeitszeit einen sogenannten Fahrstuhleffekt: Die Lebenslage der meisten Menschen verbesserte sich, die Konsum- und Freizeitmöglichkeiten nahmen zu (vgl. Beck 1986, S. 124): Die soziale und geografische Mobilität der Menschen erhöhte sich. Durch den technologischen Fortschritt und die Automatisierung sank der Bedarf an niedrigqualifizierter Arbeit, jener an hochqualifizierter nahm zu. Die gestiegenen Anforderungen im Berufsleben bedingten eine Verlängerung und Verbesserung der Bildung (vgl. Beck 1986, S. 127–130). Durch eine bessere Ausbildung hatten junge Arbeitnehmenden gute Chancen auf dem Arbeitsmarkt: Die Kinder stiegen gegenüber den Eltern sozial auf.

Die Anforderungen der modernen Arbeitswelt standen im Widerspruch zu den relativ statischen, traditionsorientierten Milieus, in deren Zentrum die jeweilige Konfession oder Schichtzugehörigkeit stand

(Krüggeler 1993, S. 94ff.): In der Schweiz begannen sich etwa das sozialdemokratische Arbeitermilieu oder das katholische Milieu aufzulösen.

Ulrich Beck nennt den Bedeutungsverlust der strukturierenden Traditionen Individualisierung.[1] Die Individualisierung als solche ist nach Beck keine «Erfindung der zweiten Hälfte des 20. Jahrhunderts» (Beck 1986, S. 206). Es brauchte jedoch die wirtschaftlichen und gesellschaftlichen Voraussetzungen dieser Zeit, damit sich die Individualisierung als gesamtgesellschaftliches Phänomen durchsetzen konnte.

Der Verlust der prägenden Kraft der selbstverständlichen Traditionen veränderte die Gesellschaft von Grund auf. Beck beschreibt drei Dimensionen der Individualisierung (vgl. für das Folgende Beck 1986, S. 206): die Freisetzungs-, die Entzauberungs- und die Reintegrationsdimension.

Als Freisetzung bezeichnet Beck die Herauslösung des/der Einzelnen aus den traditionellen Sozialformen und Bindungen. Waren bisher die Wahlmöglichkeiten beschränkt und die Geschlechterrollenbilder vorgegeben, wird neu der einzelne Mensch zum/r EntscheidungsträgerIn seiner/ihrer eigenen Biografie. An die Stelle der strukturierten «Standardlebensläufe» tritt die selbstgestaltete Biografie.

Die Entzauberungsdimension betrifft den «Verlust von traditionellen Sicherheiten im Hinblick auf Handlungswissen, Glauben und leitende Normen» (Beck 1986, S. 206). Normen und Glaubenssätze könnten nicht mehr selbstverständlich übernommen werden, jeder Mensch müsse sich seinen eigenen Wert- und Glaubenshorizont schaffen. Auf die Auswirkungen der Individualisierung auf die Religiosität speziell von Jugendlichen wird im Folgenden in einem Unterkapitel eingegangen.

Durch Freisetzung und Entzauberung vergrössert sich die Freizeit des/der Einzelnen. Doch diese Freiheit hat Grenzen und einen Preis. Die Grenzen der Freiheit scheinen in der Reintegrationsdimension auf, das heisst der Wiedereingliederungen in neue Arten der sozialen Bindungen. An die Stelle der alten Milieus, Klassen und Schichten sowie Rollenbilder treten neue Institutionen und Strukturen. Die Milieutheorien, denen im Folgenden ebenfalls ein Unterkapitel gewidmet ist, können als Versuche verstanden werden, diese neuen Strukturen zu beschreiben.

Ein Preis der Individualisierung ist, so Beck (vgl. Beck 1986, S. 146), dass die sozialen Ungleichheiten nicht mehr als Folge der Schicht- oder

---

1 Bereits Beck weist darauf hin, dass Individualisierung nicht mit Personwerdung, Einmaligkeit oder Emanzipation verwechselt werden darf (Beck 1986, S. 207).

Klassenzugehörigkeit betrachtet werden, sondern als Folge persönlicher Entscheide. Aussenursachen werden als Eigenschuld, Systemprobleme als persönliches Versagen (vgl. Beck 1986, S. 150) interpretiert – und zwar von der Gesellschaft wie vom Individuum.

25 Jahre nach Becks epochalem Buch zeigt eine Interviewuntersuchung von Karin Schwiter bei jungen Menschen in der Schweiz (Schwiter 2011), wie stark die Individualisierung deren Selbstbild prägt: Die befragten jungen Erwachsenen betrachten die «Lebensplanung als obligatorische Aufgabe eines jeden Menschen» (Schwiter 2011, S. 230). Der Beruf müsse einerseits authentisch zur Person passen (Schwiter 2011, S. 75ff.), andererseits müsse die Person die Risiken, den jeweiligen Beruf ergriffen zu haben, selbst tragen, auch wenn sich eine Ausbildung wegen äusserer Gründe wie technischer Fortschritt oder aufgrund wirtschaftlicher Entwicklungen als Sackgasse erweise. Die InterviewpartnerInnen in der Studie von Schwiter verbinden den Erfolg resp. Misserfolg mit der Person selbst und nicht mit äusseren oder Systemursachen – und wer von Misserfolg betroffen ist, solle weder klagen noch stören, denn im Grunde sei er oder sie ja selbst schuld, denn es sei ja seine resp. ihre eigene Wahl gewesen. Die «Individuen können zwar ‹frei› aus verschiedenen lebensplanerischen Optionen auswählen, die damit verknüpften Bedingungen und Konsequenzen werden jedoch als weitgehend unveränderbar wahrgenommen und sind vom Individuum zu akzeptieren» (Schwiter 2011, S. 242). Diese Sicht wirkt sich auch auf die Beurteilung der Geschlechterverhältnisse aus: So zeigt Schwiter etwa, dass die gesellschaftlich produzierten Geschlechterdifferenzen zunehmend privatisiert werden (z. B. anhand von Aussagen in der Art, dass jede und jeder seine Geschlechterrolle so leben solle, wie es zu ihm/ihr passt).

3.2 Neue soziale Milieus als mögliche Ordnungsraster und Marketinginstrumente in einer individualisierten Gesellschaft

Mit der Individualisierung verloren die bisherigen gesellschaftlichen Unterscheidungsmerkmale Ober-, Mittel- und Unterschicht ihre Aussagekraft. Zwar bestehen zwischen den Individuen noch immer Einkommens- und Vermögensunterschiede, die soziale Ungleichheit resp. soziale Gruppenbildung scheint sich jedoch in einer individualisierten Gesellschaft entlang weiterer oder anderer Grössen zu bilden. Um die neuen gesellschaftlichen Gruppen zu erkennen bzw. zu beschreiben, wurden seit den 1980er-Jahren Modelle entwickelt, die die Gesellschaft nach neuen Milieus ordnen. Das heisst, dass anhand von Milieubezeichnungen die veränderten gesellschaftlichen Unterschiede jenseits von Klasse und Schicht abgebildet werden sollen.

Als Milieu versteht Stefan Hradil «eine Gruppe von Menschen [...] die solche Lebensbedingungen und/oder Haltungen aufweisen, aus denen sich gemeinsame Lebensstile herausbilden» (Hradil 1987, S. 165). Im Unterschied zu den «alten» Milieus gehört man den «neuen» Milieus der individualisierten Gesellschaft nicht mehr durch Geburt an: Wer zwischen dem ausgehenden 19. Jahrhundert bis Ende der 1960er-Jahre als Kind einer katholischen Familie aufwuchs, tat dies mit grosser Wahrscheinlichkeit innerhalb des katholischen Milieus resp. der katholischen Sondergesellschaft. Die neuen Milieus hingegen sind «Ähnlichkeitsgruppen» (Schulze 1997, S. 174) oder Gruppen von Gleichgesinnten. Die Milieugrenzen laufen nicht mehr entlang der Konfession oder der Zugehörigkeit zur Arbeiterschaft, sondern sie entstehen, etwa bei den Milieus der «Erlebnisgesellschaft» (Schulze 1997), anhand der Dimensionen Bildung und Alter, bei dem Modell der Sinus-Milieus anhand der Schicht und der Werteorientierung. Das heisst, dass bei diesen zwei heute wichtigen Milieu-Modellen an die Stelle der herkömmlichen eindimensionalen Unterscheidung ein Raster mit zwei Dimensionen getreten ist.

Gerhard Schulze entwirft mit dem Modell der Erlebnisgesellschaft ein empirisch basiertes Gesellschaftsmodell, ohne von einer herkömmlichen Schicht- und Klassenordnung auszugehen: Er postuliert, dass der Massenwohlstand in der westlichen Welt so weit vorangeschritten ist, dass für die Mehrheit der Gesellschaft die Heranschaffung des Lebensnotwendigen kein zentrales Unterscheidungsmerkmal mehr ist. Das Leben der Mehrheit in der modernen Überfluss- und Freizeitgesellschaft orientiert sich am Erlebnis und an Fragen nach dem schönen Leben (Schulze 1997, S. 36–46): Es gilt, das eigene Leben zu leben und aus der Vielzahl der Möglichkeiten eine stimmige Auswahl zu treffen. Trotzdem hat sich die Gesellschaft nicht unüberschaubar bunt, chaotisch und verschiedenartig entwickelt. Nach Schulze braucht es die Ordnungsfunktion von Grossgruppen, um den einzelnen Menschen die notwendige Orientierung zu geben (vgl. für das Folgende: Schulze 1997, S. 171–177). Diese Grossgruppen zeichnen sich heute dadurch aus, dass sie über eine gemeinsame Vorstellung dessen verfügen, was schön und damit erstrebenswert ist («kollektive alltagsästhetische Schemata», Schulze 1997, S. 171): Innerhalb dieser Grossgruppen (Existenzformen) herrscht eine gewisse Einigkeit in den Ansichten darüber, was etwa ein gelungenes Fest ist (nette Runde unter Bekannten oder Opernball), welche Musik schön ist (Schlager, Rock, Freejazz oder klassische Musik) oder was eine ästhetische Wohnungseinrichtung ausmacht (Ikea-, Stil- oder Designermöbel). Die einzelnen Mitglieder einer solchen Grossgruppe haben nicht nur denselben Geschmack, sie treffen in ihrer Freizeit dadurch vermehrt auf Menschen mit ähnlichen Präferenzen: Man trifft seines-/ihresgleichen an der Vernissage oder beim Feierabendbier in der Stammbeiz. Soziale Milieus sind für Schulze folglich «Personengruppen, die sich durch gruppenspezifische Existenzformen und erhöhte Binnenkommunikation voneinander abheben» (Schulze 1997, S. 174). Der zentrale Bezugspunkt innerhalb der Milieus ist eine gemeinsam geteilte Ästhetik. Da der ästhetische Ausdruck in einer Konsumgesellschaft primär über den Konsum gelebt wird, können die neuen sozialen Milieus als Wahl- und Konsumgemeinschaften verstanden werden. Die Bildung und das Lebensalter setzen, nach Schulze, die Grenzen der sozialen Milieus. Mit den richtigen Konsumgütern zeige ich mich als Teil eines sozialen Milieus: Der Konsum schafft den Ausdruck der (Milieu-)Zugehörigkeit. Spätestens seit Ende der 1970er-Jahre werden diese Zusammenhänge für die Entwicklung und Bewerbung von Konsumgütern genutzt.

Das Modell der Sinus-Milieus wurde Ende der 70er-Jahre vom Institut Sociovision in Heidelberg im Auftrag politischer Parteien in Deutschland entwickelt. Heute wird das Modell primär als Analyseinstrument im Marketing verwendet. Wie die Erlebnismilieus fassen die Sinus-Milieus Menschen in Gruppen zusammen, die sich aufgrund ihres Lebensstils und ihrer Lebensauffassung gleichen. Der Hauptunterschied liegt darin, dass es sich bei den Sinus-Milieus ursprünglich nicht um ein rein soziologisches Modell, sondern auch um ein Marketinginstrument handelte. Die Besonderheiten des Sinus-Milieu-Modells sind, dass sowohl die einzelnen Milieus aufgrund von Interviews laufend länderspezifisch angepasst werden, als auch das Grundraster verändert wurde. Dies hielt und hält das Instrument aktuell, erschwert aber Vergleiche.

Seit etwas mehr als zehn Jahren wird auch in den Kirchen mit diesem Analyse- und Planungsinstrument gearbeitet. In der Schweiz wurde es etwa für die Pastoralplanung in der Stadt Luzern und in weiteren Pfarreien und Pastoralräumen eingesetzt, etwa in Emmenbrücke oder Aarau. Spätestens seit der Sinus-Milieustudie U27 «Wie ticken Jugendliche?»

(Bund der Deutschen Katholischen Jugend/MISEREOR 2008) hat dieses Milieumodell seinen festen Platz in der Fachdiskussion der kirchlichen Jugendarbeit in der Deutschschweiz gefunden.

Wichtige Erkenntnisse aus der Arbeit mit den Sinus-Milieus für die Kirchen in der Schweiz sind erstens: Das aktuelle Angebot der Kirchen erreicht höchstens vier der zehn sozialen Milieus. Zweitens werden sowohl die gesellschaftlichen Leitmilieus als auch die Unterschicht von den Kirchen schlecht erreicht. Ein Befund, der sich ebenfalls in der Sinus-Milieustudie U27 widerspiegelt. Die Kirche spricht heute im Raster der Sinus-Milieus eine unspektakuläre Mitte der Gesellschaft (bürgerliche Mitte) an, vielfach Mittelstandseltern mit Kindern und eine sozial denkende, gut gebildete Gruppe (Postmaterielle).

Als Analysemethode ist der Nutzen der Sinus-Milieus innerhalb der Diskussion in der kirchlichen Jugendarbeit unbestritten: Es zeigen sich so etwa die ästhetischen Milieu-Welten derjenigen Jugendlichen, die mit der kirchlichen Jugendarbeit in Kontakt sind, und jener ohne Kirchenkontakt. Es lässt sich ebenfalls gut ableiten, wie etwa ein Printprodukt aussehen soll und welche Themen behandelt werden müssen, wenn ein spezielles Milieu angesprochen werden soll, oder mit welcher Ästhetik (Design, Musik, Themenaufbereitung) etwa eine Jugendkirche junge Performer ansprechen kann. Der Einsatz des Sinus-Modells oder eines anderen Marketingmodells kann auf zwei unterschiedliche Motivationen zurückgehen: Sollen mit einem geschickten Marketing die institutionellen Interessen der Kirchen gefördert werden (z. B. mehr aktive, junge Kirchenmitglieder), oder soll der ästhetische Graben zwischen den Jugendlichen und der kirchlichen Jugendarbeit deshalb überbrückt werden, um jugendgerechte Angebote einer mystagogischen Begleitung in der Subjektwerdung anzubieten?

Bei Letzterem ergibt sich eine spezielle Schwierigkeit: Eine Begleitung von Jugendlichen ohne institutionelle Interessen steht quer zur Grundlogik des Marketings. Es wird vermutlich der Mehrheit der MarketingspezialistInnen schwerfallen zu verstehen, warum die Kirche etwas ohne Hintergedanken anbieten will. Im Marketing geht es unter anderem darum, Dienstleistungen zu verkaufen, die Kundschaft zufriedenzustellen oder das Image einer Institution zu verbessern. Ein Angebot ganz ohne institutionelle Interessen machen zu wollen, ist in dieser Logik schwer verständlich. Diese Herausforderung der Verbindung einer diakonischen und betriebswirtschaftlichen Logik zeigte sich etwa auch in der Ökumenischen Basler Kirchenstudie (Bruhn/Grözinger 2000; Schenker 2000). Wer mit kirchlicher Jugendarbeit bewusst keine institutionellen Interessen vertreten will, kann zwar die Analysemethoden aus dem Marketingbereich (z. B. Sinus-Milieus) gewinnbringend anwenden und sich auch von der säkularen Aussensicht der MarketingspezialistInnen herausfordern lassen. Direkte Umsetzungsmöglichkeiten sind aber m. E. erst dann zu erwarten, wenn die ökonomische Logik als Ergänzung eines diakonischen Vorgehens verstanden wird – was jedoch mindestens eine Erweiterung der gängigen ökonomischen Paradigmen resp. des Menschenbildes der Ökonomie bedingen würde.

Die zweite Schwierigkeit des Einsatzes der Sinus-Milieus ist die (unausgesprochene) Hoffnung, durch eine Änderung der Ästhetik das Interesse der Zielgruppe zu wecken. Die erste Feststellung der Sinus-Milieustudie U27 trifft zwar zu: Der aktuelle kirchliche Auftritt steht quer zur Ästhetik von Jugendlichen aus ziemlich allen Milieus. Nur: Eine Anpassung der «Verpackung» heisst noch lange nicht, dass die Jugendlichen beispielsweise ein Bedürfnis nach Gottesdiensten verspüren. Bei der Befriedigung von Konsumbedürfnissen spielt die ästhetische Positionierung unbestritten eine zentrale Rolle, nur muss vorgängig bereits ein Bedürfnis vorhanden sein. Wenn ich kein Auto brauche, werde ich auch dann keines kaufen, bloss weil mir eins besonders gut gefällt. Das heisst, wenn die Jugendlichen nur ein geringes oder kein Bedürfnis nach Gottesdiensten haben, besuchen sie auch dann wohl nicht in grossen Massen Liturgien, wenn diese jugendästhetisch vollzogen werden. Generell sind unter den aktuellen gesellschaftlichen Bedingungen die Einflussmöglichkeiten der Kirchen auf das Verhalten der Kirchenmitglieder sehr begrenzt. Es wäre eine Illusion anzunehmen, eine Anpassung in Richtung einer milieugerechten Ästhetik sei mehr als die geringfügige Senkung einer hohen Schwelle.

3.3 Das Zeitalter der sozial tolerierten Minimumreligion

Der gesellschaftliche Wandel machte vor den religiösen Milieus wie dem katholischen oder reformierten keinen Halt: Mit der Auflösung der konfessionellen Milieus verschwanden die unangefochtene Deutungsautorität der Kirchen und die selbstverständliche Vermittlung konfessionell geprägter religiöser Inhalte. Die Ausübung und Weitergabe des Glaubens haben ihre Alltäglichkeit und Selbstverständlichkeit verloren (vgl. Kaifel 1994, S. 203f.).

Seit Mitte der 1990er-Jahre ist eine gemässigte konfessionelle Religiosität nicht mehr die gesellschaftliche Normalposition, sondern eine Religionsform, die ich als sozial tolerierte Minimumreligion bezeichne (vgl. für das Folgende: Schenker 2009). Als Normalposition sollen jene Einstellungen verstanden werden, die in einer Gesellschaft als selbstverständlich gelten. Die Nutzung eines Mittelklassewagens ist so gewöhnlich, das kaum jemand nachfragen würde, warum jemand mit dem Auto anstatt mit einem anderen Verkehrsmittel unterwegs ist. Für den Bereich der Religion gilt ein diffuser Glaube an eine höhere Macht, der keine Auswirkungen auf den Konsum hat oder eine Beeinflussung ethischer Entscheide nach sich zieht, als Referenzposition. Diese Form der Minimumreligion kann deshalb als sozial toleriert bezeichnet werden, weil alle Positionen, die darüber hinausgehen, begründet werden müssen. Eine Ausnahme stellen Religionen dar, denen ein ethnisch-kultureller Aspekt zugeschrieben wird (z. B. sie/er ist Hindu, weil ihre/seine Eltern aus Indien stammen). Durch diese Entwicklungen hat die Theologie ausserhalb der Kirchen ihre Stellung als Bezugswissenschaft für das Religiöse an die Psychologie resp. bei Fragen, die ausserchristliche Religionen betreffen, an die Religionswissenschaft verloren. Durch die Psychologisierung (vgl. in Bezug zur Pädagogik: Reichenbach 2003) sind alle Religionen gleich wahr oder falsch, ist die geforderte inhaltliche Begründung einer Position gar nicht mehr möglich: Anstelle der Begründung kann nur ein Bekenntnis abgelegt oder persönliches Erleben ins Feld geführt werden.

Dass Jugendliche kaum öffentlich über ihre persönliche Religion sprechen wollen, darf nicht mit einem generellen Atheismus verwechselt werden. Die Zurückhaltung vieler Jugendlicher, über Religion zu sprechen, hat gute Gründe: In Mitteleuropa sind, etwa im Gegensatz zu Amerika, öffentliche Religionsbekenntnisse ungewöhnlich. In der Deutschschweiz sind es meist Mitglieder von religiösen Intensivgruppen, die sich offensiv zur ihrer persönlichen Religion äussern – was den religiösen Diskurs in den Augen vieler Jugendlicher unattraktiv macht. Zusätzlich droht beim Gespräch über die Religion, wie bei allem Höchstpersönlichen, der Absturz ins Peinliche.

4 Aktuelle Situation im Kinder- und Jugendbereich

Die Mehrheit der Kinder, Jugendlichen und jungen Erwachsenen meistert erfolgreich die hohen Anforderungen, die in Schule und Ausbildung an sie gestellt werden. Die Heranwachsenden gelten heute als angepasst und zeigen wenig Neigung zu Protest oder Revolte. Trotz allen Unsicherheiten, Schwierigkeiten und Herausforderungen geht heute die Mehrheit der nachwachsenden Generation davon aus, dass sie ihren Platz in der Gesellschaft (Ausbildung, Arbeitsplatz, Wohnung) finden wird. Besonders die schulisch Erfolgreichen zeigen eine hohe Leistungsbereitschaft. Die folgenden Ausführungen basieren auf den Recherchen und Validierungen im Zusammenhang mit der Begleitung von Konzeptprozessen u. a. der Kinder- und Jugendanimation der Stadt Baden.

4.1 6- bis 10-jährige Kinder

Die Gruppe der 6- bis 10-Jährigen ist vergleichsweise wenig segmentiert, d. h., es lassen sich z. B. mit einem Angebot der Kinderanimation gleichzeitig viele Kinder unterschiedlichen Alters, Geschlechts und verschiedener Herkunft ansprechen.

Die meisten Kinder halten sich in der Freizeit, wenn sie draussen sind, in unmittelbarer Nähe ihres Zuhauses auf. Auf diese Gruppe wirkt sich das Verschwinden von Frei- und Spielräumen und Brachen am stärksten aus.

Tendenziell lässt sich eine «pädagogische Einpferchung» der Kinder in abgegrenzte Spielplätze und eine «Aufsplitterung» der kindlichen Lebensräume (die Kinder werden von den Eltern z. B. von der «Insel» Haus mit dem Auto zur «Insel» Schule gefahren) feststellen. Je nach Erziehungsstil und Ressourcen der Eltern ist die ausserschulische Förderung der Kinder hoch, was die erwähnte «Verinselung» (Zeiher 1983) weiter fördert (Insel Haus – Insel Schule – Insel Sprachunterricht – Insel Sportverein – Insel Instrumentenstunde usw.).

4.2 10- bis 12-jährige Kids

Das «jugendtypische» Verhalten und der jugendliche Habitus haben sich in den letzten fünfzehn Jahren um ein bis zwei Jahre vorverlegt: Ein Teil der 10- bis 12-Jährigen zeigt heute ein Verhalten, das früher noch bei 12- bis 14-Jährigen als jugendtypisch bezeichnet wurde.

Innerhalb dieser Altersgruppe kann unterschieden werden zwischen denjenigen, die sich bereits an den Jugendlichen orientieren, und denjenigen, die sich noch eher wie Kinder verhalten. Besonders in dieser Altersgruppe nahm die Segmentierung und das Bewusstsein, einer bestimmten selbstgewählten Gruppe angehören zu können, in den letzten Jahren zu.

Die 10- bis 12-Jährigen halten sich in ihrer Freizeit meist in ihrem Quartier oder Dorf auf, ein Teil ist zu gewissen Zeiten bereits in nahen Städten mit Zentrumsfunktion anzutreffen.

4.3 12- bis 16-jährige OberstufenschülerInnen

Die grössten Veränderungen im Jugendbereich in den letzten zehn Jahren sind für die Altersklasse der 12- bis 16-Jährigen zu verzeichnen. Die Veränderungen betreffen sowohl deren Selbstverständnis als auch ihr Freizeitverhalten. Generell ist in dieser Altersgruppe eine markante Abnahme von Verbindlichkeit und Engagementbereitschaft feststellbar. Gleichzeitig hat die schulische Belastung sowie das Konsum- und Informationsangebot für die 12- bis 16-Jährigen zugenommen.

Die Segmentierung ist bei den 12- bis 16-jährigen OberstufenschülerInnen in den letzten zehn bis fünfzehn Jahren weiter fortgeschritten (mehr Gruppen, die sich stärker unterscheiden) – jedoch ist es heute eher möglich, gleichzeitig Mitglied mehrerer Gruppen zu sein. In der Oberstufe ist eine Tendenz weg von den «grossen» Gruppen und «grossen» Veranstaltungen hin zu Jahrgangsgruppen, Schulklassen und Gleichaltrigengruppen/Cliquen festzustellen.

Wenn Jugendliche im Oberstufenalter heute etwa eine Party organisieren, richtet diese sich meist an einen definierten Adressatenkreis (Schulklasse, FreundInnen, Jahrgangsgruppe) und wird selten als offene Veranstaltung durchgeführt.

Die OberstufenschülerInnen bewegen sich in der Freizeit, neben ihrer Wohngemeinde, auch in Richtung des Schulstandortes. Bei regionalen Schulstandorten führt das dazu, dass die Jugendlichen aus den umliegenden Gemeinden oft einen Teil ihrer Freizeit am Schulstandort verbringen.

Ein zentrales Merkmal der Segmentierung unter den Oberstufenschülerinnen und -schülern ist heute meist der Schultyp, der oft durch einen Herkunfts- resp. Schichteffekt verstärkt wird. In den anspruchsvollen Schulzügen ist der Anteil der Jugendlichen ohne Migrationshintergrund und aus bildungsnahen sowie gut situierten Elternhäusern im Vergleich zur Gesamtgesellschaft überproportional hoch.

4.4 16- bis 25-jährige Jugendliche und junge Erwachsene

Bei den 16- bis 25-Jährigen ist seit längerem eine starke Segmentierung festzustellen. Wichtige Grössen dieser Gruppenbildung sind unter anderem Berufslehre/weiterführende Schulen, Geschlecht, Alter, Herkunft, Wertvorstellungen oder jugendkulturelle Interessen. Ob diese Segmentierung/Gruppenbildung weiter zugenommen hat, ist schwer abzuschätzen.

Die Gruppen der über 16-Jährigen – und speziell die über 18-Jährigen – sind sehr mobil. In Städten der Deutschschweiz mit Zentrumsfunktion hat die Anzahl der über 16-Jährigen, die dort an Freitag- und Samstagabenden ihre Freizeit verbringen, in den letzten Jahren zugenommen – dies besonders in der warmen Jahreszeit. So strömen an schönen Sommerwochenenden mehrere Tausend Jugendliche und junge Erwachsene in die Stadt St. Gallen, nutzen die Freizeitangebote und bevölkern den öffentlichen Raum. Dies geschieht in einem auffälligen Kontrast zur erwähnten Abnahme der Präsenz von Oberstufenschülerinnen und -schülern im öffentlichen Raum ihrer Wohngemeinden.

Jugendkultur liegt im Trend. Tendenziell engagieren sich gut integrierte und gut ausgebildete Jugendliche und junge Erwachsene in den Angeboten der Jugendkultur. Auf der AnbieterInnen-Seite handelt es sich bei den Angeboten der Jugendkultur meist um kleinere, hochengagierte Gruppen – was im Wesen der Jugendkulturarbeit begründet ist. Dies war auch in der Vergangenheit nicht anders. Im Jugendkulturboom der 1980er-Jahren war lediglich das Publikum zahlreicher.

Die Ansprüche an das Qualitätsniveau der Jugendkultur haben in den letzten Jahren stetig zugenommen: Will die Jugendkultur heute erfolgreich sein, muss sie dem Vergleich zu kommerziellen Angeboten standhalten können. Nur relativ grossen Einrichtungen, wie beispielsweise dem Werkk in Baden, ist es möglich, diese Qualität in verschiedenen Sparten der Jugendkultur bieten zu können. Können die Jugendkulturangebote diesem gestiegenen Qualitätsniveau entsprechen, stossen sie sowohl bei den «ProduzentInnen» als auch bei den «KonsumentInnen» von Jugendkultur auf Resonanz.

5 Kirchliche Jugendarbeit: Begriffsklärung und Systematisierung

5.1 Kirchliche Jugendarbeit als Teil der Jugendpastoral

Jugendpastoral bezeichnet die Arbeit der Mitarbeiterinnen und Mitarbeiter der Kirche mit der und für die Zielgruppe der 12- bis 20-Jährigen und mit jungen Erwachsenen bis etwa 25 Jahren, bei Jugendlichen in ehrenamtlichen Leitungsfunktionen, z. B. Hauptleiterinnen und -leiter von Jugendverbänden, bis dreißig Jahren.

Die Jugendpastoral der katholischen Kirche in der deutschsprachigen Schweiz besteht aus zwei grossen Arbeitsfeldern, der kirchlichen Jugendarbeit und der Katechese (siehe Schaubild 1: Übersichtsdarstellung der Jugendpastoral). In der kirchlichen Jugendarbeit wird zwischen verbandlicher Jugendarbeit, Offener Jugendarbeit und ausserverbandlicher Jugendarbeit unterschieden. Die verbandliche und die Offene Jugendarbeit können aus der Perspektive der Jugendpastoral als «Schnittmenge mit der ausserkirchlichen Jugendarbeit» betrachtet werden. Wie wir später sehen werden, ist innerhalb der Offenen Jugendarbeit eine Unterscheidung zwischen der Lebensgestaltung und der Lebensbewältigung sinnvoll, besonders um die unterschiedlichen Zielsetzungen innerhalb der Offenen Jugendarbeit zu verstehen. Die verbandliche Jugendarbeit der katholischen Kirche der Deutschschweiz besteht aus den beiden Verbänden Jungwacht Blauring und dem Verband Katholischer Pfadfinderinnen und Pfadfinder (VKP).

Innerhalb der Katechese der 12- bis 20-Jährigen ist zwischen dem Religionsunterricht (Katechese) auf Sekundarstufe 1 und der Firmung 17/18+ zu unterscheiden.

Die MinistrantInnen-Arbeit und die liturgischen Angebote für Jugendliche nehmen innerhalb der Jugendpastoral eine Sonderstellung ein, da sie neben der Jugendpastoral auch der Liturgie zuzuordnen sind.

Schaubild 1: Übersichtsdarstellung der Jugendpastoral

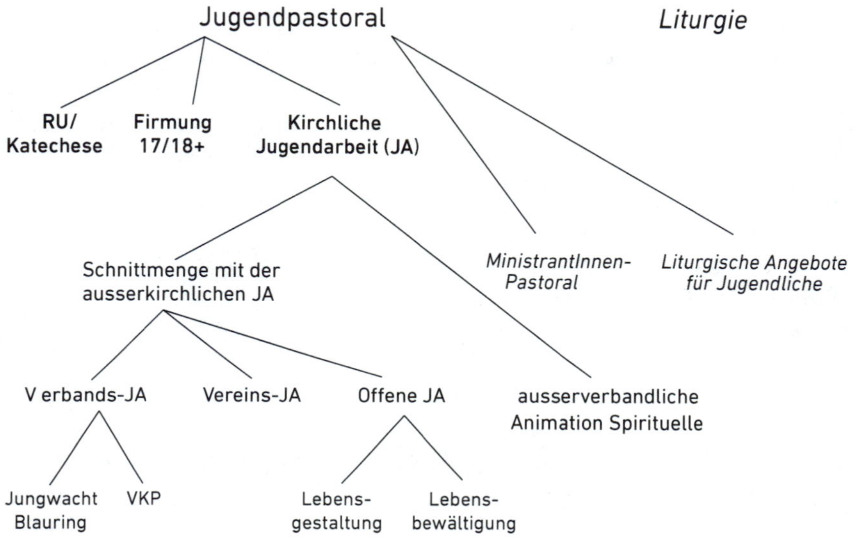

5.2 Kirchliche Jugendarbeit

Die kirchliche Jugendarbeit umfasst vier Arbeitsbereiche: die verbandliche Jugendarbeit, die Vereinsjugendarbeit, die Offene Jugendarbeit und die ausserverbandliche Animation Spirituelle.

Schaubild 2: Kirchliche Jugendarbeit

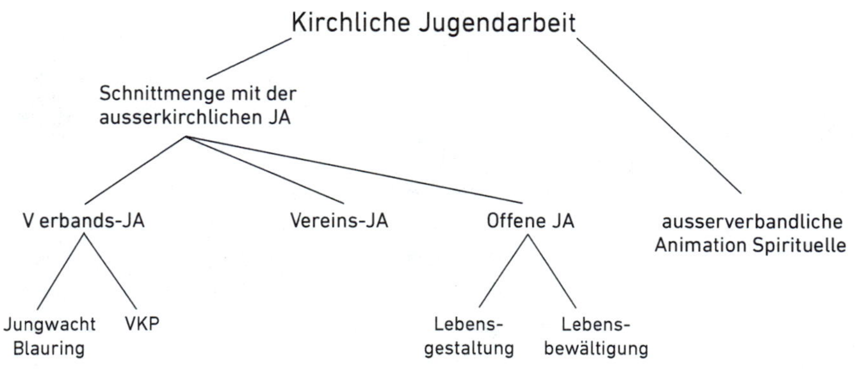

5.3 Jugendarbeit

Jugendarbeit besteht aus Angeboten, an denen Jugendliche in ihrer Freizeit freiwillig teilnehmen und bei denen die Vertretung ihrer Interessen, Partizipation, Verwirklichung von Ideen und Projekten, Bildung und/oder soziale Integration im Zentrum stehen – und die ausserhalb von Schule und sozialpädagogischen Institutionen (z. B. Wohnheime oder Tagesstrukturen) stattfinden.

Die Jugendarbeit kann von einer privaten (Vereine, Verbände) oder öffentlichen (Gemeinden, Kirchgemeinden) Trägerschaft verantwortet werden. Die Leitung kann sowohl bei Professionellen wie auch Ehrenamtlichen liegen.

5.4 Vereinsjugendarbeit, Verbandsjugendarbeit und Offene Jugendarbeit

In der Sozialen Arbeit resp. der Soziokulturellen Animation wird heute meist zwischen Vereinsjugendarbeit, Verbandsjugendarbeit (bündische Jugendarbeit), Offener Jugendarbeit und kirchlicher Jugendarbeit unterschieden (siehe Tabelle 2). Diese Systematisierung geht auf die in politischen Gemeinden vorzufindende Realität zurück; an einem Runden Tisch zur Jugendarbeit einer Gemeinde können z. B. Vertreterinnen und Vertreten aller vier Bereiche Platz nehmen. Trotzdem hat diese Kategorisierung eine logische Schwierigkeit, da sie auf unterschiedlichen Kriterien beruht. Etwas überspitzt wäre es mit der Unterscheidung vergleichbar, dass Äpfel, Birnen und Pflaumen mit Obst aus einem Bioladen verglichen werden. Bei den ersten drei Kategorien (der Vereins-, der Verbands- und der Offenen Jugendarbeit) handelt es sich um drei unterschiedliche Bereiche resp. Arbeitsfelder der Jugendarbeit, mit je einer eigenen Methodik, unterschiedlicher Geschichte, verschiedenen Professionalisierungsgraden und Organisationsformen – im Bild Äpfel, Birnen und Pflaumen. Die vierte Kategorie, die kirchliche Jugendarbeit, nennt das Arbeitsfeld Kirche, innerhalb dessen Angebote für Jugendliche gemacht werden – im Bild der Bioladen. Dieses Angebot der Kirche für Jugendliche besteht unter anderem ebenfalls aus Vereins-, Verbands- und Offener Jugendarbeit – um im Bild zu bleiben: Auch im Bioladen gibt es Äpfel, Birnen und Pflaumen allerdings aus biologischer Produktion.

Zwar gehören gewisse Formen der Auseinandersetzungen mit Sinnfragen (siehe den Abschnitt Ausserverbandliche Animation Spirituelle) zur kirchlichen Jugendarbeit, jedoch ist es eine recht naive Verkürzung, das «Religiöse» resp. die Rede von Gott als Unterscheidungsmerkmal zu betrachten. Erstens beschäftigen sich etwa auch die nicht-konfessionellen PfadfinderInnen explizit mit der Beziehung zu Gott sowie mit den Sinn und Zweck des Lebens. Zweitens wäre es aus der theologischen Perspektive absurd anzunehmen, die Gotteserfahrung und das Nachdenken über Sinn und Zweck des Lebens wären ausserhalb der Kirche, oder der kirchlichen Jugendarbeit, nicht anzutreffen.

Tabelle 2: Übersicht Vereinsjugendarbeit, Verbandsjugendarbeit, Offene Jugendarbeit und kirchliche Jugendarbeit

	Vereinsjugendarbeit	Verbandsjugendarbeit	Offene Jugendarbeit	Kirchliche Jugendarbeit
Vereinsmethodik	z. B. Juniorenarbeit in Sportvereinen, Musikvereinen, Modellbauclubs usw.	-	-	Vereine und vereinsähnliche Gruppen, z. B. Jugendchor, Theatergruppe, Jugendorchester, MinistrantInnen-Gruppen
Jugendverbandsmethodik	-	z. B. nicht-konfessionelle PfadfinderInnen, CEVI, Jungwacht Blauring	-	Verband kath. PfadfinderInnen, Jungwacht Blauring
Methodik der Offenen Jugendarbeit	-	-	Offene Jugendarbeit getragen von einer politischen Gemeinde oder einem Trägerverein	Offene Jugendarbeit einer Kirchgemeinde z. B. Jugendtreff einer Kirchgemeinde

5.5 Verbandliche Jugendarbeit und kirchliche Jugendverbände

5.5.1 *Jugendverbände*

Jugendverbände sind überregionale Zusammenschlüsse von Kindern und Jugendlichen, die gemeinsame Interessen und Ziele verfolgen. Die Arbeit wird in festen Organisationsstrukturen von den Mitgliedern getragen. Die Mitgliedschaft ist freiwillig; Verbindlichkeit, Inhalte, Aktivitäten und Arbeitsmethoden sind je nach Organisation unterschiedlich.

In der Schweizerischen Arbeitsgemeinschaft der Jugendverbände (SAJV) sind aktuell mehr als sechzig Jugendorganisationen vertreten, von kantonalen Dachverbänden, PfadfinderInnen, konfessionellen Organisationen, SchülerInnen- und StudentInnen-Organisationen über Naturschutzorganisationen bis hin zu Gewerkschaften. Die «klassischen» Jugendverbände, die Pfadibewegung Schweiz, Jungwacht Blauring und CEVI, sind innerhalb der SAJV mit Abstand die mitgliederstärksten Jugendverbände.

5.5.2 *Besonderheiten der katholischen Jugendverbände*

Die Anbindung an die katholische Kirche der Jungwacht Blauring und des Verbands Katholischer Pfadfinderinnen und Pfadfinder (VKP) führt oft zu Fehlschlüssen: Weder die Mitglieder noch die Leiterinnen und Leiter sind besonders kirchenverbunden noch werden sie von einem religiösen Interesse geleitet. Ihr Interesse gilt zuerst der Jugendverbandsarbeit. Das heisst, dass die teilnehmenden Kinder und Jugendlichen zusammen mit Gleichaltrigen und nur wenig älteren Leiterinnen und Leitern in der Freizeit eine erlebnisreiche Zeit in einer guten Atmosphäre verbringen wollen. Die Leiterinnen und Leiter wollen das weitergeben, was sie selbst als gut erlebt haben, sie wollen Selbstwirksamkeit erfahren und Verantwortung übernehmen. Die zweite, erstaunlicherweise recht verbreitete Ungenauigkeit ist es, das Nachdenken über Sinn, Spiritualität und Religion im Jugendverband als Spezifikum der kirchlichen Jugendverbände zu bezeichnen. Im Gegenteil: Die bewusste Auseinandersetzung mit der persönlichen Beziehung zu Gott resp. zur Spiritualität als zentrale Grundlagen ist eine der zentralen Forderungen des Gründers der Pfadfinderbewegung Robert Baden-Powell.[2] Die Bedeutung dieses Grundsatzes und wie er heute gelebt werden soll, war und ist in der Pfadibewegung Schweiz ein Punkt kontroverser Diskussionen. Trotzdem gibt es in der Schweiz keinen grösseren Jugendverband,[3] der die religiöse Dimension des Menschseins ausklammert oder sich atheistisch positioniert. Würde jedoch heute ein Kinder- und Jugendverband gegründet, fänden sich in den Grundlagen wohl ausser der Nennung der konfessionellen und religiösen Neutralität kaum Aussagen zu Gott und der Religion.

Eine Besonderheit der katholischen Jugendverbände ist die Präsesfunktion. Der/die Präses[4] ist eine kirchlich beauftragte Person, die u. a. das Leitungsteam des Jugendverbandes begleitet, aber heute selbst meist keine Leitungsfunktion wahrnimmt. In der Vergangenheit war dies ein Geistlicher, der in den von Laien geführten Organisationen die Integration in die katholische Kirche und den geistlichen Beistand sicherstellte. Mit dem Wandel im Nachgang des Zweiten Vatikanischen Konzils und den Veränderungen innerhalb der Verbände haben sich Rolle und Aufgaben der Präses stark verändert: Geblieben ist die spezielle Verantwortung für den Bereich der Animation Spirituelle im Jugendverband und die Brückenfunktion zur Pfarrei/Kirchgemeinde, hinzugekommen ist eine bewusstere Begleitung des Leitungsteams, ohne jedoch Leitungsaufgaben zu übernehmen.

Die meisten Präses erfüllen heute ihre Aufgabe innerhalb einer kirchlichen Anstellung und verfügen über eine theologische oder katechetische Ausbildung. Das Fehlen von geeigneten kirchlichen MitarbeiterInnen und die hohen Kompetenzen innerhalb der Verbände haben aber schon in den 1990er-Jahren verbreitet dazu geführt, dass auch ehemalige Leiterinnen und Leiter von Kirchgemeinden mit dieser Aufgabe in kleinen Teilpensen betraut wurden.

---

2 In Baden-Powells Menschenbild taugt ein Mensch nicht viel, der nicht an Gott glaubt und dessen Gesetzen gehorcht. [No man is much good unless he believes in God and obeys His laws. So every Scout should have a religion] (Baden-Powell 2004 /1908, S. 20) Deshalb muss nach Baden-Powell jeder Pfadfinder eine Religion haben und sich mit ihr auseinandersetzen – welche Religion das auch immer sei.

3 Eine Ausnahme bilden die Roten Falken, eine sozialistische Kinder- und Jugendgruppe, die ihre Wurzeln in der (Schweizer) Arbeiterbewegung hat. Heute bestehen von den einst 41 Ortsgruppen mit über 3000 aktiven Kindern und Jugendlichen noch wenige aktive Falkengruppen in Zürich und Bern.

4 Die Mehrzahl von Präses wird in den Verbänden unterschiedlich gebildet: Der VKP spricht von Präses, die Jungwacht Blauring von Präsides.

5.6 Vereine und vereinsähnliche Gruppen in Kirchgemeinden

5.6.1 *Vereine als Organisationsform*

Vereine sind freiwillige, meist auf eine längere Zeit angelegte Vereinigungen mit einer eigenen Rechtsform, um einen bestimmten gemeinsamen Zweck zu erfüllen. In der Schweiz haben Vereine im sportlichen, sozialen und kulturellen Bereich eine grosse Bedeutung: Rund die Hälfte aller Einwohnerinnen und Einwohner der Schweiz sind Mitglied eines oder mehrerer Vereine, wobei die Sportvereine die grösste Sparte innerhalb der Vereine darstellen.

Die zahlreichen Vereine, die sich an Jugendliche richten, unterscheiden sich bezüglich Angebot, Methodik und Partizipationsgrad stark. In einem groben Überblick lässt sich festhalten, dass die Mehrheit der Jugendarbeit in den Vereinen ehrenamtlich geleistet wird und die Motivation für die Arbeit häufig auch mit der «Nachwuchssicherung» für den Verein begründet wird.

5.6.2 *Vereine und vereinsähnliche Gruppen in Pfarreien*

In Pfarreien sind Vereine und vereinsähnliche lokale Gruppen anzutreffen, die zur kirchlichen Jugendarbeit gehören, jedoch weder der verbandlichen noch der Offenen Jugendarbeit zuzurechnen sind. Dies hat oft geschichtliche Gründe. In den 1980er- und frühen 1990er-Jahren erlebte die Arbeit mit Gruppen im Umfeld der kirchlichen Jugendarbeit auf lokaler Ebene einen eigentlichen Boom: zum Teil auf Grund der Initiative von Jugendlichen (z. B. ein Jugendorchester oder eine Dritte-Welt-Gruppe), als bewusste Gründung (z. B. Jugendchor), als dauerhafte Gruppen, die sich in einem Projekt oder einer Aktivität gefunden hatten (z. B. entwickelt sich aus einem Theaterworkshop eine Jugendtheatergruppe), oder dadurch, dass Personen mit speziellen Fähigkeiten in der Jugendpastoral arbeiteten, um die sich Jugendliche mit entsprechenden Interessen scharten (Musik, Fotografie, Film/Video, Theater).

Oft verfügten diese Gruppen, zumindest in der Gründungsphase, über keine eigenständige Rechtsform und waren Organisationen einer Kirchgemeinde. Sie sind aber in den Aktivitäten und der Organisationsform mit Vereinen vergleichbar.

Zum Teil lösten sich diese Gruppen im Lauf der Zeit personell und strukturell von den kirchlichen Strukturen – häufig bei Gruppen mit künstlerischen Aktivitäten. Neugründungen, die auf Initiativen von Jugendlichen zurückgehen, sind selten geworden.

5.7 Offene Arbeit mit Kindern und Jugendlichen[5]

Offene Kinder- und Jugendarbeit besteht aus Angeboten, die ohne Mitgliedschafts- und Konsumzwang und ohne weltanschauliche Verpflich-

Tabelle 3: Angebote der Offenen Kinder- und Jugendarbeit systematisiert nach Lebensgestaltung und -bewältigung und nach Altersgruppen

	Lebensgestaltung	**Lebensbewältigung**
6- bis 9-jährige Kinder und 10- bis 12-jährige Kids	Aktionen und Kurzprojekte, stationäre und mobile Kinderanimation, Kinderbüros, Partys, Feste und Kurse, Spiel- und Erlebnisangebote (Kindertreff)	Kindertreff[6], Beratung/Begleitung, mobile/aufsuchende Arbeit mit Kindern, Präventionsangebote
12- bis 16-jährige Jugendliche	Jugendbüros/Jugendinformationsstellen, Projekte/Aktionen, selbstorganisierte Konzerte und Partys, Kurse und Workshops, Erlebnis- und Reiseangebote/Erlebnispädagogik (Jugendtreff)	Jugendtreff, Beratung/Begleitung, mobile/aufsuchende Jugendarbeit, Peergruppenräume, Präventionsangebote
16- bis 20-jährige Jugendliche und junge Erwachsene zwischen 20 und 25 Jahren	Jugendkultur	Beratung/Begleitung, mobile/aufsuchende Jugendarbeit, Präventionsangebote

5 Vergleiche für den folgenden Abschnitt Wettstein 2013.

6 Je nach Ausgestaltung und Zielgruppe sind Treffangebote eher der Lebensgestaltung oder der Lebensbewältigung zuzuordnen.

tungen genutzt werden können. Die Offene Kinder- und Jugendarbeit hat den Anspruch, die Lebensumstände der Heranwachsenden zu verbessern, und ist daher vielfach über die direkte Arbeit mit den Jugendlichen sozial, kulturell und politisch im Gemeinwesen aktiv.

Es ist sinnvoll, die Offene Jugendarbeit in Angebote zur Lebensgestaltung und Angebote zur Lebenshilfe zu unterscheiden, da diese Bereiche sich – wie bereits erwähnt – hinsichtlich der Ziele und Methoden unterscheiden. Angebote zur Lebensgestaltung ermöglichen es Jugendlichen, ein spannendes und selbstbestimmtes Leben zu führen, und richten sich an alle Jugendlichen in einem Gemeinwesen. Angebote zur Lebenshilfe (z. B. Jugendtreff, Unterstützung bei der Lehrstellensuche, Kurzberatungen) richten sich an Jugendliche mit besonderen Bedürfnissen oder in besonderen Lebenslagen – also bewusst nicht an alle.

In Tabelle 3 sind die Angebote der Offenen Arbeit mit Kindern und Jugendlichen unterteilt nach Angeboten der Lebensgestaltung und der Lebensbewältigung dargestellt – bewusst wurden für diese Darstellung die Angebote für Kinder ebenfalls aufgenommen.

5.8 Ausserverbandliche Animation Spirituelle

Die Animation Spirituelle als geplante, gemeinsame Auseinandersetzung mit Sinnfragen und mit ethischen Fragen ausserhalb der Jugendverbandsarbeit ist ein Spezifikum der kirchlichen Jugendarbeit. Das Ziel der Animation Spirituelle ist die Ermöglichung des Nachdenkens und die Förderung der Reflexionsfähigkeit im Bereich von Sinnfragen und ethischen Fragen. Animation Spirituelle will weder einen verfassten Glauben weitergeben noch in erster Linie religiös bilden. Aktivitäten der Animation Spirituelle bestehen meist aus einem Erlebnis- und einem Reflexionsteil (z. B. Lagerfeuer mit einem Parcours, in dem die Jugendlichen mit existenziellen Fragen konfrontiert werden; eine Sonnenaufgangswanderung mit einem Impuls zur Schöpfung), sie beruhen – wie alle Angebote der Jugendarbeit – auf Freiwilligkeit und sind so gestaltet, dass grundsätzlich alle Jugendlichen unabhängig von ihrer Konfession oder Religion daran teilnehmen können.

Die Formen und Methoden dieser Beschäftigung mit Sinnfragen sind der Jugendverbandsarbeit der Jungwacht Blauring und der Pfadibewegung Schweiz resp. dem Unterverband der katholischen Pfadi (VKP) entliehen. Der Begriff Animation Spirituelle (abgekürzt Anispi) wurde von der

Pfadibewegung Schweiz der französischsprachigen Pfadfinderbewegung übernommen. Innerhalb der Pfadibewegung Schweiz (PBS) engagiert sich besonders der Verband Katholischer Pfadfinderinnen und Pfadfinder in der Animation Spirituelle und hat massgeblich an der theoretischen und methodischen Weiterentwicklung dieses Bereiches in der deutschsprachigen Schweiz beigetragen. Dies auch, weil die Verbandspräses des VKP und z. T. die VerbandsleiterInnen und Präsides im Rahmen ihrer Arbeitszeit in der Untergruppe zur Anispi der PBS mitarbeiten konnten.

Die Jungwacht Blauring verfügt über eine ebenso lange Tradition der Beschäftigung mit Sinn- und Glaubensfragen und über eigene Zugangsweisen, Aktivitäten und Unterlagen. Die Bezeichnung Animation Spirituelle ist jedoch verbandsintern weniger geläufig, es wird innerhalb von Jungwacht Blauring meist von Unterlagen/Aktivitäten gesprochen, die den Grundsatz Glauben betreffen.

Zu unterscheiden sind die Angebote der Animation Spirituelle von Gottesdiensten und weiteren liturgischen Angeboten für Jugendliche. Diese sind selbstverständlich Teil der Jugendpastoral, jedoch nicht der kirchlichen Jugendarbeit zuzurechnen.

5.9 Abgrenzungen zwischen kirchlicher Jugendarbeit und Katechese anhand der Ziele und Methoden

Um die Unterschiede zwischen den katechetischen Angeboten und der kirchlichen Jugendarbeit genauer herauszuarbeiten, ist es sinnvoll, die Ziele und Methoden der beiden katechetischen Handlungsfelder Katechese auf der Sekundarstufe 1 und Firmung ab 17/18 von der kirchlichen Jugendarbeit hinsichtlich Zielsetzungen, struktureller Rahmenbedingen und methodischer Zugangsweisen (Tabelle 4) darzustellen. Dies auch, weil in der kirchlichen Praxis zum Teil die Firmung ab 17/18 fälschlicherweise als Jugendarbeit bezeichnet wird, im Sinne von: Ja, wir bieten in unserer Pfarrei mit der Firmung ab 17/18 kirchliche Jugendarbeit an.

Betrachten wir im Folgenden die unterschiedlichen Ziele und Methoden, wird schnell klar, dass es kaum möglich ist, eine einigende handlungsleitende Theorie zu formulieren, die auf alle drei Bereiche gemeinsam anwendbar wäre. Jedoch können sich alle drei Bereiche auf dieselben Grundlagen und Zugänge, etwa eine gemeinsame Subjekttheorie oder ein Mystagogieverständnis, stützen.

Tabelle 4: Ziele, Rahmenbedingungen und Methoden der kirchlichen Jugendarbeit, der Firmung 17/18+ und der Katechese Sek 1[7]

Bereiche	Kirchliche Jugendarbeit	Firmung 17/18+	Katechese Sek 1
Handlungsfelder	Kirchliche Jugendarbeit	Firmung 17/18+	Katechese, Religionsunterricht und Sakramentenvorbereitung auf Stufe Sek 1
Hauptziel	Mystagogische Begleitung in der Subjektwerdung	Kirchliche Sozialisation: Jugendliche zur mündigen Kirchenmitgliedschaft führen	Religiöse Bildung, Wissensvermittlung gemäss Lehrplan, Sakramentenvorbereitung
Struktureller Rahmen	Offen, niederschwellig, freiwillig, spontan, zufällig, alters-, konfessions- und herkunftsmässig gemischte Gruppen, Gruppen von unterschiedlicher Verbindlichkeit, Jugendverbandstrukturen	Aussserschulische Gruppen, nach Entscheid zur Teilnahme verbindlich, öffentlicher Aspekt der Firmung: Bekenntnischarakter	Formale Gefässe inner- und ausserhalb der Schule, schulisches Setting, verbindliche Teilnahme, Klassen, konfessionell
Methodische Zugangsweise	Erlebnis- und erfahrungsorientiert, spontan, projektbezogen, prozessorientiert, Option für die Jugend, Option für Randgruppen, Jugendverbandsmethodik	Ergebnisorientierte Projektarbeit, *rite de passage*, öffentlich, familien- und pfarreibezogen, Arbeit mit Firmpaten und Elternarbeit	Wissens- und resultatorientiert, Lernveranstaltungen, Elternarbeit

7 Schenker 2006, S. 8; Bistum Basel 2012, S. 6.

5.10 Kirchliche Jugendarbeit als Teil der eidgenössischen Kinder- und Jugendpolitik

Die Kinder- und Jugendpolitik auf Bundesebene ist ein junges Feld der Bundespolitik. Erst in den frühen 1970er-Jahren markierten parlamentarische Vorstösse den Beginn einer spezifischen Jugendpolitik auf Bundesebene:

- 1973 Bericht «Gut», der die Jugendpolitik als Beteiligungspolitik (Politik mit der Jugend), als Autonomieförderung (Politik der Jugend) und als soziale und kulturelle Hilfe (Politik für die Jugend) definierte;
- 1978 Schaffung der Eidgenössischen Kommission für Jugendfragen (heute für Kinder- und Jugendfragen);
- 1991 Bundesgesetz zur Förderung der ausserschulischen Jugendarbeit;
- 2003 Studie «Frossard» zur Entstehung und Entwicklung der Jugendpolitik in den Kantonen;
- 2008 Bericht des Bundesrates zur Strategie für eine schweizerische Kinder- und Jugendpolitik.

Die Kinder- und Jugendpolitik (Bundesrat 2008, S. 3) als Grundlage der Kinder- und Jugendförderung umfasst drei zentrale Elemente:

1. Kinder- und Jugendpolitik als eine Politik des Schutzes
Der Kinder- und Jugendschutz soll mit unterschiedlichen Massnahmen erreicht werden: Massnahmen im Bereich der «klassischen Jugendgefährdungen» (Missbrauch, Gewalt, Drogen, Sucht, gefährdende Medieninhalte); Verminderung der strukturellen Gefährdungen wie Armut und Ausgrenzung; Durchsetzung von Geboten, Verboten und Lenkungsmassnahmen als präventive Massnahmen; gefährdungsreduzierende Planung (z. B. kindgerechte Verkehrsplanung) bis hin zu fürsorgerischen Massnahmen und zum Kindesschutz-, Straf- und Arbeitsrecht.

2. Kinder- und Jugendpolitik als Förderung der Entwicklung und Autonomie
Kinder und Jugendliche sollen die Möglichkeit erhalten, ihre emotionalen, intellektuellen und kreativen Fähigkeiten zu entwickeln und in sozialer Verantwortung selbstständig zu werden – dabei soll auf Chan-

cengleichheit (spezielle Förderung nach Gender, Herkunft, Behinderung, Schicht) geachtet werden.

3. Kinder- und Jugendpolitik als Politik der Mitsprache und Mitbestimmung
Kinder und Jugendliche sollen in die Entscheidungsprozesse einbezogen werden und damit Mitsprache- und Mitentscheidungsmöglichkeiten erhalten.

Die drei genannten Elemente wurden in der Botschaft des Kinder- und Jugendförderungsgesetzes (Bundesrat 2010, S. 6808f.) aufgenommen und in Bezug mit der ausserschulischen Arbeit mit Kindern und Jugendlichen gesetzt: Die Kinder- und Jugendförderung wird dabei als Förderung der Entwicklung und Autonomie verstanden. Innerhalb der Jugendförderung wird der ausserschulischen Arbeit mit Kindern und Jugendlichen ein integratives und präventives Potenzial zugesprochen. In Abgrenzung zur Jugendförderung fokussiert die öffentliche Politik des Kinder- und Jugendschutzes auf Schutzmassnahmen, Reduktion von Gefährdung und Notlagen und auf die Lösung von konkreten Problemen (Bundesrat 2008). Mit der Jugendförderung und dem Jugendschutz gemeinsam sollen günstige Rahmenbedingungen des Aufwachsens geschaffen werden.

Als Akteure der Kinder- und Jugendförderung werden die Offene Kinder- und Jugendarbeit, die Jugendverbände, *die kirchliche Jugendarbeit* und die öffentlichen Stellen auf kommunaler und kantonaler Ebene genannt. Innerhalb der kirchlichen Jugendarbeit wurden die Grundlagen der eidgenössischen Jugendpolitik bisher kaum breit diskutiert, was bedauerlich ist: Denn sowohl der kirchlichen Jugendverband wie auch der Offenen Arbeit mit Kindern und Jugendlichen in kirchlicher Trägerschaft wird darin ein zentrale Rolle zugeschrieben.

6 Jugend und Religion

Religion ist für die Mehrheit der Jugendlichen kein zentrales Lebensthema (vgl. für das Folgende: Demont/Schenker 2009). Trotzdem glaubt ein grosser Teil an Gott resp. eine höhere Macht. Jugendliche begegnen dem Phänomen Religiosität generell mit einer «neugierigen Offenheit» (Kessler 2015, S. 147) – aber mit einer bewussten Distanziertheit: Religion und besonders starke religiöse Überzeugungen werden als ein Phänomen der anderen betrachtet. Hochreligiöse Gleichaltrige werden von den Jugendlichen oft als Bespiele für eine fremdbestimme Religiosität genannt, als sympathische Beispiele gelebter traditioneller Religion gelten häufig die eigenen Grosseltern. Diese herkömmliche konfessionelle Religiosität der Grosseltern wird von den Jugendlichen als «Auslaufmodell» beschrieben, das noch in eine ländliche Umgebung und zur Altersgruppe der Grosseltern passt – jedoch nicht mehr zu einem jugendlich-städtischen Lebensstil.

Der Mainstream der Jugendlichen meldet heute auf dem Feld der Religion einen umfassenden Autonomieanspruch an: Religion wird primär als Ergebnis einer persönlichen Entscheidung gesehen und ausserhalb eines Migrationskontextes kaum als Zugehörigkeit durch familiäre Herkunft. Auch die Art der Gottessuche hat sich verändert: An die Stelle der theologischen (Wahrheits-)Suche treten pragmatisch-selbstbezogene (Was bringt es mir?) oder pragmatisch-soziale Überlegungen (Wie sehen mich meine Peers, wenn ich das glaube?). Jugendliche argumentieren heute meist mit psychologischen Kriterien und selten theologisch. Religiöse Inhalte, die die Lebensführung und Entscheidungsfreiheit einschränken würden, werden von den meisten Jugendlichen von vornherein abgelehnt.

Kirchliche Jugendarbeit wird fälschlicherweise oft mit religiösen Angeboten für die Kinder von Kirchenmitgliedern assoziiert, oder aber die Besonderheit der kirchlichen Jugendarbeit wird in der Thematisierung des Glaubens vermutet. Auch wenn diese Vorstellungen so nicht zutreffen, ist Religion ein zentrales Thema der kirchlichen Jugendarbeit: Einerseits muss sich die kirchliche Jugendarbeit im Feld von Kirche und Religion positionieren, andererseits sehen die Jugendlichen in den kirchlichen JugendarbeiterInnen oft Ansprechpersonen in religiösen Fragen.

Für die kirchliche Jugendarbeit ist es deshalb notwendig zu verstehen, was Religiosität heute in der Lebenswelt der Jugendlichen bedeutet und wie sich Religiosität im Jugendalter entwickelt. Einen besonderen Schwerpunkt dieses Kapitels bildet die Entwicklung der Religiosität im Jugendalter.

6.1 Was ist Religion?

Eine Reihe von Wissenschaften, von der Theologie bis zur Religionspsychologie, hat Religion als zentralen Gegenstand. Trotzdem herrscht innerhalb und zwischen den Wissenschaften keine Einigkeit darüber, was Religion ist und wie sich Religion von anderen nicht-religiösen Bereichen abgrenzt (vgl. Pollack 1995). Hingegen hat sich die Unterscheidung zwischen zwei Definitionsarten durchgesetzt: Inhaltliche Religionsdefinitionen beschreiben Religiosität als Verhalten und Einstellungen, die die Beziehung zu etwas Transzendentem (Überweltlichem, Übermenschlichem, Übernatürlichem) als Inhalt haben. Im Gegensatz dazu beschreiben funktionale Definitionen die sozialen oder psychologischen Funktionen, die Religion erbringt.

Die zentrale Funktion der Religion ist die Kontingenzbewältigung, also die Erklärung von zufälligen Ereignissen, die für das Individuum von Bedeutung sind. Religion erklärt also das Unerklärbare, das aber nach einer Erklärung drängt. Naturwissenschaftlich-rational ist die Frage, *warum* ein zufälliger Schicksalsschlag einen bestimmten Menschen trifft, nicht sinnvoll. Religion kann als die Beantwortung der Warum-gerade-ich-Frage mit dem Rückgriff auf eine übernatürliche Wirklichkeit verstanden werden.

Durch die religiöse Bearbeitung wird es dem/der Einzelnen sogar möglich, zufälligen Schicksalsschlägen (etwa einer Krankheit) einen tieferen Sinn zu verleihen. Religion ermöglicht es u. U. selbst nach massiven, überraschend hereingebrochenen negativen Ereignissen, die Vergangenheit hinter sich zu lassen und wieder hoffnungsvoll in die Zukunft zu sehen. Die Kontingenzbewältigung ist, so Herrmann Lübbe (1996), der säkularisierungs- und aufklärungsresistente Kern der Religion: Auch in einer säkularisierten Gesellschaft wird sie nie ganz verschwinden. «Lebensmängel» (Lübbe) wie Krankheit und Tod werden sich nie beseitigen lassen. Daher wird es immer Hilflosigkeits- und Leiderfahrungen geben, die bewältigt werden müssen.

Funktionale Definitionen sind so angelegt, dass sie die Vielfalt der heutigen Praktiken und Einstellungen umfassen. Eine Definition muss «so weit gefasst sein, dass sie sich nicht nur auf die historisch gewachsenen Religionen, sondern auch auf [...] Phänomene wie Astrologie, New Age, neue Innerlichkeit, Sinnsuche, Okkultismus, Tischrücken, Wahrsagerei, Telepathie usw. zu beziehen vermag» (Pollack 1995, S. 182). Das heisst, in einem funktionalen Verständnis kann Religion die verschiedensten Inhalte besitzen, die teilweise weit über die herkömmlichen Religionen mit einer monotheistischen Gottesvorstellung hinausreichen. Hierzu gehören Ideologien ebenso wie Jugendkulturen oder «Lebensphilosophien» wie Dark Metal, neue Hexenkulte und die Rastabewegung. Jedoch sollten diese spektakulären Randphänomene den Blick für die Mehrheiten nicht verstellen: Weit mehr als 95 Prozent der Jugendlichen vertreten mehr oder weniger herkömmliche Gottes- und Religionsvorstellungen, darauf deuten alle aktuellen Studien aus der Schweiz hin (vgl. Kessler 2015). Vermutlich sind die religiösen Vorstellungen im Alterssegment der 50- bis 65-Jährigen heute im Schnitt unkonventioneller als jene der 12- bis 25-Jährigen.

Die Kontingenzbewältigung umfasst immer Aspekte der Kontrolle: Durch die Erklärbarkeit vermindert sich die Erfahrung der Hilflosigkeit im Angesicht der existenziellen Ungesichertheit (z. B. Tod naher Menschen, eigene Sterblichkeit, Labilität der Gesundheit). Jede gelungene Bewältigung von Kontingenz ist auch die Erfahrung, auf drängende Fragen eine sinnvolle Antwort gefunden und damit die Gefahr der Verzweiflung abgewendet zu haben: Das Leben und Unwägbarkeiten des Lebens erscheinen erklärbarer – und damit auch kontrollierbarer. Je nach Struktur und Inhalten der Religion geht die Kontrolle noch weiter, bis zur direkten (scheinbaren) Kontrolle zufälliger Ereignisse.

In den bisherigen Ausführungen war vor allem von negativen Ereignissen die Rede, die durch Religion verarbeitet werden. Tatsächlich sind es in erster Linie die Lebensmängel, die einen Kontingenzbewältigungsprozess notwendig machen: Die drängenden Warum-gerade-ich-Fragen lösen einen weit grösseren Bewältigungsdruck aus als ein Lottogewinn.

Von der Religion als Kontingenzbewältigung ist die Verminderung des Erklärungsdruckes zu unterscheiden. Entspannungstechniken und psychoaktive Drogen etwa können die bohrenden Fragen nach kritischen Lebensereignissen zumindest zeitweise abschwächen – Entspannungstechniken wohl etwas nachhaltiger. Meditation oder Drogenkonsum können Teil von religiösen Praktiken sein, alleine angewandt bewältigen sie jedoch die Kontingenz nicht im Sinn einer Erklärung, sondern vermindern lediglich den Erklärungsdruck – sie sind ohne Sinneinbettung ebenso wenig als Religion zu betrachten wie reine Verdrängung.

6.2 Die drei Basisaspekte von Religiosität

Religiosität ist als facettenreiches Phänomen nicht nur schwer zu fassen, auch innerhalb der Religionspsychologie herrscht keine Einigkeit, wie Religion zu konzeptionieren ist. So existieren verschiedene Theorieansätze, Zugangsweisen und Traditionen, die meist unverbunden nebeneinanderstehen. Mit dem Modell der drei Basisaspekte der Religiosität (Schenker 1996) sollen die wichtigen Phänomene von Religiosität berücksichtigt und die Theorieansätze so verbunden werden, dass die Erkenntnisse der empirischen Religionsforschung miteinander in Beziehung gesetzt werden können.

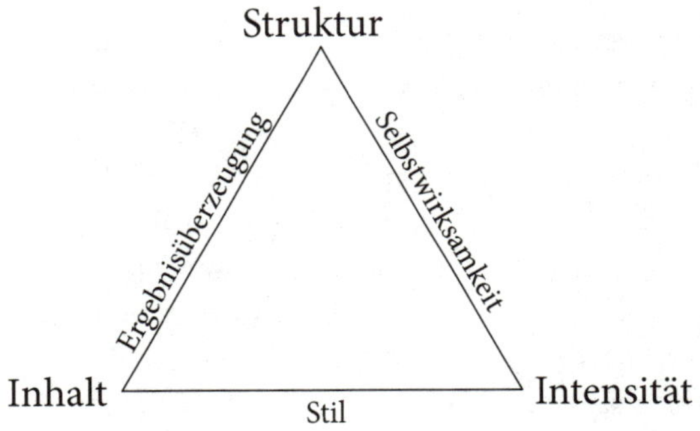

Abbildung 1: Schaubild der Verknüpfung von Struktur, Inhalt und Intensität

6.2.1 Struktur, Inhalt und Intensität

Das Modell der Basisaspekte von Religiosität setzt Struktur, Inhalt und Intensität von Religiosität in Verbindung zueinander. Aus der Verbindung dieser Aspekte lassen sich die religiösen Stile sowie die religiöse Ergebnis- und Selbstwirksamkeitsüberzeugung ableiten.

Der erste Basisaspekt von Religiosität, die Struktur, bezieht sich auf die jeweilige Grundlogik der religiösen Wahrnehmung und Deutung. Fritz K. Oser hat in seiner Theorie des religiösen Urteils eine Stufenabfolge solcher Strukturen beschrieben (vgl. 6.3.2 Die Stufen des religiösen Urteils. Das heisst, die Stufen des religiösen Urteils nach Oser (Oser/Gmünder 1996) bilden den Rahmen, innerhalb dessen die religiöse Wahrnehmung und Interpretation erfolgen. Sie sind die Brille, durch die die Umwelt wahrgenommen und religiös gedeutet wird. Mit anderen Worten. das religiöse Urteil liefert die Grundlogik für eine stufenspezifische Bewältigung der Kontingenz.

Der *Inhalt* ist der zweite Basisaspekt der Religiosität. Die inhaltliche Füllung von Religiosität ist ihr historischer und kontextabhängiger Teil und zeigt sich in verschiedenen Dimensionen: in religiösen Vorstellungen, Glaubenssätzen, religiösem Wissen, religiösen Handlungen oder Einstellungen. Das religiöse Urteil als Struktur verleiht den einzelnen Inhalten ihre spezifische Bedeutung und ordnet die Inhalte zu einer strukturierten Ganzheit – im Sinn einer subjektiven Theologie. Im Gegensatz zum religiösen Urteil sind die Inhalte zeit- und kulturabhängig variabel und können aktiv vermittelt resp. gelernt werden.

Mit der *Intensität* als drittem Basisaspekt wird der Grad der allgemeinen Religiosität abgebildet. Die Feststellung, dass es generell religiösere und weniger religiöse Menschen gibt, klingt banal. Trotzdem darf die Intensität von Religiosität nicht vernachlässig werden: Zusammen mit der Stufe bestimmt die Intensität – relativ unabhängig von den Inhalten –, welche Bedeutung Religion im Alltag eines Menschen zukommt.

Die Unterscheidung in Inhalt und Intensität (Huber 2003, S. 149; Schenker 1996, S. 71) trägt einem auffälligen Resultat empirischer Analysen Rechnung: In Untersuchungen wird statistisch meist ein starker Generalfaktor (Huber/Reich/Schenker 2003) beobachtet, der gewöhnlich mit «allgemeiner Religiosität» bezeichnet wird. Dieser Generalfaktor korreliert stark mit den anderen Dimensionen von Religiosität: Wer über eine hohe allgemeine Religiosität verfügt, verfügt meist in allen anderen Dimensionen (z. B. Gebet, Gottesdienstbesuch, Wissen, Erfahrung) über eine hohe Ausprägung. Stefan Huber (2003) hat in seinem Messmodell sorgfältig nachgewiesen, dass die Unterscheidung zwischen Intensität (Huber nennt sie Zentralität) und inhaltlichen Dimensionen empirisch sinnvoll ist. Huber legt sich hierbei auf fünf Dimensionen fest, die von den Amerikanern Rodney Stark und Charles Y. Glock in den 1960er-Jahren vorgeschlagen wurden (Glock 1969): Ritual, Wissen, Erfahrung, Ideologie, Gebet. Durch die Pluralisierung und Individualisierung von Religion halte ich es im Gegensatz zu Huber für sinnvoll, die Anzahl der Dimensionen nicht zu beschränken und eine gewisse Überschneidung mit religionsnahen Vorstellungen (z. B. dem Glauben an eine gerechte Welt) zuzulassen.

6.2.2 *Ergebnisüberzeugung, Selbstwirksamkeit und Stil*

Die religiöse *Ergebnisüberzeugung*[8] ist die persönliche Vorstellung darüber, was mit dem eigenen Verhalten oder religiösen Praktiken *grundsätzlich* bewirkt werden. Kann man etwa Gott durch Gebet so beeinflussen, dass sich der Ausgang eines zukünftigen Ereignisses ändert? Die zentralen Fragen sind hier: Greift Gott in den Lauf der Welt ein? Wenn ja, wie sieht dieses Eingreifen aus, und kann man Gott beeinflussen? Die Logik zur Beantwortung dieser Fragen entspringt dem religiösen Urteil: Das heisst, die Ergebnisüberzeugung wird primär von der Stufe des religiösen Urteils bestimmt und sekundär von den Inhalten. So rechnen etwa Personen, die sich auf Stufe 2 des religiösen Urteils befinden und charismatisch-freikirchliche Inhalte vertreten, mit der grundsätzlichen Möglichkeit des direkten, wundersamen Eingreifens Gottes aufgrund von Gebeten. Diese Kombination von Struktur und Inhalt hat zur Folge, dass die religiöse Ergebnisüberzeugung sehr hoch ist: In diesem Denkmodell ist für Gott nichts unmöglich: Er kann Kranke heilen oder eine Prüfung bestehen lassen. Alle erlebte Kontingenz bekommt so immer auch Zeichencharakter oder ist das Spiegelbild des eigenen Glaubens und Handelns.

Die *Selbstwirksamkeitsüberzeugung* ist die Einschätzung eines Individuums, selbst eine bestimmte mögliche Wirkung erzielen zu können. Auch die Selbstwirksamkeitsüberzeugung wird primär von der Stufe des religiösen Urteils und sekundär von der Intensität bestimmt.

Bei den religiösen Selbstwirksamkeitsüberzeugungen sind zwei Arten zu unterscheiden:

- die Selbstwirksamkeitsüberzeugung, die sich auf Fähigkeiten bezieht, selbst direkt zu handeln, zum Beispiel die Fähigkeit, aufgrund des eigenen Glaubens andere Menschen zu trösten, auch in Zeiten von grossen Belastungen ruhig zu bleiben oder selbstständig religiöse Texte zu verstehen (Di Loreto/Oser 1996).
- die Selbstwirksamkeitsüberzeugung, Gott beeinflussen zu können, der dann «stellvertretend» im Sinne des Individuums handelt, zum Beispiel die Fähigkeit, durch Gebete oder Handlungen Gott so zu

8 Ergebnisüberzeugung hier im Sinn von Albert Bandura (1977).

beeinflussen, dass er den Ausgang eines Ereignisses im Sinn des Individuums bestimmt. Diese Form der Selbstwirksamkeitsüberzeugung ist charakteristisch für die zweite Stufe des religiösen Urteils.

Die Kombination aus der Ergebnis- und der Selbstwirksamkeitsüberzeugung bezeichnet August Flammer als Kontrollüberzeugung (1990, S. 86). Das heisst, ein Individuum geht davon aus, persönlich ein bestimmtes Ereignis kontrollieren zu können. Eine Besonderheit von Religion ist es, Menschen eine Kontrollüberzeugung in Bereichen zu vermitteln, die nach naturwissenschaftlichen Kriterien nicht oder nur sehr schwer kontrollierbar sind. Neben der direkten Kontrolle kann Religion, wie bereits erwähnt, je nach Stufe des religiösen Urteils indirekte Kontrolle (Beeinflussung Gottes, der handelt) vermitteln – rational betrachtet handelt es sich dabei um eine sogenannte illusorische Kontrolle.

Der religiöse *Stil*[9] ist das Produkt des Zusammentreffens von Inhalten und der Intensität von Religiosität mit biografischen und sozialen Einflüssen. Der Stil ist die äussere Erscheinungsform von Religiosität und eine mehr oder weniger zusammenhängende Ganzheit von Ästhetik und Verhalten. So eindrücklich die verschiedenen religiösen Stile auch sind, der Einfluss des Stils auf die meisten nicht-religiösen Einstellungen oder das Verhalten ist beschränkt. In verschiedenen Ansätzen wird der Einfluss resp. die Aussagekraft des Stils überschätzt, da er z. T. sehr spektakulär wirkt und zu dem Fehlschluss verleitet, ein extremer Stil sei per se Ausdruck einer hohen Eigenleistung und geringen Commitments.

6.3 Das religiöse Urteil nach Oser/Gmünder

Der erste Basisaspekt von Religiosität ist das religiöse Urteil. Es verkörpert die Grundlogik, innerhalb derer Kontingenz bewältigt wird. Für die Beschäftigung mit der Betrachtung der Religion von Jugendlichen ist die Theorie des religiösen Urteils zusätzlich der Schlüssel zur wichtigsten Veränderung der religiösen Vorstellungen in der Adoleszenz: der Übergang

9 Im Unterschied dazu bezeichnet Heinz Streib religiöse Stile als lebensgeschichtlich beeinflussten Umgang mit Religion (Streib 1997, S. 61) und verwendet den Stilbegriff als Modifikation der Theorie des religiösen Urteils (und der anderen kognitiv-strukturellen religiösen Entwicklungstheorien).

von der Vorstellung des Tun-Ergehen-Zusammenhangs zur Autonomie des Menschen – dies wird in einem eigenen Unterkapitel ausgeführt.

Die Theorie des religiösen Urteils wurde am Pädagogischen Institut der Universität Freiburg i. Üe. von Fritz K. Oser und Paul Gmünder Anfang der 1980er-Jahre entwickelt. In den 1980er- bis in die frühen 2000er-Jahren haben verschiedene Wissenschaftler, allen voran Anton A. Bucher und K. Helmut Reich, an der Weiterentwicklung der Theorie gearbeitet.

Die Theorie des religiösen Urteils gilt heute als Klassiker, der in allen relevanten Übersichtswerken behandelt wird. Trotzdem steht diese Theorie heute nicht mehr im Fokus aktueller Forschung – dieses Schicksal teilt der Ansatz von Oser mit vielen strukturgenetischen Entwicklungstheorien. Der Hauptgrund ist darin zu suchen, dass der Trend in der sozialwissenschaftlichen Forschung seit Jahren klar in Richtung quantitativer Fragebogenuntersuchungen geht: Strukturgenetische Entwicklungstheorien lassen sich kaum vollständig auf diese Weise entwickeln, da sie sich auf qualitative Aussagen resp. grössere Sinneinheiten stützen.

6.3.1 Strukturgenetische Entwicklungspsychologie

Die Theorie des religiösen Urteils von Oser steht in der Forschungstradition von Jean Piaget. Jean Piaget (1896–1980) war ursprünglich Biologe und interessierte sich für die Möglichkeiten und Grenzen der menschlichen Erkenntnis. Deshalb erforschte er die Entstehung von Erkenntnis bei Kindern (vgl. Hoppe-Graff 2014, S. 148).

Zwei seiner Ausgangsfragen lauteten: Wie ist der Mensch fähig, lediglich durch psychologische Operationen ein theoretisches Wissen seiner Umwelt zu erhalten? Wie wird Wissen durch logische Überlegungen verallgemeinert und auf andere Bereiche übertragen? Um diese Fragen zu klären, erforschten er und seine MitarbeiterInnen u. a., wie sich bei Kindern der Zahlen- oder Raumbegriff, Vorstellungen über Zusammenhänge oder über den Zufall im Lauf ihrer Entwicklung verändern.

Durch seine Forschungen kam Piaget zu einer Reihe von Erkenntnissen, die die strukturgenetische Entwicklungspsychologie als eigene Fachrichtung entstehen liessen:

1. Das Denken und Handeln organisiert sich in definierten Strukturen. Diese Strukturen haben jeweils eine bestimmte charakteristische Logik, durch die die Umwelt wahrgenommen und gedeutet wird.

2. Die Entwicklung ist kein stetiger Prozess, sondern durch auffällige Sprünge gekennzeichnet: Die kognitive Entwicklung läuft immer

gleich in einer festgelegten Abfolge dieser auffälligen Sprünge ab. Piaget konnte zeigen, dass z. B. die kognitive Entwicklung bei Kindern in einer festgelegten Abfolge von qualitativ unterschiedlichen Stufen abläuft, die immer komplexer werden. Diese Entwicklungsstufen sind durch eine jeweils spezifische logische Struktur definiert. Die Vorstufe ist jeweils die Voraussetzung für die nachfolgende, das direkte Überspringen wie auch ein Stufenrückschritt sind nicht möglich.

3. Nach Piaget erfolgt Entwicklung durch ein Wechselspiel von Eingliederung von neuen Elementen in die bestehende Struktur (Assimilation) und der Veränderung der bestehenden Struktur durch neue Elemente (Akkommodation). Wenn neue Erfahrungen in die bestehenden Strukturen nicht mehr befriedigend eingegliedert (assimiliert) werden können, entsteht ein Konflikt. Dieser Konflikt wird idealtypisch so gelöst, dass die alte Struktur/Stufe aufgegeben und eine höhere, komplexere Stufe erreicht wird, in der es möglich ist, die neue Erfahrung befriedigend einzugliedern.

Ausgehend von Piagets Arbeit wurden für verschiedene Bereiche der menschlichen Entwicklung spezifische Entwicklungstheorien beschrieben. Die Entwicklungstheorien in der Tradition von Piaget werden strukturgenetische Theorien genannt, da die Entstehung (Genese) der kognitiven Strukturen im Zentrum steht. Neben den Theorien zu verschiedenen Bereichen der menschlichen Entwicklung von Piaget und seinen MitarbeiterInnen – allen voran Bärbel Inhelder – gehört die Theorie des moralischen Urteils von Lawrence Kohlberg zu den bekanntesten Vertreterinnen der strukturgenetischen Entwicklungstheorien.

In dieser Forschungstradition steht auch die Theorie der Entwicklungsstufen des religiösen Urteils von Oser und Gmünder (1988). Die Autoren gehen davon aus, dass die religiöse Entwicklung eigenen Gesetzen folgt und sich im Urteil über den Zusammenhang von Glück, Unglück, Schicksal, Chance und einem Ultimaten (Gott)[10] manifestiert. Analog zum Vorgehen Kohlbergs wurden die Stufen des religiösen Urteils durch die Diskussion von Dilemma-Geschichten in einem semistrukturierten Interview erhoben (vgl. Oser/Gmünder 1996).

---

10 In einer interreligiösen Perspektive verwenden Oser/Gmünder (1988, S. 81) den Ausdruck Ultimaten. Im Zusammenhang mit der Religiosität Jugendlicher in der Schweiz halte ich den Ausdruck Gott für angemessen.

6.3.2 Die Stufen des religiösen Urteils

Fritz K. Oser (Oser/Gmünder 1996) beschreibt die Entwicklung von Religiosität in der Theorie des religiösen Urteils (vgl. für das Folgende: Bucher/Oser 1988; Bucher/Reich 1989; Bucher/Reich 1992; Bucher/Reich 1999; Oser/Bucher 2002; Reich/Schenker 2004) als Abfolge von fünf Stufen. Jede dieser Stufen verfügt über eine je eigene Grundstruktur des Nachdenkens über Kontingenz. Von den fünf Stufen sind für die Betrachtung der Religiosität Jugendlicher die Stufen 2 bis 4 relevant. Stufe 1 entspricht der typischen Struktur der religiösen Vorstellungen von unter 10-jährigen Kindern – auch wenn in den empirischen Untersuchungen betagte Menschen interviewt wurden, die sich auf dieser Stufe befanden. Stufe 5 ist nicht nur äusserst selten und zusätzlich stärker inhaltsbestimmt als die ersten vier Stufen; sie wird auch als Synthese und Aufhebung der Gegensätze beschrieben und entspricht kritisch betrachtet eher einem äusserst differenzierten, theologischen Argumentationstypus von Stufe 4 als einer eigenen kognitiven Grundstruktur – ich halte es nicht für Zufall, dass die meisten ProbandInnen, die Stufe 5 zugeordnet wurden, über eine ausgewiesene theologische Ausbildung verfügen.

Stufe 1

Menschen auf Stufe 1, meist Kinder bis ca. neun Jahren, vertreten die Logik, dass Gott eine Art übermächtige Version autoritärer Eltern ist: Gott greift in die Welt ein, beschützt, belohnt und bestraft. Der Mensch kann sich nur Gott unterordnen und ihm gehorchen. Die Folgen des Verhaltens des Menschen sind bei Gehorsam eine positive Beziehung (Lohn Gottes), bei Ungehorsam eine negative Beziehung (Strafe Gottes). Bei religiösen resp. religiös erzogenen Kindern bis sieben Jahren werden die Vorstellungen zusätzlich von einer artifizialistischen Weltsicht bestärkt oder überlagert: Artifizialismus nach Piaget beschreibt die Überzeugung von jüngeren Kindern, dass alles (Berge, Wolken, Lebewesen, Häuser, Gegenstände) von Gott und/oder den Menschen geschaffen worden sei.

Die Kontingenzbewältigung auf Stufe 1 geschieht dadurch, dass keine Kontingenz entsteht: Nichts geschieht wirklich zufällig. Die Rolle des Menschen ist recht passiv. Ausser zu gehorchen kann der Mensch nichts tun, um sein Schicksal zu beeinflussen.

Stufe 2

Die Grundlogik von Stufe 2 des religiösen Urteils ist der Tun-und-Ergehen-Zusammenhang: Der Mensch erhält von Gott Gutes und Schlechtes, so wie er es verdient. Zusätzlich kann der Mensch Gott gütig stimmen: entweder im Voraus (z. B. Bittgebet) oder als Abwendung einer Bestrafung bei einer begangenen Verfehlung (z. B. Beichte, Schuldbekenntnis, Reue und «Umkehr»). Durch die «Handelsbeziehung» mit Gott erhält der Mensch auf Stufe 2 eine recht hohe subjektive Kontrolle: Gott belohnt für ein gottgefälliges Leben und bestraft Fehlverhalten direkt: Das heisst, die meisten Menschen auf Stufe 2 gehen davon aus, dass Gott ausserhalb der Naturgesetzte direkt und wundersam in die Welt eingreift. Ihre Ergebnisüberzeugung ist es, dass es auf die richtige Weise handelnden oder glaubenden Menschen möglich ist, das Eingreifen Gottes zu beeinflussen. Durch die enge Verknüpfung zwischen menschlichem Tun und – letztlich von Gott beeinflussten – Ergehen neigen stark religiöse Menschen (stark religiös im Sinn des dritten Basisaspektes) auf dieser Stufe dazu, allem einen Zeichencharakter zu geben: «Gott ‹spricht› durch die Dinge, die ich erlebe, zu mir.»

Stufe 2 ist die stärkste Form der Kontingenzbewältigung, da nichts zufällig geschieht und alle wichtigen Ereignisse einen direkten Zusammenhang zum Verhalten oder zu den Einstellungen der Menschen haben. Wichtig ist hier, dass in der Eigenperspektive Gott nicht primär als strafend wahrgenommen wird, sondern als gerecht: Die Guten werden belohnt, die Schlechten bestraft. Damit hängt auch die Härte gewisser hochreligiöser Menschen auf Stufe 2 zusammen, die negative Ereignisse, die anderen widerfahren, als «verdiente» oder «gerechte» Strafe betrachten.

Es liegt auf der Hand, dass die Logik von Stufe 2 bei einem Teil der hochreligiösen Menschen im Extremfall zu abergläubischem und Zwangsverhalten sowie religiösen Ängsten führen kann – und dass dieses Verhalten, je nach sozialem Umfeld und den Inhalten der Religiosität, vermehrt auftreten kann.

Grundsätzlich sind die Stufen des religiösen Urteils nicht inhaltlich, sondern strukturell bestimmt: Sie können mit allen möglichen Inhalten und Theologien gefüllt sein. Der Grundstruktur von Stufe 2 entspricht jedoch eine Nähe zur Logik fundamentalistischer Theologien: Trotz dieser inneren Passung es ist zentral, die Struktur (religiöse Stufe) und die religiösen Inhalte (Theologie) klar auseinanderzuhalten. Ebenso sind

Menschen mit fundamentalistischen Überzeugungen auch auf anderen Stufen als Stufe 2 anzutreffen.

Im Gegensatz zur landläufigen Meinung sind es nicht die religiösen Organisationen, die die Vorstellung eines strafenden und belohnenden Gottes quasi von aussen an ein Individuum herantragen: Diese Logik ist bereits auf Stufe 2 vorhanden. Was aber vermittelt wird, sind passendere theologische Inhalte und eine soziale Verstärkung – beides wirkt sich primär auf die Intensität der Religiosität und die Ergebnisüberzeugung aus.

Ein nicht untypischer Auslöser des Stufenwechsels auf Stufe 3 ist die Enttäuschung darüber, dass ein wichtiger Deal mit Gott nicht funktioniert hat. In mehreren Interviews in der Validierung der Theorie von Oser erzählten ProbandInnen, dass sie aufgrund der Enttäuschung über den Tod eines Grosselternteils zumindest temporär zu einer atheistischen Einstellung gekommen seien. Eine Interviewpartnerin schilderte eindrücklich, wie ihre Grossmutter erkrankte und dass sie damals als hochreligiöse 14-Jährige alles tat, damit Gott die Grossmutter heilen würden (Gebete, Verzicht, Spenden, Gottesdienstbesuch). Als die Grossmutter dennoch starb, sei sie überzeugt gewesen, dass es Gott nicht geben könne.

Es ist bemerkenswert, dass fundamentalistische Strömungen oft Denkstrukturen anbieten, die – zumindest eine Zeit lang – vor einem Stufenwechsel zu Stufe 3 schützen sollen: zum Beispiel die Aufforderung, Kontakte zu «Ungläubigen» einzuschränken oder abzubrechen, gewisse Dinge als «Geheimnis» hinzunehmen, die Aufforderung, Glaubenszweifeln nicht mit Nachdenken, sondern mit Ritualen zu begegnen sowie die theologische Figur, Dissonanzen als Erprobung des Glaubens anzunehmen. Zusammenfassend: grundsätzliche Verunsicherungen, Dissonanzen oder Nachdenken zu vermeiden. Religiösen Organisationen sei nicht unterstellt, bewusst einen Stufenwechsel verhindern zu wollen; es ist wohl eher die Erfahrung dieser Organisationen, dass Menschen nach einer Phase des Zweifelns, Nachdenkens und der Verunsicherung plötzlich andere Plausibilitäten vertreten und aus Organisationen austreten – was auf einen Stufenwechsel hindeutet.

Ich bin davon überzeugt, dass der Stufenwechsel auf Stufe 3 der Grund ist, warum diejenigen Menschen, die sich in ihrer Jugend in einer religiösen Intensivgruppe (religiöse Bewegung, Freikirche) engagierten, später wieder austraten. Der Hauptgrund, sich nach dem Stufenwechsel nicht von solchen Organisationen abzuwenden, ist wohl in den starken sozialen Beziehungen innerhalb solcher Gruppen zu sehen. Entstand innerhalb einer solchen Gruppe eine Liebesbeziehung, bedeutete der Austritt des/der einen Partners/Partnerin aus der Gruppe meist auch das Ende der Beziehung.

Stufe 3

Die Erweiterung der kognitiven Fähigkeiten in der Adoleszenz macht lebensgeschichtlich zum ersten Mal in ihrer vollen Tragweite die Endlichkeit der eigenen Existenz, die eigene Ausgesetztheit und Verletzlichkeit bewusst (vgl. Döbert 1978), gleichzeitig steigt der Wunsch nach Autonomie: Dies führt zu dem Paradox, dass das Bewusstsein der Ungesichertheit der Existenz zu einer starken Form der Kontingenzbewältigung führen müsste, was in einem auffälligen Widerspruch zum typischen Streben nach Autonomie im Jugendalter steht. Die Mehrheit der Jugendlichen vollzieht in der Adoleszenz eine fundamentale Transformation des religiösen Urteils und damit der Interpretation von Kontingenz: den Wechsel von Stufe 2 zur Stufe 3. Dies stellt die eindrücklichste Veränderung in der religiösen Entwicklung dar. Auf die stärkste Form der Kontingenzbewältigung folgt die schwächste: Auf Stufe 2 kann mit Gott gehandelt und so indirekte Kontrolle ausgeübt werden, auf Stufe 3 sind die Sphären Gottes und der Einflussbereich des Menschen getrennt. Der Mensch sieht sich allein in einer entzauberten Welt der Kontingenz schutzlos ausgesetzt. Höchstens auf eine Auflösung der Kontingenz nach dem Tod kann er/sie noch hoffen. Zusammenfassend: Der Wechsel auf Stufe 3 ist der Verlust einer starken Kontingenzbewältigung, der Gewinn ist die Autonomie gegenüber Gott.

Im Unterschied zu Stufe 2 gehorcht in der Logik von Stufe 3 die Welt ausschliesslich den Naturgesetzlichkeiten, Wunder als Durchbrechung dieser Realität sind nicht möglich. Der Mensch ist autonom und trägt die volle Verantwortung für sein Handeln: Der Mensch auf Stufe 3 sieht sich als selbstbestimmende, verantwortungsvolle, entscheidungsbemächtigte Person (vgl. Oser/Gmünder 1996, S. 86).

Menschen auf Stufe 3 des religiösen Urteils bezeichnen sich im Schnitt als weniger religiös, verglichen mit Menschen auf Stufe 2. Das heisst, die Struktur hat hier einen direkten Einfluss auf den dritten Basisaspekt, die Tiefe der Religion.

Theologiegeschichtlich existiert eine bemerkenswerte Analogie: Von der Antike bis ins Spätmittelalter waren die theologischen Mainstream-Vorstellungen von einer *do-ut-des*-Vorstellung (lat.: Ich gebe, damit du gibst) geprägt: In der Antike opferten die Seeleute etwa, um den Meeresgott zu besänftigen. Solche typischen Stufe-2-Denkfiguren kennzeichnen die (Volks-)Theologie bis in die frühe Neuzeit, man denke nur an mittelalterliche Heiligenverehrung. Martin Luther kritisierte mit dem Ablasshandeln nicht nur die Geschäftemacherei mit Gott, er entwarf mit der Zwei-Reiche-Lehre auch eine perfekt zu Stufe 3 passende Theologie – aber auch hier muss auf die grundsätzliche Inhaltsneutralität der Stufen hingewiesen werden, bei der gleichzeitigen Nähe einer speziellen theologischen Logik.

Bis in die 1990er-Jahre war eine spezielle inhaltliche Füllung von Stufe 3 feststellbar: Im «jugendlichen Atheismus» wurde die Eigenständigkeit der Welt betont und die Existenz einer letztgültigen Grösse konsequent negiert, dies oft in scharfer Abgrenzung zu einem konfessionell-religiösen Elternhaus. Die Jugendlichen argumentieren entweder rationalistisch (Urknall/Evolutionstheorie), verweisen auf die grundsätzliche Absurdität der Welt (Existenzialismus) oder betonen die «Religionsschöpfung» durch einen nach Sinn suchenden Menschen (Feuerbach/Freud/Marx). Ebenso selten wie der Atheismus unter Jugendlichen sind heute deistische Vorstellungen innerhalb von Stufe 3: Hier wird zwar die Trennung der Sphäre Gottes von der Sphäre der Menschen nicht bestritten. Aber angesichts der Grösse und Schönheit Gottes wird der eigenständige Wert der Welt heruntergesetzt, sie ist bloss Blendwerk, das von Gott ablenkt. Diese Inhalte (die eine Nähe zu einer von Karl Barth inspirierten, neoorthodoxen Theologie aufweisen) sind jedoch für Stufe 3 unter Jugendlichen heute, wie erwähnt, eher untypisch. Die meisten Jugendlichen betrachten nur die Zeit vor der Geburt resp. den Grund der Existenz und die Zeit nach dem Tod als direkte Einflusssphäre Gottes – das Leben selbst kann/muss ohne den direkten Einfluss Gottes gelebt werden.

Die Erkenntnis, dass die heutige Gesellschaft kaum mehr Entwicklungsanregungen über Stufe 3 hinaus bietet, stammt von Reiner Döbert (1988, S. 158): Bereits Ende der 1980er-Jahre konstatierte er, dass es kaum noch gesellschaftliche Bedingungen gebe, die den Stufenwechsel auf Stufe 4 begünstigen würden.

Stufe 4

Stufe 3 stellt die letzte Stufe dar, die über eine stringente Logik verfügt: Von Stufe 1 bis 3 lässt sich Kontingenz, wenn man die jeweiligen Prämissen akzeptiert, schlüssig erklären. Bei Stufen höher als 3 werden wir auf gewisse Unschärfen treffen, da Gott im Alltag wieder eine Rolle spielt, ohne jedoch direkt einzugreifen. Positiv könnte man von Komplexität und Unabgeschlossenheit sprechen, negativ von intellektueller Unschärfe. Das Kennzeichen von Stufe 4 ist es, dass Gott im Gegensatz zu Stufe 3 wieder zu einem dialogischen Gegenüber wird. Im Unterschied zu Stufe 2 greift Gott aber nicht direkt in den Lauf der Welt ein. In der Logik von Stufe 4 wird Gott als der Urgrund der Welt und der menschlichen Existenz betrachtet: Der Mensch ist Teil eines grösseren Ganzen und steht in der Verantwortung für die Welt, die Mitmenschen und sich selbst. Typisch für diese Stufe sind die Vorstellung von einem grösseren Ganzen, von gegenseitigen Abhängigkeiten und Verantwortung, differenzierte Unterscheidungen zwischen Form und Inhalt sowie idealistisch-kritische Einstellungen. Theologien mit einer hohen Passung zu Stufe 4 des religiösen Urteils sind sowohl mystische als auch liberale historisch-kritisch durchdachte Theologien oder politische oder feministische Theologien.

Ohne dies empirisch wirklich nachweisen zu können, lässt sich die begründete Vermutung aufstellen, dass es vor allem Jugendliche mit hoher Reflexionsfähigkeit und in einem anregenden religiösen Umfeld sind, die sich auf einer Stufe höher als 3 befinden.

Heute findet lebensgeschichtlich der Stufenwechsel, wenn er denn überhaupt stattfindet, später, bei der Geburt des ersten Kindes statt: Die Erfahrung des Wunders des Lebens und die Sorge um die eigenen Kinder schafft das Bedürfnis nach einer Kontingenzbewältigung, die die kalte Logik von Stufe 3 übersteigt.

6.4 Typische Inhalte der Religiosität Jugendlicher in der Schweiz[11]

Das vorherrschende Gottesbild bei Deutschschweizer «Durchschnittsjugendlichen» ist die Vorstellung von einer unbestimmten höheren Macht – dies zeigte eine Interviewuntersuchung, die 2009 veröffentlich wurde (vgl. für das Folgende: Demont/Schenker 2009; Kessler 2015). Die Vorstellung der Existenz eines personalen Gottes ist in den vergangenen zwanzig Jahren stark zurückgegangen. Ebenso scheinen unter den Jugendlichen in den 2000er-Jahren atheistische Vorstellungen selten geworden zu sein: Eine Mehrheit der Wenigreligiösen, die sich selbst als

11 Vgl. für das Folgende auch Kessler 2015.

AtheistInnen bezeichnet, vertritt genau genommen agnostische Vorstellungen (Demont/Schenker 2009).

Eine erstaunlich verbreitete Denkfigur (Schenker 2009, S. 196) ist die Vorstellung, sich Gott zu schaffen. Im Unterschied zu den Vorhersagen von Feuerbach, Freud oder Marx führt diese Erkenntnis heute nicht (mehr) zu Atheismus, sondern ist Ausdruck einer vom Individuum geschaffenen Privatreligion.

Religion wird von den Jugendlichen in den Interviews meist als freie Wahl beschrieben: Die religiöse Toleranz begründet sich auch in der Überzeugung, dass alle Religionen gleich wahr und gleich falsch sind, und darin, dass jede Person selbst herausfinden müsse, was zu ihr passt. Die Wahlvorstellung und die Psychologisierung der Religion korrespondieren mit einem hohen Autonomieanspruch. Die Toleranz der Jugendlichen endet meist recht schnell, wenn sie eine Einschränkung ihrer Handlungsfreiheit vermuten: Biblische Inhalte werden oft als moralisierend, traditionelle Religionen als einengend beschrieben. Verfasste Religionen dienen in der Selbstbeschreibung als Abgrenzungsgrössen, wobei das religiöse Wissen im engeren Sinn eher bescheiden ist. Der Abgrenzungswille von den Kirchen hindert jedoch die Mehrheit der Jugendlichen aus reformierten oder katholischen Familien nicht daran, an den religiösen Passageritualen (Konfirmation und Firmung) teilzunehmen. Das persönliche (Bitt-)Gebet scheint die wichtigste Form der religiösen Praxis zu sein. Jugendliche berichten in Untersuchungen kaum über religiöse Erfahrungen (Kessler 2015, S. 153).

Das geringe Wissen und die seltene Kommunikation über Religion haben zur Folge, dass Jugendliche die Originalität ihrer Vorstellungen überschätzen: In einer Interviewuntersuchung (Demont/Schenker 2009) leiteten viele Jugendliche ihre Aussagen oft damit ein, dass sie nicht sicher seien, ob ihre Vorstellungen anderen überhaupt verständlich seien, da sie sich stark von herkömmlichen Religionen unterschieden. Was sie dann erzählten, waren bemerkenswerte, jedoch doch recht konventionelle theologische Vorstellungen – etwa Trennung der Sphäre Gottes vom Bereich des Menschen, ähnlich der Luther'schen Zwei-Reiche-Lehre, oder agnostische Vorstellungen. Zwar bedienen sich die Jugendlichen frei aus dem Fundus aller Religionen und Traditionen, trotzdem sind die religiösen Vorstellungswelten unter ihnen recht gleichförmig. Mit Ausnahme von Wiedergeburtsvorstellungen und Anklängen von Karmavorstellungen kamen in den Interviews bei Jugendlichen aus christlichen oder religionslosen Familien kaum Vorstellungen zur Sprache, die nicht in der jüdisch-christlichen Tradition zu finden sind. Die grosse Mehrheit der Jugendlichen ist davon überzeugt, dass es ein Leben nach dem Tod gibt. Aus der Nachtodesvorstellung kann jedoch nicht mehr per se auf das religiöse Selbstverständnis geschlossen werden: Für viele Jugendliche stehen Wiedergeburtsvorstellungen nicht im Widerspruch zur Selbstbezeichnung als ChristIn.

Jugendliche verfügen generell über wenig religiöses Wissen, obwohl eine Mehrheit der Kinder und Jugendlichen den konfessionellen Religionsunterricht besucht und sich dieser Unterricht qualitativ kaum von den anderen Schulstunden unterscheidet.

6.5 Intensität der Religion

Untersuchungen zur Religiosität Jugendlicher im deutschsprachigen Raum (vgl. Anselm et al. 2008; Schweitzer et al. 2015; Zehnder Grob 2013) zeigen in den letzten zwanzig Jahren ein relativ konstantes Bild. Die Ergebnisse einer Untersuchung, die im Rahmen des Berichtes «Jugend und Religion» unter mehr als tausend 13- bis 16-Jährigen durchgeführt wurde (Schenker 2001), decken sich über weite Strecken mit den Resultaten, die im Rahmen eines Schweizerischen Forschungsprogrammes zwischen 2006 und 2010 bei Untersuchungen unter 1600 Jugendlichen festgehalten wurden (vgl. Käppler/Morgenthaler 2013).

In der Untersuchung von 2001 wurden aufgrund von Modellannahmen drei Intensitätsgruppen gebildet (vgl. Schenker 2001): Hochreligiöse (21,3 Prozent), Mittelreligiöse (42,4 Prozent) und Wenigreligiöse (36,3 Prozent). Mehr als zwei Drittel der befragten Jugendlichen bejahten die Existenz Gottes. Weniger als ein Drittel tendierte zu einem Nein, und nur sechs Prozent verstanden sich als AtheistInnen.

Sabine Zehnder Grob kommt aufgrund der Ergebnisse der Nationalfondsstudie auf eine Gruppeneinteilung, die ein Sechstel Wenigreligiöse, 60 Prozent Mittelreligiöse und rund 20 Prozent Hochreligiöse umfasst (Zehnder Grob 2013, S. 51). In der Nationalfondsuntersuchung werden die Jugendlichen nach ihrer Zugehörigkeit verglichen. Hier fallen zwei Gruppen auf (Zehnder Grob 2013, S. 65f.): Wenig erstaunlich unterscheiden sich die Jugendlichen ohne Religion von allen anderen Gruppen (katholisch, reformiert, freikirchlich, orthodox, muslimisch, hinduistisch, jüdisch) aufgrund ihrer tiefen Religiostiät. Im Unterschied dazu sind Jugendliche mit freikirchlichem Hintergrund generell religiöser als alle anderen Gruppen. Zehnder Grob stellt diesen erstaunlichen Befund fest, ohne ihn näher zu erklären. M. E. bildet sich in diesem Resultat u. a. ab, dass überdurchschnittlich viele hochreligiöse Jugendliche, die sich auf Stufe 2 des religiösen Urteils befinden, von den Freikirchen angesprochen werden: Die starke Betonung des Tun-Ergehen-Zusammenhangs in vielen freikirchlichen Theologien und die bewusste Abkehr vom lauen Mainstream macht Freikirchen für diese Jugendlichen inhaltlich-theologisch interessant.

Bei einer Mehrheit der Jugendlichen in der Deutschschweiz ist eine wohltemperierte Religion zu finden (vgl. für das Folgende auch: Demont/Schenker 2009; Zehnder Grob 2013, S. 76–79): Der Mehrheit von durchschnittlich religiösen Jugendlichen steht eine kleine Gruppe von expliziten AtheistInnen und eine zahlenmässig leicht grössere, aber auffälligere Gruppe von Hochreligiösen gegenüber.

7 Geschichtlicher Überblick über die (kirchliche) Jugendarbeit in der deutschsprachigen Schweiz[12]

Die aktuelle Kinder- und Jugendarbeit in der deutschsprachigen Schweiz hat ihre Wurzeln massgeblich in der kirchlichen Jugendarbeit. So ist die Jugendarbeit vor 1970 praktisch mit der Arbeit der kirchlichen Jugendverbände gleichzusetzen (vgl. Wettstein 1989, S. 29). Die nun folgenden geschichtlichen Notizen sollen es ermöglichen, die heutigen Grundlagen und die Praxis der kirchlichen Jugendarbeit der katholischen Kirche in der deutschsprachigen Schweiz aus ihrer Geschichte heraus zu verstehen.

7.1 Die kirchliche Jugendarbeit bis in die 1930er-Jahre

In dieses Unterkapitel fanden diejenigen Bereiche Eingang, die über einen direkten Bezug zur aktuellen kirchlichen Jugendarbeit verfügen. Ohne die Kenntnisse der Vorläufer der heutigen Jugendverbandsarbeit (Wandervogel- und Pfadfinderbewegung) und des Verbandskatholizismus, der bis Mitte der 1960er-Jahre in vielen Bereichen der katholischen Deutschschweiz prägend war, sind viele der späteren Entwicklungen nicht verstehbar.

7.1.1 Ursprünge der Verbandsjugendarbeit: YMCA, frühe katholische Verbände und die Wandervogelbewegung

Die Wurzeln der modernen Jugendverbände reichen weit ins 19. Jahrhundert zurück – wobei aber die heutigen Realitäten in der Schweiz wenig mit den Aktivitäten vor 170 Jahren gemeinsam haben. Trotzdem lohnt sich ein kurzer Blick auf die frühe Verbandsgeschichte: 1844 wurde der

---

12 Das folgende Kapitel kann keinen Anspruch auf Vollständigkeit erheben. Die Geschichte der kirchlichen Jugendarbeit in der Schweiz wurde erst punktuell aufgearbeitet, etwa von Joseph Jung mit einer Arbeit zur frühen Geschichte des Jungmannschaftsverbands (Jung 1988). Andere Arbeiten, wie die aufschlussreiche Diplomarbeit von Thomas Kyburz zum Jugendverband Junge Gemeinde (Kyburz 1990), sind schwer zu finden und auch wenig bekannt.

YMCA (Young Men's Christian Association) von George Williams in London gegründet, der als einer der wichtigsten Vorläufer der modernen Jugendverbände gilt. Der YMCA hatte, als Teil der Erweckungsbewegung in England, etwas verkürzt zusammengefasst, zwei Hauptziele: Erstens die Linderung der sozialen Probleme junger Männer, die sich aus der Industrialisierung ergaben, und zweitens die Weitergabe des Glaubens.

Beim Übergang vom 19. ins 20. Jahrhundert entstanden in Europa und Amerika Jugendbewegungen und -organisationen mit unterschiedlichsten weltanschaulichen und politischen Hintergründen (vgl. Savage 2008), u. a. die Wandervogelbewegung in Deutschland, Jugendorganisationen der ArbeiterInnen-Bewegung oder die katholischen Jünglingsvereinigungen in der Schweiz.

Die Jünglingsvereine richteten sich an männliche katholische Jugendliche nach der Beendigung der Schulzeit und boten neben Freizeit- und Bildungsangeboten auch gemeinschaftlich gelebte Religiosität. 1893 organisierten sich die Jünglingsvereine im Zentralverband Schweizerischer Katholischer Jünglingsvereine, der 1929 in Schweizerischer Katholischer Jungmannschaftsverband (SKJV) umbenannt wurde.

1930 entstand aus bestehenden örtlichen Jungfrauenkongregationen der Verband Marianischer Jungfrauenkongregationen. Die Marianische Jungfrauenkongregation richtete sich an junge Frauen ab 16 Jahren, später ab der 2. Sekundarklasse. Mit der Heirat endete die Mitgliedschaft. Unverheiratete Frauen konnten bis zu ihrem Tod Mitglied bleiben (Imfeld 2012, S. 218). Die Wurzeln der Jungfrauenkongregation reichen bis ins 16. Jahrhundert zurück. Über Frankreich und die französische Schweiz erreichte die Bewegung die Deutschschweiz im Jahr 1870 (vgl. Krause 2010). Ein zentrales Anliegen der Jungfrauenkongregation «war neben der täglichen Frömmigkeit die jungfräuliche Keuschheit der Ledigen» (Imfeld 2012, S. 218). Zu den Aktivitäten der Jungfrauenkongregation gehörte etwa in der Gemeinde Kerns der Kirchenschmuck an hohen Feiertagen und der Unterhalt der liturgischen Gewänder (Imfeld 2012, S. 218).

Zwischen 1930 und den späten 1960er-Jahren wurden die Marianische Jungfrauenkongregation und der Jungmannschaftsverband zu bedeutenden Grössen innerhalb der katholischen Sondergesellschaft.

Zentral für die Entwicklung der modernen Jugendverbände im deutschen Sprachraum war die bereits erwähnte Wandervogelbewegung, deren Kern aus dem mittelständischen, studentischen oder gymnasialen Milieu stammte. Jon Savage (vgl. für das Folgende Savage 2008, S. 118–130) deutet die Wandervogelbewegung als romantische Gegenbewegung zum vorherrschenden Nationalismus, Militarismus und der Industrialisierung. Im Frühjahr 1886 brachen Schüler aus Steglitz, einem städtischen Vorort von Berlin, zur ersten Wandervogelfahrt auf. Die Bewegung wurde schnell populär, so dass bereits vier Jahre später eine nationale Organisation gegründet wurde. Die Wandervogelfahrten waren romantisch-archaische, rebellische Fluchten aus dem repressiven Schüler- und Studentenalltag im Deutschland der Jahrhundertwende. Im Zentrum der Wandervogel-Aktivitäten stand das einfache Leben: mehrtägige Wanderungen in kleinen Gruppen, Kochen über offenem Feuer, Singen von Volksliedern am Lagerfeuer, Übernachten in Scheunen und Zelten. Die Erlebnisse der Fahrten wurden oft zeichnerisch und literarisch dokumentiert. «Mit zunehmender Popularität differenzierte sich die Bewegung weiter aus und bekam zunehmend ideologischen Charakter. [...] Splittergruppen entstanden, die das gesamte politische Spektrum abdeckten» (Savage 2008, S. 123f.). Der Erste Weltkrieg stellte für die Wandervogelbewegung in Deutschland eine markante Zäsur dar, von der sie sich nicht mehr erholen sollte. Das Verbot durch die Nationalsozialisten resp. die Zwangsüberführung in die Hitlerjugend bedeuteten das definitive Ende der verbliebenen Wandervogelbünde.

Das Format der mehrtätigen geschlechtsgemischten Wanderfahrten scheint nach 1910 auch für die Jugendlichen in der Deutschschweiz attraktiv gewesen zu sein. Innerkirchliche stiessen diese Aktivitäten auf massive Vorbehalte, da man darin eine ernste Gefahr für die Sittlichkeit und den Glauben witterte. Diese ablehnende Haltung wurde von vielen Lehrpersonen und Schulbehörden geteilt. Das bekamen nicht nur die Wandergruppen innerhalb der katholischen Jünglingsvereine zu spüren, sondern auch die ersten Pfadigruppen (vgl. Jung 1988, S. 257). Trotz dieser Kritik fasste nicht nur die PfadfinderInnen-Bewegung in der Schweiz Fuss, auch Wandergruppen der katholischen Jünglingsvereine bestanden weiter. So geht die Gründung der katholischen Sturmscharen 1929 auf eine Wandergruppe eines Jünglingsvereins in Basel zurück (Jung 1988, S. 324; Weibel 2008, S. 406).

7.1.2 Baden-Powell und die Boy Scouts

Wirkungsgeschichtlich hatte die von Robert Stephenson Smyth Baden-Powell 1907 in Grossbritannien gegründete Pfadfinderbewegung den grössten Einfluss auf die heutige Jugendverbandsmethodik und die öffentliche Wahrnehmung der Jugendverbände in der Schweiz. Baden-Powell verband für die Boy Scouts Erfahrungen, die er als General im Burenkrieg mit einer jugendlichen Hilfsdiensttruppe gemacht hatte, mit den Idealen der amerikanischen Woodcraft-Indian-Bewegung von Ernest Thompson Seton, den pädagogischen Grundsätzen von Heinrich Pestalozzi und Friedrich Jahn und reicherte sie mit romantisch-idealistischen (z. B. Ritter, Samurai) sowie spielerischen Elementen an (vgl. Savage 2008, S. 103f.). Zusammen mit einem Menschenbild, das den Heranwachsenden viel Verantwortung und persönliche Entwicklung zugesteht, entstand eine erfolgreiche Grundlage für einen Jugendverband, in dessen Zentrum das Gruppenleben in der Natur, Spiel, Abenteuer und das persönliche Wachstum des Einzelnen standen.

Bereits 1910 entstanden in der Schweiz erste Buben-Pfadigruppen, 1911 erste Mädchengruppen. Bis Mitte der 1920er-Jahre waren die Mitgliederzahlen in der Schweiz – etwa im Vergleich mit Grossbritannien – sehr bescheiden und die Verbandsstrukturen erst im Aufbau begriffen.

7.1.3 Die Katholische Aktion und die Umbruchzeit nach dem Ersten Weltkrieg

Die Katholische Aktion hat ihre Wurzeln im italienischen Laienkatholizismus. Durch die Antrittsenzyklika «Ubi arcano Dei» von Papst Pius XI. erlebte sie 1923 eine starke Aufwertung. Papst Pius XI. betonte die Wichtigkeit der Mitwirkung der Laien beim Apostolat der Kirche: Damit wurde den Laien erstmals eine zentrale Funktion in der Glaubensverkündigung zugesprochen.

Pius XI. verfolgte mit der Förderung der Katholischen Aktion nicht ausschliesslich religiöse Ziele: Er wollte unter ihrem Dach alle katholischen Laienbewegungen zusammenführen, um den säkularen Massenbewegungen ein katholisches Gegengewicht entgegenzustellen.

Zu Beginn der 1920er-Jahre waren es allerdings primär die linken (sozialistischen, kommunistischen und gewerkschaftlichen) Bewegungen, von denen sich die katholische Kirche herausgefordert sah und die sie eindämmen wollte. Gegen Ende und in der Zeit nach dem Ersten

Weltkrieg litten die sozial Schwachen an den wirtschaftlichen und sozialen Folgen des Krieges resp. der Kriegswirtschaft. Hatten zu Beginn des Ersten Weltkrieges nationalstaatliche Ideologien Gegensätze überdeckt, traten sie nun verstärkt zutage: Während die Industriellen und die Landwirtschaft von der Kriegswirtschaft profitierten, verschlechtere sich die Situation der Arbeiterinnen und Arbeiter. In den Krieg führenden Ländern kamen die direkten Auswirkungen des Krieges hinzu: Sieben Millionen Todesopfer unter der Zivilbevölkerung, zehn Millionen getötete und zwanzig Millionen verletzte Soldaten. Die Urkatastrophe des Ersten Weltkrieges, der Schock des sinnlosen mechanisierten Tötens, beendete die Epoche optimistischen Fortschrittsglaubens des bürgerlich-industriellen 19. Jahrhunderts. In Russland übernahmen die kommunistischen Bolschewiki 1917 (Oktoberrevolution) die Macht. Österreich-Ungarn zerfiel in Einzelstaaten. Die neuen Republiken, die nach Kriegsende viele der autokratischen resp. monarchistischen Regierungsformen abgelöst hatten, waren wegen der wirtschaftlichen und sozialen Probleme instabil. Die bürgerliche Gesellschafts- und Staatsidee war von den aufkommenden faschistischen und kommunistischen Massenbewegungen bedroht. Die katholische Kirche nahm in den 1920er-Jahren die kirchenfeindlichen klassenkämpferischen Bewegungen als direkte Bedrohung wahr; der Faschismus wirkte für die Kirche in dieser Phase noch als weniger bedrohlich.

In der Schweiz liefen Konfliktlinien auch zwischen den linken Bewegungen mit ihren kirchenkritischen und -feindlichen Positionen und der katholischen Kirche resp. den Katholisch-Konservativen. In der Schweiz als neutralem Staat wirkten sich die Kriegsfolgen indirekt aus. Da der Staat etwa den Verdienstausfall der zum Aktivdienst eingezogenen Soldaten nicht entsprechend kompensierte, sank die ökonomische Basis vieler Familien auf ein Minimum. Not und Hunger waren die Folgen. Die linken Bewegungen in der Schweiz forderten nicht nur sozioökonomische Verbesserungen, sondern u. a. eine verstärkte Demokratisierung, die Einführung des Frauenstimmrechtes sowie eine Alters- und Hinterbliebenenversicherung. In der Schweiz wurden die Katholisch-Konservativen zusammen mit den freisinnigen und rechten Kreisen wie den Frontisten Teil des bürgerlicheren Blocks, der die linken Forderungen und Bewegungen bekämpfte – mehrmals, u. a. im Schweizer Landesstreik von 1918, mit militärischer Gewalt.

7.2 1930er-Jahre: Jahrzehnt der Jugendbewegungen

In den 1930er-Jahren schlossen sich in der Schweiz zahlreiche Jugendliche verschiedenen Jugendorganisationen an, und die Organisationen selbst schufen nationale Strukturen. Die Mitgliederzahl und die Zahl der Jugendorganisationen aller Ausrichtungen nahm massiv zu – zeitgleich mit dem Erstarken faschistischer Bewegungen in Europa und einer aktiven Arbeiterinnen- und Arbeiter-Bewegung: Das Engagement in kollektivistisch ausgerichteten Jugendorganisationen und die Hoffnung auf eine «neue Zeit» gehörten zum Zeitgeist der 1930-Jahre. Die Weltwirtschaftskrise von 1929, die soziale Ungleichheit und die Nachwirkungen des zivilisatorischen Schocks des Ersten Weltkriegs schufen eine Grundstimmung, dass nun Neues geschaffen und Vergangenes überwunden werden müsse – der Jugend wurde die Rolle zugeschrieben, gemeinsam dieses Neue aufzubauen und das Überkommene abzulösen.

Zu dieser Zeit erstarkten innerhalb des Schweizer Katholizismus jene, die die ausserschulische Jugendarbeit der katholischen Kirche in der Deutschschweiz bis 1968 prägen sollten: der Schweizerische Katholische Jungmannschaftsverband (SKJV) mit der Jungwacht als Jugendorganisation, der Verband Marianischer Jungfrauenkongregationen mit dem Blauring als Jugendorganisation und der Verband Katholischer Pfadfinder resp. die Arbeitsgemeinschaft katholische Pfadfinderinnen.

7.2.1 Gründung der Jungwacht und Erneuerung der Jungmannschaft

Die Umwandlung der Jungmannschaft und die Gründung der Jungwacht in den 1930er-Jahren war von der Ideologie der Katholischen Aktion (Vogt 1937, S. 4; Vogt 1938a, S. 9) geprägt und ist auch als bewusste Gegenreaktion auf die befürchtete Anziehungskraft von Jugendorganisationen totalitärer Bewegungen, besonders des Faschismus, zu verstehen.

Die zentrale Rolle im SKJV ab den 1930er-Jahren spielten der Geistliche Josef Meier und Eugen Vogt. Eugen Vogt wurde 1931 auf Anregung von Josef Meier als erster Laie zum Adjunkten des Generalsekretariates des SKJV ernannt. Zur Vorbereitung auf diese Aufgabe reiste Vogt 1930/31 nach Belgien und Deutschland. Die Erfahrungen während dieser Aufenthalte wurden für ihn prägend: In Belgien (Steiner, A. 1991, S. 175) lernte er die Spiritualität (Christuskönigtum) und Organisation der «Action catholique de la jeunesse belge» kennen, in Düsseldorf die

Organisation des Katholischen Jungmännerverbandes (Jäger 2007, S. 5). Dabei erlebte er in Deutschland, wie sich die katholische Kirche mit eigenen Kinder- und Jugendorganisationen gegen die kommunistische und faschistische Bedrohung resp. die Anziehungskraft deren Jugendorganisationen zur Wehr setzte.

Eugen Vogt beabsichtigte den «Jünglingsverein alten Stiles zu einer zeitgemässen Pfarreijungmannschaft umzugestalten» (Steiner, A. 1991, S. 173). Dazu gehörte neben der Professionalisierung des Verbandes die Übernahme von Leitungsfunktionen von Laien im Sinn der Katholischen Aktion und die systematische Erfassung der Knaben ab der Erstkommunion. Letzteres machte die Gründung eines Schülerverbandes als Vorstufe der Jungmannschaft nötig. Mit dieser früheren Einbindung in den SKJV sollten die beiden Hauptziele erreicht werden: die Glaubensverkündigung und die Verhinderung des Beitritts von katholischen Knaben und Jugendlichen zu faschistischen oder totalitären Jugendorganisationen. Da die religiösen Knabenorganisationen der 1910er- und 1920er-Jahren kaum noch Schüler zu erreichen vermochten, musste aus der Sicht Vogts etwas Neues entstehen. Als Vorbild dienten ihm die Organisationsmodelle und theologischen Grundlagen, die er während seines Bildungsaufenthalts in Deutschland und Belgien kennengelernt hatte.

Die Anfrage der Jungmannschaftsleitung an die katholischen Pfadfinder, die Funktion einer Vorstufe der Jungmannschaft zu übernehmen, stiess 1931 bei den damals noch nicht als nationalem Verband organisierten katholischen Pfadfindern auf Ablehnung (Jäger 2007, S. 5; Vogt 1937; Vogt 1938a). Die Reaktion der Pfadfinderleitungen ist durchaus nachvollziehbar: Die Absichten und die Ideologie, die Vogt vertrat, waren kaum mit der Grundmotivation und den Strukturen der Pfadfinder kompatibel, wie sie von den katholischen Pfadfindern innerhalb des Schweizerischen Pfadfinderbundes gelebt wurden. Eine katholische Pfadi als Kinderorganisation der Jungmannschaft, in Sinn der Katholischen Aktion mit einer betont theologisch-spirituellen Ausrichtung (Christkönig-Spiritualität) und einer sehr selbstbewussten Konfessionalität, hätte wohl zum Bruch mit dem Schweizerischen Pfadfinderbund führen müssen.

Bei der Gründung des Knabenverbandes Jungwacht kamen zwei bereits existierenden Gruppen wichtige Rollen zu: den Sturmscharen und einer für Vogt vorbildlichen Knabengruppe aus Birsfelden. Beide wurden von Eugen Vogt in sein Projekt, einen katholischen Schülerverband für die Jungmannschaft aufzubauen, integriert.

Die Schweizer Sturmscharen haben ihren Ausgangspunkt 1929 in einer Wandergruppe des Jünglingsvereins St. Clara in Basel (Jung 1988, S. 324; Weibel 2008, S. 406). Basel als Stadt in der Diaspora war ein typischer Ort für eine Sturmschar, in den ländlich geprägten katholischen Stammlanden konnte die Bewegung nie richtig Fuss fassen. Zu Beginn hatten die Aktivitäten, Ausflüge mit Übernachtungen in der Natur, eine auffällige Ähnlichkeit mit der älteren Wandervogelbewegung – auch der Verzicht auf Nikotin und Alkohol gehört in diese Tradition. Die Schweizer Sturmscharen waren von Beginn an stark von den Sturmscharen des Katholischen Jungmännerverbandes Deutschlands beeinflusst: Namen, uniformiertes Auftreten in der «Kluft» und die Grundlagen (das Gesetz) wurden übernommen.

Aus der heutigen Sicht kann die Schweizer Sturmscharbewegung als eine kämpferisch-idealistische Ausprägung der Katholischen Aktion verstanden werden: Auffällige Elemente darin waren die Theologie des Christuskönigtums – Christus als König, der über allen weltlichen Mächten steht[13] – und ein zum Teil bereits provozierend-selbstbewusster Katholizismus. Beide Elemente finden sich noch in der Jubiläumspublikation von Eugen Vogt zum zehnjährigen Bestehen der Jungwacht (1942) wieder.

Das Elitebewusstsein der Sturmscharen und damit der Wunsch vieler Jugendlicher, durch besondere Leistungen aus dem Mittelmass auszubrechen, ist ein generelles Kennzeichen vieler Jugendbewegungen der frühen 1930er-Jahre (Jung 1988, S. 323f.). Mit schwärmerischen Idealen, einer kämpferischen Rhetorik und straffen Disziplin mit Aufmärschen in einheitlicher uniformähnlicher Kleidung lösten die Sturmscharen inner- und ausserhalb der katholischen Kirche die unterschiedlichsten Reaktionen aus, bis hin zur offenen Ablehnung (Jung 1988, S. 339–345).

1932 schlossen sich die Schweizer Sturmscharen zu einem Bund zusammen und wollten als Eliten die Nachwuchsarbeit für den SKJV übernehmen. Damit äusserten sie den Anspruch, die Führung der im selben Jahr gegründeten Jungwacht zu übernehmen. Eugen Vogt scheint es verstanden zu haben, dieses Engagement zu nutzen, ohne die Führung aus der Hand zu geben: In der Folge gründeten Mitglieder der Sturm-

---

13 Die Christkönig-Theologie spielte in der Weimarer Republik eine wichtige Rolle: Als Gegenentwurf zum faschistischen Führerkult setzten junge KatholikInnen mit öffentlichen Auftritten in Form von Christkönig-Prozessionen und -Feiern ein Zeichen gegen den Machtanspruch des Faschismus.

scharen Jungwachtgruppen und wurden als Leiter aktiv. Die Verlagerung der Sturmscharen auf die Leitertätigkeit innerhalb der Jungwacht führte dazu, dass die Sturmscharen 1939 ihren eigenen Betrieb einstellten.

Johann Krummenacher, Pfarrer in Birsfelden, störte sich Anfang der 1930er-Jahre daran, dass die Sportvereine, die protestantische Jungschar, die Roten Falken (Jugendorganisation der ArbeiterInnen-Bewegung) und die kommunistischen Pioniere zahlreiche Kinder ansprachen und seine Pfarrei «arm an jugendlichen Leben war» (Jung 1988, S. 347). Krummenacher gründete kurzerhand eine eigene Gruppe, die er Jungwacht nannte. Unabhängig davon kam es in verschiedenen weiteren Pfarreien zur Gründung ähnlicher Vereinigungen. Eugen Vogt übernahm den Lead und führte 1932 acht bestehende Gruppen zu einem Verband zusammen. Als Vorbild für die Jungwacht diente Vogt die Deutsche Katholische Jungschar als Kinderverband des Deutschen Katholischen Jungmännerverbandes. Der Name Jungwacht wurde von der Birsfeldener Gruppe übernommen, deren Gründer, Johann Krummenacher, wurde zum Bundespräses, Eugen Vogt zum Bundesführer.

Die frühe Jungwacht war in ihren Anfangsjahren der modernste Schülerverband in der Schweiz: Konsequent wurden die Elemente des Jugendaufbruches der führen 30er-Jahre aufgenommen, vom Jugend-Elite-Gedanken bis zur Uniform. War die Uniformierung der Boy Scouts von Baden-Powell primär dazu gedacht – ähnlich britischer Schuluniformen – Klassenunterschiede unsichtbar zu machen, diente sie in den Sturmscharen und der frühen Jungwacht eher als Zeichen der Zugehörigkeit und dem geschlossen-disziplinierten Auftritt.

Das Konzept von Eugen Vogt und die Einbindung Sturmscharen erwies sich als erfolgreich: Aus den ursprünglich acht Gruppen von Herbst 1932 waren in drei Jahren mehr als neunzig geworden. Das anhaltende starke Wachstum machte den Ausbau und die Professionalisierung der Bundesstelle notwendig (Jung 1988, S. 353f.).

7.2.2 Kampf um die Jugend und geistige Landesverteidigung

Nach der Machtergreifung Hitlers im «Frontenfrühling» sympathisierten Teile des Schweizer Katholizismus mit den Schweizer Faschisten (Frontisten). Die Führung des SKJV befürchtete, dass die faschistische Bewegung in der Schweiz durch neue Formen der Jugendorganisationen Kinder und Jugendliche auf breiter Ebene ansprechen könnte. Man stand also, etwas vereinfachend dargestellt, vor dem Problem, dass die

Jungmannschaft (und die Jungwacht für die Jüngeren) so attraktiv sein musste, dass sich die katholische Jugend weder von rechtsextremen noch von sozialistischen resp. kommunistischen Jugendorganisationen (Vogt 1938b, S. 3) angesprochen fühlte. Vogt nennt dies «Das Ringen um die Jugend»[14] (Vogt 1942, S. 7): «Der grosse Kampf, der heute in aller Welt besonders von den totalitären Bewegungen um die Gewinnung der Jugend geführt wird, dürfte auch dem letzten Katholiken die Augen öffnen für die Notwendigkeit und Bedeutung der katholischen Jugenderfassung» (Vogt 1938a, S. 5).

1933 bediente sich die Jungmannschaft an der Zuger Jungmannschaftstagung vom 19./20. August etwa der von den Faschisten in Deutschland und Italien benutzten Form des Aufmarsches mit 20 000 Teilnehmern und stellte so der Frontenbewegung ein starkes Zeichen entgegen (Steiner, A. 1991, S. 173). Ganz in dieser Logik steht auch die umfassende Betonung der Christkönig-Spiritualität an der Zuger Tagung: Das Programmheft sprach martialisch von einer ernsten Manifestation, einer Heerschau der Christusjugend (Jung 1988, S. 374).

In dieser Logik der Abwehr des Faschismus ist auch das starke Engagement des SKJV und der Jungwacht in der geistigen Landesverteidigung zu sehen: So verfasste etwa Vogt 1938 die Schrift «Katholische Jungmannschaft und geistige Landesverteidigung», und weite Teile der Broschüre zum 10-jährigen Jubiläum der Jungwachtgründung (Vogt 1942) sind ein pathetischer Mix aus der Theologie der Katholischen Aktion und der Ideologie der geistigen Landesverteidigung.

7.2.3 Gründung des Blauring[15]

Zu Beginn der 1930er-Jahre entstanden an verschiedenen Orten Kongregations-Jugendgruppen, die sich zwar als Teil der Marianischen Jungfrauenkongregation verstanden, jedoch eigenständig von jungen Leiterinnen geführt wurden (Kongregationszentrale 1949, S. 20).

In der Rückschau des fünfzehnjährigen Bestehens wurde von den Verantwortlichen der Kongregationszentrale die Entstehung dieser Mäd-

14 Eugen Vogt hatte bei diesem Ringen primär die männliche Jugend als zukünftige Soldaten im Fokus.

15 In den ersten fünfzehn Jahren publizierte der Blauring, ausser dem Blauring-Gesetz und einem kleinen Heftchen mit den Richtlinien, keine Grundlagentexte (Mugglin 1949, S. 4). Der folgende Abschnitt stützt sich auf das Handbuch für Führerinnen und Präsides der Blauring-Jugendgruppender Kongregationszentrale (1949).

chengruppen einerseits auf die Jugendbewegung der 1930er-Jahre und andererseits auf die Tradition der Marianischen Kongregation zurückgeführt:

Als Teil der Tradition der Marianischen Kongregation: Die aktiven Leiterinnen, die die neuen Gruppen aufbauten, waren junge Kongregantinnen. Das Religiöse war ein zentraler Teil der Motivation und des Selbstverständnisses.

Als Teil der Jugendbewegung: Die Katastrophe des Ersten Weltkrieges wurde als ein Versagen der alten Generation gesehen und machte die aus dem 19. Jahrhundert stammenden erstarrten gesellschaftlichen Formen unglaubwürdig. Die Weltwirtschaftskrise 1929 entzauberte die Goldenen Zwanziger Jahre und damit die Verheissungen des Materialismus. Im Aufbruch der Jugendbewegungen sollte eine Alternative zu den gescheiterten Entwürfen entstehen: «Sie wollten mitgestalten an der Zukunft, sie wollten vor allem ihr Leben selber in die Hände nehmen, sich aus unverdorbenem, unverborgenem Sinn das Gesetz geben, nach dem ihre Jugend gestaltet werden soll» (Kongregationszentrale 1949, S. 19).

Im Unterschied zu den bestehenden Mädchenkongregationen sollten nicht ausschliesslich religiöse Ziele verfolgt werden. Mit «Wandern, Spiel und Kameradschaft» wurden die Kernelemente eines Jugendverbandes im Sinn der Boy Scouts und der Tradition des Wandervogels verwirklicht. Die neuen Mädchengruppen waren auch Ausdruck eines Generationenkonfliktes junger Leiterinnen mit der bestehenden, überalterten Kongregation. So lehnten die neuen Mädchengruppen die «Leitung durch Erwachsene, auch Geistliche, ab. Sie wollten den Priester als Berater und geistlichen Führer, aber nicht als Leiter» (Kongregationszentrale 1949, S. 19).

Auf Initiative der Jugendgruppen und ihrer Präsides traf man sich 1933 mit VertreterInnen der Kongregationszentrale: Die Anliegen waren die Schaffung einer Leiterinnenausbildung und die Erarbeitung einer gemeinsamen Ausrichtung. Die Sitzung scheint zielführend gewesen zu sein: Im Frühjahr 1934 wurden die Grundlinien und das Gruppengesetz des Blauring veröffentlicht sowie wenig später erste Leiterinnenkurse durchgeführt. Die Teilnehmerinnenzahl der schweizerischen Blauringtreffen stieg an, sogar innerhalb eines Jahres von achthundert Teilnehmerinnen im Jahr 1943 auf dreitausend.

Der Blauring verstand sich als kirchliche Jugendgemeinschaft, die Mädchen erziehen helfen will (Kongregationszentrale 1949, S. 10), und nicht als Eliteorganisation. Der Rahmen sollte so weit sein, «dass Mädchen aufgenommen werden können, die noch nicht für die Kongregation reif sind oder es vielleicht auch nicht werden» (Kongregationszentrale 1949, S. 21).

Die Besonderheit des Blauring wurde im erwähnten Blauring-Buch in Abgrenzung zu vier ähnlichen (Mädchen-)Jugendgruppen beschrieben: Die neutralen Jugendgruppen lassen das Religiöse ganz ausser Acht; die Grundmotivation der Pfadfinderinnen sei ein praktischer Helferwille und nicht das Religiöse; die anderen katholischen Jugendbewegungen werden von Erwachsenen und nicht von Jungen geführt; die vor dem Blauring an einigen Orten bestehenden Mädchenkongregationen haben ihre Tätigkeiten ausschliesslich auf das Religiöse beschränkt (Kongregationszentrale 1949, S. 10).

7.2.4 Unterschiede und Gemeinsamkeiten des frühen Blauring und der frühen Jungwacht

Beide Gründungsverbände, die Jungmannschaft und die Jungfrauenkongregation, scheinen zu Beginn der 1930er-Jahre für die Herausforderungen des Jugendaufbruches schlecht aufgestellt gewesen zu sein (Kongregationszentrale 1949, S. 20; Steiner, A. 1991, S. 173; Vogt 1984, S. 60) und über veraltete Arbeitsmethoden und erstarrte Strukturen verfügt zu haben. Zur Umwandlung der beiden Organisationen in zeitgemässe Verbände gehörte die Gründung eines Mädchen- resp. eines Knabenverbandes und damit die Erweiterung der Zielgruppe auf Schülerinnen und Schüler.

Augenfällig sind die Unterschiede in der Darstellung der Gründung, wie sie in den Publikationen Jungwacht von 1942 und im Blauring-Buch von 1949 dargestellt sind: In der Jungwachtbroschüre wird die Jungwachtgründung als zielgerichteter Top-down-Prozess von namentlich genannten tatkräftigen Männern beschrieben; im Blauring-Buch als ein relativ partizipativer Bottom-up-Prozess. Der Impuls zur Blauringgründung sei von der Basis ausgegangen. Den einzelnen Ortsgruppen wurden Freiheiten in der Umsetzung zugestanden.

Während sich der frühe Blauring als über die Kongregation hinausreichende Erziehungsbewegung verstand, wurde die Jungwacht als Rekrutenschule für die Jungmannschaft resp. als Kadettenschule der Katholischen Aktion bezeichnet.

Beide Publikationen, die Jungwachtbroschüre und das Blauring-Buch, gehen von einem biosozialen Konflikt zwischen den Heranwachsenden und ihren Müttern aus: Den Müttern falle es, so die Jungwachtpublikation, schwer, das Wesen des «echten Buben» zu erfassen: «Er ist nun einmal kein Erwachsener im Kleinformat, auch kein Kind mehr, noch weniger ein Mädchen» (Meyerhans 1942, S. 20). Im Blauring-Buch wird der Konflikt zwischen Mutter und Tochter als Folge einer inadäquaten Reaktion auf die reifende Eigenart der Mädchen gedeutet: Viele Mütter versagten als Erzieherinnen. Der jugendliche Idealismus und die frohe (auch religiöse) Begeisterungsfähigkeit der Mädchen werde von materialistischen Eltern oft nicht verstanden oder von wenig religiösen Eltern belächelt oder ihm werde mit Zynismus begegnet (Kongregationszentrale 1949, S. 38f.). Für die Erziehung der Schulkinder wird den Vätern keine grosse Rolle zugeschrieben, sie erscheinen meist nur subsummiert als Teil der Familie oder als emotional kalte Akteure in abschreckenden Beispielen.

In der Jungwachtpublikation wird der Bub von 11 bis 14 Jahren beschrieben als Fantast; Eroberer; Abenteurer; Lausbub, der Streiche ausheckt und Verbotenes tut; Kraftprotz und Nachahmer der Grossen. Da der Bub Sinn für Hohes und Edles hat, sei es «schön und wertvoll, an solch edlem Stoff zu formen, Buben zu führen und zu erziehen» (Meyerhans 1942, S. 20f.): Die Buben sollen ganzheitlich erfasst und geformt werden. Entsprechend dieses Menschenbildes wird auf eine formende, eingliedernde und führende «Bildhauer-Pädagogik» (Vogt 1942, S. 22) beschrieben. Zentral ist die Rolle des Jungwachtleiters, er ist der Bildhauer mit dem «gröbsten Meissel». Er übernimmt eine Vorbildfunktion, weist den Buben als Berater den Weg und warnt sie vor Gefahren, «ohne grosse Aufmachung und mit wenigen treffenden Worten» (Vogt 1942, S. 22). Das grosse Ziel ist es, katholische Männer zu formen, die ihr Apostolat im Sinn der Katholischen Aktion wahrnehmen – und die – die Publikation erschien 1942 – treue eidgenössische Staatsbürger und Soldaten werden.

Das Mädchenbild des frühen Blauring ist von der Vorstellung der Adoleszenz als biologisch-sozialer Reifungsphase geprägt: Die Reifung der Mädchen werde von ihren guten und schlechten Anlagen sowie der Umwelt (besonders Familie und Schule) beeinflusst. Es ist die Aufgabe des Blauring, diese Reifungsphase zu begleiten, «das Bild der christlichen Frau […] sichtbar zu machen und die Arbeit der eigentlichen Erzieher [Mütter, LehrerInnen und Priester, D. S.] sowie die Selbsterziehung der Mädchen zu ergänzen und zu unterstützen» (Kongregationszentrale 1949, S. 31).

Um die Rolle als Blauringführerin erfüllen zu können, sei es wichtig, die Mädchen zu verstehen, auch mit Hilfe der «Jungmädchen-Psychologie»: Die Eigenheiten der Mädchenzeit seien, dass die Kinderfehler wieder zum Vorschein kämen; dass das reifende Mädchen die Innenwelt entdecke; dass sich das Mädchen unverstanden fühle; dass die Mädchen wissen wollten, was in ihrer körperlichen Entwicklung vor sich gehe; dass sich die Mädchen schwärmerisch an anderen Personen orientierten; dass sie das Verlangen nach Selbstständigkeit hätten; dass sie erlebnishungrig seien und dass es zu reifungsbedingten Konflikten zwischen ihnen und ihren Müttern komme (Kongregationszentrale 1949, S. 29–42).

Es wird das Bild einer fürsorglichen «Gärtner-Pädagogik» gezeichnet, in der es die Aufgabe der Blauringführerin sei, die Reifung des Mädchens zur christlichen Frau verstehend zu führen. Das Mädchen sei gleich einem schwachen «Bäumchen» zu stützen, Verbindlichkeit sei zu fördern («Ist es nicht eine Zeitkrankheit, dass man sich nicht mehr binden will?») und mit guten Einflüssen («gute Luft und gutes Erdreich») zu versorgen (Kongregationszentrale 1949, S. 43–47).

Als Subtext läuft in den frühen Publikationen der Jungwacht und des Blauring die Abwehr der «sexuellen Frühreife» mit: Mit dem Blauring und der Jungwacht wird ein geschlechtsgetrennter, pädagogischer Sonderraum für Schulkinder geschaffen, der vor den schlechten Einflüssen des unbeaufsichtigten Aufenthalts auf der Gasse und vor Werbung und Kino sowie vor frühen Liebesbeziehungen schützen soll. Im Gegensatz dazu seien in den gemischten ausserkirchlichen Jugendorganisationen «Frühreife und erotische Übersteigerungen […] naturgegebene Erscheinungen. Die Mädchen verrohen und die Gemischtgruppen sind Anlass zu unseligen Frühbekanntschaften» (Vogt 1938a, S. 4).

7.2.5 Katholische Pfadfinder

Die ersten katholischen Pfadfindergruppen entstanden 1912 in Basel in der Pfarrei St. Joseph, ein Jahr vor der Gründung des schweizerischen Pfadfinderbundes. Diese Abteilung überstand die Zeit des Ersten Weltkrieges nicht, da massgebliche Personen ins Militär eingezogen wurden und der Rückhalt in der Pfarrei zu gering war (Basler Volksblatt 1954; Verband katholischer Pfadfinder 1957, S. 4). Nach 1924 wurden jene katholischen Pfadfinderabteilungen gegründet, die sich 1932 zum «Verband Katholischer Pfadfinder der deutschsprachigen Schweiz» (VKPDS) zusammenschlossen, der 1944 in «Verband katholischer Pfadfinder» (VKP) umbenannt wurde (Verband katholischer Pfadfinder 1957).

Die Haltung der katholischen Kirche gegenüber der Pfadfinderbewegung in der Schweiz war in den 1910er-Jahren ambivalent: Die Anfrage 1913 der Vorgängerorganisation der Jungmannschaft (Jünglingsverein) an die Bischöfe, ob die Pfadfinderbewegung als Kinderverband der Jünglingsvereine genutzt werden könne, wurde zurückhaltend bis ablehnend beantwortet. Selbst die ausdrückliche Anerkennung eines Pfadfinderverbandes aus Belgien durch Papst Pius XI. änderte wenig an der Einstellung der Schweizer Bischöfe (Jung 1988, S. 356f.). Deren Haltung führte dazu, dass die Leitung des Jünglingsvereins die Pfadfinder als nicht für alle geeignet bezeichnete, auch da sich hauptsächlich Schüler und Studenten dafür interessieren würden (vgl. Jung 1988, S. 356). Wo es aber als notwendig erachtet werde – so die Leitung des Jünglingsvereins –, könne nach der Erlaubnis des Diözesanbischofs aber eine Pfadfinderabteilung gegründet werden.

Die Pfadfinderinnen und Pfadfinder waren in der Frühzeit jedoch nicht nur dann mit Widerständen konfrontiert, wenn sie katholisch waren. So wird etwa in der Publikation zum 25-Jahr-Jubiläum des Bundes Schweizerischer Pfadfinderinnen mehrfach erwähnt, dass die Pfadfinderinnen auf massive Ablehnung bei den Lehrern und Schulbehörden stiessen (Bund Schweizerischer Pfadfinderinnen 1944, S. 101).

Innerhalb des katholischen Milieus war es nicht unumstritten, ob es überhaupt sinnvoll sei, eine katholische Schülerorganisation innerhalb einer übergeordneten konfessionsneutralen Bewegung aufzubauen: Die Pfadfinder passten nicht in die Logik des katholischen Milieus, in der eine Parallelversorgung der Katholikinnen und Katholiken durch eigene katholische Organisationen vorgesehen war. Mit Walther von Bonstetten leitete von 1918 bis 1942 ein Berner Patrizier und Kavalleriemajor den schweizerischen Pfadfinderbund – dies wird wenig zur Zerstreuung der Unterstellung aus dem Milieukatholizismus beigetragen haben, die katholischen Pfadfinder würden von einem liberalen Verbandsvorstand des Pfadfinderbundes bevormundet. Von den katholischen Pfadfindern selbst wird jedoch von Bonstetten rückblickend als Respektsperson und ihnen wohlwollend gegenüberstehend beschrieben (Basler Volksblatt 1954; Verband katholischer Pfadfinder 1957, S. 4).

Mitte der 1920er-Jahre erfolgte eine eigentliche Gründungswelle von katholischen Pfadfinderabteilungen resp. Korps schwerpunktmässig in den städtischen Gebieten mit einer mehrheitlich reformierten Bevölkerung (Diaspora) wie Genf, Bern, Zürich oder Basel. Zeitgleich wandelten sich auffällig viele bestehende katholische Knabenvereine in Pfadfinderabteilungen um: Mitte der 1920er-Jahre trat so eine grössere Zahl von katholischen Pfadfinderabteilungen in den schweizerischen Pfadfinderbund ein (Stroppel 1996, S. 297). Die frühen Pfadfinderabteilungen in der Diaspora scheinen sich entsprechend «der allgemeinen sozialen Durchschnittslage der Katholiken, [... auch] aus den einfacheren Kreisen» zusammengesetzt zu haben, und zwar im Unterschied zu konfessionsneutralen Pfadfindern, die «fast ausschliesslich die Buben der ‹Gutsituierten› in ihren Reihen hatten» (Basler Volksblatt 1954).

Die treibende Kraft hinter der Gründung eines konfessionellen Unterverbandes innerhalb des schweizerischen Pfadfinderbundes für die deutschsprachige Schweiz war der Präses der Stadtberner Abteilung «Windrösli» Bernhard Sprecher. Nach der Rückfrage beim Bundesfeldmeister Walther von Bonstetten erfolgte am 13. März 1932 die Verbandsgründung als konfessioneller Unterverband des schweizerischen Pfadfinderbundes. Zu den Gründungsabteilungen gehörten «die Einheiten und Korps von Zürich, Basel, Bern, St. Gallen, Lostorf und Rapperswil mit zusammen 538 Mitgliedern» (Verband katholischer Pfadfinder 1957, S. 4). 25 Jahre später zählte der Verband «100 Abteilungen [mit] über 7000 Führer[n], Führerinnen [!], Präsides, Pfadfinder[n], Rover[n] und Wölfe[n]» (Verband katholischer Pfadfinder 1957, S. 4).

Der Verband Katholischer Pfadfinder der deutschsprachigen Schweiz war nicht nur eine Interessenvertretung innerhalb des Pfadfinderbundes und gegenüber der Kirche, sondern seine Gründung kann auch als Akt der Emanzipation (vgl. für das Folgende Steiner, R. 2007) vom Jungmannschaftsverband verstanden werden, mit dessen Leitung immer wieder Spannungen auftraten (Jung 1988, S. 357). Zuvor war es z. B. im Kanton Zürich notwendig gewesen, Mitglied der Jungmannschaft zu werden, bevor man der Pfadi beitreten konnte. Ab 1935 war der VKPDS durch ein Abkommen mit der Jungmannschaftsführung formell der Jungwacht gleichgestellt (Stroppel 1996, S. 303). Ob vor Ort Jungwacht- oder Pfadigruppen entstanden oder ob eine bestehende Gruppe den Verband wechselte, war oft von den persönlichen Präferenzen der Geistlichen abhängig (vgl. Steiner, R. 2007).

Es ist eine Schweizer Besonderheit, dass sich die katholischen Pfadfinderverbände sprachregional in der deutsch-, italienisch- und französischsprachigen Schweiz als Unterverbände des Schweizerischen Pfadfinderbundes konstituierten: In den meisten umliegenden Ländern existieren grösstenteils mehrere eigenständige konfessionelle und konfessionell neutrale Verbände (Steiner, R. 2007).

Seit dem Auftreten der Sturmscharen 1929 und später der Jungwacht hatten die katholischen Pfadfinder eine innerkirchliche Konkurrenz. Dass es aus der Konkurrenzsituation heraus zwischen den Gruppierungen zu Spannungen kam, ist verständlich.[16] Diese Spannungen dürfen jedoch m. E. nicht überbewertet werden: Einerseits scheint die Neigung zur (Über-)Identifikation mit Organisationen und Vereinen zum Jugendalter zu gehören, andererseits scheinen die Spannungen etwa zwischen den Sturmscharen und den linken Jugendorganisationen um einiges grösser gewesen zu sein.

Zur Zeit der Verbandsgründung des VKPDS war die Pfadfindermethodik von Baden-Powell in der katholischen Weltkirche bereits länger als pädagogische Möglichkeit zur christlichen resp. katholischen Erziehung anerkannt. Auch hatte sich die Einstellung der Schweizer Bischöfe gegenüber der Pfadfinderbewegung geändert. 1932 wurden die Statuten des VKPDS von den Bischöfen approbiert (vgl. Verband katholischer Pfadfinder 1957, S. 5). 1937 ernannte die schweizerische Bischofskonferenz den Bischof des Bistums Basel Franziskus von Streng zum bischöflichen Protektor des Verbandes, der sich in der Folge über Jahrzehnte hinweg für den Verband engagierte (vgl. Verband katholischer Pfadfinder 1957, S. 5).

In den 1940er-Jahren scheint innerkirchlich jedoch noch die Frage diskutiert worden zu sein, wie die Pfadfinderbewegung religiös-konfessionell zu verorten sei und in welchem Verhältnis die «kirchliche Oberleitung» zur «pfadfinderischen Autorität» stehe. Dies lässt zumindest eine Ausbildungsmappe für Pfadfindergeistliche und Führer (Stalder

16 Mitte der 1930er-Jahre scheinen sich die katholischen Pfadfinderabteilungen in zwei Spannungsfeldern befunden zu haben: Auf der einen Seite die neue Konkurrenz aus Sturmscharen und Jungwacht, auf der anderen Seite vertraten Teile des schweizerischen Pfadfinderbundes die Ansicht, «echtes Pfadfindertum sei nur bei völligem Liberalismus und Gleichgültigkeit gegenüber Religion und Kirche möglich» (Stroppel 1996).

1944) vermuten, die 1944 von Vikar Johann Stalder für den VKP verfasst wurde. In einem Geleitwort lobt Bischof Franziskus von Streng, dass Johann Stalder diese Fragen «in einem durch und durch kirchlichen Sinne behandelt habe» (von Streng 1944, Vorwort). In seinen Ausführungen stellt Stalder die Pfadfinderbewegung und die Ansichten von Robert Baden-Powell zur Religiosität und zu den religiösen Pflichten der Pfadfinder vor. Stalder schreibt darin gegen die Unterstellung pfadfinderskeptischer Kirchenkreise aus der Frühphase der Pfadfinderbewegung an, die Pfadfinderbewegung fördere naturreligiöse Ansichten oder sei gar freimaurerisch. Das Bemerkenswerte an der Schrift von Stalder ist jedoch, dass er versucht, die Stellung der Pfadfindergeistlichen neu zu definieren. Er unterscheidet drei Zuständigkeitsbereiche innerhalb der Jugendverbandspraxis: erstens die rein religiösen Belange, in denen nur die Kirche zuständig sei; zweitens die erzieherischen, pfadfinderischen Belange, in denen die Kirche ein Mitbestimmungs-, Einsprache- und Letztentscheidungsrecht [!] habe; drittens die rein weltlichen Dinge (Pfadfindertechnik, Organisation, Sport usw.), in denen die Pfadfinderleiter bestimmend seien. Stalder räumt in seiner Systematisierung den Pfarrern resp. Pfadfindergeistlichen gegenüber dem Abteilungsleiter (Feldmeister) umfassende Kompetenzen ein. Diese Einstellung konnte sich zwar innerhalb der katholischen Pfadfinder nicht durchsetzen, zeigt aber, dass der Autonomieanspruch der Pfadfinderbewegung in der katholischen Kirche nicht unumstritten war.

Diese relative Autonomie der Leitenden und die Stellung der Präsides in den Verbänden waren bis Ende der 1960er-Jahre zwei der Hauptunterschiede zwischen den katholischen Pfadfindern und der Jungwacht. Die Jungwacht verstand sich, durch die Verortung in der Katholischen Aktion, als eine von Jugendlichen und jungen Erwachsenen getragene Laienmissionsbewegung für Knaben in Form eines Schülerverbandes: In der Logik der Katholischen Aktion untersteht die Laienleitung selbstverständlich dem Verbandsgeistlichen (Präses).

Der Verband Katholischer Pfadfinder sah sich als Teil der Pfadfinderbewegung und damit einer überkonfessionellen resp. interreligiösen Erziehungsbewegung, in der die Auseinandersetzung mit der konfessionellen, persönlichen Religiosität ein Teil der Grundlagen sein sollte (vgl. für Frankreich: Weber 2013, S. 166). Im Unterschied zur Jungwacht hatten bei den Pfadfindern die Präsides keine Leitungsfunktion – und neben der religiösen eine beratende Rolle (Jung 1988, S. 358).

7.2.6 *Katholische Pfadfinderinnen*

Die Geschichte der Arbeitsgemeinschaft der katholischen Pfadfinderinnen ist schlecht aufgearbeitet, selbst im Archiv der Pfadibewegung Schweiz (PBS) sind nur wenige Unterlagen erhalten. Eine der Hauptquellen für die frühe Geschichte des Bundes Schweizerischer Pfadfinderinnen und der katholischen Pfadfinderinnen ist die Jubiläums-Broschüre «25 Jahre Bund Schweizerischer Pfadfinderinnen 1919–1944» (Bund Schweizerischer Pfadfinderinnen 1944). Von der Gründung des Bundes Schweizerischer Pfadfinderinnen (BSP) 1919 bis 1923 bewegte sich der Bestand um die 600 Mitglieder, um sich in den folgenden drei Jahren mit 1500 Mitgliedern mehr als zu verdoppeln. 1932 hatte der Bestand die 3000er-Marke überschritten. Sechs Jahre später, 1939, wurden 6409 Mitglieder gezählt. 1941 bis 1944 pendelte sich die Mitgliederzahl auf rund 8200 ein.

Aus der Jubiläumsbroschüre lassen sich zwei typische Gründungsszenarien für Pfadfinderinnentrupps ableiten: Entweder gründeten einzelne junge Frauen, oft Lehrerinnen, nachdem sie mit der Pfadfinderinnenbewegung in Kontakt gekommen waren, Abteilungen resp. Trupps. Oder Mädchengruppen gründeten eigene Abteilungen, angeregt durch das Vorbild von Bubenabteilungen vor Ort oder Mädchenabteilungen, die etwa in ihrer Gemeinde ein Lager abhielten. Später waren es oft Leiterinnen, die nach Arbeitsorts- oder Schulwechseln am neuen Wohnort Pfadfinderinnen-Abteilungen gründeten. Im Unterschied zu den katholischen Pfadfindern scheinen bei den Pfadfinderinnen die «strategischen» Abteilungsgründungen in der Diaspora durch katholische Geistliche selten zu sein: Ähnlich dem frühen Blauring scheinen die katholischen Pfadfinderinnen tendenziell eine Bottom-up-Gründung gewesen zu sein.

Die Widerstände, mit denen die jungen Frauen in der Frühphase des BSP konfrontiert waren, müssen, wie bereits erwähnt, bedeutend gewesen sein. An mehreren Stellen in der Jubiläumsbroschüre werden anekdotisch das Unverständnis und der massive Widerstand der Lehrerschaft und der Schulbehörden gegen die Pfadfinderinnen hervorgehoben: Der Ortspfarrer von Heiden verbot 1925 den Pfadfinderinnen das Abhalten von Übungen, allerdings erfolglos (Bund Schweizerischer Pfadfinderinnen 1944, S. 75). Jedoch ist auch das Gegenbeispiel dokumentiert: 1934 gründete der katholische Pfarrer des jurassischen Courfaivre eine Mädchenpfadi, die von seiner Schwester geleitet wurde.

1923 wurde die erste Abteilung des Kantons Freiburg und gleichzeitig die erste katholische Abteilung der Schweiz (Bund Schweizerischer Pfadfinderinnen 1944, S. 90) in den BSP aufgenommen. 1934 verhandelte Camille Fasel persönlich mit dem Bischof, um in der Stadt Freiburg eine Pfadiabteilung gründen zu können, «da die katholischen Pfadfinderinnenabteilungen die Genehmigung der schweizerischen Bischöfe noch nicht hatten» (Vorstand BSP 1938, S. 91).

In der Mehrheit der Gründungserzählungen der einzelnen Abteilungen, die in der 25-Jahr-Jubiläumsschrift publiziert sind, wird neben den Pfadfinderaktivitäten der praktische Helferwille hervorgehoben. Hier scheinen die Eigen- und Fremdwahrnehmung durch die Blauringleitung übereinzustimmen (Kongregationszentrale 1949, S. 10): Auch wenn bei den katholischen Abteilungen ein konfessionelles Selbstbewusstsein sichtbar wird (vgl. Bund Schweizerischer Pfadfinderinnen 1944, S. 22 und 89f.), das Religiöse im engeren Sinn erscheint kaum als Motivation. Die Freiburger Pfadfinderinnen erwähnen zwar die Wahl von Maria als ihrer Schutzpatronin und den alljährlichen Messbesuch an Mariä Empfängnis. Bei der Beschreibung ihrer Maria-Lichtmess-Prozession wird jedoch weder das religiöse Erleben noch ein spezielles konfessionelles Bewusstsein hervorgehoben, sondern typische Pfadiaktivitäten: An der Prozession seien z. B. Morsebotschaften zu entziffern, um Zündhölzer zu finden, man müsse topografischen Croquis folgen oder «in Eis und Schnee einen steilen Hang hinaufklettern oder im Dunkeln einen unheimlichen Wald entlanggehen» (Bund Schweizerischer Pfadfinderinnen 1944, S. 91).

Die Stellung des Konfessionellen resp. Religiösen innerhalb des Bundes Schweizerischer Pfadfinderinnen scheint in der Frühphase kontrovers diskutiert worden zu sein. So wird in der Jubiläumsschrift erwähnt, dass im Führerinnen-Pfadiversprechen speziell für die Katholikinnen der Zusatz «Gott dienen» verbindlich aufgenommen und später als fakultativ erklärt wurde (Bund Schweizerischer Pfadfinderinnen 1944, S. 22). 1938 gab der Vorstand des Bundes Schweizerischer Pfadfinderinnen die Schrift «Ratschläge für Hauptführerinnen, die konfessionellen Sektionen betreffend» (1938) heraus, und zwar aus zwei Gründen: erstens, weil sich «in der praktischen Anwendung […] die Hauptführerinnen und Führerinnen oft wenig im Klaren» (Vorstand BSP 1938) seien, was es bedeute, dass der BSP politisch neutral sei und alle Konfessionen zulasse. Und zweitens, weil «sich heute religiöse Kreise in vermehrtem

Mass für die Bewegung der Pfadfinderinnen» interessierten. Der BSP bestehe «mehrheitlich aus unabhängigen und interkonfessionellen Sektionen, [...] die Kinder jeglicher Konfessionen aufnehmen» (Vorstand BSP 1938). Der BSP bestehe aber auch aus einer gewissen Anzahl von Sektionen «konfessionellen Charakters, die einer bestimmten Konfession oder religiösen Gemeinschaft angehören» (Vorstand BSP 1938). In der Schrift des BSP-Vorstandes wird Wert darauf gelegt, dass nur Sektionen gegründet werden, die personell längerfristig bestehen können. Zudem seien die «geistlichen Berater [...] für die Gottesdienste und Seelsorge verantwortlich. Für alles andere hängt die Sektion ausschliesslich von der Hauptführerin ab» (Verstand BSP 1938). Neben diesem für die Pfadfinder- und Pfadfinderinnen-Bewegung typischen Autonomieanspruch gegenüber den Kirchen wird gleichzeitig betont, dass «der Glaube eines jeden Kindes [...] etwas heiliges» (Vorstand BSP 1938) sei. Die Pfadfinderinnenbewegung erachte «es [als] ihre Pflicht, das Kind zur Erfüllung der Vorschriften seiner Kirche anzuhalten» (Vorstand BSP 1938). In der Schrift des BSP-Vorstandes sind analog zur gesamten Pfadibewegung weder Atheismus noch die Vorstellung des Religions- oder Konfessionswechsels von Teilnehmenden vorgesehen: Alle sollen innerhalb der Pfadfinderei ihren Glauben leben. Dies spiegelt sich in den Statuten des Verbandes [!] katholischer Pfadfinderinnen[17] von 1958 wieder: Der Verband sieht sich sowohl für die katholischen Pfadfinderinnentrupps als auch für die katholischen Pfadfinderinnen in nicht-katholischen Trupps zuständig. Einem nicht-katholischen Mädchen sei es möglich, Mitglied in einem katholischen Trupp zu werden, sofern es das Gesuch selber stelle, die Eltern einverstanden seien und es sich an die bestehende Ordnung halte.

Die wenigen im Pfadfinderarchiv erhaltenen Unterlagen der Arbeitsgemeinschaft katholischer Pfadfinderinnen (AKP) von Mitte der 1960er-Jahre bis in die 1980er-Jahre zeigen das Bild einer Arbeitsgemeinschaft, die sich einer doppelten Aufgabe verpflichtet: erstens der Betreuung der katholischen Pfadfinderinnentrupps und zweitens der Interessenvertretung der katholischen Pfadfinderinnen auf gesamtschweizerischer Ebene. Diese Aufgaben werden u. a. durch die Mitarbeit bei der Ausbildung

17 Mit Ausnahme dieser Statuten, die sich im PBS-Archiv befinden, ist in den Aufzeichnungen von der Arbeitsgemeinschaft Katholischer Pfadfinderinnen und nicht vom Verband katholischer Pfadfinderinnen die Rede.

von Leiterinnen im BSP sowohl auf Konzeptebene als auch durch Kurse, durch spezielle Angebote und Reisen (Assisi, Taizé, Israel) mit religiösem Akzent und durch die Ausarbeitung von Unterlagen wahrgenommen.

Ab den frühen 1970er-Jahren bildeten Vertreterinnen der Arbeitsgemeinschaft Katholischer Pfadfinderinnen und die Equipe Protestante eine ökumenisch arbeitende Equipe unter dem Namen Animation spirituelle. Mit der Fusion des Bundes Schweizerischer Pfadfinderinnen und des Schweizerischen Pfadfinderbundes zur Pfadibewegung Schweiz (PBS) 1987 schlossen sich auch die Arbeitsgemeinschaft Katholischer Pfadfinderinnen mit dem Verband Katholischer Pfadfinder zum Verband Katholischer Pfadfinderinnen und Pfadfinder zusammen. Nach der Auflösung der Equipe Protestante blieb der VKP die einzige konfessionelle Organisation auf Deutschschweizer Ebene in der Pfadibewegung Schweiz (PBS). Der VKP führte in der Tradition der AKP die Arbeit in der Equipe Animation Spirituelle weiter. Er übernahm so innerhalb der PBS faktisch die Funktion eines Kompetenzzentrums für die Animation Spirituelle, indem der VKP als einzige Organisation für die Erarbeitung von Unterlagen der PBS und in Ausbildungskursen bezahlte Arbeitszeit von Fachleuten einbringen konnte und zusätzlich im eigenen Verlag dazu praxisnahe Unterlagen publizierte, die breit in der PBS genutzt werden.

7.2.7 Die kirchlichen Jugendverbände als Teil des Verbandskatholizismus

Die erwähnten Jugendverbände waren Teil eines dichten Netzes von konfessionellen Organisationen, die der katholischen Sondergesellschaft in der Schweiz zur Verfügung standen und die zwischen 1920 und 1950 eine Blüte erlebten (vgl. Altermatt 1989, S. 159ff.).

Die katholische Sondergesellschaft selbst ist aber um einiges älter und reicht in die Zeit des Kulturkampfes in der Schweiz im 19. Jahrhundert zurück. Die Schweiz war damals in zwei grosse Lager gespalten: Die konservativ-katholische, eher ländliche Schweiz stand der radikalliberalen Bewegung gegenüber, deren Zentrum städtisch geprägte reformierte Kantone waren. Obwohl im Kulturkampf unterlegen, nutzten die Katholiken die Möglichkeiten des modern-liberalen Verfassungsstaates mit seiner Versammlungs-, Meinungs- und Pressefreiheit. So entstanden aufgrund von realen und gefühlten Benachteiligungen eigene Parteien, Schulen, Zeitungen, Verbände und Vereine. Das heisst, die Katholikinnen und Katholiken nutzten wichtige Errungenschaften des liberalen Denk- und Staatsmodells, um sich dem liberalen Staat entgegenzustellen.

Zu Beginn des 20. Jahrhunderts gelang es dem Schweizer Katholizismus, sich als eigentlichen Block zu formieren: Nach 1905 fusionierten die beiden bisher rivalisierenden Stamm- und Diasporaverbände zum Schweizer Katholischen Volksverein (vgl. Altermatt 1989, S. 154). So wurde es den Schweizer Katholikinnen und Katholiken möglich, sich in der Diaspora «von der Wiege bis zur Bahre» in einer katholischen Sondergesellschaft in Form einer Parallelgesellschaft zu bewegen.

Erste Spuren der Erosion der katholischen Sondergesellschaft zeigten sich nach Urs Altermatt bereits in den 1950er-Jahren (1989, S. 161f.). In jenen städtischen Gebieten, in denen die Katholikinnen und Katholiken in der Minderheit waren, zeigten sich diese Veränderungen stärker als in ländlich-bäuerlichen Stammlanden. Altermatt sieht u. a. im zunehmenden Wohlstand, der sozialen und geografischen Mobilität sowie in der Zunahme der Wertevielfalt Gründe für den Rückgang des Blockdenkens und der Geschlossenheit des Katholizismus in der Schweiz (vgl. Altermatt 1989, S. 162f.). Die erwähnten gesellschaftlichen Veränderungen betrafen alle traditionellen gesellschaftlichen Milieus, und so begann sich ab den 1960er-Jahren nicht nur das katholische, sondern etwa auch das sozialdemokratische Arbeitermilieu aufzulösen.

Die gesellschaftlichen Umwälzungen trafen die katholischen Jugendorganisationen doppelt: Die Umwälzungen im konfessionellen Milieu wurden für die Jugendorganisationen durch gesamtgesellschaftliche Umwälzungen nach 1968 im Bereich der Jugend überlagert und verschärft: Im Lauf der folgenden Jahre verloren viele einst stolze konfessionelle Jugendorganisationen ihre Bedeutung und lösten sich auf.

7.3 Die 1960er-Jahre, 1968 und die Krise in der Jugendverbandsarbeit

In den 1960er-Jahren fanden zwei Ereignisse statt, die in der kirchlichen Jugendarbeit eine Zeitenwende mit einem klaren Vorher und Nachher bewirkten: das Zweite Vatikanische Konzil und die 1968er-Bewegung.

Es hat sich durchgesetzt, von der «Krise der Jugendarbeit» Ende der 1960er-Jahre zu sprechen. Heinz Wettstein (1989, S. 54ff.) stellt in seiner Geschichte der Jugendarbeit von 1989 die entscheidende Frage: Wessen Krise war die Krise der Jugendarbeit nach 1968? Wettstein verortet die

Ursachen der Krise im Versagen der Verantwortlichen, die Bedürfnisse der Jugendlichen wahrzunehmen und sich selbst radikal infrage stellen zu lassen. Die Krise der Jugendarbeit nach 1968 war also keine Krise der Jugendlichen, sondern eine Krise der althergebrachten Institutionen. Für die Jugendlichen und für die Jugendarbeit war es der Aufbruch in eine neue Zeit.

7.3.1 Vorboten der Veränderung

Von 1945 bis 1968 galten die traditionellen Vereine und Verbände als Garanten einer «sinnvollen» Freizeitgestaltung (Wettstein 1989a, S. 54). Die Freizeit der Jugendlichen hatte sich möglichst «in festen Strukturen, Zusammenhängen und Institutionen abzuspielen» (Wettstein 1989, S. 55). Dies hatte aus Sicht der Erwachsenengesellschaft zwei Funktionen: erstens den Erhalt der Kontrolle der gefährdeten und gefährlichen Jugendlichen und zweitens die Eingliederung der nachwachsenden Generation in die bestehenden gesellschaftlichen oder kirchlichen Strukturen. Dies zeigt sich etwa in den Grundlagenpapieren der kirchlichen Jugendverbände, die aus den 1940er-Jahren stammten und inhaltlich kaum verändert wurden.

Der erste Kontrapunkt war das Aufkommen der ersten Jugendkulturen: die eher intellektuellen Existenzialisten und die ersten Rocker, die nach einem deutschen Filmdrama von 1956 «Halbstarke» genannt wurden. Mit den Halbstarken kamen an Wochenenden gegen Ende der 1950er-Jahren neue Formen des jugendlichen Freizeitverhaltens auf: Ihr provokantes Outlaw-Auftreten, die zur Schau gestellte Neigung zum wilden Leben (Motorradfahren, Schlägereien, laszive Posen) schockierte die wohlgeordnete Nachkriegs-Schweiz. Auch wenn die sogenannten Halbstarken eine kleine Gruppe vorwiegend junger Männer waren, zeigen sich, mit Ausnahme des Politischen, bereits alle wichtigen Elemente kommender Jugendkulturen: das bestimmte Lebensgefühl einer Generation, ein unverwechselbarer Auftritt im Bereich Mode und Musik, Rebellion und Abgrenzung, Überraschung bis Unverständnis der Erwachsenen über die «heutige Jugend» und eine Unterhaltungsindustrie, die auf den jugendkulturellen Zug aufspringt.

In den 1960er-Jahren entwickelten sich neue Freizeitangebote ausserhalb der festen Strukturen traditioneller Jugendorganisationen, für die sich breite Kreise der über 16-jährigen Jugendlichen zu interessieren begannen. Bis Mitte der 1960er-Jahre waren es vor allem die Jugendlichen aus dem Arbeitermilieu, die in Erscheinung traten. Mit steigendem Wohlstand nahm das Einkommen der jungen ArbeiterInnen zu. Ihnen war es nun möglich, einen Teil ihres Lohnes für Konsumgüter und Freizeitangebote auszugeben. In die neuen kommerziellen Freizeitformen mischten sich Elemente einer selbstbewussten Abgrenzung gegenüber der kleinbürgerlichen Enge.

7.3.2 Krise der Jungmannschaft und der Jungfrauenkongregation in den 1960er-Jahren

Die neuen Freizeitformen und die gesellschaftlichen Veränderungen der 1960er-Jahre machten den althergebrachten Jugendverbänden stark zu schaffen. Besonders gegen Ende des Jahrzehnts nahmen die Mitgliederzahlen dramatisch ab.

Die Analyse der veränderten Situation führte die Leitungen der beiden unabhängigen Verbände Jungfrauenkongregation und Jungmannschaft ab 1967/68 zu einer ähnlichen Strategie (vgl. für das Folgende Kyburz 1990, S. 4ff.): Der zumindest implizite Schluss lag nahe, dass die Zeit der Grossverbände, die alle Jugendlichen erreichen, vorbei sei. An die Stelle der Massenorganisationen sollten Elite-Gruppen treten. Die Verbandszentrale der Jungfrauenkongregation etwa stellte sich relativ autonome Gruppen vor, Ancilla-Teams genannt, die sich in der Kirche und der Welt in allen Lebensbereichen christlich engagieren sollten. Neu sollten diese Gruppen nicht mehr von einem Geistlichen geleitet, sondern nur noch begleitet werden. In der Jungmannschaft sollten kleine Elite-Gruppen Träger der Offenen Jugendarbeit werden und geschlechtergemischte Veranstaltungen für möglichst viele Jugendliche anbieten.

Die Wirklichkeit sah anders aus, als es sich die Verbandsspitzen top-down ausgedacht hatten. Wie sich der Niedergang vor Ort anfühlte, arbeitete der Historiker Bruno Meier (vgl. für das Folgende Meier 2003) für die Badener Neujahrsblätter anhand der Ortsgruppe im aargauischen Wettingen heraus. Meier beschreibt damit wohl ein recht typisches Ende einer Ortsgruppe der Katholischen Jungmannschaft im Schweizer Mittelland. Der beliebte Pfarrhelfer Martin Koller konnte nach 1966 das Ende der Jungmannschaft in Wettingen nicht stoppen, sondern bloss hinauszögern – trotz der von ihm vorangetriebenen Modernisierung des Programmes, das freizeitorientierter war, sowie der Rückstufung der Wichtigkeit des Religiösen und der Veranstaltung gemeinsamer Anlässe mit den katholischen Mädchenvereinen statt ausgeprägter Geschlechtertrennung. Der Niedergang war auch nicht durch den Western-Film aufzuhalten, mit dem die Generalversammlung 1967 anstatt eines aufbauenden Referates abschloss. Für das Ende der Ära Jungmannschaft in Wettingen waren aber kaum ausschliesslich andere, attraktivere Freizeitmöglichkeiten verantwortlich, etwa die Pop-Rock-Konzerte im Saal des Hotels Winkelried, die gefragter waren als Lichtbildvorträge im Pfarreiheim. Aus heutiger Sicht waren wohl eine veraltete Organisationsform und das Menschenbild bzw. die Haltungen der Verantwortlichen die entscheidenden Faktoren dafür, dass eine Anpassung an die neuen Gegebenheiten misslang: Das Menschenbild zeigte sich etwa darin, dass der «fortschrittliche» Präses Koller forderte, «dass der Führerausbildung grosser Wert beizumessen sei, damit die ‹unmündigen› [sic!] Jugendlichen Vorbilder hätten» (Meier 2003, S. 22). Diese und andere Äusserungen und die Beschreibung des Endes der Jungmannschaft in Wettingen lässt den Schluss zu, dass nur die Oberfläche, die äusseren Formen und Aktivitäten dem jugendlichen «Zeitgeschmack» angepasst werden sollten: Das Menschenbild und der bisherige Modus der Eingliederung und der behütenden Pädagogisierung blieben erstaunlich unhinterfragt. Die grundlegenden Forderungen vieler Jugendlicher ab Mitte der 1960er-Jahre, als vollwertige Subjekte wahrgenommen zu werden, nach mehr Autonomie, Verantwortungsübernahme und einer eigenen Kultur wurden von den Verantwortlichen nicht ernst genommen.

Dass eine kirchliche Jugendarbeit auch nach 1968 noch erfolgreich sein konnte, wenn sie freier und weniger «eingliedernd» war, zeigt sich im Erfolg der Offenen Jugendarbeit in kirchlicher Trägerschaft zu Beginn der 1970er-Jahre. Damals entstand in den Pfarreien der Region Baden/Wettingen eine breite und bunte Szene der neuen Offenen Jugendarbeit in kirchlicher Trägerschaft – und in den beiden Wettinger Pfarreien entstanden neue, erfolgreiche Formen der kirchlichen Jugendarbeit.

Nicht alle Ortsverbände der Jungmannschaft und der Jungfrauenkongregation vor Ort haben wie die Ortsgruppe der Jungmannschaft in Wettingen ihre Tätigkeiten Ende der 1960er-, Anfang der 1970er-Jahre eingestellt – einige wenige bestehen noch heute.

7.3.3 1968er-Bewegung und Globuskrawall

Um die Besonderheiten der Entwicklungen im Jugendbereich der Deutschschweiz nach 1968 zu verstehen, lohnt es sich, die 1968er-Bewegung genauer zu betrachten. Bis Mitte der 1960er-Jahre waren die

Jugendkulturen in Westeuropa wenig politisch. Dies zeigt ein Blick auf die Bundesrepublik Deutschland, die von den Ereignissen ab 1968 wesentlich stärker erschüttert werden sollte als die Schweiz: Das deutsche Allensbacher Institut für Demoskopie etwa sprach noch im Winter 1966/67 davon, die Studierenden seien «angepasst, apolitisch, vergnügungs- und karriereorientiert» (zit. Cohn-Bendit/Dammann 2007, S. 25). Diese Einschätzung illustriert, wie sehr die Eruption von 1968 überraschte, sowohl in ihrem Ausmass als auch in der Internationalität. Cohn-Bendit und Dammann sprechen davon, dass die Revolte von 1968 «fast ohne Vorankündigung» (2007a, S. 14) ausbrach. Die beiden Autoren weisen den neuen technischen bzw. medialen Möglichkeiten in der Gemeinschaftsbildung wie auch in der Politisierung eine Schlüsselrolle zu. Die Musik von den «Beatles, Rolling Stones, Jimi Hendrix und Janis Joplin [... traf] den Nerv ihrer Generation» (Cohn-Bendit/Dammann 2007, S. 15). Durch die neuen technischen Möglichkeiten wurde die Musik «nahezu weltweit gehört und gefeiert. Diese Musik war es vielleicht zuerst, die das Gefühl aufkommen liess, Teil einer weltumspannenden Gemeinschaft zu sein» (Cohn-Bendit/Dammann 2007a, S. 15). Die Politisierung wurde, so Cohn-Bendit und Dammann, wesentlich durch Fernsehbilder aus dem Vietnamkrieg ausgelöst. Just zu dem Zeitpunkt, zu dem sich das Fernsehen breit durchzusetzen begann, sah das Fernsehpublikum allabendlich verstörende Bilder aus dem Vietnamkrieg: Bilder von verwundeten Zivilpersonen, etwa die ikonische Sequenz des flüchtenden napalmverbrannten Mädchens, oder von durch Gift entlaubten Wäldern. Der Krieg in Vietnam galt unter zahlreichen Jugendlichen als «das Gewaltförmige, Autoritäre schlechthin. Nun reichte es nicht mehr, sich in ‹Subkulturen› zurückzuziehen – jetzt hiess es kämpfen» (Cohn-Bendit/Dammann 2007a, S. 15).

Wie wenig es brauchte, damit es im Zürich der späten 1960er-Jahre zu krawallartigen Szenen kam, zeigte das Konzert der Rolling Stones 1967 im Hallenstadion, als die Konzertbesucherinnen und -besucher einen Teil der Bestuhlung zerstörten und die Polizei hart durchgriff. Im Jahr darauf, am 30. Mai 1968, griff nach dem zweiten der beiden Jimi-Hendrix-Konzerte eine Hundertschaft der Polizei Fans mit Hunden und Schlagstöcken an, die sich nach Konzertschluss vor der Konzerthalle aufhielten. Im Gegensatz zum Vorjahr wurde nun der Polizeieinsatz von einem Teil der Tageszeitungen kritisiert – was für die Schweiz ein Novum darstellte (Nussbaumer 2008c). Die Konzertkrawalle zeigten, wie aufgeheizt die Stimmung war und dass die Züricher Polizei zu überhartem Einschreiten neigte – politisch waren die Krawallnächte vonseiten der Fans jedoch nicht motiviert, auch wenn ein erstes politisches Flugblatt kursierte. Vierzehn Tage nach dem Konzert demonstrierten die Anhänger der Fortschrittlichen – Arbeiter, Schüler und Studenten – mit einem Strassentheater gegen den Polizeieinsatz. Weitere zwei Wochen später, am 28. Juni 1968, forderten mehrere Tausend Demonstranten ein autonomes Jugendzentrum im Provisorium des Warenhauses Globus (Nussbaumer 2008b; Nussbaumer 2008a; Nussbaumer 2008c). Aus der Demonstration wurde eine Krawallnacht, wie sie Zürich noch nie gesehen hatte, der Globuskrawall: Auf der Bahnhofsbrücke lieferten sich Jugendliche und Polizei stundenlange Strassenschlachten. Im Keller jenes Gebäudes, das die Jugendlichen als Jugendzentrum forderten, kam es zu brutalen Übergriffen der Polizei auf die festgenommenen Jugendlichen. Wie gespalten die Schweiz damals war, zeigten die Reaktionen des grössten Teils der Presse und eine Gruppe von Intellektuellen, unter ihnen Max Frisch, die Verständnis für die Forderungen der Jugendlichen zeigten und die Polizeigewalt anprangerten. Auf der anderen Seite standen die bürgerliche Presse (z. B. NZZ und Der Bund) (Nussbaumer 2008a, S. 23) und (rechts-)bürgerliche Kreise, die die Unruhen z. T. als vom Ostblock gesteuert betrachteten.

Auch wenn der Globuskrawall ein singuläres Ereignis blieb und sich auch im Folgenden nur eine kleine Minderheit der Jugendlichen aktiv daran beteiligte: Die 1968er-Bewegung war in der Schweiz angekommen. Plötzlich war vieles, das bisher immer so gemacht wurde, nicht mehr selbstverständlich – von der Politik über die Erziehung und Ausbildung bis zum Zusammenleben. Unterstützt von den Erziehungs- und Sozialwissenschaften meldete sich eine neue Generation zu Wort. Ihre Kritik richtete sich gegen die starren gesellschaftlichen Strukturen, unterdrückende Erziehungsmethoden, enge Ansichten zu kulturellen Ausdrucksformen und rigide Moralvorstellungen.

Das Jahr 1968 markiert in vielerlei Hinsicht einen Wendepunkt. Die Gesellschaftskritik, die gesellschaftliche Missstände wie die Einkommensverteilung kritisierte, verband sich für eine kurze Zeit mit dem Streben nach Freiheit, Selbstbestimmung und -verwirklichung. Das heisst, die Forderungen der Arbeiterbewegung, der Gewerkschaften und kirchlichen Soziallehre nach Solidarität und gesellschaftlicher Gerechtigkeit trafen sich mit der liberalen Forderung nach individueller Freiheit.

1968 war es zum letzten Mal möglich gewesen, dass sich die Jugendlichen in der Schweiz als Teil einer einzigen, grossen Bewegung verstehen konnten, die gemeinsame Ziele verfolgte und Forderungen stellte.[18]

In diesem kulturellen und politischen Umbruchsklima nach 1968 erschienen viele der herkömmlichen kirchlichen und nicht-kirchlichen Vereine und Jugendorganisationen (z. B. das Kadettenwesen als schulnaher, militärischer Vorunterricht) und -traditionen nicht mehr zeitgemäss. Die Krise in der Verbandsjugendarbeit war da.

7.4 Jungwacht, Blauring und die Pfadi nach 1968

Ob die Zeit von Jugendverbänden wie der Jungwacht, dem Blauring und der Pfadi abgelaufen war, war Ende der 1960er- und in den frühen 1970er-Jahren eine offene Frage – so verlor etwa allein die Buben-Pfadi nach 1968 rund 10 000 Mitglieder (vgl. Steiner, R. 2007, S. 2). Was nun einsetzte, war eine Zeit der Reformen, des Experimentierens und der Neuerfindung der Jugendverbände. Unweigerlich entbrannten Konflikte um den Weg in die Zukunft, von der pädagogischen Ausrichtung bis zur Frage, ob eine einheitliche Bekleidung (Uniform) noch zeitgemäss sei.

Bei den Jugendverbänden zeigte sich vor Ort die ganze Bandbreite der Reaktionen auf solche Krisen: von einem trutzig-rückwärtsgewandten Festhalten am Hergebrachten über das lautlose Verschwinden bis zur resignativen Auflösung von Ortsgruppen; von einer «evolutionären» Aktualisierung bis zu revolutionären Neuerungen.

7.4.1 Das Beispiel des gescheiterten Badener Pfadi-Experiments in den frühen 1970er-Jahren

Wie schwierig sich die Frage nach der Zukunft der Jugendverbände Anfang der 1970er-Jahre gestaltete, zeigt der gescheiterte Versuch der Badener Pfadfinder, fortzubestehen (vgl. für das Folgende Enre/Streif 2003, S. 44). Die Badener Pfadi deutete die Jugendverbandskrise gesellschaftskritisch: In einer Analyse stellten die Leiter der Pfadfinderabteilung «Hochwacht» fest, dass sich die Gruppe fast ausschliesslich aus Mitgliedern aus bildungsnahen und gut situierten Kreisen zusammensetzte; Buben aus dem Arbeitermilieu oder bildungsschwächere Jugend-

18 Vielleicht gab es die Jugend als einheitliche Gruppe überhaupt nie. Spätestens nach 1968 ist es nicht mehr zulässig, die Jugend als homogene Grösse zu betrachten.

liche fehlten. Der Grund dafür wurde in der Organisationsform und im «Leistungsdruck» (Enre/Streif 2003, S. 44) geortet. Dies sollte geändert werden. Die Massnahmen waren radikal: Die herkömmliche Organisationsform mit einer hierarchischen Leitung wurde durch eine Teamleitung ersetzt; die festen Gruppen (Stämme) durch Interessensgruppen (Ateliers). Die Uniform samt Abzeichen und damit die Pfadi-Prüfungen sowie das zeremonielle Versprechen wurden abgeschafft. Kurz: Fast alles, was das traditionelle Bild der Pfadfinder geprägt hatte, wurde zugunsten einer angestrebten sozialen Durchlässigkeit verändert.

Das Pfadi-Experiment stiess weit über Baden hinaus auf Interesse, wurde aber verbandsintern vom Aargauer Kantonalverband vehement bekämpft. Das Badener Experiment scheiterte an den Herausforderungen, die sich den jungen Leitern stellten, da ihnen die Unterstützung des Verbandes fehlte: Sie mussten auf sich selbst gestellt neue Grundlagen, Programme und Aktivitäten schaffen und zusätzlich mit der neuen Gruppendynamik im Leitungsteam und unter den Mitgliedern umgehen. Die neue Praxis war ernüchternd, die Diversifizierung der sozialen Hintergründe der Mitglieder blieb aus, und die jungen Leiter zeigten sich von der neuen Dynamik überfordert. In der Folge kehrte die Pfadi Hochwacht zu herkömmlicheren Jugendverbandsformen zurück. Das Badener Experiment war in seiner Radikalität auffällig, jedoch keine Singularität.

7.4.2 Der Sprung in die Zukunft von Jungwacht, Blauring und Pfadi nach 1968

Warum haben die Verbände Jungwacht, Blauring und die Katholische Pfadi als Unterverband des Schweizerischen Pfadfinderbundes den Sprung über die Zeitenwende hinweg geschafft? Aus heutiger Sicht lassen sich – neben der «Trägheit» durch die nummerische Mitgliederzahl der grossen Jugendverbände (Steiner, R. 2014) – drei Vermutungen für den Fortbestand der Jugendverbände aufstellen: eine Reform der Ausbildung, mitstrukturiert durch das eidgenössische Programm Jugend+Sport; die pädagogische und konzeptionelle Arbeit innerhalb der Verbände; die ungebrochene Attraktivität der Jugendverbandsmethodik.

Jugend+Sport strukturiert das Ausbildungssystem der Jugendverbände

Die Reform des Ausbildungssystems durch die Anpassung der Verbandsausbildungen an das Sportförderprogramm Jugend+Sport (J+S) wirkte auf die Jugendverbände stabilisierend. So erhielten durch die neuen Ausbildungs- und Betreuungsfunktionen etwa die bestehenden Strukturen resp. Funktionen der Pfadi wieder einen Sinn. Ähnlich stabilisierend scheint Jugend+Sport auch auf Jungwacht und Blauring gewirkt zu haben (vgl. Jäger 2007, S. 15).

Wie schwierig eine radikale Neuschöpfung der Jugendverbände ohne die «Neufüllung» der alten Strukturen über die Ausbildungsschiene gewesen wäre, zeigt etwa das oben geschilderte Badener Pfadi-Experiment.

1972 wurde das erwähnte eidgenössische Förderprogramm für den Breiten- und Nachwuchsleistungssport Jugend+Sport aufgebaut (vgl. für das Folgende Steiner, R. 2007). Das heute noch bestehende Programm hatte von Beginn an eine breite sport- und bewegungszentrierte Ausrichtung und löste den militärischen Vorunterricht ab, der junge Männer auf den Militärdienst vorbereiten sollte. Jugend+Sport richtete sich gleichermassen an Mädchen und Knaben ab 14 Jahren (später ab zehn Jahren und seit 2009 ab fünf Jahren). Innerhalb von Jugend+Sport wurde das Sportfach Lagersport/Trekking auf die Jugendverbände zugeschnitten. Das Mittun in diesem Förderprogramm bot für die teilnehmenden Verbände neben Ausbildungs- auch finanzielle Unterstützung, bedingte jedoch die Übernahme verschiedener Standards. Die Jugendverbände passten deshalb u. a. ihre verbandsinterne Ausbildung den J+S-LeiterInnen-Kursstandards an und nahmen die vorgeschriebenen sportlichen Aktivitäten in das Programm der Ferienlager auf – dies bedeutete auch einen Teilverlust der Verbandsautonomie und den Bedeutungszuwachs sportlicher Aktivitäten als Selbstzweck.

Die inhaltliche Neuausrichtung in den Jugendverbänden am Beispiel des «New Look» in der Jungwacht

Seit den 1960er-Jahren begann sich sowohl bei der Jungwacht wie auch im Blauring unter dem Eindruck des Zweiten Vatikanischen Konzils und der sozialen Veränderungen ein Kulturwandel abzuzeichnen – etwa in der Berücksichtigung sozialer Themen und der bewussten Förderung der Entwicklung von Kindern und Jugendlichen (vgl. Jäger 2007, S. 11f.). Trotzdem stellte der Umbruch von 1968 die Jungwacht wie alle Jugendverbände vor massive Herausforderungen. Mit grossem Engagement wurde in den frühen 1970er-Jahren in der Jungwacht die Verbandsentwicklung angegangen, ohne Tabus (z. B. Sexualmoral) oder Konflikte mit der Kirchenhierarchie zu scheuen.

1971 löste die Bundesleitung der Jungwacht mit dem Arbeitspapier «New Look in der Jungwacht»[19] (1971) eine breite Diskussion über die Neukonzeption des Jugendverbandes aus. Die fünfseitige Broschüre besteht aus zwei Teilen und wird je mit einem bemerkenswerten Text eingeführt. Der erste proklamiert die Neuausrichtung als partizipativen Prozess. Die Bundesleitung forderte die Leitungsteams vor Ort auf, den Text zu diskutieren und ihnen Feedback von der Basis in Form von «Stellungnahmen mit formulierten Fragen, Ergänzungen und Wünschen» zu geben. Es war der Wille da, «eine Diskussion auf breitester Basis über die Neu-Konzeption zu ermöglichen» (Bundesleitung Jungwacht 1971, S. 1). Im zweiten Text, der den Massnahmenteil eröffnet, wird das Grundsatzproblem in den Raum gestellt, dass es offen sei, ob die Jugendverbandsarbeit überhaupt eine Zukunft habe.

Der erste Hauptteil besteht aus der Zieldefinition und der Nennung von Schwerpunkten. Das Ziel der Jugendarbeit soll es sein, «aus dem Glauben an Jesus Christus und aus der Sendung der Kirche» heraus «junge Menschen (Kinder und Jugendliche) in der Welt von heute zeitgemäss und entwicklungsgerecht zu fördern» (Bundesleitung Jungwacht 1971, S. 1). Wie das genau zu erfolgen habe, sei noch offen, die «neuesten pädagogischen, psychologischen und soziologischen Erkenntnisse» (Bundesleitung Jungwacht 1971, S. 1) sollen aber berücksichtigt werden. Im Mittelpunkt der Bemühungen stehe das Kind, das umfassend angesprochen und gefördert werden solle.

Auf den Anspruch der Vermittlung von religiös-konfessionellen Inhalten wurde zugunsten einer offenen Auseinandersetzung mit dem Glauben ausdrücklich verzichtet. Diese Veränderungen nach 1968 wurden von Schweizer Bischöfen als notwendig erachtet, jedoch auch kritisch verfolgt: Besonders der unvermeidliche Abschied des Selbstverständnisses der Jungwacht, auch eine Laienmissionsbewegung (im Sinn der Katholischen Aktion) zu sein, löste teilweise Bedauern, teilweise Kritik aus. An die katholischen Pfadfinder als Erziehungsbewegung scheinen im Gegensatz dazu von der Kirchenhierarchie andere bzw. weniger hohe Ansprüche an die explizite Kirchlichkeit gestellt worden zu sein als an die Jungwacht (vgl. für Frankreich Weber 2013, S. 166).

19 Der Text selbst mutet den Leitungsteams einiges zu und ist durch einen verschachtelten Nebensatzstil schwer zu lesen. Ebenso ist ein Teil der Argumentationen und Systematisierungen wenig schlüssig.

Mit den folgenden Schwerpunkten wurde eine Jugendverbandsmethodik entworfen, die stark von den Postulaten der 1968er-Bewegung geprägt ist:

- Die Gleichaltrigen-Gruppe gibt den Kindern jene Geborgenheit, die es ermöglicht, aus der Familie heraus Richtung Selbstständigkeit zu gehen. Die Gruppe dient als Experimentierfeld, in dem Individualität, das Recht auf eine eigene Meinung, die Selbstentfaltung und spezielle Begabungen und Interessen gefördert werden.
- Im Zentrum der sinnvollen Aktivitäten stehen die Freiheit von Zwängen und Freiwilligkeit, der Fördergedanke, die Selbsttätigkeit und das eigene Erleben. Kreative Tätigkeiten und die Ermöglichung von persönlichem Ausdruck sollen gefördert werden.
- Die Jugendverbandsarbeit soll ein soziales und politisches Engagement ermöglichen. Sie wird als politische Schulung und Gelegenheit zur Einübung demokratischer Prinzipien und zur aktiven Mitbestimmung verstanden.

Im zweiten Hauptteil wird eine Reihe konkreter Massnahme diskutiert, etwa die Überlegungen, das Jungwachtgesetz durch Lebensregeln zu ersetzen oder neben der Altersgruppe neu mit Interessensgruppen zu arbeiten. Zudem wird vorgeschlagen, bestimmte Aktivitäten und Projekte über den Jugendverband hinaus zu öffnen. Das heisst, sie sollten unabhängig von der Mitgliedschaft oder dem Geschlecht der Kinder als Angebote der Offenen Jugendarbeit für alle zugänglich gemacht werden.

Der New-Look-Prozess hatte grossen Einfluss auf die weitere Verbandsentwicklung: Neue pädagogische Konzepte wie die Friedenspädagogik hielten Einzug; Umweltschutz und ethische Fragen wurden aktiv thematisiert; kreative Tätigkeiten wurden wichtige Elemente in den Gruppenstunden; das alte Führungsverständnis wich einer animatorischen Sicht der Gruppenleitung (Jungwacht Blauring, o. J.); an die Stelle der hierarchischen Struktur und des Jungwachtgesetzes traten der Teamgedanke und die erwähnten Lebensregeln, und die Uniformhemden wurden vielerorts durch selbstgefärbte Batik-T-Shirts ersetzt.

Der Blauring scheint in der vertieften Zusammenarbeit mit der Jungwacht ab den 1970er-Jahren von der Dynamik des New-Look-Prozesses beeinflusst worden zu sein, um ihn später aktiv mitzugestalten.

Die Veränderungen innerhalb der Pfadfinderbewegung scheinen mehr als stetige Entwicklung abgelaufen zu sein denn als bewusster, von der Bundesleitung initiierter Prozess. Zentral in diesem Prozess war die zunehmende Kooperation zwischen der Mädchenpfadi (Bund Schweizerischer Pfadfinderinnen, BSP) und der Bubenpfadi (Schweizerischer Pfadfinderbund, SPB) ab den 1970er-Jahren, die 1987 in der Fusion zur Schweizerischen Pfadibewegung (PBS) mündete. Das pädagogisch und methodisch durchdachte Stufenprofil von 1987 markiert den vorläufigen Schlusspunkt der Transformation zu einem modernen Jugendverband.

Attraktivität der Jugendverbände für die Leitenden

Es ist eine Binsenweisheit: Längerfristig lässt sich ohne das Interesse einer grösseren Gruppe von Kindern und Jugendlichen keine Kinder- und Jugendarbeit betreiben. Bis heute konnte die Jugendverbandsarbeit fortlaufend angepasst und weiterentwickelt werden, so dass sie sowohl für die Leiterinnen und Leiter als auch für die Kinder in der Schweiz attraktiv geblieben ist – mit der Einschränkung, dass die Kinder und Jugendlichen grossmehrheitlich aus einem bildungsnahen Mittel- und Oberschichtenmilieu stammen und beispielsweise Teilnehmende mit einem Migrationshintergrund sowie bildungsfernere und Unterschichtenmilieus untervertreten sind.

Einer der zentralen Punkte der Jugendverbandsmethodik, wie sie heute von der Jungwacht Blauring, der Pfadibewegung Schweiz und dem Schweizer Verband der Christlichen Vereine junger Frauen und Männer (CEVI) gelebt wird, ist, dass jugendlichen Leiterinnen und Leitern sehr früh Verantwortung für Kinder und Jugendliche übertragen wird. Durch eine seriöse Ausbildung und die im Schnitt hohen persönlichen Ressourcen der Leitenden stellt diese Verantwortungsübertragung keine Überforderung dar.

Das heisst, dass die zentralen Akteurinnen und Akteure eines Schweizer Jugendverbandes 16- bis 20-jährige Leiterinnen und Leiter sowie bis 25-jährige Hauptleiterinnen und -leiter sind. An keinem anderen gesellschaftlichen Ort in der Schweiz wird 16- bis 20-Jährigen vergleichbar viel Verantwortung übertragen wie in einem Jugendverband. Gleichzeitig werden sie durch LeiterInnen-Kurse auf ihre Aufgabe vorbereitet und das LeiterInnen-Team wird als Ganzes von einem Coach begleitet. Jugendverbände sind ideale Orte, um – ohne die direkte Begleitung oder Kontrolle von Erwachsenen – die eigene Wirksamkeit zu erleben. Der Spielraum für Leiterinnen und Leiter ist wohl auch deshalb so gross, weil die Jugendverbände von ihrer Bekanntheit und einem generellen Goodwill profitieren können – auch weil die Akteurinnen und Akteure als verlässlich gelten. Dies zeigt sich etwa bei der Einholung von Bewilligungen, die Jugendverbänden im Schnitt wesentlich einfacher gelingt als nicht-verbandlich organisierten Jugendlichen.

Auch wenn sich die Aktivitäten eines Jugendverbandes mit Variationen wiederholen, glaubt jede Generation der Leitenden, die Jugendverbandsarbeit neu zu erfinden. Die meisten Leiterinnen und Leiter waren als Kinder selbst Mitglieder des Jugendverbandes und sind motiviert, ihre Erlebnisse an die nächste Generation weiterzugeben – und die Aktivitäten aufgrund der eigenen Erfahrungen als Teilnehmende zu verbessern.

Für die meisten Leitenden stellt das Leitungsteam eine wichtige altersgemischte Peergruppe dar. Dies steigert die Attraktivität eines Jugendverbandes ebenso wie die Möglichkeit, an Anlässen und in LeiterInnenkursen neue Gleichgesinnte kennenlernen zu können.

7.4.3 Katholische Kinder- und Jugendverbände heute

Auch wenn die Mitgliederzahl der Jugendverbände in den vergangenen Jahren leicht zurückging, sind sie noch immer mitgliederstarke Vereinigungen: Die Jungwacht Blauring ist mit 28 000 Mitgliedern, davon 8000 jugendliche Leiterinnen und Leiter, der grösste kirchliche Kinder- und Jugendverband in der Schweiz. Der Verband Katholischer Pfadfinderinnen und Pfadfinder (VKP) umfasst rund 11 000 Mitglieder. Der VKP ist Teil der Pfadibewegung Schweiz (PBS), die gesamthaft über 42 000 Mitglieder verfügt.

Auf der Ebene der Aktivitäten, Methoden und Grundlagen sind sich der VKP und die Jungwacht Blauring recht ähnlich. Die Unterschiede der gelebten Traditionen zwischen den einzelnen Ortgruppen (Scharen resp. Abteilungen) der Verbände ist wohl oft grösser als zwischen den Verbänden.

In beiden Verbänden sind es Jugendliche, die Kinder und jüngere Jugendliche führen. Das heisst, 16- bis ca. 20-/25-jährige Leiterinnen und Leiter sind für Kinder und Jugendliche bis 15 Jahre verantwortlich. Beide Verbände stützen sich methodisch auf je eigene Weiterentwicklungen resp. Aktualisierungen der Jugendverbandsmethodik – wobei sich der VKP als Teil der PfadfinderInnen-Bewegung auf Baden-Powell beruft. Beide Verbände haben geschlechtergetrennte und geschlechtergemischte Ortsgruppen, die jeweils auf lokale Traditionen zurückgehen. Auch auf der Ebene der Grundsätze sind zwischen den beiden Jugendverbänden grosse Übereinstimmungen feststellbar: Beide Verbände vertreten ein ganzheitliches Menschenbild und betonen die Wichtigkeit der Gemeinschaft und des Zusammenlebens; beide Verbände wollen ihren Mitgliedern durch Aktivitäten in der Natur einen sorgsamen Umgang mit dieser näherbringen und beschäftigen sich beide mit dem Sinn und Zweck des Lebens – und damit mit der religiösen Dimension des Daseins.

Trotz all diesen Gemeinsamkeiten verfügen die meisten Mitglieder an der Basis heute über eine ausgeprägte Verbandsidentität – und würden gegen die oben postulierte Ähnlichkeit der Verbände kräftig Einspruch erheben.

7.4.4 Strukturelle Entwicklung von Jungwacht und Blauring ab den 1970er-Jahren

Ab ca. 1971 begannen Jungwacht und Blauring, enger zusammenzuarbeiten (vgl. für das Folgende Jäger 2007, S. 11ff. und Krummenacher 2014, S. 26). 1973 trennte sich der Blauring von der Jungfrauenkongregation, was neue Strukturen nötig machte und einen generellen Orientierungsbedarf mit sich brachte. 1975 verlegte die Bundesleitung des Blauring ihren Sitz nach Luzern zur Bundesleitung der Jungwacht. In den folgenden Jahren intensivierte sich die Zusammenarbeit auf allen Ebenen. 2009 fusionierten die beiden Verbände zum Verband Jungwacht Blauring Schweiz.

Die Reaktion der Bischöfe auf die erwähnte New-Look-Neuorientierung der Jungwacht von 1971 war ambivalent (vgl. Krummenacher 2014, S. 31). Zwar begrüssten sie die neue pädagogische Ausrichtung wie auch spätere strukturelle Anpassungen, wünschten sich aber eine explizitere Kirchlichkeit. Die Frage nach der Kirchlichkeit der Jugendverbände beziehungsweise nach dem Kirchenverständnis (vgl. Krummenacher 2014, S. 31) wurde in der Folge zu einem wiederkehrenden Diskussionsthema innerhalb der Verbände sowie zwischen Jungwacht Blauring und der Kirchenleitung – und ist es noch heute.

Bis in die Gegenwart ist die Jungwacht Blauring stark von der Grundlagenarbeit geprägt, die in den frühen 1970er-Jahren bis in die 1980er-Jahre geleistet wurde – besonders durch die ausgeprägt partizipative Verbandskultur, die Berücksichtigung sozialer und politischer Themen, theologische und pädagogische Haltungsbezüge und eine grundsätzlichen Offenheit für Veränderungen.

7.4.5 Verbandsentwicklung des Verbandes Katholischer Pfadfinderinnen und Pfadfinder (VKP)

Als eigenständiger Unterverband des Schweizerischen Pfadfinderbundes erlebte der Verband Katholischer Pfadfinder (VKP) (Steiner, R. 2007; Steiner, R. 2014) in den 1950er- und 1960er-Jahren eine Blüte. Die Verbandstage, Exerzitien und die regelmässige Friedens-Wallfahrt nach Einsiedeln («Aktion Feuerlilie») waren gut besuchte Anlässe. Nach der Krise von 1968 und dem neuen Ausbildungssystem entwickelte sich der VKP vom selbstständigen Unterverband zur «Hilfsmittel- und Ideentankstelle» (Steiner, R. 2007, S. 2) des Pfadfinderbundes. Zum zentralen Kanal des VKP wurden die Printprodukte. Innerhalb der Pfadibewegung Schweiz erfüllt der VKP heute durch Publikationen und Kurse eine Art informelle Fachstellenfunktion für die Animation Spirituelle.

Die Professionalisierung des Verbandes setzte 1982 mit einem angestellten Verbandsleiter ein. Nun konnte Arbeitszeit für die Erarbeitung von Unterlagen, Ausbildungskursen und die Pflege von Kontakten eingesetzt werden. 1987 fusionierte der Mädchenbund (Bund Schweizerischer Pfadfinderinnen) mit dem Bubenbund (Schweizerischer Pfadfinderbund) zur Pfadfinderbewegung Schweiz (PBS). In der Folge stiess die Arbeitsgemeinschaft Katholischer Pfadfinderinnen (AKP) zum VKP, der in Verband Katholischer Pfadfinderinnen und Pfadfinder umbenannt wurde. Mitte der 1990er-Jahre konnte zur Verbandsleitungsstelle zusätzlich eine Verbandspräsesstelle mit einem 20-Prozent-Teilzeitpensum eingerichtet werden, das später leicht erhöht wurde.

7.5 Von der Jungmannschaft und der Jungfrauenkongregation zum Ende der Jungen Gemeinde 1970 bis 1996

Von den frühen 1970er-Jahren bis zur Auflösung der Jungen Gemeinde 1996 bestand innerhalb der Jugendarbeit der katholischen Kirche in der Deutschschweiz eine Doppelstruktur: Auf der einen Seite standen neue Formen von kirchlicher Jugendarbeit mit JugendarbeiterInnen mit einem Fokus auf Pfarreien resp. Jugendgruppen und Angeboten vor Ort, auf der anderen Seite die Nachfolgeorganisationen des Schweizerischen Katholischen Jungmannschaftsverbands und der Marianischen Jungfrauenkongregation, die 1983 zur Jungen Gemeinde fusionierten und ihren Fokus auf überregionalen Anlässen hatten (und von der Anlage her immer Bewegungen mit einer überregionalen Ausrichtung blieben).

Durch die unterschiedlichen Arbeitsweisen kam es zwischen der Jungen Gemeinde und den pfarreilich orientierten Jugendarbeitenden zu einem Konflikt, der 1990 mit der Verabschiedung der Magna Charta beigelegt werden konnte.

7.5.1 Vom Schweizerischen Katholischen Jungmannschaftsverband zur Schweizerischen Kirchlichen Jugendbewegung 1970 bis 1983

Die Nachfolgeorganisation des Jungmannschaftsverbandes wollte kein Verband mit starren Strukturen für junge, katholische Männer mehr sein, sondern – der Name war Programm – eine geschlechtergemischte Schweizerische Kirchliche Jugendbewegung (SKJB). Nur für die nationale Ebene wurde die Rechtsform des Vereins gewählt. Für die Ortsgruppen hingegen wurden bewusst keine Strukturvorschläge erarbeitet: Sie sollten nach den Vorstellungen der Leitung ihre Formen selber finden, da verbindliche Strukturvorgaben das lebendige Christentum töten würden (vgl. Kyburz 1990, S. 7). Der Schwerpunkt der Arbeit lag auf regionalen und überregionalen Events: grosse Oster- und Pfingsttreffen, Sommerlager und Weekends. Die Anlässe des SKJB waren gut besucht, der Verband hatte jedoch darüber hinaus wenig spürbare Wirkung in den Pfarreien – auch, da die Ortsgruppen sich selber überlassen waren. Kyburz beschreibt den SKJB durch die auf Ideen zentrierte und antistrukturelle Anlage als elitär und wenig flexibel (vgl. Kyburz 1990, S. 8).

7.5.2 Von der Marianischen Jungfrauenkongregation zur Arbeitsstelle Jugend- und Bildungsdienst 1973 bis 1983

Aus Sicht der Leitung waren 1973 die Aktivitäten der Jungfrauenkongregation in den Pfarreien mit Ausnahme von wenigen aktiven Ancilla-Teams eingeschlafen (vgl. für das Folgende Kyburz 1990, S. 9). Die Kongregationszentrale wurde 1975 zur Arbeitsstelle Jugend- und Bildungsdienst, die von der Nachfolgeorganisation der Jungfrauenkongregation (Gemeinschaft Christlichen Lebens GCL) getragen wurde. Die Schwerpunkte der Arbeitsstelle lagen im Lagern und in der Herausgabe der Zeitschrift «team work», die GCL wurde zu einer Art begleitender Interessensgruppe für die Arbeitsstelle mit 20 bis 25 Mitgliedern.

Bereits 1973 hatte sich der Blauring von der Kongregationszentrale abgelöst (Verabschiedung von eigenen Blauringstatuten September 1974 und Umzug der Bundesleitung nach Luzern 1975).

7.5.3 Die Junge Gemeinde 1983 bis 1996

Die Junge Gemeinde entstand 1983 (für das Folgende vgl. Berli/Stutz 1991; Kyburz 1990; Lenfers Grünenfelder 1996) aus dem Zusammenschluss der Arbeitsstelle Jugend- und Bildungsdienst und der Schweizerischen Kirchlichen Bewegung.

Der Gründung waren Gespräche zwischen der Schweizerischen Kirchlichen Bewegung und der Arbeitsstelle Jugend- und Bildungsdienst vorausgegangen. Daraus «entstand eine Gesprächsgruppe, zusammengesetzt aus Mitgliedern dieser beiden Leitungen und Jugendseelsorgenden aus verschiedenen Regionen» (Kyburz 1990, S. 9). Als Ergebnis dieser Gespräche wurde ein Grobkonzept ausgearbeitet. Es sollte ein neuer Jugendverband mit pfarreilichen Jugendgruppen und einer kantonalen und deutschschweizer Leitung entstehen. Als Trägerverein diente die Schweizerische Kirchliche Jugendbewegung.

Zu Beginn der Tätigkeit bestand die Junge Gemeinde aus einer fünfköpfigen vollamtlichen Bundesleitung und dem Trägerverein. Die Tätigkeiten der Jungen Gemeinde entsprachen in der Anfangsphase den erweiterten Tätigkeiten der Schweizerischen Kirchlichen Jugendbewegung: grosse Oster-, Pfingst- und Adventstreffen, Impulswochenenden und -lager, die Herausgabe der Jugendzeitschrift «läbig» und eines Jugendmagazins für die Adventszeit (Adventskalender[20]). Es existierten weder eine kantonale Ebene noch Gruppen vor Ort. In den 1980er-Jahren gelang es der Jungen Gemeinde, in einigen Kantonen ehrenamtliche Kantonalleitungen aufzubauen.

Aus heutiger Sicht war es die grösste Schwäche der Jungen Gemeinde, dass die Strukturfeindlichkeit der Vorgängerorganisationen weiterbestand und der ursprünglich formulierte Anspruch, ein Jugendverband sein zu wollen, nur sehr zögerlich eingelöst wurde. So hatten noch zu Beginn der 1990er-Jahre die Ortsgruppen keinen definierten Status. Es war die Vorstellung der Bundesleitung, dass sich Jugendgruppen in Pfar-

---

20 Die Adventskalender wurden seit 1979 vom SKJB herausgeben, später von der Jungen Gemeinde übernommen und 1996 nach dem Ende der Jungen Gemeinde von einem eigenständigen Trägerverein produziert.

reien, die sich der Jungen Gemeinde zugehörig fühlten, bei der Kantonal- oder direkt bei der Bundesleitung melden konnten. Eine Mitgliedschaftsstruktur im engeren Sinn mit Vertretungen sowie Rechten und Pflichten existierte nur in Ansätzen.

Obwohl als Jugendverband geplant, nannte sich die Junge Gemeinde noch Anfang der 1990er-Jahre in der zweiten Zeile des Logos «Jugendbewegung». Die Dynamik der Jungen Gemeine hatte in den 1980er-Jahren einen klaren Charakter: grosse überregionale Anlässe, direkte Ansprache der Teilnehmenden über Printprodukte und schwache lokale Strukturen. 1990 wollte die Junge Gemeinde mit der neu eingeführten Einzelmitgliedschaft stärker zu einem Mitgliederverband werden.

1991 beschrieb sich die Junge Gemeinde als «ein katholischer Jugendverband mit ökumenischer Ausrichtung. Sie unterstützt Jugendliche im Alter von 15 bis 25 Jahren und pfarreiliche Jugendgruppen in Freizeitunternehmungen wie Spiel, Sport, Musik, Schöpferisch-Sein […] sowie in religiösen und gesellschaftlichen Fragen» (Berli/Stutz 1991, S. 57). Das Angebot für die pfarreilichen Jugendgruppen vor Ort war aber immer noch wenig strukturiert und es bestanden keine klaren Vorstellungen, wie genau der oben geäusserte Anspruch praktisch umgesetzt werden sollte. Zudem lag das Schwergewicht der Arbeit der professionellen Leitung noch immer auf den Grossveranstaltungen, Lagern, Weekends und Printprodukten.

Die Einführung der Einzelmitgliedschaft brachte nicht die erhoffte Breitenwirkung. Zeitgleich rutschte die Junge Gemeinde in eine ernste Krise. Die Ursachen für diese Krise lagen aus heutiger Sicht weniger bei der Jungen Gemeinde selbst als in gesamtgesellschaftlichen Entwicklungen in den frühen 1990er-Jahren. Die Zahl der Teilnehmenden in den Kursen sank jedes Jahr um zwanzig Prozent (Lenfers Grünenfelder 1996, S. 40). Es folgte ein kräfteraubender, basisdemokratischer Prozess, in dem ein neues Selbstverständnis gesucht wurde. Wie ungeschönt diese Analyse ablief, zeigte eine These aus diesem Prozess von 1994: «Die Verbandsstrukturen der Jungen Gemeinde greifen nicht. Sie verschleudert menschlich-kreatives Potential» (Lenfers Grünenfelder 1996, S. 40). Ende 1996 löste sich der Verband resigniert auf. Gescheitert war die Junge Gemeinde in der eigenen Analyse (vgl. Lenfers Grünenfelder, S. 40), weil die kirchliche Basis vor Ort verbandlich nie richtig erreicht wurde. Rückblickend war es von den Verantwortlichen ziemlich verwegen, Anfang der 1990er-Jahre eine klassisch strukturierte Mitgliederorganisation für über 16-jährige Jugendliche schaffen zu wollen – eine nüchterne soziologische Analyse hätte wohl auf die Schwierigkeit eines solchen Unterfangens hinweisen müssen.

Zu Spitzenzeiten verfügte die Junge Gemeinde neben der hauptamtlichen Leitung über zwölf ehrenamtliche Kantonal- und Regionalleitungen (Lenfers Grünenfelder 1996, S. 40). An den Grossveranstaltungen nahmen z. T. mehr als viertausend Jugendliche teil, und die Publikationen waren sehr gefragt (Verbandszeitschrift «läbig» mit einer Auflage von 5000 Exemplaren,[21] Adventskalender mit einer Auflage von 20 000 Exemplaren, weitverbreitete Liederbücher und methodische Unterlagen für Jugendgruppen).

Jedoch wurde die Junge Gemeinde nur für die wenigsten Jugendlichen vor Ort zu einer identitätsstiftenden Grösse mit Zugehörigkeitsgefühl, ähnlich etwa der Jungwacht Blauring oder den Pfadfinderinnen und Pfadfindern. Die Junge Gemeinde blieb meist «Ideen- und Methodenlieferantin» oder Anbieterin von Publikationen/Unterlagen und überregionalen Anlässen und Kursen.

Es gehört jedoch aus der heutigen Perspektive zu den Verdiensten der Jungen Gemeinde, dass die professionelle Bundesleitung zu einem Ort wurde, an dem die Praxis der kirchlichen Jugendarbeit reflektiert wurde.

7.5.4 Nachfolgeorganisationen der Jungen Gemeinde

Die Auflösung der Jungen Gemeinde wurde im Feld der kirchlichen Jugendarbeit kontrovers diskutiert, jedoch überlegt angegangen. Zentrale Arbeitsbereiche wurden Ende 1996, wo möglich, an Nachfolgeorganisationen übergeben.

Die wichtigste Nachfolgeorganisation ist die Fachstelle für kirchliche Kinder- und Jugendarbeit, die später in Deutschschweizer Fachstelle für kirchliche Jugendarbeit umbenannt wurde. Der Fachstelle wurden die jugendpastoralen Anliegen und das Themenfeld Firmung ab 17/18 übertragen. Unter der Leitung von Marie-Theres Beeler (bis 2001) wurde die Fachstelle zur Drehscheibe der jugendpastoralen Theoriebildung in der deutschsprachigen Schweiz. Die Fachstelle stellt seit ihrer Gründung u. a. die Vernetzung der zentralen Akteure im Feld der kirchlichen Jugendarbeit sicher (Jungwacht, Blauring und der Verband Katholischer Pfadfinderinnen und Pfadfinder; Verein Deutschschweizer Jugendseel-

---

21 Zahlen von 1991.

sorgerInnen [Juseso-Verein] und die Deutschschweizer Arbeitsgruppe für MinistrantInnenpastoral [DAMP]), organisiert Fachtagungen/Kolloquien und engagiert sich in der Grundlagenentwicklung. Das von der Fachstelle organisierte «Forum pfarreilich orientierter Jugendarbeit» erlangte schnell grosse Bedeutung. Ursprünglich war das Forum als sechsmal jährlich stattfindende Austausch- und Vernetzungssitzung zwischen dem Juseso-Verein, den Verbänden und der DAMP gedacht. Das Forum[22] entwickelte sich aber zum zentralen Ort der Strategiefindung und der internen Theoriediskussion in der pfarreilich orientierten Jugendarbeit. Der Prozess der Perspektivenentwicklung mit dem Jugendbischof (2003) etwa wurde intern im Forum reflektiert und begleitet.

Der Mitgliederstamm der Jungen Gemeinde sollte mit der neu geschaffenen Jugendstufe von Blauring und Jungwacht zusammengelegt werden. Die Idee der Jugendstufe war es, Jugendlichen über 15 Jahren, die keine Leitungsfunktion übernehmen wollten oder konnten, im Verband ein Gefäss mit einem eigenständigen Profil zu bieten. Bis auf einige Ortsgruppen war dem auf fünf Jahre angelegten Projekt nur wenig Erfolg beschieden, und es wurde beendet. Der Vollständigkeit halber soll hier angefügt werden, dass zu dieser Zeit eine ähnliche Stufe bei der Pfadi (3. Stufe) ebenso nur in wenigen Ortsgruppen wirklich funktionierte. Für über 16-Jährige scheint in den Jugendverbänden primär die Leitungsfunktion interessant zu sein.

Das heute noch bestehende Ranfttreffen wurde von Jungwacht Blauring übernommen. In den 1990er-Jahren gingen die Zahlen der Teilnehmenden etwas zurück. Gleichzeitig sank das Durchschnittsalter, was den Charakter des Treffens änderte und z. T. zu Problemen führte. Die Treffleitung beschloss in den 2000er-Jahren, ein Mindestalter einzuführen (heute 15 Jahre für Teilnehmende und 18 Jahre für Gruppenleitende), was folglich die Teilnehmerzahl reduzierte. Heute nehmen jedes Jahr rund tausend Jugendliche und junge Erwachsene in der Nacht des vierten Adventssonntags an diesem Treffen teil, was es zum grössten jährlich stattfindenden kirchlichen Jugendanlass macht.

22 Mitte der 2000er-Jahre wurde die Austausch- und Vernetzungsfunktion des Forums im Zug eines Organisationsentwicklungsprozesses der Fachstelle bewusst vom Vorstand der Fachstelle übernommen, da sich dieselben Akteure wie im Forum zu regelmässigen Sitzungen trafen; die Facharbeit wurde ganz in Arbeitsgruppen verlegt und das Forum aufgelöst.

Die Verbandszeitschrift «läbig» wurde neu unter dem Namen «Lenz» weitergeführt. Die Publikation ging kurze Zeit später u. a. wegen Misswirtschaft[23] unter.

Für den Adventskalender wurde mit dem Verein Herausgeberschaft ein Trägerverein gegründet, dem die kirchlichen Jugendverbände und der Juseso-Verein angehören – wobei Beat Niederberger, als damaliger Verbandsleiter des VKP, den Lead übernahm. Geprägt wurden die Ausgaben des Adventskalenders in der Nach-Jungen-Gemeinde-Ära von den beiden langjährigen Redaktoren Dominik Helbling und später Oliver Demont, der die Kalender zu journalistischen Jugendkalendern machte. Nach der Übernahme des Adventskalenders durch den Trägerverein stiegen die Verkaufszahlen der beiden Kalender (mit je einer Ausgabe für die unter und über 16-Jährigen) in den späten 1990er-Jahren markant an, um dann wieder abzusinken und sich auf einem tieferen Niveau zu stabilisieren. Der Einbruch der Verkaufszahlen ist schwierig zu erklären, denn die Rückmeldungen auf die Kalender wurden über die Jahre kaum schlechter. Die Kalender werden in der Regel von JugendarbeiterInnen gekauft und an Jugendliche verschenkt – entweder geht der Rückgang auf Sparrunden bzw. Budgetkürzungen in den Pfarreien oder die abnehmende Anzahl der Jugendlichen zurück, die mit den JugendarbeiterInnen in Kontakt stehen, sank.

7.6 Ausserverbandliche kirchliche Jugendarbeit nach 1970

In den frühen 1970er-Jahren spielten sich innerhalb der kirchlichen Jugendarbeit bedeutende Innovationen ab: Die katholische Kirche übernahm eine Pionierrolle in der Offenen Jugendarbeit der deutschsprachigen Schweiz, und neue Formen der nichtverbandlichen gruppenzentrierten Jugendarbeit innerhalb der Kirche entstanden.

Die JugendarbeiterInnen in der neu entstandenen pfarreilich orientierten Jugendarbeit vernetzten sich, reflektierten ihre Arbeit und trieben die Professionalisierung der Offenen Jugendarbeit auch ausserhalb der Kirche voran.

---

23 Das beträchtliche Defizit wurde z.T. von der Herausgeberschaft der Adventskalender übernommen.

7.6.1 *Entstehung der nichtverbandlichen Jugendarbeit in den Pfarreien in den frühen 1970er-Jahren*

Durch die Impulse des Zweiten Vatikantischen Konzils und die Auswirkungen der 1968er-Bewegung wurde in den Pfarreien in den frühen 1970er-Jahren die Frage virulent, welches die zeitgemässe Art der kirchlichen Jugendarbeit sei. Parallel zu den Entwicklungen in den Jugendverbänden entstanden in den frühen 1970er-Jahren neue Praktiken der kirchlichen Jugendarbeit, die vom kirchlichen und gesellschaftlichen Aufbruch dieser Zeit geprägt waren.

Zeitgleich mit dem kirchlichen Um- und Aufbruch der 1970er-Jahre herrschte in der Kirche ein gravierender Personalmangel: Die Zahl der Vikare, die bisher für die Jugendarbeit verantwortlich waren, ging drastisch zurück. Aus dieser Personalnot heraus wurden neue Berufsgruppen in der Jugendarbeit eingesetzt. An die Stelle der Priester traten nun zunehmend Männer und Frauen mit unterschiedlichen theologischen und nicht-theologischen Ausbildungen: Es entstand ein neues Arbeitsfeld und Berufsbild. In der Pionierphase wurden die JugendarbeiterInnen in der katholischen Kirche JugendseelsorgerInnen genannt – auch weil sich die Bezeichnung JugendarbeiterInnen noch nicht etabliert hatte. Durch diese neue Berufsgruppe erhielt die kirchliche Jugendarbeit neue Impulse, die aus aussertheologischen Theoriefeldern stammten, so beispielsweise aus den Erziehungswissenschaften bzw. der Pädagogik, der Psychologie, der Soziologie und später auch der Soziokulturellen Animation.

In vielen Pfarreien entstand in geschlechtergemischten Jugendgruppen eine neue Art der Jugendarbeit. Die Impulse für diese neuen Jugendarbeitsformen gingen mehrheitlich von den voll-, halb- und nebenamtlichen professionell Arbeitenden aus, die mit der Jugendarbeit betraut waren. Obwohl der Personalmangel die Arbeit erschwerte und nicht in allen Regionen und Pfarreien Jugendseelsorgestellen bestanden, fanden diese Jugendgruppen bei den 15- bis 20-Jährigen erstaunlich grossen Zuspruch. Dies ist umso bemerkenswerter, da Ende der 1960er-Jahre – wie beschrieben – die Beteiligung an der damaligen kirchlichen Jugendarbeit massiv einbrach und sich in der Folge viele der herkömmlichen kirchlichen Jugendgruppen auflösten.

Typische Anlässe dieser Jugendgruppen waren neben Jugendgottesdiensten und Singabenden (viele dieser Gruppen hatten ihre eigenen Liederbücher) Diskussionsanlässe und Discoveranstaltungen. Neu waren ein verändertes Führungsverständnis, minimale Strukturen und der Fokus auf Gruppenprozesse: Gruppendynamik und Methoden der themenzentrierten Interaktion wurden zu zentralen Inhalten.

Selbst die Anstellung von Nichttheologinnen und -theologen behob den Personalmangel nicht dauerhaft. Als eine Folge der weiterbestehenden Personalknappheit entstanden regionale Jugendseelsorgestellen, um Jugendliche in möglichst vielen Pfarreien ansprechen zu können. Die Kosten für diese regionalen Jugendseelsorgestellen wurden auf die beteiligten Kirchgemeinden verteilt. Es war nicht das Ziel dieser regionalen Vorgehensweise, die Jugendlichen überregional zusammenzufassen, sondern in den Pfarreien selbst Jugendarbeitsangebote zu machen – und Jugendgottesdienste anzubieten. Diese Gottesdienste der regionalen Jugendseelsorgestellen waren nicht nur gut von Jugendlichen und Erwachsenen [!] besucht, sie entlasteten auch die Verantwortlichen in den Pfarreien, da sie so selbst weniger Gottesdienste anbieten mussten.

Die JugendseelsorgerInnen nutzten z. T. die schriftlichen Unterlagen der Schweizerischen Kirchlichen Jugendbewegung (SKJB) und der Arbeitsstelle Jugend- und Bildungsdienst (AJBD). Zusätzlich nahmen sie vielfach mit Jugendgruppen an den überregionalen Anlässen der SKJB teil. Hierbei wurden zwar die Anlässe (wie das Oster- oder das Ranfttreffen) als Angebote genutzt, jedoch bestand vonseiten der JugendseelsorgerInnen kaum Interesse, ihre Arbeit vor Ort auf die Bewegungen auszurichten oder die Bewegungen bei der Gründung von Ortsgruppen zu unterstützen. Wann immer möglich, sollte den überregionalen Anlässen aus Sicht der JugendseelsorgerInnen eine «Vor- und Nachbereitung» in den Pfarreien vorausgehen (idealtypisch beschrieben für die Form der 1980er-Jahre in Bayer-Birri 1987, S. 175).

7.6.2 «Personales Angebot» und «reflektierte Gruppe»

Die Attraktivität der neuen offenen Formen der kirchlichen Jugendarbeit, die in den frühen 1970er-Jahren entstanden, ging wesentlich auf die Thematisierung der Gruppenprozesse und auf ein angepasstes Führungsverständnis zurück – wie im Abschnitt oben beschrieben. Dies wurde von den frühen Jugendarbeitenden im Rückgriff auf ein ähnliches «Theoriefeld» angewandt und reflektiert, wie es von den Autorinnen und Autoren in der Erarbeitung der Texte für den Synodenbeschluss «Ziele und Aufgaben der kirchlichen Jugendarbeit» (1975) der Würzburger Synode (Gemeinsame Synode der Bistümer der BRD) verwendet wurde. Im Synodentext wird die Gruppenführung und -dynamik u. a. mit der Begrifflichkeit des «personalen Angebots» und der «reflektierten Gruppe» (vgl. für das Folgende Steinkamp 2005, S. 95–111) beschrieben.

Die beiden Ansätze reflektieren einerseits das Rollenverständnis der Leitenden und andererseits wird den Leitenden eine passende Methodik zur Verfügung gestellt, um die neuen Rollen- und Gruppenverständnisse umzusetzen: An die Stelle eines direktiven Führungsverständnisses tritt mit dem «personalen Angebot» ein nicht-direktives Leitungsverständnis, das auch darauf abzielt, Gruppendynamiken freizusetzen (Steinkamp 2005, S. 104); die «reflektierte Gruppe» meint – etwas verkürzt – die Unterbrechung des «Programms» einer Jugendgruppe (z. B. eines Leitungsteams, Jugendgruppe, Clique), um Dynamiken innerhalb der Gruppe auf der Metaebene zu reflektieren (Steinkamp 2005, S. 105). Hermann Steinkamp betont, dass die beiden Ansätze im Synodenbeschluss einander zugeordnet und voneinander abhängig sind (Steinkamp 2005, S. 102). Mit anderen Worten, die beiden Ansätze, so Steinkamp, entfalteten nur gemeinsam angewendet ihre beabsichtigte Wirkung.

Viele Stellen im Text «Ziele und Aufgaben der kirchlichen Jugendarbeit» haben – da der Text recht offen formuliert ist – ein inspirierendes Potenzial: Auch wenn Stellen daraus anders aufgenommen wurden als intendiert, entfalteten diese produktiven Missverstände z. T. eine grosse Wirkung in der Reflexion und Anleitung in der kirchlichen Jugendarbeit: So wurde etwa das «personale Angebot» auch als Haltung und Rollenkonzept für JugendarbeiterInnen und -seelsorgerInnen und die reflektierte Gruppe als Anwendung von gruppendynamischen Methoden (Steinkamp 2005, S. 102) (miss-)verstanden.

7.6.3 Die Pionierrolle der katholischen Kirche in der Offenen Jugendarbeit

«Kirchliche Verantwortliche mit einem Bewusstsein für soziale Aufgaben» (Wettstein 1989a, S. 29) wollten Freiräume für Jugendliche schaffen und boten Angebote der Offenen Jugendarbeit an. Damit übernahm die katholische Kirche in der Schweiz in den 1970er-Jahren eine Pionierrolle[24] in der Offenen Jugendarbeit.

24 Neben der kirchlichen Offenen Jugendarbeit bestanden seit den 1960er-Jahren erste wenige Angebote von Offener Jugendarbeit etwa in Baden oder Biel oder nach 1968 in Städten mit Zentrumsfunktion.

Eine Avantgarde kirchlicher JugendarbeiterInnen beschäftigte sich in den 1970er-Jahren mit Konzepten der Offenen Jugendarbeit, wie sie in der französischsprachigen Schweiz, Frankreich oder Deutschland angeboten und reflektiert wurden. Zeitgleich entstanden die erwähnten regionalen Jugendseelsorgestellen, und als gemeinsame Weiterbildung und Vernetzung wurden die mehrtägigen Jugendseelsorgetagungen organisiert. Die Entwicklungen im Feld der Jugendarbeit förderten den Wunsch nach einer angepassten Ausbildung resp. den Ruf nach einer Professionalisierung des Arbeitsfeldes. Als Resultat dieser Jugendseelsorgetagung engagierten sich kirchliche JugendarbeiterInnen zusammen mit den Professionellen der Freizeitanlagen und Gemeinschaftszentren von Pro Juventute und den Jugendhäusern für eine Ausbildung, die ihren Bedürfnissen entsprach (vgl. Wettstein 2005).

Für die kirchliche Jugendarbeit wurde die Ausdifferenzierung und Professionalisierung der Offenen Jugendarbeit ab den 1980er-Jahren relevant. Die Hauptimpulse für diese Differenzierung waren einerseits die Binnenreflexion und andererseits die Praxisfolgen jugendpolitischer Veränderungen, der generellen Professionalisierung in der Jugendarbeit und der gesellschaftspolitischen Veränderungen im Nachgang der Züricher Bewegung Anfang der 1980er-Jahre. Als Folge der Ereignisse in den 1980ern begann sich in der Deutschschweiz die Vorstellung durchzusetzen, dass die (Offene) Jugendarbeit eine Aufgabe der politischen Gemeinde sei. Zahlreiche grössere politische Gemeinden, die bisher keine Offene Jugendarbeit anboten, schufen nun solche Angebote. Die Landeskirchen beteiligten sich in unterschiedlicher Weise an diesen offenen Jugendangeboten. Zum Teil wurden die bestehenden Angebote der Kirche ausgebaut und von den politischen Gemeinden unterstützt, zum Teil ging die Offene Jugendarbeit der Kirche an die politischen Gemeinden über, oder beide Angebote existierten nebeneinander.

Dies – und die erwähnte Professionalisierung und Weiterentwicklung aus der Reflexion der Praxis – veränderte auch die Binnenwahrnehmung der offenen Angebote innerhalb der katholischen Kirche: Die Offene Jugendarbeit wurde zunehmend als eigenes Arbeitsfeld mit spezifischen Zielsetzungen innerhalb der Jugendpastoral und der kirchlichen Jugendarbeit verstanden.

7.6.4 *Die Zürcher Unruhen und der Aufstieg der Jugendkultur*

«Züri brännt»: Ende Mai 1980 versammelten sich Jugendliche und junge Erwachsene vor dem Opernhaus, um gegen die Verteilung der Kulturgelder zu protestieren. Das Züricher Opernhaus sollte für über 60 Millionen Franken renoviert werden; die seit 1968 für die Jugendkultur versprochenen Mittel und die Räume in der Roten Fabrik blieben über Jahre leere Versprechungen. Die Demonstration vor dem Opernhaus eskalierte. Die daraus entstehende Strassenschlacht markierte den Beginn der 1980er-Ereignisse. In den folgenden beiden Jahren kam es immer wieder zu Auseinandersetzungen zwischen gewaltsam protestierenden Jugendlichen und einer hart reagierenden Polizei: Mehrere hundert Personen wurden verletzt; verhaftete DemonstrationsteilnehmerInnen gerichtlich verurteilt; «Rädelsführer» wurden temporär in Präventivhaft genommen; wer (z. B. als Lehrperson) Verständnis für die Anliegen der Jugendlichen äusserte oder die Härte der Polizeieinsätze kritisierte, musste mit Sanktionen rechnen.

Die überforderte politische Schweiz reagierte mit einer Mischung aus Repression und Zugeständnissen. Das Nichteintreten in einen herkömmlichen politischen Dialog durch die Zürcher Bewegung, der Einsatz verschiedener Kunstformen zur Meinungsäusserung, eine nihilistisch wahrgenommene Grundhaltung und die teilweise (ironische) Dialogverweigerung irritierten bis weit ins sozialdemokratische Milieu hinein: Bezeichnend dafür war das Unverständnis, das zwei VertreterInnen der Zürcher Bewegung auslösten, die bürgerlich formal gekleidet in einer Fernsehdiskussion ironisch ein härteres Vorgehen der Polizei forderten.

Die rechtsbürgerliche Seite forderte eine unerbittliche Durchsetzung von Ruhe und Ordnung: Sie witterte hinter den Ereignissen das Werk eines kleinen Kerns von durch den Ostblock geschulten AnstifterInnen, die irregeleitete Jugendliche und gewaltbereite ChaotInnen anführten.

Die Hauptforderung der Zürcher Bewegung war ein autonomes Jugendzentrum (AJZ). Sich selbst überlassen und argwöhnisch beobachtet, kam dieses jugendkulturelle Experiment schnell an die Grenzen der Selbstorganisation. Eine, wenn nicht die entscheidende, Überforderung für die BetreiberInnen waren die ins AJZ drängenden Mitglieder der offenen Drogenszene. 1984 wurde das AJZ endgültig polizeilich geschlossen.

Der gewaltsame Jugendprotest «aus heiterem Himmel» erschütterte die Schweiz und liess die Jugend und Jugendkultur zu öffentlichen Themen werden. Auch wenn die Züricher Bewegung in ihrer Hauptforderung scheiterte, für die Jugendpolitik und Jugendkultur stellte sie eine Zeitenwende dar: Jugendliche werden seither gesellschaftlich breit als eine wichtige Gruppe mit einer eigenständigen Kultur wahrgenommen. Dies löste, wie schon die 1968er-Ereignisse, eine Gründungswelle von Jugendeinrichtungen aus. Langsam begann sich nun die Vorstellung durchzusetzen, dass Offene Jugendarbeit eine Aufgabe der politischen Gemeinden sei.

Eine zentrale Rolle innerhalb der Veränderung der gesellschaftlichen Wahrnehmung der Jugend(kultur) spielten die Radio- und Fernsehkanäle, die in den 1980er-Jahren empfangbar wurden und sich speziell an Jugendliche richteten. Anfang der 1980er-Jahre waren in den meisten Gebieten der Deutschschweiz zwei UKW-Radioprogramme und ein Fernsehprogramm empfangbar. Rock und Pop fristeten in diesen öffentlich-rechtlichen Sendern ein Randdasein. 1983 ging das dritte Radioprogramm zusammen mit den neu zugelassenen Privatradios auf Sendung, die auf ein jüngeres Publikum abzielten. Das seit 1979 aus Italien sendende private Radio 24 hatte den Weg bereitet. Zeitgleich vervielfachte das aufkommende Kabel- und Satellitenfernsehen die Programmauswahl: Neue jugendkulturelle Trends wie Breakdance oder Rap hielten über den amerikanischen Musiksender MTV Einzug in Schweizer Stuben – und begannen u. a. über Musikvideos das Bild der Jugend mitzuprägen. Über die Medien kam die Jugendkultur und das Geschäft mit ihr im Mainstream der Gesellschaft an. Seit Mitte der 1980er-Jahre identifizierte sich eine Mehrheit der Heranwachsenden mit einer der Jugendkulturen.

7.6.5 Der «kirchliche Jugendarbeitsboom» der 1980er-Jahre auf Pfarreiebene

Die 1980er-Jahre waren einerseits von Jugendlichen geprägt, die selbst aktiv (kirchliche) Jugendarbeit einforderten, und andererseits von den Aktivitäten der 1983 gegründeten Jungen Gemeinde.

Aus heutiger Sicht ist es erstaunlich, dass Ende der 1970er- und in den 1980er-Jahren in den Pfarreien oft 15- bis 20-jährige Jugendliche auftraten, die neue Freizeitmöglichkeiten innerhalb der Kirche verlangten und bereit waren, sich dafür zu engagieren. Tendenziell waren diese Jugendlichen Kinder von engagierten Kirchenmitgliedern und kamen eher aus bildungsnahen Schichten – aber nicht ausschliesslich. Ohne Begleitung von JugendarbeiterInnen war es für die Jugendlichen schwer, sich in den Pfarreien Gehör zu verschaffen oder Aktivitäten über längere Zeit aufrechtzuerhalten (vgl. Amrein-Murer 1987, S. 118). Wo aber Jugendliche in offenen Pfarreien auf engagierte SeelsorgerInnen oder JugendarbeiterInnen trafen, waren überraschende Dinge möglich: In einer einzigen Pfarrei (St. Peter und Paul, Kirchdorf AG) entstand in dieser Zeit etwa mit der Begleitung von Walter Blum auf Initiative einer Handvoll Jugendlicher das heute noch bestehende Siggenthaler Jugendorchester; eine weitere Gruppe renovierte einen nicht mehr genutzten grösseren Cheminée-Raum im Pfarrhaus und schuf damit einen Treffpunkt, der von der gesamten Pfarrei genutzt werden konnte.

Rückblickend besteht die Gefahr, die 1980er-Jahre zu idealisieren. Dies besonders, da die frühen 1990er-Jahre von den Verantwortlichen als krisenhaft erlebt wurden – davon später mehr. Die Jugendarbeit der 1980er-Jahre scheint heute generell von den damaligen TeilnehmerInnen tendenziell positiver wahrgenommen zu werden als von den damals verantwortlichen JugendarbeiterInnen – dies zeigte sich u. a. während der Recherchen für das vorliegende Buch.

Auf der methodischen Ebene verschob sich in den 1980er-Jahren der Schwerpunkt von der bewussten Gruppendynamik zur Partizipation: Jugendlichen sollte es mit der Projektmethode ermöglicht werden, ihre Ideen umzusetzen.

Die Praktiken vor Ort waren – wie bereits erwähnt – unterschiedlich. In den 1980er-Jahren waren innerhalb der pfarreilich orientierten Jugendarbeit die folgenden Elemente bei der Zielgruppe der 15- bis 20-Jährigen verbreitet: Strukturell blieb die Jugendarbeit ein Teil der jeweiligen Pfarrei, rechtlich meist eine Organisation der Kirchgemeinde. Dem Verständnis der JugendarbeiterInnen widersprach tendenziell alles, was aus ihrer Sicht die «Lebendigkeit» beeinträchtigen könnte: Differenzierende Strukturen, Führungsinstrumente, Statuten oder Reglemente wurden zumindest implizit abgelehnt. Idealtypisch zeichnete eine Kerngruppe von Jugendlichen zusammen mit dem/der JugendarbeiterInnn für das Programm verantwortlich, das oft vom Kirchenjahr (bes. Oster-, Pfingst- und Weihnachtszeit) geprägt war. Die Kerngruppe traf sich regelmässig und arbeitete aktiv an der Vorbereitung und Durchführung der Anlässe mit. Neben Angeboten, die der Offenen Jugendarbeit zuzurechnen sind (z. B. partizipative Projekte, Peergruppenräume, Jugendtreffs und Discoveranstaltungen), waren oft thematische Film- und Diskussionsabende (typische Themen: Sucht, Frieden, Umweltschutz/Bewahrung der Schöpfung, Gerechtigkeit, Dritte Welt, Sexualität, Selbstfindung) und auch von den Jugendlichen gestaltete Gemeindegottesdienste (Jugendgottesdienste) Teil der Aktivitäten – sowie die gemeinsame Teilnahme an den überregionalen Anlässen, die Mitte der 1980er-Jahre ihre Blütezeit erlebten. Das Ranfttreffen etwa wurde jedes Jahr von bis zu 4000 jungen Menschen besucht, und am Jugendfestival des Bistums St. Gallen nahmen 1985 «statt der erwarteten 1000 rund 2000 Jugendliche teil» (Hartmeier 1987).

Wenn die kirchliche Jugendarbeit von den Pfarreien dauerhaft Räume zur Verfügung gestellt bekam, waren dies oft wenig genutzte und eher unattraktive Räume (Luftschutzbunker, Keller- oder Dachräume) – die von den Jugendlichen erstaunlich gut angenommen wurden. Räume zu haben, die (teil-)autonom als Peergruppenraum genutzt werden konnten, war auch für 16- bis 20-jährige Jugendliche aus der Mittelschicht attraktiv. Zum Teil entwickelten sich aus diesen Gruppen rund um gemeinsame Interessen oder Aktivitäten Vereine oder vereinsähnliche Gruppen (siehe «Vereine und vereinsähnliche Gruppen in Kirchgemeinden», Abschnitt 5.6, S. 38f.).

Einen Einblick in die kirchliche Jugendarbeit einer grösseren Gemeinde in den frühen 1980er-Jahren gibt uns Ronald Nowotny (vgl. für das Folgende Nowotny 1983, S. 26–32). Nowotny beschreibt im Pro-Juventute-Buch «Jugendarbeit als Aufgabe in der Gemeinde» die kirchliche Jugendarbeit am Beispiel der katholischen Kirche der beiden Pfarreien von Wettingen. Zufälligerweise handelt es sich um dieselbe Gemeinde, für die Meier (2003) den Niedergang der Ortsgruppe der Jungmannschaft beschrieb. In denselben Pfarreien, in denen die Jungmannschaft Ende der 1960er-Jahre klanglos unterging, waren 1983 rund vierhundert Kinder und Jugendliche zwischen 9 und 16 Jahren in Blauring und Jungwacht aktiv, geführt von achtzig Leiterinnen und Leitern. Neben den Jugendverbänden bestanden sieben Jugendgruppen mit je ca. zehn Mitgliedern zwischen 16 und 20 Jahren, die sich wöchentlich in ihren Räumlichkeiten trafen. Drei Interessensgruppen mit ebenfalls rund zehn Mitgliedern übernahmen die Verantwortung für feste Aufgaben (Zeitung, Jugendgottesdienst, Disco). Zusätzlich bildeten sich für einzelne Aktionen ad hoc Gruppen, die zum Beispiel einen Basar oder eine Jugendwoche organisierten. Die Gruppenaufteilung in Jugend-, Interessens- und Aktionsgruppen besitzt eine Ähnlichkeit zu den Vorschlägen aus dem «New Look» der Jungwacht (1971). Im Unterschied zu vielen vergleichbaren Pfarreien verfügten die Wettinger Pfarreien bereits Anfang der 1980er-Jahre über ausgearbeitete Konzepte und Strukturen: Strategisch wurde die Jugendarbeit von einer Kommission der Kirchenpflege, dem

Gremium für Jugendarbeit, geleitet, operativ von der Impulsteamleitung mit professioneller Führung (Koordinations- und Ausbildungsaufgaben) und einem Impulsteam (Informations- und Planungsaufgaben).

Nowotny betont, dass die Kirchgemeinde Wettingen der Jugend einen grossen Platz einräumte und in Strukturen arbeitete, in denen «Seelsorger, Kirchenpfleger und Jugendliche direkt zusammenarbeiten» (Nowotny 1983, S. 26). Zudem seien Gottesdienst und Glaubensvermittlung nicht gegen die Offene Jugendarbeit (Disco und Treff) ausgespielt worden.

7.6.6 Einblick in eine Epoche: der Sammelband «stromaufwärts»

Die Fragen und Herausforderungen, die die kirchliche Jugendarbeit Mitte der 1980er-Jahre beschäftigten, zeigen die Beiträge in dem Sammelband «stromaufwärts» (Blum et al. 1987), der sich mit der lebendigen Pfarrei aus der Sicht der Jugendarbeit befasste. Als Erstes fällt auf, dass viele der Beiträge noch vom Bild des Aufbruchs und des wandernden Gottesvolkes im Sinn des Zweiten Vatikanischen Konzils (Dogmatische Konstitution über die Kirche «Lumen Gentium») geprägt sind. Dies zeigt sich bereits in den Beitragstiteln: «Volkskirche, die aufbricht» (Bayer-Birri 1987) oder «Eine Pfarrei bricht auf» (Hodel-Kost 1987). In den Beiträgen wird diese Vision meist mit der als unbefriedigend wahrgenommenen Pfarrei- resp. Kirche-Realität kontrastiert. So ist etwa von «verkrusteten», «tötenden» Strukturen, «Funktionalismus» und «Bürokratie» (Hodel-Kost 1987, S. 22ff.) die Rede, von «Verkalktem» (Riedener 1987, S. 50) oder von einem generellen Glaubwürdigkeitsproblem der Kirche. Insgesamt wird ein erheblicher Veränderungsbedarf festgestellt, wenn Kirche/Pfarrei für Jugendliche attraktiv sein soll.

Das Bild der Jugendlichen in den Beiträgen ist oft ambivalent: Einerseits werden sie, zumindest die engagierten unter ihnen, als HoffnungsträgerInnen für die Kirche resp. Pfarrei beschrieben – sofern man sie ernst nimmt und ihnen geeignete Möglichkeiten zur Verfügung stellt. Andererseits ist man vom tatsächlichen Verhalten der Jugendlichen zum Teil etwas enttäuscht, interessiere sich die Jugend doch tendenziell eher für seichte Freizeitvergnügen, Konsumangebote und Materielles als für ein politisches und soziales Engagement und eine tiefe Auseinandersetzung mit Glaubens- und Selbstfindungsfragen. José Amrein-Murer beschreibt, wie in Bern die Präsentation eines Filmes über die Jugendarbeit in Kolumbien die anwesenden JugendarbeiterInnen deprimierte, und zwar deswegen, weil – so Amrein-Murer – sie von einer solchen Jugendarbeit bloss träumen könnten, «in der eine breite Zahl von Jugendlichen selber sozial, kulturell oder politisch aktiv» sei (Amrein-Murer 1987, S. 40). Amrein-Murer selbst beschreibt die Schweizer Jugend im Vergleich zur kolumbianischen als «satter, träger, lustloser, abgestellter», aber im positiven Sinn auch als kritischer, desillusionierter und weniger naiv. Ihn beunruhige jedoch die von ihm wahrgenommene grosse seelische Not der Schweizer Jugendlichen – die schlimmer sei als die materielle Armut in Lateinamerika (Amrein-Murer 1987, S. 40).

«stromaufwärts» ist ein Beleg dafür, dass noch Ende der 1980er-Jahre in erster Linie die konkrete Praxis der kirchlichen Jugendarbeit interessierte – und weniger eine theoretische oder theologische Fundierung. In der Begründung der Jugendarbeit wird (zumindest implizit) in den meisten Beiträgen auf das Konzept des Freiraums zurückgegriffen. Neben dem Bezug auf das Zweite Vatikanum und auf die Synode 72 in verschiedenen Beiträgen werden von José Amrein-Murer und Pierre Stutz theologische Konzepte als Referenz herangezogen: Amrein-Murer arbeitet mit der Theologie der Befreiung, Stutz mit dem Konzept der Mystagogie von Karl Rahner. Hier findet sich eine der ersten Erwähnungen des Rahner'schen Mystagogieverständnisses als theologische Grundlage der kirchlichen Jugendarbeit in der deutschsprachigen Schweiz.

7.6.7 Die Konfliktbeilegung zwischen der Jungen Gemeinde und dem Verein Deutschschweizer JugendseelsorgerInnen 1991 mit der Magna Charta

1991 wurde mit der Verabschiedung der Magna Charta der seit den 1970er-Jahren schwelende Konflikt zwischen den Jugendverbänden und den Mitgliedern des Vereins Deutschschweizer JugendseelsorgerInnen (später in Juseso-Verein umbenannt) beigelegt. Die Konfliktlinien verliefen dabei jedoch nicht primär zwischen den JugendseelsorgerInnen und den Kinder- und Jugendverbänden Blauring, Jungwacht und dem Verband Katholischer Pfadfinderinnen und Pfadfinder, sondern zwischen den JugendseelsorgerInnen und der Schweizerischen Kirchlichen Jugendbewegung sowie der Arbeitsstelle Jugend- und Bildungsdienst. Mit dem Zusammenschluss der beiden letztgenannten Organisationen zur Jungen Gemeinde scheint sich der Konflikt, wenigstens jedoch das Konkurrenzverhalten verschärft zu haben.

Der Verein Deutschschweizer JugendseelsorgerInnen entstand Ende der 1980er-Jahre aus den Deutschschweizer Jugendseelsorgetagungen. Diese geht zurück auf den Zusammenschluss der kirchlich angestellten Jugendarbeiterinnen und Jugendarbeiter der Schweiz (vgl. Blum et al. 1987, Rückentext). Die kirchlichen JugendarbeiterInnen trafen sich pro Jahr zu zwei mehrtägigen Tagungen, an denen der Gedankenaustausch und gemeinsame Projekte im Zentrum standen. Im Zuge der Neustrukturierung setzten sich die JugendseelsorgerInnen ab 1989 neben Strukturfragen, die zu den Statuten des Vereins Deutschschweizer JugendseelsorgerInnen von 1990 führten (vgl. für das Folgende Verein Deutschschweizer JugendseelsorgerInnen 1991, S. 1), intensiv mit dem Arbeitsfeld der kirchlichen Jugendarbeit auseinander. Dabei kam auch der Konflikt mit der Jungen Gemeinde zur Sprache. An der Januar-Tagung 1991 wurde der erweiterte Vorstand beauftragt, ein Modell zur Zusammenarbeit zu entwickeln (vgl. Verein Deutschschweizer JugendseelsorgerInnen 1991, S. 1). Das Ziel der Arbeit war es, das falsche Konkurrenzverhalten zu überwinden. Interessanterweise werden im Text die gegenseitigen Negativdefinitionen erwähnt, etwa das unterschiedliche Professionalisierungsverständnis und damit zusammenhängend die jeweilige Sicht auf die Ehrenamtlichkeit resp. die Rolle der Ehrenamtlichen sowie die gegenseitigen Vorurteile, jedoch nicht die Irritationen, die dadurch aufkamen, dass z. B. lokale Jugendgruppen der Jungen Gemeinde entstanden, ohne dass die JugendseelsorgerInnen vor Ort von der Leitung der Jungen Gemeinde informiert worden waren (Mündlicher Hinweis: Kyburz 2014).

Das Hauptergebnis dieses Prozesses war die Erkenntnis, dass die theologische Ausrichtung und die Ziele des Vereins Deutschschweizer JugendseelsorgerInnen mit der Jungen Gemeinde übereinstimmten und ein Schulterschluss notwendig war – die «Option für die Jugend hat in der Kirche Schweiz nur eine Chance, wenn Verbände und JugendseelsorgerInnen sich […] zum Anwalt der Jugendlichen machen» (Verein Deutschschweizer JugendseelsorgerInnen 1991).

In der Einleitung zu den zwölf Punkten der Magna Charta von 1991 wird eine pfarreilich orientierte, diakonisch ausgerichtete Jugendarbeit gefordert. Die Verantwortlichkeit für die Jugendarbeit wird folglich in den Pfarreien angesiedelt, und der Rekrutierungsdruck wird zurückgewiesen. Das heisst, die Jugendarbeit soll für die Jugendlichen da sein (diakonische Ausrichtung) und nicht kirchlichen Nachwuchs (im Sinn einer Rekrutierung) sichern.

7.7 Der Umbruch in den 1990er-Jahren: Die OberstufenschülerInnen werden zur Hauptzielgruppe

Bis Mitte der 1990er-Jahre vollzog sich zuerst in der kirchlichen und kurz darauf auch in der nicht-kirchlichen Jugendarbeit ein tiefgreifender Wandel: Innerhalb kurzer Zeit waren nicht mehr die 16- bis 20-Jährigen die Hauptzielgruppe, sondern die OberstufenschülerInnen. Dies wohlgemerkt mit zwei Ausnahmen, den Jugendverbänden und der Jugendkultur.

In der kirchlichen Jugendarbeit wurde der Rückgang der über 16-Jährigen krisenhafter erlebt als in der nicht-kirchlichen Jugendarbeit, da dies unter anderem zum Niedergang der Jungen Gemeinde führte. In der Offenen Jugendarbeit in kirchlicher oder nicht-kirchlicher Trägerschaft ersetzten die 12- bis 16-Jährigen zahlenmässig den Rückgang bei den über 16-Jährigen.

7.7.1 Anfang der 1990er-Jahre: Mit Ausnahme der Jugendverbände verlassen die über 16-Jährigen die kirchliche Jugendarbeit

Ein markanter Einschnitt in der kirchlichen Jugendarbeit war der auffällige Rückgang der über 16-Jährigen zu Beginn der 1990er-Jahre in der nichtverbandlichen Jugendarbeit. Eine Kohorte von relativ kirchennahen jungen Erwachsenen wuchs aus dem Jugendalter heraus, ohne dass eine ähnliche Gruppe nachkam: In den Kirchen engagierten sich seit den 1990er-Jahren ausserhalb der Jugendverbände und der Firmung ab 17/18 nur noch wenige Jugendliche über 16 Jahre und junge Erwachsene in den Pfarreien. Dieser Rückgang wurde Mitte der 1990er-Jahre krisenhaft erlebt. So folgern die Luzerner Neuste Nachrichten aus Aussagen vom Bundespräses der Jungwacht Josef Wirth, «die Teilnahms- und Interessenslosigkeit vieler Jugendlicher sei kaum je grösser gewesen als heute» (Luzerner Neuste Nachrichten 11. Januar 1995).

In der Einleitung zur Publikation «Heute hier, morgen dort …» (AG Reflexion 1995, S. 2f.) werden die folgenden Krisensymptome genannt, die in Gesprächen der JugendseelsorgerInnen und der Jugendverbände mit Vertretern des Ordinariats (Weihbischof Martin Gächter und Bischofsvikar Max Hofer) 1993 hervorgehoben wurden:

- Die JugendleiterInnen-Kurse der Jungen Gemeinde stossen auf wenig Resonanz und können z. T. mangels Interesse nicht mehr durchgeführt werden.

- Viele Jugendgruppen in den Pfarreien lösen sich auf, Neugründungen sind kaum mehr möglich.
- Die Auslandsreisen der überpfarreilichen Jugendarbeitsstellen stossen kaum mehr auf Interesse.
- Die Erwartungen der Pfarreien, dass die Jugendarbeit für Nachwuchs und Beteiligung an Gottesdiensten und Pfarreianlässen sorge, kann und will von der kirchlichen Jugendarbeit nicht geleistet werden.
- Es gibt wenig JugendarbeiterInnen mit einer klaren Zielvorstellung ihrer Arbeit.
- Je unkirchlicher die kirchliche Jugendarbeit auftritt, desto grösser ist das Interesse der Jugendlichen.
- Der Schulungs- und Beratungsbedarf der JugendarbeiterInnen steigt.

Vermutlich waren verschiedene Faktoren für den Rückgang der über 16-Jährigen verantwortlich, die jedoch wenig mit Interessenlosigkeit zu tun haben:

Als zentraler Faktor kann die vollständige Auflösung der Reste des katholischen Milieus durch die fortschreitende Individualisierung und Säkularisierung Ende der 1980er-Jahre angesehen werden. In den 1970er- und 1980er-Jahren trafen die Jugendlichen auf JugendseelsorgerInnen, die selbst aus dem katholischen Milieu stammten und von der Aufbruchstimmung und den Synoden der 1970er-Jahre geprägt waren. Nicht zu unterschätzen ist ebenfalls, dass ihre Elterngeneration die Zeit des Zweiten Vatikanums und den kirchlichen Aufbruch der 1970er-Jahre erlebt hatte. Mitte der 1980er-Jahre beteiligten sich noch zahlreiche Familien aus der bürgerlichen Mitte aktiv am Pfarreileben, was den Kontakt der Heranwachsenden zur kirchlichen Jugendarbeit erleichterte.

Der zweite Faktor war die markante Zunahme der Freizeitmöglichkeiten in den 1990er-Jahren ausserhalb der grossen Städte. Viele Jugendliche hatten in den 1970er- und 1980er-Jahren an den Angeboten, Treffen und Reisen der kirchlichen Jugendarbeit teilgenommen, weil es die einfachste Möglichkeit war, mit einer grossen Gruppe von Jugendlichen die Freizeit zu verbringen und in einem lockeren Rahmen Gleichaltrige kennenzulernen. Das Religiöse oder gar das Konfessionelle war für die meisten eher zweitrangig: Im erwähnten Band «stromaufwärts» (Blum et al. 1987) wird in mehreren Beiträgen die konsumorientierte Haltung der teilnehmenden Jugendlichen moniert. Im Gegensatz zu den kirchlichen Angeboten waren die neuen kommerziellen Freizeitangebote und -möglichkeiten nun ausschliesslich auf die Konsum- und Erlebnisbedürfnisse der Jugendlichen ausgerichtet. Die kirchlichen Angebote in den Pfarreien wollten und konnten hier nicht mithalten und verloren an Attraktivität.

Ein dritter Faktor ist der Niedergang der meisten regionalen kirchlichen Jugendarbeitsstellen. In den frühen 1990er-Jahren begannen sich zunehmend Pfarreien aus den in den 1970er- und 1980er-Jahren geschaffenen regionalen Jugendarbeitsstellen herauszulösen – was ein schleichendes Ende für viele Regionalstellen bedeutete. Der Rückgang der Teilnehmenden Anfang der 1990er-Jahre an den Angeboten der regionalen Jugendarbeit wurde von den Kirchenpflegern oft zum Anlass genommen, ihre Beiträge zur regionalen Jugendarbeit infrage zu stellen. Dies führte zusätzlich zu einer negativen Feedbackschlaufe: Mit den schwindenden Ressourcen sank die Anzahl und die Attraktivität der Angebote und damit die Zahl der Teilnehmenden. Gleichzeitig nahm – so Thomas Kyburz (2014) – das Lobbying vieler SeelsorgerInnen bei den Kirchengemeinden zugunsten der regionalen Stellen ab. Die SeelsorgerInnen vor Ort erlebten die von den regionalen Jugendarbeitsstellen in den Pfarreien angebotenen Jugendgottesdienste als willkommene persönliche Entlastung. Weil diese Gottesdienste bei den Jugendlichen auf immer weniger Interesse stiessen, wurde deren Anzahl reduziert. Mit dem Rückgang dieser Gottesdienste nahm die Entlastung und damit das persönliche Interesse der SeelsorgerInnen an den regionalen Jugendseelsorgestellen ab.

Wenn SeelsorgerInnen in den Pfarreien arbeiteten, die einen «Draht» zu den Jugendlichen hatten, entwickelten einige der Pfarreien als Ersatz für die Angebote der regionalen Stellen eigene Jugendangebote. Kamen später diese Jugendarbeitsformen in eine Krise – etwa durch einen Stellenwechsel –, bedeutete dies meist das Ende der ausserverbandlichen Jugendarbeit mit den über 16-Jährigen in den Pfarreien: Für einen Wiederaufbau fehlte nun die Unterstützung durch die regionalen Stellen.

7.7.2 *Mitte der 1990er-Jahre: Mit Ausnahme der Jugendkultur verlassen die 16-Jährigen die Offene Jugendarbeit*

Nur kurze Zeit nach dem Auszug der über 16-Jährigen aus dem Feld der Offenen Jugendarbeit in den Kirchen war ein ähnliches Phänomen innerhalb der Offenen Jugendarbeit in nicht-kirchlicher Trägerschaft festzustellen: Mit Ausnahme der Jugendkultur werden die Angebote der Offenen Jugendarbeit seither kaum noch von über 16-Jährigen genutzt.

Auch hier scheint der Rückgang der über 16-Jährigen aus der Jugendarbeit mehrere Gründe zu haben. Wichtiger jedoch als bei der kirchlichen Jugendarbeit war vermutlich die Zunahme von kommerziellen Freizeitangeboten (etwa das Aufkommen von Billard- und Freizeitzentren und Clubs auch ausserhalb des städtischen Raums). Zeitgleich begannen sich vermehrt unter 16-Jährige für die Angebote der Jugendarbeit zu interessieren. Zu Beginn der 1980er-Jahre waren die meisten BesucherInnen von Jugendhäusern und -treffs über 16 Jahre alt.

Ab Mitte der 1980er-Jahre begann sich die Altersstruktur zu ändern: Die unter 16-Jährigen standen vor den Jugendhaustüren, drängten in das für sie attraktive Terrain der Jugendarbeit und veränderten damit auch das Bild der Jugendarbeit. Verstärkt wurde diese Tendenz durch einen zunehmenden Jugendschutz und bewusste Präventionsanstrengungen: Paradoxerweise führte die Durchsetzung der Altersuntergrenze des Alkoholausschankes an unter 16-Jährige dazu, dass die Möglichkeit des Alkoholkonsums zum Kennzeichen für über 16-Jährige und ihre Ausgangsangebote wurde. Die zunehmende Anwesenheit von unter 16-Jährigen und das restriktive Alkoholregime liess die Offene Jugendarbeit für die über 16-Jährigen zunehmend als ein Angebot für die «Kleinen», die noch keinen Alkohol trinken dürfen, erscheinen.

Weitere Faktoren waren die zunehmende Segmentierung unter den Jugendlichen und jungen Erwachsenen und Migrationsbewegungen. Im Zug der Balkankriege der 1990er-Jahre flohen zahlreiche Familien aus den Kriegsgebieten in die Schweiz. Für viele junge MigrantInnen wurden die Jugendeinrichtungen zu wichtigen Orten in ihrer neuen Heimat. Neben Räumlichkeiten fanden sie oftmals professionelle JugendarbeiterInnen, die sie unterstützten – auch dies veränderte das Image und das Angebot der Jugendarbeit, was zu einer weiteren Veränderung der NutzerInnen-Gruppen beitrug.

Ab Mitte der 1990er-Jahre wurden die 12- bis 16-jährigen Oberstufenschülerinnen und -schüler die HauptnutzerInnengruppe der Offenen Jugendarbeit. Aktuell ist die Tendenz festzustellen, dass das Durchschnittsalter weiter sinkt und sich zunehmend auch 10- bis 12-Jährige für die Angebote der Jugendarbeit interessieren.

Die über 16-Jährigen, die heute die Treffangebote nutzen, sind an den meisten Orten eine überschaubare Gruppe junger Männern mit Migrationshintergrund tendenziell aus bildungsfernen Milieus.

Die Ausnahme, die die Regel bestätigt, ist der Bereich der Jugendkultur. Grössere, professionell geführte Jugendkulturhäuser wie das

Jugendkulturlokal Werkk in Baden sprechen noch immer eine grössere Gruppe von engagierten und jugendkulturell interessierten über 16-jährigen Jugendlichen und jungen Erwachsenen an.

7.8 Begründung der kirchlichen Jugendarbeit ab 1995: der Weg zu den Perspektiven pfarreilich orientierter Jugendarbeit und darüber hinaus

In diesem Unterkapitel wird die Entstehung der aktuellen Begründungslinien der kirchlichen Jugendarbeit in der deutschsprachigen Schweiz beschrieben. Eine inhaltliche Vertiefung der aktuellen Ansätze findet sich für die Offene Arbeit mit Kindern und Jugendlichen in Kapitel 8 «Theorien und Ansätze der Jugendarbeit» und für die spezifischen Ansätze der kirchlichen Jugendarbeit in Kapitel 10 «Diakonisch-mystagogische Jugendarbeit und der Respekt vor der selbstgewählten Differenz».

Mitte der 1990er-Jahre wurde die Praxis der kirchlichen Jugendarbeit neu gedacht. Die Beschäftigung mit der Begründung der kirchlichen Jugendarbeit zur selben Zeit kann auf drei Faktoren zurückgeführt werden: Erstens stellte die Abnahme der Beteiligung der über 16-Jährigen Anfang der 1990er-Jahre eine massive Herausforderung für die Praxis dar. Zweitens fand im Zug der Konstitutionierung des Vereins Deutschschweizer JugendseelsorgerInnen (Juseso-Verein) und später der Konfliktbearbeitung zwischen diesem und der Jungen Gemeinde, der zur Erstellung der Magna Charta (Verein Deutschschweizer JugendseelsorgerInnen 1991) führte, eine Auseinandersetzung mit dem Arbeitsfeld der kirchlichen Jugendarbeit statt. Drittens waren mit dem Juseso-Verein und der Jungen Gemeinde bis Ende 1995 resp. nach 1996 mit der Deutschschweizer Fachstelle für kirchliche Kinder- und Jugendarbeit AkteurInnen vorhanden, die die Theoriearbeit fokussierten, vorantrieben und sicherten.

Der erste Meilenstein war der Bericht «Heute hier, morgen dort ...» (1995) der AG Reflexion des Vereins Deutschschweizer JugendseelsorgerInnen. Mit der Subjektorientierung, die bereits in der Magna Charta des Juseso-Vereins 1991 erschien, wird erstmals auf das zentrale Paradigma der kirchlichen Jugendarbeit – und auf Mystagogie im Sinn von Herbert Haslinger (1991) – Bezug genommen.

Sechs Jahre später erschien der Schlussbericht «Jugend und Religion» (2001) der AG Spiritualität der Deutschschweizer Fachstelle für kirchliche Kinder- und Jugendarbeit, der den zweiten Meilenstein auf dem Weg zu den aktuellen Begründungslinien darstellt: Mystagogie wird, neben der Subjektorientierung, als der zweite zentrale Ansatz für die kirchliche Jugendarbeit beschrieben.

Das Dokument «Perspektiven pfarreilich orientierter Jugendarbeit» (2003) bedeutet die bischöfliche Anerkennung der aktuellen Begründungslinien. Der Jugendbischof Denis Theurrillat und der Verantwortliche für die Jugendarbeit innerhalb der Deutschschweizer Ordinarienkonferenz (DOK) Kurt Stulz stellten sich hinter die zentralen Postulate aus dem Bereich «Jugend und Religion»: Die «Perspektiven pfarreilich orientierter Jugendarbeit» stellen somit einen vorläufigen Abschluss der Neukonzeption der kirchlichen Jugendarbeit dar. Diese bildeten in der Folge die Basis für die Kommunikation, die Praxis und die Weiterentwicklung der Ansätze.

Um die Entwicklungen einordnen zu können, werden den Diskussionen der 1990er-Jahre drei Unterkapitel vorangestellt: über den Primat der Praxis der 1970er- und 1980er-Jahre, die Entscheidung der Frage, ob die kirchliche Jugendarbeit auch institutionelle Interessen vertrete, und über die Relecture der Texte der Synode 72 nach 1995.

7.8.1 Primat der Praxis und der jugendpastorale «Gemischtwarenladen» bis Ende der 1980er-Jahre

In den 1970er-Jahren machte die katholische Kirche offene Angebote, die im Schnitt gut genutzt wurden: Wenn die Jugendarbeit gut läuft, besteht für die JugendarbeiterInnen wenig Veranlassung zu Neuansätzen und Grundsatzdiskussionen. Im Gegensatz dazu steigt, wenn die Jugendlichen ausbleiben oder nur ein kleines Jugendsegment die Jugendarbeit nutzt, das Bedürfnis der JugendarbeiterInnen nach einer vertieften Reflexion.

Um nicht falsch verstanden zu werden: Auch in den 1970er- und 1980er-Jahren wurde Theoriearbeit betrieben und die Praxis reflektiert, jedoch waren durch den Erfolg der Angebote und die damalige Selbstverständlichkeit kirchlicher konfessioneller Arbeit Grundsatzfragen weniger drängend. In den frühen 1970er-Jahren war es die Frage nach dem Selbstverständnis und der Ausbildung, die die VertreterInnen der damals noch jungen Jugendarbeit umtrieben, später dann verstärkt methodische und strukturelle Fragen.

Den interessierten JugendarbeiterInnen und -seelsorgerInnen waren etwa die Synodentexte (Synode 75 BRD 1976; Ziele und Aufgaben kirchlicher Jugendarbeit 1975) oder später die Konzeptionen von Biemer (1985) oder Fuchs (1986) bekannt. Trotzdem erscheinen diese Ansätze in den Publikationen höchstens punktuell (vgl. Blum et al. 1987).

Das Arbeitsfeld der Jugendpastoral war bis in die 1980er-Jahre noch wenig ausdifferenziert: Angebote im Bereich der Liturgie und der Verkündigung wurden z. T. noch nicht klar vom diakonischen Engagement der Kirche und den Angeboten der Offenen Jugendarbeit unterschieden (vgl. Wettstein 1989a, S. 29ff.). Aus heutiger Sicht sind für diese unterschiedlichen Angebote unterschiedliche Arbeitsweisen und damit Basistheorien notwendig. Aus der pfarreilichen Innenperspektive heraus war die Angebotsdifferenzierung in den 1980er-Jahren nicht zwingend: Erstens wurden in einer pastoraltheologischen Sicht – etwas verkürzt ausgedrückt – das soziale Engagement und die gelebte Verkündigung auch auf der Methodenebene zusammengedacht. Zweitens gehörte trotz den Entwicklungen nach 1968 noch immer die überwiegende Mehrheit der Wohnbevölkerung einer Landeskirche an. Eine gemässigte konfessionelle Religiosität war damals die gesellschaftliche Norm: Das Nebeneinander von liturgischen und offenen Angeboten in der Jugendarbeit wurde auch von aussen kaum problematisiert (vgl. Nowotny 1983, S. 26–32). Drittens waren es nicht zuletzt die Jugendlichen, die in den Pfarreien Angebote der Jugendarbeit einforderten und sich dabei an AkteurInnen wandten, die sie aus anderen Bereichen der Jugendpastoral kannten.

Jene Jugendlichen, die sich am kirchlichen «Gemischtwarenladen» störten, blieben den Angeboten fern, andere nutzten die kirchliche Jugendarbeit selektiv. Zusätzlich zeigten sich typische Nutzungsmuster: In den frühen 1980er-Jahren war z. B. in der Region Baden die Tendenz festzustellen, dass die «wilderen» Jugendlichen in den kommunalen Jugendhäusern anzutreffen waren (in denen damals noch Alkohol getrunken und geraucht wurde) und später zusammen mit politisierten Jugendlichen im Umfeld der besetzten Falken-Brauerei, während sich bildungs- und kirchennähere Jugendliche eher in der kirchlichen Jugendarbeit engagierten (thematische Jugend- und Projektgruppen, Jugendchöre und -orchester, offene Angebote der Kirchen).

7.8.2 *Kirchliche Jugendarbeit: selbstloser Dienst oder jugendliche Erneuerungskraft für die Kirche?*

Die grosse inhaltliche Auseinandersetzung innerhalb der kirchlichen Jugendarbeit in den späten 1970er- und 1980er-Jahren kreiste – so Walter Blum (persönliche Gespräche, 16.11.2013 und 7.8.2014) – um die Grundfrage, ob die kirchliche Jugendarbeit als selbstloser Dienst der Kirche an der Jugend im Sinn der Synodenbeschlüsse zu verstehen sei oder ob die Jugend nicht *auch* die Aufgabe habe, die Kirche zu erneuern (ähnlich dem Konzept von Fuchs 1986) resp. ob die Jugend letztlich nicht auch für die Sache der Kirche begeistert werden müsse, wenn «wir als lebendige Pfarrei eine Zukunft haben wollen» (Riedener 1987, S. 56). Das heisst: Ist die kirchliche Jugendarbeit ein (selbstloser) Dienst der Kirche für alle Jugendlichen (vgl. Synode 72 St. Gallen 1976, S. 32), oder hat sie noch weitere Aufgaben im Dienst der Kirche?

Nicht alle AutorInnen nahmen in den 1980er-Jahren den Grundsatzentscheid, ob die kirchliche Jugendarbeit selbstloser Dienst sei oder ob zusätzlich weitere Ziele verfolgt werden sollten, als Entweder-oder-Frage wahr: So schreibt etwa der Sozialpädagoge und Konzepter von Offener Jugendarbeit Ronald Nowotny: «Kirche ist nur Kirche, wenn sie für andere da ist.» Kirchliche Jugendarbeit sei mehr als «Glaubensverkündigung und vordergründige Hilfsprogramme. [...] Kirche kann zu einem Ort werden, wo man mit Konflikten leben kann, wo Platz ist für Benachteiligte und Raum für Andersartige, wo Ängste gemildert werden, wo Veränderungswille geweckt und wo Partei ergriffen wird» (Nowotny 1983, S. 30). Gleichzeitig beschreibt er als Ziele einer kirchlichen Jugendarbeit die Beheimatung der Jugendlichen in einer Pfarrei, den Abbau der Vorurteile gegenüber der Kirche und die Aufgabe, «der Kirche neue Impulse zu geben; den kirchlichen Nachwuchs zu sichern» (Nowotny 1983, S. 30).

Anfang der 1990er-Jahre wurde diese Frage der Selbstlosigkeit des Diensts in der Magna Charta auf der Ebene der JugendseelsorgerInnen sowie im Bericht «Heute hier, morgen dort ...» entschieden: Für die JugendseelsorgerInnen ist die kirchliche Jugendarbeit ausschliesslich ein selbstloser Dienst. Damit die kirchliche Jugendarbeit ihre Ziele verwirklichen kann, muss sie – so die AG Reflexion – frei «von jedem Rekrutierungsbemühen für die Institution Kirche und von Evangelisierungsabsichten» (AG Reflexion 1995, S. 91) sein.

Dem Verständnis, dass die kirchliche Jugendarbeit ein selbstloser Dienst ist, schlossen sich die bischöflichen Verantwortlichen für Jugendpastoral in der deutschsprachigen Schweiz 2003 im Dokument «Perspektiven pfarreilich orientierter Jugendarbeit» ausdrücklich an: Mit diesem Dokument wurde eine längere Diskussion in der Jugendpastoral der Deutschschweiz abgeschlossen.

7.8.3 Relecture der Synode 72 Ende der 1990er-Jahre

In der Theoriediskussion ab Mitte der 1990er-Jahre wurde vonseiten der Fachpersonen der kirchlichen Jugendarbeit auf die Parallelen zwischen dem offiziell verabschiedeten Text der Synode 72 und der aktuellen Theoriebildung hingewiesen: Um auf die Kontinuität der Diskussion zu diesen Dokumenten zu verweisen, wurde etwa im Bericht «Heute hier, morgen dort ...» eine kurze Textpassage zu den Zielen der Jugendarbeit aus dem Synode-72-Text des Bistums St. Gallen zitiert (AG Reflexion 1995, S. 56). Marie-Theres Beeler, die damalige Leiterin der Deutschschweizer Fachstelle für kirchliche Kinder- und Jugendarbeit, beschäftigte sich eingehend mit Synoden-Texten, u. a. auch in der Entgegnung der Kritik von Teilen der Deutschschweizer Ordinarienkonferenz an der Ausrichtung des Berichtes «Heute hier, morgen dort ...» (vgl. Fachstelle für kirchliche Kinder- und Jugendarbeit 2001, S. 8f.). Beeler nahm den im Anschluss zitierten Auszug aus dem Synoden-Text in ihren Beitrag zur Broschüre der Pastoralplanungskommission «Kirchliche Jugendarbeit» (Pastoralplanungskommission der Schweizer Bischofskonferenz 2001,[25] S. 11) auf. Weiter verwendete die Autorin Kernzitate zu den Zielen kirchlicher Jugendarbeit aus diesem Dokument bei der Überarbeitung der Magna Charta (Verein Deutschschweizer JugendseelsorgerInnen 2001), die sie im Auftrag des Juseso-Vereins ausführte.

> **«Ziele kirchlicher Jugendarbeit**
> Ansatzpunkt kirchlicher Jugendarbeit ist die Lebenssituation des jungen Menschen in unserer Gesellschaft. Primäres Ziel ist die (individuelle, soziale, gesellschaftliche und religiöse) Entfaltung und Selbstverwirklichung des Jugendlichen: der freie, kon-

---

25 In den Arbeitsgruppen war es noch bis in die späten 1990er-Jahre üblich, die AutorInnen in Broschüren und Schlussberichten nicht immer namentlich zu nennen, um den Gruppenprozess zu betonen. Bei Widerspruch oder für Klärungsfragen hatten die AutorInnen für ihre Texte aber geradezustehen.

taktfähige, engagierte, kritische, selbst- und verantwortungsbewusste Mensch. Dies kann in vielfältiger Weise geschehen: sinnvolle Freizeitgestaltung, Einübung in partnerschaftliches Verhalten, Aufgreifen der Probleme und Schwierigkeiten in Familie, Schule, Berufs- und Arbeitswelt, Hinführung zu Engagement und Übernahme von Verantwortung.
Die Ziele kirchlicher Jugendarbeit sind ebenso geprägt von Impulsen und Massstäben, die sie von der Person und vom Leben Jesu Christi empfängt. Diese stimmen in gewissem Sinn mit dem Ziel der Selbstverwirklichung überein und verleihen ihr eine Tiefendimension. Bei der Frage nach dem Sinn des Lebens, die in vielfältiger Weise bei Jugendlichen immer wieder durchscheint, ist das Lebensmodell Jesu eine tragfähige Basis. Daraus ergibt sich eine gültige Antwort auf das Sinnsuchen: Jesu Wirken und Verhalten verschaffen einer neuen Freiheit Ausdruck und ermöglichen anderen Freiheit. Jesu Tod und Auferstehung eröffnen ein neues Verständnis menschlicher Grenzen und ermöglichen das Bestehen menschlichen Leidens in der Hoffnung auf ein Leben, das bleibt. In solchem Tun eröffnet sich eine neue Gotteserfahrung, die das Fundament von Jesu Leben ist. Eine entsprechende Erfahrung mit Jugendlichen ist zugleich Geschenk und anzustrebende Aufgabe kirchlicher Jugendarbeit.
Der Lebensentwurf Jesu von Nazareth, den die Kirche weitervermittelt, steht heute in Konkurrenz mit einer Vielzahl anderer Lebensmodelle von verschiedenster Qualität und Bedeutung (z. B. Leben als Lust). In der Jugendphase orientiert sich der junge Mensch, welches für ihn das tragfähigste [sic] ist, wie er sein Leben sinnvoll gestalten und ausrichten soll. Dabei ist deutlich zu sehen, dass die Jugendlichen oft nicht selbstverständlich Christen sind, dass die anerzogene Christlichkeit sich nicht als tragfähig erweist. Hinzu kommt, dass im Prozess der Ablösung vom Elternhaus auch eine Distanzierung zur Kirche eintritt als Ausdruck des Autoritätskonflikts. Auch die Diskrepanz zwischen christlicher Botschaft und kirchlicher Praxis, zwischen Anspruch und Wirklichkeit mag eine Abwendung vom Christentum auslösen. Religiöse Zweifel entzünden sich vielfach an praktischen Fragen des kirchlichen Lebens. Insgesamt ist festzustellen, dass viele Jugendliche sich nur noch partiell mit der Kirche identifizieren können.
In dieser Situation versucht kirchliche Jugendarbeit stets von neuem, jungen Menschen den Zugang zu jener Lebensweise freizumachen und freizuhalten, wie sie Jesus von Nazareth gelebt hat, die uns menschlicher und freier werden lässt. Entscheidend ist, dass der Jugendliche erfährt und erlebt, dass das Lebensmodell Jesu Christi (Evangelium) das ‹wahre Leben› ist, das er kritisch anderen Lebensentwürfen gegenüberstellt.» (Synode 72 Bistum St. Gallen 1975, S. 29f.)

Ähnlich der lebensweltorientierten Jugendarbeit (Thiersch 1998) ist der Ausgangspunkt die «Lebenssituation der Jugendlichen» (Synode 72

Bistum St. Gallen 1975, S. 29f.). Die Orientierung an den Jugendlichen führt dazu, dass die AutorInnen des Synodentextes keine normativen Vorgaben machen, sondern feststellen, dass das Christentum für die Jugendlichen nur eines von unterschiedlichen Sinnangeboten ist und sich eine anerzogene Christlichkeit als nicht tragfähig erweist. Die wahrgenommene Diskrepanz zwischen kirchlichem Anspruch und Wirklichkeit führt dazu, dass «viele Jugendliche sich nur noch partiell mit der Kirche identifizieren können» (Synode 72 Bistum St. Gallen 1975, S. 30).

Als primäres Ziel der kirchlichen Jugendarbeit wird «die (individuelle, soziale, gesellschaftliche und religiöse) Entfaltung und Selbstverwirklichung des Jugendlichen: der freie, kontaktfähige, engagierte, kritische, selbst- und verantwortungsbewusste Mensch» (Synode 72 Bistum St. Gallen 1975, S. 29) genannt. Zur Zieldefinition wird mit dem Rückgriff auf die emanzipatorische Pädagogik eine Vorläufertheorie der Subjektorientierung nach Scherr (1997) verwendet. Durch die Übertragung der Freiheitspraxis Jesu auf die Praxis der Jugendarbeit «eröffnet sich eine neue Gotteserfahrung» (Synode 72 Bistum St. Gallen 1975, S. 30). Die kirchliche Jugendarbeit versucht, «jungen Menschen den Zugang zu jener Lebensweise freizumachen und freizuhalten, wie sie Jesus von Nazareth gelebt hat, die uns menschlicher und freier werden lässt» (Synode 72 Bistum St. Gallen 1975, S. 30).

«Da das Ziel kirchlicher Jugendarbeit Selbstverwirkung des Jugendlichen ist, soll sie der Ort sein, wo der junge Mensch eigene Erfahrungen in allen Dimensionen des Lebens machen kann» (Synode 72 Bistum St. Gallen 1975, S. 32), also auch im religiösen Bereich. Entscheidend sei aber, dass die befreiend-erlösende Kraft des Lebensentwurfes Jesu erfahren werden könne. Das Christentum wird auch als «kritische Theorie» verstanden, mit der z. B. hedonistische Lebensentwürfe infrage gestellt werden sollen. Trotz der Wichtigkeit der Beschäftigung mit der Religiosität darf sie nicht zum Ausschlusskriterium werden: «Kirchliche Jugendarbeit ist ein Dienst der Kirche für alle Jugendlichen und darf deshalb keine religiösen oder anderweitigen Vorbedingungen für ein Mitmachen stellen» (Synode 72 Bistum St. Gallen 1975, S. 32).

Wie in allen Synodentexten (Chur, Basel, St. Gallen) wird eine gruppenzentrierte Methodik beschrieben, wobei neben den Gruppen mit fester Mitgliedschaft, wie bei den Jugendverbänden, auch mit offenen Gruppen gearbeitet werden soll. «Die offene Jugendarbeit versucht Treffpunkte und Begegnungsstätten für alle Jugendlichen anzubieten» (Synode 72 Bistum St. Gallen 1975, S. 31). Je nach Zielgruppe (der Text nennt kirchenferne Jugendliche und «sogenannte Problemjugendliche») ist es, so der Synodentext, notwendig, für die Offene Jugendarbeit SozialarbeiterInnen anzustellen. Neben der «Geselligkeit» sollen persönliche und gesellschaftliche Probleme und die «Erweiterung der Kontakt- und Gesprächsfähigkeit, Förderung der Selbst- und Fremdwahrnehmung, Stärkung der Kooperationsfähigkeit und Konfliktaustragung, Vertiefung des sozialen Verständnisses, der Toleranz und Solidarität, die Auseinandersetzung mit dem Glauben» (Synode 72 Bistum St. Gallen 1975, S. 31) einbezogen werden.

Geschichte der Synode 72

Die Synode 72 (vgl. für das Folgende Bischof 2013) wurde von der Schweizer Bischofskonferenz einberufen und sollte die Beschlüsse des Zweiten Vatikanischen Konzils (1962–1965) auf der Ebene der Schweizer Bistümer umsetzen. Die dreijährige Synode (1972–1975) wurde gesamtschweizerisch vorbereitet und in den Bistümern einzeln, aber nach einem einheitlichen Raster durchgeführt, in zwölf Sachgebieten verabschiedet (Glauben und die Glaubensverkündigung; Gebet, Gottesdienst und Sakramente; kirchlicher Dienst; Kirche heute; Ökumene; Ehe und Familie; Wirtschaft; soziale Fragen; Friede, Entwicklung und Mission; Bildungsfragen und Freizeit; Information) und von den Bistümern je einzeln publiziert. Die Ausführungen zur Jugendarbeit finden sich vor allem in den Teilen zu «Bildungsfragen und Freizeit». Die Texte zur Jugendarbeit der Synoden von Basel, Chur und St. Gallen sind unterschiedlich umfangreich, unterscheiden sich jedoch nicht in der Grundausrichtung. Der St. Galler Text nimmt innerhalb dieser Texte eine Sonderstellung ein, da er als einziger die Postulate argumentatorisch ausführt.

Für die Synodenvorbereitung und die Teilnehmenden scheint die Jugendarbeit im Vergleich mit anderen Bereichen des kirchlichen Lebens eher ein Randthema gewesen zu sein. Dies hängt wohl in erster Linie damit zusammen, dass das Zweite Vatikanische Konzil das Grundverständnis der katholischen Kirche verändert hatte und die Synoden nun primär darauf antworten mussten. Andererseits war die Offene Jugendarbeit erst in der Pionierphase, und die Jugendverbände waren daran, sich im Nachgang der 1968er-Ereignisse neu zu orientieren.

Noch während der Synode 72 wurde 1975 von der Pastoralplanungskommission (PPK) eine Arbeitsgruppe für Jugendpastoral (AG 19) eingesetzt, die zwei Berichte veröffentlichte (vgl. für das Folgende Kyburz 1990, S. 23–26). Die AG 19 löste sich 1979 resigniert auf, weil sie mit ihren Vorstellungen nicht an die Basis vordrang. Es zeigte sich in der AG 19 auch, dass in der katholischen Kirche in der Schweiz Ideen und Ansätze nicht von oben nach unten weitergegeben oder verordnet werden können: Eine Idee muss durch die Struktur der Kirche Schweiz von den Gremien vor Ort geteilt und von der operativen Ebene an die jeweilige Situation angepasst werden.

7.8.4 Magna Charta 1991 und Weiterentwicklungen 2001 und 2005

Die Magna Charta[26] entstand 1991 als Schlussdokument der Konfliktbearbeitung zwischen der Jungen Gemeinde und dem Verein Deutschschweizer JugendseelsorgerInnen. Im Lauf der Diskussion erkannten die AkteurInnen, dass sie mit ähnlichen Ansätzen arbeiteten und die Spannungen fast ausschliesslich historischer und struktureller Natur waren – jedoch die Jugendarbeit in der Kirche generell zu wenig Unterstützung erfuhr: Um dies zu ändern, brauche es, so das Papier, einen «Schulterschluss»: «Die Option für die Jugend hat in der Kirche Schweiz nur eine Chance, wenn Verbände [die Junge Gemeinde, D. S.] und die JugendseelsorgerInnen [regionale Jugendseelsorgestellen und pfarreiliche JugendarbeiterInnen, D. S.] sich vermehrt zum Anwalt der Jugendlichen machen» (Verein Deutschschweizer JugendseelsorgerInnen 1991, S. 2).

Mit zwölf Thesen sollte konkretisiert werden, wie man «Jugendlichen zu mehr Mensch-Sein verhelfen [... und ...] miteinander eine offenere und geschwisterliche Kirche werden» kann (Verein Deutschschweizer JugendseelsorgerInnen 1991, S. 2):

> ***«1. Lebensraum***
> Jugendarbeit verstanden als einen Ort, wo Menschen spüren, dass es «um mich geht». In unserer leistungsorientierten Welt, wo der Lebensraum täglich schwindet, brauchen junge Menschen einen Frei- und Experimentierraum. Diese Räume müssen auch für kritische und distanzierte Jugendliche offen stehen.

26 Die Form der «feierlichen» Unterzeichnung mit einer Schreibfeder am 26.8.1991 und die Funktion eines Dokuments als «Friedensschluss» zwischen der Jungen Gemeinde und dem Verein Deutschschweizer JugendseelsorgerInnen führten wohl zur Bezeichnung Magna Charta, vermutlich in Anlehnung an die Magna Carta Libertatum zwischen dem König von England und dem englischen Adel im 13. Jahrhundert.

2. Persönliche Identitätsfindung

Sinn- und Identitätsfindung geschieht in der Grunderfahrung des Angenommenseins. Jenseits eines Rekrutierungsdruckes brauchen junge Menschen einen Ort und Menschen, wo sie offen über all das sprechen können, was sie bewegt: Musik, Ablösung, Freundschaft, Zukunft, Militär, Sexualität, Berufsfindung.

3. Beziehungs- und Vertrauensebene

Gemeinsame Erlebnisse und Beziehungs- und Vertrauensebene bilden das Fundament jeglicher Jugendarbeit.

Wenn auch junge Menschen mit einem vielfältigen Konsumangebot oft überfordert sind, so haben sie ein feines Gespür, aus welchen Motiven wir mit ihnen zusammen sind. Sie sehnen sich nach GesprächspartnerInnen, die einfühlsam zuhören können und nicht Theorien, sondern auch sich selber einbringen. Darum braucht es ‹zwecklose Angebote›, wo ein gemeinsamer Suchprozess möglich ist. Dazu ist eine ‹soziale Kompetenz› notwendig. Voraussetzung sind mündige und selbstbestimmende JugendarbeiterInnen, die auch Jugendlichen ihren eigenen Weg zugestehen.

4. Von Jugendlichen lernen

Jugendliche sind nicht Objekt, sondern Subjekt. Sie sind keine Problemgruppe, sondern stellen eine wichtige Kraft dar. In ihrer Kritik, in ihrer Verweigerung, in ihren Demonstrationen können wir die brennenden Fragen, die uns alle betreffen, erkennen. Die Botschaft Jesu schafft Raum für Subjektwerdung.

5. Projektarbeit: Visionen wecken und fördern

Durch lustbetonte und kreative Projekte können junge Menschen entdecken, dass es sich lohnt, sich für eine solidarische Welt einzusetzen. Es braucht Mut zum Unkonventionellen, um mit ihnen ein Projekt zu entwickeln, damit sie kurzfristig ihre vielfältigen Fähigkeiten entwickeln und einbringen können.

6. Partizipation ermöglichen

Eigenverantwortung und Solidarität wird gefördert, wenn jungen Menschen vertraut wird und sie in allen Gremien (Jugendkommissionen, Kirchenpflege, Pfarreiräte, Regionalteams) mitbestimmen können. Beim Leiten und Durchführen von Veranstaltungen, beim Planen des Jahresprogrammes muss echte Partizipation gefördert werden. Dies gelingt, wenn ein kritisches Begleiten der Jugendlichen (Fördern der Konfliktfähigkeit) geschieht und nicht alles perfekt sein muss.

7. Jugendliche am Rande begleiten

Gerade in unserer reichen Schweiz werden immer mehr Menschen krank an unserer Gesellschaft. In dieser Situation steht die Glaubwürdigkeit der Kirche auf dem Spiel. Die Jugendarbeit muss sich vom Druck der Quantität lösen und bereit sein, Einzelne zu begleiten und Jugendliche zu unterstützen, die sich gegen ungerechte Strukturen wehren.

8. Gemeinsame Erfahrungen deuten und in einen grösseren Zusammenhang stellen
Jugendliche warten darauf, ihre Sinn-Suche nicht alleine bewältigen zu müssen. Konkret bedeutet es auch, gemeinsam gemachte Erfahrungen zu deuten und Spuren des Glaubens im Alltag zu entdecken. Das Tabuthema Religion kann nur in einer Atmosphäre der Freundschaft durchbrochen werden. Dieses Durchbrechen verlangt aber sowohl einfühlsame Vorsicht wie Wissen um den eigenen Glaubens-Standort und die Bereitschaft zur gemeinsamen Suche.
9. Das Leben feiern
Worte allein genügen nicht. Die Welt der Jugendlichen ist voller Heiligtümer. Es gehört zu unserer Aufgabe, ihre Symbole ernst zu nehmen, um ihre Sehnsucht dahinter zu entdecken. Dies bedingt neue Formen der Liturgie, wo die Sprache und die Musik der Jugendlichen Platz haben.
10. Mystik und Politik
Der religiöse und politische Bereich gehören zusammen. Das religiöse Feiern darf nicht zur ‹Kuschelecke› werden. ‹Jede Form, jedeR TrägerIn von Jugendarbeit muss sich fragen lassen, ob seine Spiritualität politisch genug ist und ob seine Politik aus der Gottesverwurzelung lebt.› (Synode Rottenburg)
11. Mündiges Christsein
Ziel und Aufgabe der kirchlichen Jugendarbeit ist es, Jugendliche auf dem Weg zu einem mündigen Christsein zu begleiten und zu ermutigen. Dieser Weg zu einer offenen, partnerschaftlichen und geschwisterlichen Kirche gelingt nicht ohne klare Formen des Widerstandes gegen die restaurative Machtausübung.
12. Die Jugendarbeit ist Aufgabe der ganzen Gemeinde
Damit JugendarbeiterInnen nicht noch mehr überfordert werden, braucht es die Unterstützung der Erwachsenen. Die Jugendarbeit darf nicht in ein Ghetto gedrückt werden. Es lohnt sich, nach Begegnungen und gemeinsamen Projekten zwischen jung und alt zu suchen.»

Die zwölf Thesen sind eine mehr oder weniger strukturierte Sammlung zentraler Punkte, die auf verschiedenen «Flughöhen» argumentieren. In der Funktion als verbindendes Dokument erscheinen im Text einzelne Punkte (z. B. die lustbetonten und kreativen Projekte oder die Verbindung von Mystik und Politik in der Jugendliturgie), die einer der beiden VerhandlungspartnerInnen besonders wichtig schienen, die aber etwas unverbunden im Text stehen. Zwar ergänzen sich die Thesen recht gut und stammen aus derselben Grossfamilie von Praxis und Theorien. Trotzdem: Aus der heutigen Perspektive fehlt die Klammer eines ausformulierten Grundansatzes, der die Strukturierung der Thesen ermöglicht hätte. Obwohl viele Elemente (z. B. die Subjektorientierung) bereits aufscheinen, wird es aber den Prozess der AG Reflexion des Vereins Deutschschweizer Jugendseelsorgenden (1993–1995) und später die AG Spiritualität brauchen, um diesen gemeinsamen Ansatz zu formulieren.

Klar zeichnet sich jedoch bereits in der ursprünglichen Magna Charta ab, dass der Ausgangspunkt der Überlegungen die Jugendlichen und ihre Lebenswelten sind: Neun der zwölf Thesen sind aus dieser Perspektive formuliert. Sechs Thesen (1 bis 4, 8, 11) können als explizite Forderung nach einer subjektorientierten Jugendarbeit gelesen werden. In der achten These zeigt sich eine Grundfigur, die später in der mystagogischen Jugendarbeit wichtig werden wird: die Bereitschaft zur gemeinsamen Suche im Tabubereich der Religion innerhalb eines geschützten Rahmens. Klar wird in den Thesen der Rekrutierungsdruck und damit jegliches institutionelle Interesse der Kirche in der Jugendarbeit zurückgewiesen.

Zwei Thesen (5, 6) enthalten mit der Projektarbeit und dem partizipativen Vorgehen Verbindungen zur Methodik der Soziokulturellen Animation. In der Jugendliturgie sollen Mystik und Politik verbunden und es soll von den «Heiligtümern der Jugendlichen» ausgegangen werden. Damit sollen die Jugendgottesdienste aus der apolitischen «Kuschelecke» herausrücken – ein Postulat, das der Grundausrichtung der Jungen Gemeinde entspricht. Die abschliessende zwölfte These beschreibt die Jugendarbeit als Aufgabe der ganzen Gemeinde resp. der ganzen Pfarrei. Die Betonung der Pfarreistrukturen entspricht dem Strukturideal der JugendseelsorgerInnen, während sich die Junge Gemeinde ursprünglich eher als überregionale Bewegung mit bewusst schwachen Strukturen verstand.

Die zwölf Thesen sind als eine Selbstverpflichtung gedacht, enthalten aber auch methodische Hinweise, theologische Statements und Forderungen an die Amtskirche: Diese Kombination ist nicht untypisch für jene Strömungen innerhalb der katholischen Kirche in den 1980er-Jahren, die sich dem Aufbruch des Zweiten Vatikanums und den Synoden verpflichtet fühlten und eine «offenere und geschwisterlichere» Kirche anstrebten.

Auf die zwölf Thesen folgen sechs Forderungen, zu denen sich die einundzwanzig ErstunterzeichnerInnen, der Verein Deutschschweizer JugendseelsorgerInnen und die Bundeskonferenz der Jungen Gemeinde (1.9.1991) verpflichteten (vgl. für das Folgende Verein Deutschschweizer JugendseelsorgerInnen 1991, S. 5): Erstens braucht es für die Umsetzung eine breite Palette unterschiedlicher Angebote von der sozialpädagogischen Arbeit mit Jugendlichen «am Rande von Kirche und Gesellschaft» über Jugendtreffs und Projektarbeit bis hin zu religiösen Angeboten. Zweitens müssen, um sich nicht zu überfordern, je nach Bedürfnissen der Jugendlichen und Fähigkeiten der JugendarbeiterInnen, Prioritäten gesetzt werden. Drittens soll mit einem geschlossenen Auftreten aller in der Jugendarbeit Tätigen in der Kirche Schweiz endlich die Option für die Jugend gewählt werden. Viertens ist vermehrt Lobbyarbeit, eine bessere Unterstützung und Aus- und Weiterbildung notwendig: Deshalb soll eine Fachstelle für kirchliche Jugendarbeit für die deutschsprachige Schweiz geschaffen werden. Fünftens soll der Bruch zwischen der Jungen Gemeinde und den JugendseelsorgerInnen überwunden werden. Sechstens soll der Verein Deutschschweizerischer JugendseelsorgerInnen der Ort sein, an dem die jugendpastoralen Anliegen einfliessen und sich in Tagungen, Impulspapieren und Lobbyarbeit fortsetzen.[27]

Die Magna Charta wird zum Grundsatzdokument (2001)

Mit der Überarbeitung der Magna Charta von 2001 hat sich der ursprüngliche Charakter des Dokumentes verändert: Von einem «Einigungsdokument» zur Konfliktbeilegung zweier Organisationen wurde es zum zentralen Dokument der Selbstvergewisserung des Vereins Deutschschweizer JugendseelsorgerInnen: Unter dem Titel «Magna Charta – Grundlage für eine gelingende kirchliche Jugendarbeit in der deutschsprachigen Schweiz» (Verein Deutschschweizer JugendseelsorgerInnen 2001) wurden die wichtigsten Grundsätze und das Selbstverständnis festgeschrieben.

Obwohl drei ErstunterzeichnerInnen der Magna Charta Mitglieder in der AG Reflexion waren, wird die ursprüngliche Magna Charta weder im Text noch im umfangreichen Literaturverzeichnis des Berichtes «Heute hier, morgen dort ...» (1995) erwähnt, dasselbe gilt für den Bericht der AG Spiritualität (Fachstelle für kirchliche Kinder- und Jugendarbeit 2001). Dies sind klare Belege dafür, dass der Text erst mit der Überarbeitung von 2001 seinen heutigen Status als Grundlagendokument des Vereins Deutschschweizer JugendseelsorgerInnen erhielt.

---

27 Die unklaren Abgrenzungen zwischen den Aufgaben des Juseso-Vereins und der Fachstelle, wie sie in diesem Text aufscheinen, blieben während der ersten fünfzehn Jahre des Bestehens der 1996 gegründeten Fachstelle und waren immer wieder Anlass von Diskussionen und z.T. auch von Konflikten zwischen den AkteurInnen der kirchlichen Jugendarbeit.

Mit der Aufnahme der Grundsätze der Magna Charta in der Überarbeitung von 2001 in das Dokument «Perspektiven pfarreilich orientierter Jugendarbeit» der bischöflichen Jugendverantwortlichen (Fachstelle für kirchliche Jugendarbeit 2003, S. 7f.) erhielten die Grundsätze ihre Anerkennung durch die Kirchenleitung.

In der Überarbeitung wird der Text neu mit einer Zielbestimmung eröffnet, die prominent auf die Synodentexte des Bistums St. Gallen (1975) zur kirchlichen Jugendarbeit Bezug nimmt. Durch eine Straffung der Thesen wurde die innere Logik der Postulate verbessert und an die Erkenntnisse und Sprachregelungen der Berichte «Heute hier, morgen dort ...» und «Jugend und Religion» angepasst: Die zwölf Grundsätze der ursprünglichen Version wurden zu sechs verdichtet.

Die Erwartung, dass die kirchliche Jugendarbeit eine Aufgabe der gesamten Pfarrei/Kirchgemeinde ist, wurde in die auf die Grundsätze folgenden Rahmenbedingungen aufgenommen. Die im Text etwas verloren wirkende These der Verbindung von Mystik und Politik in Bezug auf die Jugendliturgie wurde weggelassen – dies nicht aus einer grundsätzlichen Ablehnung dieses Postulates, sondern um vermutlich eine grössere Geschlossenheit der Materie zu erhalten.

«Magna Charta – Grundlage für eine gelingende kirchliche Jugendarbeit in der deutschsprachigen Schweiz

1. ***Ziel kirchlicher Jugendarbeit***

Kirchliche Jugendarbeit ist Dienst der Kirche an der Jugend. Sie hat das Ziel, ‹jungen Menschen den Zugang zu jener Lebensweise freizumachen und freizuhalten, wie sie Jesus von Nazareth gelebt hat.› Es geht dabei ‹um die individuelle, soziale, gesellschaftliche und religiöse Entfaltung und Selbstverwirklichung des Jugendlichen: der freie, kontaktfähige, engagierte, kritische, selbst- und verantwortungsbewusste Mensch.› (Zitate Synode 72 Bistum St. Gallen) Leitend ist immer das Interesse an der Subjektwerdung aller Menschen vor Gott.

2. ***Grundsätze***

2.1. *Lebenswelt*

Kirchliche Jugendarbeit baut auf der Lebenswelt der Jugendlichen auf und ist ein wichtiger Experimentier- und Freiraum. Jugendliche bringen unterschiedliche Voraussetzungen, Bedürfnisse und Interessen mit. Entsprechend vielfältig sind die Formen kirchlicher Jugendarbeit.

2.2. *Wertschätzung und Anerkennung*

Jugendliche sind eigenständige Persönlichkeiten und werden als solche wahrgenommen und respektiert. Dies geschieht durch partnerschaftliche Zusammenarbeit.

Die Mitbeteiligung und Mitsprache der Jugendlichen geschieht wo immer möglich. Junge Menschen sind eine innovative Kraft, Teil der Kirche und verdienen als solche Wertschätzung und Anerkennung.

2.3. *Beziehung und Vertrauen*

Kirchliche Jugendarbeit ist zeitintensive Beziehungsarbeit. Jugendliche haben ein Anrecht auf Begleitung in jeder Lebenssituation. Beziehungen sind so zu gestalten, dass junge Menschen in ihrer Entwicklung unterstützt werden.

2.4. *Orientierung an der Lebenspraxis Jesu*

Auf dem Weg junger Menschen nach Freiheit und Selbstverwirklichung macht kirchliche Jugendarbeit erfahrbar, aus welcher Freiheit Jesus lebte. Seine Botschaft ermutigt zum aufrechten Gang und fordert dazu heraus, Verantwortung für Gerechtigkeit, Frieden und Bewahrung der Schöpfung wahrzunehmen.

2.5. *Sinn-, Glaubens- und Identitätsfindung*

Lebensdeutung beginnt mit der Erfahrung des Angenommenseins. Darauf aufbauend bietet kirchliche Jugendarbeit Raum für die Auseinandersetzung mit den Lebens- und Glaubensfragen Jugendlicher.

2.6. *Leben deuten und feiern*

Die Welt der Jugendlichen ist voller Heiligtümer. Kirchliche Jugendarbeit hat diese zu achten. Erlebnisse und Erfahrungen sind als Spuren des Glaubens im Alltag aufzunehmen und gemeinsam mit jungen Menschen zu deuten. Dies führt zu sinnvollem Feiern von Leben und Glauben.»

War die Magna Charta in der ursprünglichen Version als Selbstverpflichtung der UnterzeichnerInnen gedacht, folgen in der Version von 2001 auf die Grundsätze unter dem Titel «Rahmenbedingen» Erwartungen an die Kirchgemeinden und an die Jugendverantwortlichen: Es ist die Erwartung an die Kirchgemeinden, dass sie die Verantwortung für die kirchliche Jugendarbeit mittragen, mit genügend Ressourcen ausstatten und als Grundlage für die Arbeit über ein Konzept verfügen. Von den Jugendverantwortlichen wird erwartet, dass sie das Jugendkonzept operativ umsetzen, selbstreflektiert arbeiten, sich anwaltschaftlich für die Jugendlichen einsetzen und sich aus- und weiterbilden.

Gendererweiterung der Magna Charta (2005)

Auf Initiative der AG Gender wurde die Magna Charta mit verschiedenen Punkten zu einer gendersensiblen Arbeit ergänzt (Foitzik Eschmann et al. 2007, S. 4): Am 17. November 2005 stimmte die Mitgliederversammlung der Aufnahme der Genderorientierung in die Magna Charta zu (Verein Deutschschweizer JugendseelsorgerInnen 2005): Dazu wurden die Grundsätze um einen siebten Punkt ergänzt und in den Erwartungen an die Kirchgemeinden und an die Jugendverantwortlichen die Grundsätze des Gender-Mainstreamings und einer gendersensiblen Arbeitsweise aufgenommen:

> «2.7. *Genderbewusstsein*
> Kirchliche Jugendarbeit begleitet Jugendliche in ihrer Identitätsfindung als Frau und Mann in Gesellschaft und Kirche. Sie erkennt dabei Unterschiede in den Realitäten von Mädchen und Buben sowie innerhalb der Geschlechtergruppen. In ihren Strukturen, Konzepten und Programmen berücksichtigt sie diese Differenzen.»

7.8.5 «Heute hier, morgen dort ...» (1995)

Der Bericht «Heute hier, morgen dort ...» der AG Spiritualität (1995) ist ein Schlüsseldokument in der Theoriebildung der kirchlichen Jugendarbeit der katholischen Kirche in der Deutschschweiz.

Der Ausgangspunkt des Berichtes ist der erwähnte Beteiligungsrückgang der über 16-Jährigen in der Offenen Jugendarbeit in kirchlicher Trägerschaft und der massive Rückgang der Anmeldungen zu den Ausbildungskursen und Veranstaltungen der Jungen Gemeinde Anfang der 1990er-Jahre. Aufgrund dieser Krisensymptome beschloss der Verein Deutschschweizer JugendseelsorgerInnen, eine Arbeitsgruppe zu gründen. Das Ziel dieser AG Reflexion[28] war es, vor «dem Hintergrund einer fundierten Analyse eine gemeinsame Grundausrichtung für die Zukunft der kirchlichen Jugendarbeit in der Deutschschweiz zu formulieren» (AG Reflexion 1995, S. 5). Obwohl die Kinder- und Jugendverbände Blauring, Jungwacht und der Verband Katholischer Pfadfinderinnen und Pfadfinder weder zum Verein Deutschschweizer JugendseelsorgerInnen gehörten noch direkt von dieser Krise betroffen waren, beteiligten sie sich an der Arbeit.

Der Arbeitsprozess wurde nach dem befreiungstheologischen Dreischritt «sehen – urteilen – handeln» strukturiert. In der Analysephase wurden die wissenschaftlichen Erkenntnisse der Jugendforschung und

---

28 Der AG Reflexion gehörten an: Marie-Theres Beeler, Blauring/Jungwacht; Reinhard Braun, DAJU St. Gallen; Lisianne Enderli, ASKJA Luzern (Projektleitung); Roger Häfner, Juseso Thurgau; Hubert Kausch, ASKJA Luzern; Bernd Lenfers, Junge Gemeinde; Angelo Lottaz, Juseso Bern; Beat Niederberger, Verband kath. PfadfinderInnen; Johannes Rösch, Juseso Aargau; Jan Vosse, Juseso Zürich. Die Projektberatung erfolgte durch Heinz Wettstein.

der Religionssoziologie zusammengetragen. Mit der Zusammenstellung der wichtigsten Fakten aus dem Bereich der Jugendforschung wurde Heinz Wettstein beauftragt (vgl. für das Folgende Fachstelle für kirchliche Kinder- und Jugendarbeit 1996, S. 2f.; Wettstein 1995, S. 20–24). Eine Erkenntnis aus dieser Forschungsübersicht war die Notwendigkeit für die kirchliche Jugendarbeit, konzeptuell und methodisch auf die Entstrukturierung der Jugendphase reagieren zu müssen. Dieser Befund deckte sich mit den Resultaten der Spezialauswertung der Sonderfallstudie (Dubach/Campiche 1993) hinsichtlich des Jugendbereichs durch Michael Krüggeler, einem der Mitautoren der Studie (vgl. für das Folgende Fachstelle für kirchliche Kinder- und Jugendarbeit 1996, S. 7f.; Krüggeler 1995): Ende der 1980er-Jahre habe sich der letzte Rest des katholischen Milieus aufgelöst. «Jugendliche wachsen nicht mehr selbstverständlich in religiös geprägte Lebenswelten hinein, ihre Rekrutierung für die Kirchen wird problematisch» (Krüggeler 1995, S. 39). Die Religion ist von einem kollektiv vermittelten Gut zu einer individuellen Wahl geworden.

Beides, die Entstrukturierung der Jugendphase wie auch die Veränderung im Bereich der Religion, wird von den beiden Autoren als Folge der Individualisierung (Beck 1986) gedeutet.

Subjektwerdung als zentraler Ansatz von «Heute hier, morgen dort ...»

Pierre Stutz wurde von der AG Reflexion beauftragt, die bisherigen jugendpastoralen Ansätze zusammenzutragen. Hubert Kausch entwarf anhand der Situationsanalyse eine «theologische Skizze» (AG Reflexion 1995, S. 5) der kirchlichen Jugendarbeit. In der Tradition kontextueller Theologien ist diese Begründung mit einer emanzipatorischen Absicht optionengeleitet:

> [Die kirchliche Jugendarbeit] zielt auf Subjektwerdung, Mündigkeit, Gemeinschaftsfähigkeit und Solidarität. Diese Intentionen bilden den Kerngehalt der Reich-Gottes-Botschaft Jesu [...] Aus [... einem] emanzipatorischen Interesse heraus nimmt kirchliche Jugendarbeit die [...] Lebenswelt von Jugendlichen und Erwachsenen wahr [... und entlarvt die] gesellschaftlichen und kirchlichen Herrschaftszusammenhänge[n], die den Intentionen der Reich-Gottes-Botschaft zuwiderlaufen.

In einem für viele Ansätze der Befreiungstheologie damals üblichen Vorgehen wurden aus dieser Grundhaltung heraus sechs jeweils biblisch begründete Thesen abgeleitet. Die ersten drei Thesen nehmen Bezug auf die Befreiung der IsraelitInnen aus der Knechtschaft in Ägypten und auf das Ostererlebnis, das den JüngerInnen nach dem scheinbar totalen Scheitern Jesu an Karfreitag neue Handlungsfähigkeit gibt. Die Menschen sind aber heute nicht so frei, wie sie es aus den Exodus- und Ostererfahrungen sein sollten: Sie sind in Abhängigkeiten und Schuld verstrickt. Die kirchliche Jugendarbeit will diese krank machenden, unterdrückenden Zusammenhänge bewusst machen und «einen Beitrag zur Zerschlagung von gesellschaftlichen und religiösen Herrschaftsmythen» (AG Reflexion 1995, S. 50) leisten. Die Thesen vier bis sechs entwerfen das Bild einer kirchlichen Jugendarbeit, die aus einer christlichen Grundhaltung echte Begegnungen ermöglicht, Ressourcen erschliesst und zur Lebensbewältigung beiträgt. Die kirchliche Jugendarbeit soll jedoch mehr hervorbringen als selbstgenügsame Gruppen, sie ist im besten Sinn offen und ohne Ausschlussmechanismen.

Aus der Situationsanalyse und der theologischen Begründung werden drei Kernbegriffe abgeleitet (vgl. für das Folgende AG Reflexion 1995, S. 54f.):

- die *Subjektwerdung*, aus einem christlichen Menschenbild heraus verstanden,
- die *Gemeinschaft*, die den sozialen Kontext der Subjektwerdung bildet,
- die *Pfarrei* als organisatorische Basis der kirchlichen Jugendarbeit.

Mit dem Kernbegriff der Gemeinschaft wurde in «Heute hier, morgen dort …» der Aspekt des Sozialen in die Subjektwerdung aufgenommen, da die Subjektwerdung als individueller Prozess missverstanden werden könne. «Subjektwerdung setzt soziale Beziehungen voraus» (AG Reflexion 1995, S. 57). In einem christlichen Kontext ist Subjektwerdung immer Subjektwerdung in der Gemeinschaft gleichberechtigter Mit-Subjekte. «Ziel von Subjektwerdung sind also nicht autarke IndividualistInnen, sondern solidarische Subjekte» (AG Reflexion 1995, S. 58). Heute wird dieser Aspekt durch eine der Erweiterungen des Subjektbegriffes abgedeckt (siehe Unterkapitel «Der Subjektbegriff als handlungsleitende Utopie»): Das Subjekt und die Subjektwerdung werden als Subjekt und Subjektwerdung in der Gemeinschaft definiert, was eine spezielle Erwähnung der Gemeinschaft, wie dies von der AG Spiritualität gemacht wurde, ersetzt.

Das Postulat, die Pfarrei als Basis der kirchlichen Jugendarbeit zu betrachten, ist eine Absage an andere Organisationsformen, etwa die einer umfassenden Regionalisierung oder die Form der Bewegung: Das Angebot an die Jugendlichen soll lokal in den Lebenswelten der Jugendlichen und den territorialen Strukturen der Kirche stattfinden. Die Verantwortlichkeit für die kirchliche Jugendarbeit liegt demzufolge bei der Pfarrei und der Kirchgemeinde.

In der Rezeption des Berichtes «Heute hier, morgen dort ...» wurde die Subjektwerdung zum zentralen Ansatz der kirchlichen Jugendarbeit. In dem Text werden die Jugendlichen als Subjekte betrachtet, sowohl als die Zielgruppe als auch die Akteure der kirchlichen Jugendarbeit. Den Jugendlichen wird zugemutet, «eigenständig und selbstbewusst und kreativ Gesellschaft und Kirche mitzugestalten und Leben in Fülle für sich und andere zu realisieren» (AG Reflexion 1995, S. 57). Die Subjektwerdung wird als emanzipatorischer Prozess verstanden: Manipulation und Fremdbestimmung werden überwunden, Authentizität und die Fähigkeit, seinen eigenen Weg zu gehen, wird gewonnen. Das heisst, Subjektwerdung wird als Erlangung von Mündigkeit in der Form von eigenverantwortlichem Handeln, Gewinnung von Ich-Stärke als Voraussetzung der Authentizität und Selbstwerdung als Entdeckung der Einmaligkeit verstanden.

Von der Subjektwerdung zur Subjektorientierung

Nach dem Erscheinen von «Heute hier, morgen dort ...» bis nach 2001 war die Subjektwerdung der zentrale Ansatz in der kirchlichen Jugendarbeit. Kurz nach dem Erscheinen des Berichtes «Jugend und Religion» wurde der Begriff der Subjektwerdung von einem Teil der JugendarbeiterInnen problematisiert: Subjektwerdung von Jugendlichen meine unausgesprochen (oder könne so missverstanden werden), dass Jugendliche noch keine vollwertigen Subjekte seien und erst Subjekte werden müssten. Als Folge dieses Einwandes wurde nach 2001 in der internen Diskussion der Begriff der Subjektwerdung durch Subjektorientierung ersetzt; sprachlich verschob sich die Perspektive vom Entwicklungsprozess hin zur Haltung und Handlungsorientierung der JugendarbeiterInnen.

Im Gegensatz dazu ist in der Sozialisationstheorie die Subjektwerdung noch immer einer der zentralen Begriffe: Für den Sozialisationsforscher Klaus Hurrelmann fasst die Sozialisationstheorie «Annahmen und Aussagen zusammen, die sich mit der menschlichen Persönlichkeitsentwicklung als ‹Subjektwerdung› befassen. Der Mensch wird als ‹Subjekt› verstanden, wenn er als erlebendes, denkendes und handelndes

Individuum den materiellen, sozialen und kulturellen ‹Objekten› seiner Umwelt entgegentritt» (Hurrelmann 2002, S. 7). In einem lebenslangen Prozess vergrössert der Mensch durch die Erarbeitung von Handlungskompetenzen seine Handlungsfähigkeit (vgl. Binder 2009, S. 109f.), um die Anforderungen der Wirtschaft, Gesellschaft und Kultur aktiv agierend bewältigen zu können. Der Prozess der Subjektwerdung ist eine schrittweise Überwindung von Abhängigkeiten und die Erweiterung des eigenverantwortlichen Handelns – von der völligen Abhängigkeit des Säuglings zum selbstverantwortlich handelnden Subjekt. Der Schlüssel zur erfolgreichen Bewältigung dieser Herausforderungen ist der Erwerb von kognitiven, kommunikativen und sozialen Fähigkeiten.

Jürgen Habermas entwickelte in seiner Gesellschaftstheorie eine eigene Theorie der Sozialisation (vgl. für das Folgende Hurrelmann 2002, S. 108–114). Er verband in seiner Sozialisationstheorie soziologische mit psychologischen Konzepten: die kritische Frankfurter Schule, die er mit einer Handlungs- und Rollentheorie ergänzte, und die Entwicklungspsychologie (Jean Piaget, Lawrence Kohlberg).

Nach Habermas können die Menschen ihr volles Potenzial nur in einer gerechten, egalitären und herrschaftsfreien Gesellschaft entfalten. Das Ziel der Subjektbildung sei «die Beherrschung der Regeln für ‹vernünftiges› Handeln» (Hurrelmann 2002, S. 110). Habermas nennt dies kommunikative Kompetenz und meint damit die Fähigkeit, sich verständlich zu machen und mit anderen in einen echten Diskurs zu treten. Als zweite Hauptfähigkeit sieht Habermas die Kompetenz des Rollenhandelns: In der Familie, Ausbildung, Beruf und Freizeit bestehen je unterschiedliche Werte und Normen. Es ist für die Subjektbildung notwendig, die Rollen zu kennen und zu berücksichtigen, innerhalb derer der Diskurs stattfindet (Rollendistanz), und die Fähigkeit zu besitzen, Unklarheiten und Spannungen zwischen den einzelnen Rollen zu bewältigen (Ambiguitätstoleranz) und Schwierigkeiten und Rückschläge zu verkraften (Frustrationstoleranz).

Auf der Grundlage von Habermas entwickelten Rainer Döbert und Gertrud Nunner-Winkler (1982) ihre Theorie der Identitätsentwicklung, in der u. a. die Entwicklung hin zur Rollenkompetenz beschrieben ist. Grundlage für den Erwerb der Rollenkompetenz ist nach Döbert und Nunner-Winkler, dass Jugendliche eine flexible, prinzipiengeleitete Ich-Identität erwerben. Jugendliche müssen sich auf einer postkonventionellen Stufe des moralischen Urteils befinden und aufgrund von übergreifenden Prinzipien Werte und Normen als vernünftig erkennen können.

Darüber hinaus müssen die Jugendlichen sich und andere als einzigartige Individuen verstehen und die Wirkung, die sie auf andere haben, abschätzen können. Dies alles sind zentrale Voraussetzungen, um die erwähnte Rollenkompetenz erwerben und so eigene und fremde Bedürfnisse und widersprüchliche soziale Erwartungen wahrnehmen und balancieren zu können.

Wirkung des Berichtes «Heute hier, morgen dort ...»

Der Bericht «Heute hier, morgen dort ...» ist, durch die Entstehung aus einem Gruppenprozess heraus, schwierig zu lesen. Deshalb wurden in den beiden Broschüren «Werkzeug» (Fachstelle für kirchliche Kinder- und Jugendarbeit 1996) und «Werkzeugkasten» (Fachstelle für kirchliche Kinder- und Jugendarbeit 1997) die wichtigsten Punkte des Berichtes zusammengefasst. Der Prozess, der durch den Bericht ausgelöst wurde, markierte – wie eingangs beschrieben – eine Zeitenwende und prägte die Theoriebildung und das Bewusstsein der kirchlichen Jugendarbeit(erInnen). Seine Bedeutung erhielt der Bericht nicht, weil er ein offizielles Dokument ist, sondern durch die breite Zustimmung der JugendseelsorgerInnen und kirchlichen JugendarbeiterInnen (Fachstelle für kirchliche Kinder- und Jugendarbeit 2001, S. 8f.) zu den zentralen Postulaten.

Viele Elemente des Paradigmenwechsels waren schon vorhanden: Zum Beispiel werden bereits in den erwähnten Synodentexten ähnliche Anliegen und weitgehend deckungsgleiche Schlüsse dargestellt. Und auch in der Broschüre «Kirchliche Jugendarbeit» der Pastoralplanungskonferenz von 1989 können der Beitrag von Heinz Wettstein (Wettstein 1989b) zur Situation der Jugendlichen als Hinwendung zur Lebenswelt und der Artikel zur Autonomie von Markus Arnold (Arnold 1989) als mögliche Fundierung einer Subjektorientierung gelesen werden. Ebenso sind, wie erwähnt, viele der Grundaussagen bereits in der Magna Charta von 1991 zu finden.

Mit dem erwähnten Beteiligungsrückgang der über 16-Jährigen an der Offenen Jugendarbeit der Kirche und dem (schleichenden) Ende der Jungen Gemeinde kam ein drängendes Moment hinzu: Beides wurde als grundsätzliche Infragestellung der eigenen Arbeit erlebt. Die Gründe für diese Krise lagen (wie erwähnt) weniger in den Angeboten denn in den Auswirkungen der fortschreitenden Individualisierung auf die kirchliche Jugendarbeit.

Die Antwort der AG Reflexion war das Ernstnehmen der Lebenswelten der Jugendlichen und ihrer Realitäten und Bedürfnisse. «Heute hier, morgen dort …» kann als Reaktion der kirchlichen Jugendarbeit auf die veränderten gesellschaftlichen Bedingungen und als Hinwendung zur sozialwissenschaftlichen Analyse verstanden werden. Mit der bewussten Wahrnehmung der empirischen Realitäten der Jugendlichen verlieren gleichzeitig die normativen Vorstellungen der JugendarbeiterInnen an Bedeutung.

7.8.6 «Jugend und Religion» (2001)

Das Neue des Berichtes «Jugend und Religion» ist die Verbindung der Subjektwerdung mit der Religiosität der Jugendlichen über den Ansatz der mystagogischen Jugendarbeit (Haslinger 1991): Als direkte Auswirkung des Berichtes etablierte sich in der kirchlichen Jugendarbeit in der katholischen Deutschschweiz der Begriff der «mystagogisch-subjektorientierten Jugendarbeit».

Nahm mit «Heute hier, morgen dort …» das Interesse an der Religionssoziologie zu, waren es durch die Orientierung an den religiösen Vorstellungen die religionspsychologischen Erkenntnisse, die als Referenz herangezogen wurden.

Für die weitere Theorieentwicklung wurde der Austausch zwischen den bischöflichen Verantwortlichen für die Jugendarbeit mit den Akteuren der kirchlichen Jugendarbeit wichtig: Der Bericht «Jugend und Religion» (Fachstelle für kirchliche Kinder- und Jugendarbeit 2001) wird von einem anerkennenden Vorwort des Jugendbischofs Denis Theurillat und dem Vertreter der DOK Kurt Stulz eröffnet. Dies wäre so im Bericht «Heute hier, morgen dort …» kaum möglich gewesen. Das hängt sicher auch mit den beiden damaligen Verantwortlichen für die Jugendpastoral zusammen, die kurz vor der Publikation des Berichtes ihre Ämter neu übernommen hatten. Andererseits nahm die AG Spiritualität die Frage auf, «wie Religion für Jugendliche heute zugänglich gemacht werden kann» (Fachstelle für kirchliche Kinder- und Jugendarbeit 2001, S. 9). Die religiöse Dimension[29] schien im Bericht «Heute hier, morgen dort …» im

29 Der Bericht spricht von spiritueller Dimension. Im vorliegenden Buch wird die gelebte Religion durchgehend als Religiosität bezeichnet und deshalb auch hier angepasst. Spiritualität als Begriff ist vieldeutig. In der deutschsprachigen Tradition wird mit

Ansatz der Subjektwerdung in Gemeinschaft vor Gott auf. Sie wurde zwar benannt, «aber nicht als eigener Zielhorizont ausformuliert» (Fachstelle für kirchliche Kinder- und Jugendarbeit 2001, S. 9). Dies führte dazu, dass der Bericht in Teilen der DOK umstritten blieb, da Ausführungen zur Weitergabe des Glaubens an die nachwachsende Generation in «Heute hier, morgen dort ...» vermisst wurden (vgl. Beiträge von Weihbischof Martin Gächter in: Fachstelle für kirchliche Kinder- und Jugendarbeit 1997, S. 4–8).

Der Bericht «Jugend und Religion» sieht im Bericht der AG Reflexion ein Vorgängerwerk, das nicht ersetzt, sondern in wichtigen Punkten ergänzt wird (vgl. Fachstelle für kirchliche Kinder- und Jugendarbeit 2001, S. 8f.).

Empirische Untersuchung der Religiosität der Jugendlichen

Den Ausgangspunkt der Überlegungen sollte die Religiosität der Jugendlichen bilden. Ende der 1990er-Jahre war es umstritten, ob die Jugendlichen in der Deutschschweiz überhaupt noch religiös seien. Empirische Untersuchungen dazu fehlten weitgehend, und aus der schlechten Wahrnehmbarkeit der Religiosität wurde zum Teil ein Verschwinden des Gottesglaubens postuliert. Da verlässliche Daten fehlten, wurde im Frühjahr 2000 eine eigene wissenschaftliche Fragebogenuntersuchung bei mehr als tausend 13- bis 16-Jährigen durchgeführt (vgl. für das Folgende Schenker 2001). Da das besondere Interesse auf denjenigen Jugendlichen lag, die Kontakt zur Kirche hatten, wurden in einem ersten Schritt Jugendliche über den konfessionellen Religionsunterricht befragt. Spätere Erhebungen mit demselben Instrument an Schulen ergaben aber keine signifikant anderen Ergebnisse. Das zeigt, wie gering der Einfluss der Kirchenmitgliedschaft auf die Jugendlichen Anfang der 2000er-Jahre war.

Der Befund, dass Jugendliche noch immer religiös sind, erstaunt heute kaum mehr: Die aktuellen Erhebungen zeigen ein ähnliches Bild wie die Untersuchung von 2001: Mehr als zwei Drittel der befragten Jugendlichen bejahten die Existenz Gottes. Weniger als ein Drittel tendiert zu einem Nein, und nur sechs Prozent verstehen sich als AtheistInnen. Mehr als vierzig Prozent der Jugendlichen beten mindestens einmal

---

Spiritualität meist eine spezielle Form der Religiosität bezeichnet (z. B. franziskanische Spiritualität), über den englischen Sprachraum hielt auch im Deutschen die Verwendung von Spiritualität als Oberbegriff Einzug. Eine christliche Religiosität ist dann eine spezielle Form der allgemeineren Spiritualität.

pro Woche, lediglich jedeR Sechste betet nie. Nur eine kleine Minderheit gab an, wöchentliche Gottesdienste zu besuchen. Der Unterschied zwischen öffentlicher und privater Religiosität zeigte, wie stark sich die Religion bei den Jugendlichen ins Private zurückgezogen hatte.

Zusammenfassend ergab die Untersuchung, dass «das Schweigen der Jugendlichen zur Gottesfrage [...] nicht mit dem Fehlen des Gottesglaubens verwechselt werden darf.» Jugendliche sind noch immer religiös. «Die Religiosität [der Jugendlichen] ist [jedoch] weitgehend unsichtbar geworden» (Schenker 2001, S. 22).

Mystagogie und Subjektorientierung

Der Begriff der Subjektwerdung aus dem Bericht «Heute hier, morgen dort ...» wurde in «Jugend und Religion» aufgenommen und systematisiert. In Erweiterung des Vorgängerberichts wurde der Prozess der Subjektwerdung in der kirchlichen Jugendarbeit in sechs Thesen näher beschrieben (vgl. für das Folgende Fachstelle für kirchliche Kinder- und Jugendarbeit 2001, S. 39f.):

- Selbstbewusstsein und Selbstverantwortung: Die kirchliche Jugendarbeit fördert das Selbstbewusstsein der Jugendlichen. Dieses Selbstbewusstsein ist die Basis für eine Selbstwirksamkeitsüberzeugung, die Ohnmachtsvorstellungen überwindet.
- Partizipation und Selbstorganisation: «Ein prozessorientierter Ansatz nimmt [...] [die Jugendlichen] als Subjekt ernst und fördert ihre Entwicklung» (Fachstelle für kirchliche Kinder- und Jugendarbeit 2001, S. 40). In der kirchlichen Jugendarbeit soll ressourcenorientiert gearbeitet und den individuellen Voraussetzungen der Jugendlichen Rechnung getragen werden.
- Empathie und Beziehung: Die kirchliche Jugendarbeit ist Beziehungsarbeit. Die Beziehungen der Jugendarbeitenden zu den Jugendlichen und die Rahmenbedingungen des Zusammenlebens unter den Jugendlichen sollen so gestaltet sein, dass Wachstum und Subjektwerdung stattfinden können.
- Körperlichkeit und Geschlechterrolle: Die Akzeptanz der eigenen körperlichen Erscheinung ist eine Entwicklungsaufgabe des Jugendalters. Eine subjektorientierte, kirchliche Jugendarbeit soll die Bewältigung dieser Aufgabe begleiten und generell gendersensibel arbeiten.
- Erlebnis und Reflexion: Kirchliche Jugendarbeit will gute Erlebnisse schaffen und es ermöglichen, durch eine Reflexion der Erlebnisse die Subjektwerdung zu unterstützen.

- Spirituelle Suche und Orientierung:

  «Eine subjektorientierte religiöse Bildung und Begleitung orientiert sich an der Mystagogie. Sie schafft Anregungen, damit Jugendliche entdecken, was an Göttlichem in ihrem Leben bereits erfahrbar ist. Kirchliche Jugendarbeit bietet Chancen der Konfrontation, der Orientierung und des Lernens an. Sie tut dies vor dem Hintergrund der Lebens- und Verkündigungspraxis Jesu und lässt dabei den Jugendlichen die Entscheidung offen, einen für sie gangbaren spirituellen Weg einzuschlagen. Die Auseinandersetzung mit Religion und Glaube ist ein wichtiger Aspekt ganzheitlicher Subjektwerdung. Damit religiöse Angebote für Kinder und Jugendliche subjektfördernd sind, müssen sie sich an deren Orientierungsbedürfnis ausrichten und nicht an den Erwartungen der Pfarrei.» (Fachstelle für kirchliche Kinder- und Jugendarbeit 2001, S. 40)

Die von Marie-Theres Beeler verfassten Thesen stellen aus heutiger Sicht die Schlüsselstelle des Berichtes «Jugend und Religion» dar. Die Thesen sind wichtige Erweiterungen des Subjektbegriffes sowie Beschreibungen der Methodik und Inhalte der Subjektwerdung.

Mit der letzten These wird die zentrale Lücke des Berichts «Heute hier, morgen dort ...» geschlossen: die Ausformulierung der Verbindung zwischen der Religiosität der Jugendlichen und der Subjektwerdung. In «Heute hier, morgen dort ...» ist diese Verbindung zwar implizit vorhanden, wird jedoch nicht ausformuliert. Es zeigte sich, dass diese Verbindung ausserhalb eines theologisch-philosophischen Fachdiskurses kaum kommunizierbar war. Marie-Theres Beeler beschreibt die Auseinandersetzung mit dem Glauben als einen zentralen Aspekt der Subjektwerdung. Es werden keine normativen Vorstellungen an die Jugendlichen herangetragen, sondern es wird in einem mystagogischen Verständnis (vgl. Haslinger 1991) von ihren Lebenswirklichkeiten ausgegangen: Der Orientierungspunkt dieser Praxis ist die Lebens- und Verkündigungspraxis Jesu und nicht überzeitliche Glaubenswahrheiten – hier folgt die Autorin der Denkfigur des St. Galler Synodentextes (Synode 72 Bistum St. Gallen 1975, S. 29). Zudem betont Beeler, dass den Jugendlichen die Freiheit gelassen werde, diese Deutung anzunehmen oder abzulehnen.

Aus den Thesen und der Situationsbeschreibung wird in «Jugend und Religion» eine Reihe von Postulaten des Glaubenlernens (vgl. für das Folgende Fachstelle für kirchliche Kinder- und Jugendarbeit 2001, S. 40–43) beschrieben: Das Glaubenlernen in der kirchlichen Jugendarbeit geschieht subjektorientiert und mystagogisch. Als Voraussetzungen für diesen Prozess werden ein sorgsamer Umgang mit der Religiosität, geschützte Räume und glaubwürdige DiskussionspartnerInnen genannt. Die kirchliche Jugendarbeit ist einer der Orte (neben Katechese und Firmung) der Jugendpastoral, an denen religiöses Lernen geschieht. Der theologische Bezugspunkt ist die christliche Botschaft und wird als Angebot und Herausforderung verstanden; der Ausgangspunkt der Auseinandersetzung sind die Lebenswelt und die Erfahrungen der Jugendlichen. Die Jugendpastoral ist aber nur ein Angebot innerhalb einer Vielzahl von Sinnangeboten – ihre Wirkung ist daher beschränkt, und übertriebene Erwartungen sind zurückzuweisen.

Wirkung des Berichtes «Jugend und Religion»

Wie der Vorgängerbericht entfaltete der Bericht der AG Spiritualität «Jugend und Religion» in der kirchlichen Jugendarbeit eine prägende Wirkung. Der Bericht wurde nicht nur als eine konsequente Weiterentwicklung des subjektorientierten Ansatzes von «Heute hier, morgen dort ...» wahrgenommen, sondern in der Verbindung von Subjektorientierung und Mystagogie als neues Paradigma.

Weder bei den JugendarbeiterInnen noch in der Deutschschweizer Ordinarienkonferenz löste der Bericht inhaltliche Kontroversen aus: Die Diskussion von «Jugend und Religion» wurde so primär zur Fachdiskussion und weniger zu einer politisch-strategischen Ausrichtungsdiskussion. Die Rezeption des Berichtes zeigte, dass bereits viele JugendarbeiterInnen in einer ähnlichen Weise arbeiteten und konsequent von den Lebenswelten der Jugendlichen ausgingen. Das heisst, der Bericht wurde von den JugendseelsorgerInnen und -arbeiterInnen als Reflexion und Fassung ihrer aktuellen Praxis aufgenommen: «Jugend und Religion» fundierte so ihre Arbeit und machte die Grundsätze und Haltungen nach innen und aussen kommunizierbar.

In der Folge des Berichtes wurde die kirchliche Jugendarbeit der katholischen Schweiz nach 2001 als subjektorientiert-mystagogische Begleitung der Jugendlichen definiert.

Der Bericht «Jugend und Religion» betont die Lebenswelt und Einstellungen der Jugendlichen als Ausgangspunkt für die Theoriebildung und Konzeptionen kirchlicher Jugendarbeit. Damit stieg das Interesse der Akteure im Feld an religionspsychologischen und -soziologischen Erkenntnissen und Studien sowie an Weiterbildungen und Literatur in diesem Bereich.

7.8.7 «Perspektiven pfarreilich orientierter Jugendarbeit» 2003

Der Bericht über die «Perspektiven pfarreilich orientierter Jugendarbeit» bildet den vorläufigen Abschluss einer Theoriediskussion, die zehn Jahre zuvor begann: 1993 trafen sich VertreterInnen der JugendseelsorgerInnen und von Jugendverbänden mit Weihbischof Martin Gächter und Bischofsvikar Max Hofer, um die krisenhaft erlebten Veränderungen im Jugendbereich zu diskutieren – aus diesem Impuls heraus entstand der Bericht «Heute hier, morgen dort ...». 2003 verabschiedete der Jugendbischof Denis Theurillat zusammen mit dem Verantwortlichen für Jugendpastoral der DOK Kurt Stulz und der Deutschschweizer Fachstelle für kirchliche Jugendarbeit das Dokument «Perspektiven pfarreilich orientierter Jugendarbeit. Gelebte und reflektierte Praxis der pfarreilich orientierten Jugendarbeit der katholischen Kirche in der deutschsprachigen Schweiz».

Im Sommer 2002 war der Jugendbischof mit dem Anliegen an die Deutschschweizer Fachstelle für kirchliche Jugendarbeit getreten, ein Grundlagenpapier zu schaffen, das als Basis für die Sicherung und Weiterentwicklung der kirchlichen Jugendarbeit dienen sollte (Fachstelle für kirchliche Jugendarbeit 2003, S. 15). Denis Theurillat und Kurt Stulz war es wichtig, damit auch ihrer Wertschätzung gegenüber der geleisteten Arbeit Ausdruck zu verleihen und gleichzeitig in die Zukunft weisende Perspektiven zu schaffen.

Der Prozess der Erarbeitung des Perspektivenpapiers wurde von der Deutschschweizer Fachstelle für kirchliche Jugendarbeit koordiniert, sowohl der Jugendbischof wie auch die Verantwortlichen der Fachstelle legten Wert auf eine breite Abstützung: Alle am «Forum für pfarreilich orientierte Jugendarbeit» mitwirkenden Organisationen (Juseso-Verein, Jungwacht Blauring, Verband Katholischer Pfadfinderinnen und Pfadfinder, Deutschschweizerische Arbeitsgruppe für MinistrantInnenpastoral, Deutschschweizer Fachstelle für kirchliche Jugendarbeit) waren in die Erarbeitung des Grundlagenpapieres eingebunden. Die redaktionelle Arbeit leistete die Deutschschweizer Fachstelle für kirchliche Jugendarbeit (Dorothee Foitzik und Dominik Schenker).

Durch die breite Erarbeitung entstand ein von allen relevanten AkteurInnen geteilter Grundlagentext zur kirchlichen Jugendarbeit der katholischen Kirche in der deutschsprachigen Schweiz. Im Anschluss an den Prozess wurde eine Kurzfassung der Perspektiven mit einem Begleitschreiben des Jugendbischofs (Theurillat 2003) an alle Pfarreien der deutschsprachigen Bistümer verschickt.

Mystagogische und subjektorientierte Jugendarbeit

Die Einleitung des fünfzehnseitigen Perspektivenpapiers hat programmatischen Charakter. Gleich zu Beginn wird das Grundverständnis – kirchliche Jugendarbeit als von der Lebenswelt der Jugendlichen ausgehende Begleitung – genannt und der Bogen zum theologischen Interpretationsrahmen gespannt, und im folgenden Hauptteil werden die Hauptzüge einer mystagogisch-subjektorientierten Jugendarbeit beschrieben (Fachstelle für kirchliche Jugendarbeit 2003, S. 3–5):

> «Die kirchliche Jugendarbeit ist Wegbegleitung junger Menschen. Diese Begleitung nimmt die Jugendlichen, ihre Lebenswelt, ihre Hoffnungen und Ängste ernst. In der Lebenswelt der Jugendlichen wird ein Stück Freiheit eingeübt im Sinne von Subjektwerdung in Gemeinschaft. Die Jugendlichen lernen untereinander einen geschwisterlichen Lebensstil zu pflegen, übernehmen in unterschiedlichster Weise Verantwortung und leben Solidarität.
> Es ist unsere Glaubensüberzeugung, dass sie und wir so nicht mehr weit vom Reich Gottes, wie es Jesus Christus lebte und verkündete, entfernt sind.
>
> **Ansatz: mystagogisch und subjektorientiert**
> Mit einem diakonischen Verständnis ist die Jugendarbeit Dienst der Kirche an der Jugend und Dienst der Jugend an der Kirche. Das primäre Ziel kirchlicher Jugendarbeit ist die Begleitung bei der Subjektwerdung.
> Die Jugendarbeit will – wie es der St. Galler Synodentext formuliert – ‹jungen Menschen den Zugang zu jener Lebensweise freimachen und freihalten, wie sie Jesus von Nazareth gelebt hat› (Synode 72 Bistum St. Gallen 1975, S. 29). Im Zentrum steht ‹die (individuelle, soziale, gesellschaftliche und religiöse) Entfaltung und Selbstverwirklichung des Jugendlichen: der freie, kontaktfähige, engagierte, kritische, selbst- und verantwortungsbewusste Mensch› (Synode 72 Bistum St. Gallen 1975, S. 30). Leitend ist immer das Interesse an der Subjektwerdung aller Menschen vor Gott (vgl. Verein Deutschschweizer JugendseelsorgerInnen 2001). Die Subjektwerdung meint eine lebensgeschichtliche Erweiterung des selbstbewussten und selbstbestimmten Handelns in sozialen Beziehungen. Subjektwerdung geschieht nie für sich allein, sondern immer in Gemeinschaft.
> Eine Besonderheit der kirchlichen Jugendarbeit ist die mystagogische Begleitung der religiösen Identitätsfindung und die Anregung von religiöser Entwicklung. Eine lebensbejahende, alters- und entwicklungsgemässe Religiosität wird dabei gefördert.

Es geht um eine Öffnung nach innen, die sich an den jungen Menschen orientiert und zur Subjektwerdung führt. Ausgangspunkte sind die Lebenswelt der Jugendlichen, ihre Erfahrungen und Hoffnungen. Diese Erfahrungen und Hoffnungen werden in eine Beziehung mit der Sicht des Glaubens gesetzt. Der mystagogische Zugang gründet auf der Glaubensüberzeugung, dass Gott immer schon bei den Jugendlichen ist, wenn sie mit kirchlichen Jugendarbeitenden in Kontakt treten. Im mystagogischen Prozess soll die Entdeckung des Selbst auch zur Erfahrung Gottes führen.
Die implizite oder explizite Beschäftigung mit der religiösen Dimension ist ein Teil der Jugendarbeit. Hier liegt die Stärke der Jugendarbeit bei den ungeplanten und unplanbaren Momenten, wo eine existentielle Auseinandersetzung mit religiösen Fragen möglich wird. Jugendliche brauchen, um über die persönliche Religiosität sprechen zu können, schützende Räume, geeignete Zeiten und glaubwürdige DiskussionspartnerInnen. Hier geschieht situative Verkündigung, die in Gemeinschaftserfahrungen und durch das personale Angebot realisiert wird.
Die Jugendarbeitenden leben ihre Überzeugungen. Sie bieten eine christliche Weltdeutung an und geben Auskunft über ihre Hoffnung, wenn sie danach gefragt werden.
Eine subjektorientierte und mystagogische Jugendarbeit ist Dienst an der Jugend und deshalb ein selbstloses Angebot. Wo diese Grundhaltung glaubwürdig gelebt wird, kann kirchliche Jugendarbeit darauf vertrauen, dass es immer Menschen geben wird, welche in die Nachfolge Jesu treten (vgl. Ziele und Aufgaben kirchlicher Jugendarbeit 1975).»

In den Ausführungen zum Kirchenbild wird die kirchliche Jugendarbeit als Verwirklichung von Kirche in der Lebenswelt von Kindern, Jugendlichen und jungen Erwachsenen beschrieben, und es werden Bezüge zum Kirchenbild des pilgernden Gottesvolkes der dogmatischen Konstitution des Zweiten Vatikanischen Konzils «Lumen Gentium» hergestellt (Fachstelle für kirchliche Jugendarbeit 2003, S. 6).

Von den JugendseelsorgerInnen des Juseso-Vereins wurde die Aufnahme der Grundsätze der Magna Charta (Verein Deutschschweizer JugendseelsorgerInnen 2001) in das bischöfliche Grundsatzpapier als Anerkennung der Praxis und Deutung der kirchlichen Jugendarbeit erlebt: Die Magna Charta spiegelt im Selbstverständnis des Vereins Deutschschweizer JugendseelsorgerInnen jene Grundsätze wider, die sie aus der Reflexion der Praxis abgeleitet hatten.

Die Anerkennung der Praxis, das Teilen der Deutung der kirchlichen Jugendarbeit durch die bischöflichen Verantwortlichen und das partizipative Vorgehen wurde von den AkteurInnen der kirchlichen Jugendarbeit unterstützend erlebt. Um die Bedeutung der Anerkennung der bisher geleisteten Theoriearbeit durch den Jugendbischof abschätzen zu können, hilft der Blick zurück auf die Diskussion rund um den Bericht «Heute hier, morgen dort …»: Der Schlussbericht wurde, wie erwähnt, von Teilen der Deutschschweizer Ordinarienkonferenz als zu wenig religiös resp. kirchlich kritisiert. Dies wiederum erlebten die VerfasserInnen des Berichtes als Verkennung der Realitäten in der Jugendarbeit und als Abwertung der geleisteten Arbeit als ungenügend oder unvollständig. Besonders PraktikerInnen in der kirchlichen Jugendarbeit äusserten sich frustriert, dass ihr Engagement in einem anspruchsvollen Bereich der kirchlichen Arbeit nicht ernst genommen werde. Ausgehend von einem aus ihrer Sicht überholten Kirchenbild würden von ihnen unmögliche Dinge gefordert (z. B. die Jugendarbeit so auszurichten, dass Jugendliche dafür begeistert werden, den Sonntagsgottesdienst zu besuchen). Im Unterschied dazu danken Denis Theurillat und Kurt Stulz den Jugendarbeitenden für ihre Arbeit und teilen sowohl die Situationsanalyse wie auch die theologische Deutung. Im Begleitschreiben, das sie an alle Pfarreien der deutschsprachigen Bistümer versandten, und einer Kurzfassung des Perspektivenpapiers nennt Denis Theurillat drei Gründe für den Versand seines Briefes: «Als Dank und Anerkennung der geleisteten Arbeit, als Ermutigung zu einer intensiven Jugendarbeit und zur Information über die Grundlagen und Strukturen» (Theurillat 2003).

7.8.8 Inhaltliche und methodische Broschüren zu Aspekten der kirchlichen Jugendarbeit

Nach 2003 wurden im Nachgang der Grundlagenbildung Broschüren und Mappen zu speziellen Aspekten der kirchlichen Jugendarbeit herausgegeben: die Broschüre zur Genderorientierung in der kirchlichen Jugendarbeit «und schuf sie als Mann und Frau» (2007), das Hilfsmittel zur Diskussion der kirchlichen Jugendarbeit in den Gemeinden «Klarsicht» (2010) und die umfangreiche Mappe «Berufsbild kirchliche Jugendarbeiterin/kirchlicher Jugendarbeiter» (2012).

«und schuf sie als Mann und Frau» 2007

Durch die Arbeit der seit 2001 bestehenden AG Gender des Juseso-Vereins und der Deutschschweizer Fachstelle für kirchliche Jugendarbeit gehört heute Gendersensibilität zu den grundlegenden Haltungen der AkteurInnen der kirchlichen Jugendarbeit. Nach den Genderergänzungen der Magna Charta (Verein Deutschschweizer JugendseelsorgerInnen 2005) publizierte die AG Gender die Broschüre «und schuf sie als Mann und Frau» (Foitzik Eschmann et al. 2007). Auf knappem Raum werden die Grundbegriffe vorgestellt, und anhand von vier Leitsätzen zu Gendergerechtigkeit, Ressourcenorientierung, Diversity und zur reflektierten Begegnung der Geschlechter wird der Zielhorizont einer gendersensiblen Jugendarbeit entworfen (Foitzik Eschmann et al. 2007, S. 8f.). Neben den theologischen und sozialwissenschaftlich-philosophischen Begründungen der gendergerechten Praxis besteht die Stärke der Publikation darin, konkrete Praxismethoden für eine gendersensible Jugendarbeit aufzuzeigen. Die Broschüre setzte nicht nur innerhalb der kirchlichen Jugendarbeit Standards, sondern fand über die kirchliche Jugendarbeit in der Deutschschweiz hinaus Beachtung.

«Klarsicht» 2010

«Klarsicht» ist ein multimediales Hilfsmittel zur Diskussion der zentralen Postulate der kirchlichen Jugendarbeit innerhalb von Seelsorgeteams, JugendseelsorgerInnen-Runden und kirchlichen Gremien. Das Hilfsmittel besteht aus zwei Broschüren, einem Begleitheft (Verein Deutschschweizer JugendseelsorgerInnen 2010b) und einem Arbeitsheft (Verein Deutschschweizer JugendseelsorgerInnen 2010a), Projektionsfolien und einer Ressourcen-CD, auf der alle Inhalte in digitaler Form vorliegen.

Im Auftrag des Vorstandes des Vereins Deutschschweizer JugendseelsorgerInnen wurde das Hilfsmittel von Sandra Dietschi, Michaela Zurfluh Merkle und Christina Schenker redaktionell betreut. Den Hauptteil des Hilfsmittels bildet ein Grundlagentext (Schenker 2010), der die Grundzüge und die Praxis der kirchlichen Jugendarbeit der katholischen Kirche in der Deutschschweiz in allgemein verständlicher Form beschreibt. Als zweiter Grundlagentext wurde die Magna Charta (Verein Deutschschweizer JugendseelsorgerInnen 2005) aufgenommen. Im Arbeitsheft und im Präsentationsmaterial werden die zentralen Grundsätze so aufbereitet, dass daraus Impulse für unterschiedliche Diskussionen und Diskussionsformen zur Jugendarbeit innerhalb der Kirche gestaltet werden können.

«Berufsbild kirchliche Jugendarbeiterin/kirchlicher Jugendarbeiter» 2012

Die Mappe «Berufsbild kirchliche Jugendarbeiterin/kirchlicher Jugendarbeiter» umfasst vier Broschüren und ist die bisher umfassendste und detaillierteste Beschreibung der berufsfeldbezogenen Grundlagen, der

Kompetenzen, die zur Erfüllung der Aufgaben und Tätigkeiten benötigt werden, der Ausbildung, der Anstellungsbedingungen sowie der Bildungsgänge und Weiterbildungsmöglichkeiten in der kirchlichen Jugendarbeit. Die Arbeit wurde von der Projektgruppe «Berufsbild kirchliche Jugendarbeit»[30] verantwortet. Die Projektleitung und Redaktion lag bei Dorothee Foitzik.

Die Broschüre «Berufsprofil» (Deutschschweizer Fachstelle für kirchliche Jugendarbeit 2012a) bildet zusammen mit den Grundlagen den Kern des Berufsbildes. Es ist eine detaillierte und ausführliche Beschreibung der Tätigkeiten und Anstellungsbedingungen sowie eine Beschreibung der Ziele und Aufgaben der kirchlichen Jugendarbeit.

Die Broschüre «Grundlagen» (Deutschschweizer Fachstelle für kirchliche Jugendarbeit 2012c) beschreibt die aktuelle Ausrichtung der kirchlichen Jugendarbeit in der römisch-katholischen Kirche in der deutschsprachigen Schweiz.

Die Broschüre «Anstellung» (Deutschschweizer Fachstelle für kirchliche Jugendarbeit 2012b) richtet sich an anstellende Behörden und verschafft ihnen einen Überblick über Arbeitsfelder und Informationen zum Anforderungsprofil, zu Anstellungs- und Rahmenbedingungen.

Die Broschüre «Berufsinformationen» (Deutschschweizer Fachstelle für kirchliche Jugendarbeit 2012d) dient – u. a. als Broschüre in der Berufsberatung – als knappe Einführung in den Beruf «Kirchliche Jugendarbeiterin/kirchlicher Jugendarbeiter» und nennt die Aus- und Weiterbildungsmöglichkeiten.

30 Mitglieder der Projektgruppe waren Thomas Boutellier, Viktor Diethelm, Evi Meierhans, Kurt Stulz, Eugen Trost sowie Sandra Dietschi (Protokoll) und Dorothee Foitzik (Leitung).

8 Theorien und Ansätze der Jugendarbeit

Im Folgenden werden die drei wichtigsten aktuellen Strömungen in der Kinder- und Jugendarbeit ausführlich dargestellt: die Soziokulturelle Animation, die subjektorientierte Jugendarbeit und die lebensweltliche resp. sozialräumliche Jugendarbeit. Diese Ansätze prägen in der deutschsprachigen Schweiz die professionellen Haltungen und die Theoriebildung in der kirchlichen und kommunalen Kinder- und Jugendarbeit und bilden die Grundlagen für konzeptionelle Überlegungen.

Von diesen Ansätzen sind die Leitthemen der Offenen Kinder- und Jugendarbeit zu unterscheiden. Bei diesen handelt es sich um Praxisbegründungen, die stärker als die Ansätze vom Zeitgeist und den konkreten Anforderungen eines bestimmten Kontextes geprägt sind. Die Analyse von Konzepten und Grundlagentexten der kommunalen und kirchlichen Kinder- und Jugendarbeit der letzten vierzig Jahre zeigt ganz unterschiedliche Begründungen und Leitthemen auf, die zum Teil auch nebeneinander bestanden.

Diese Leitthemen wurden nicht aufgrund einer jugendpolitischen Schwerpunktsetzung gewählt, sondern ergaben sich aus dem Zusammenspiel von Praxis, politischen Entscheiden und der theoretischen Deutung der gelebten Praxis. Heinz Wettstein beschrieb 2005 eine Zusammenstellung solcher Leitthemen, die von Schenker und Wettstein (2013) aktualisiert wurde: sinnvolle Freizeitgestaltung, Freiraum, Emanzipation, Partizipation, Prävention, Sozialraumorientierung, Genderorientierung und informelles Lernen (für die Situation in der Schweiz vgl. auch: Gerodetti/Schnurr 2013; Huber/Rieker 2013; Piller/Schnurr 2013).

8.1 Leitthemen der Offenen Kinder- und Jugendarbeit in der Schweiz ab 1970[31]

Die ersten drei Ansätze, sinnvolle Freizeit, Freiraum und die emanzipatorische Jugendarbeit im Sinn der frühen 1970er-Jahre, sind heute im Fachdiskurs nur noch von historischem Interesse. Dasselbe gilt auch für

31 Das folgende Unterkapitel stützt sich auf Schenker/Wettstein 2013.

die Ansätze sinnvolle Freizeit und Freiraum, die aber noch immer in vielen aktuellen Konzepten von Kirch- und politischen Gemeinden sowie Jugendeinrichtungen anzutreffen sind. In den moderneren Konzepten wird meist auf der Basis der jüngeren Ansätze Partizipation, Prävention, Sozialraum- und Lebensweltorientierung, Genderorientierung und des informellen Lernens argumentiert.

Sinnvolle Freizeit

Die Ermöglichung von sinnvoller Freizeit war in den Anfängen der Offenen Jugendarbeit in der deutschsprachigen Schweiz eine der zentralen Forderungen. In den ersten Jahren trafen sich in diesem Punkt sowohl die Geldgeber als auch die JugendarbeiterInnen. Und noch heute würden wohl viele der Jugendarbeit zugewandte Nicht-Fachpersonen die sinnvolle Gestaltung von Freizeit als ein Hauptziel der Offenen Jugendarbeit bezeichnen. Worin denn nun diese sinnvolle Freizeit besteht, wird auch in den Konzepten der Pioniergeneration der Offenen Jugendarbeit nicht näher ausgeführt. Klar ist jedoch die Gegenfolie, die nicht sinnvolle Freizeit: auf der Strasse herumhängen, Sachbeschädigung, Pöbeleien, Gewalt, Langeweile und Ruhestörung. Aus einer heutigen fachlichen Sicht reicht die sinnvolle Freizeit, die auf eine begleitete Beschäftigung abzielt, als Begründung für die Offene Jugendarbeit nicht mehr aus.

Freiraum

Das Konzept des Freiraums geht auf das des psychosozialen Moratoriums zurück, das aus der Persönlichkeitspsychologie von Erik H. Erikson stammt. Nach Erikson ist in der westlichen Welt die Jugendphase jene Phase, in der ein junger Mensch seine soziale Rolle finden resp. festigen muss. Dazu wird ihm von der Gesellschaft eine Zeit des Experimentierens, ein psychosoziales Moratorium zur Verfügung gestellt, um verschiedene Rollen ausprobieren zu können. Im Zug dieses Ansatzes sollte nun die Offene Jugendarbeit einen begleiteten Schonraum schaffen, innerhalb dessen die Jugendlichen eigene Rollen und Identitäten und Gruppenidentitäten erproben können.

Emanzipation

Eine nur kurze Episode stellt die emanzipatorische Jugendarbeit dar, die in den frühen 1970er-Jahren über Deutschland kommend die Deutschschweiz erreichte. Das sich die Grundzüge einer emanzipatorischen Jugendarbeit mit jenen der Soziokulturellen Animation decken, kam die

Theorie bei einem Teil der Jugendarbeitenden gut an. Die Diskussion innerhalb der emanzipatorischen Jugendarbeit, war stark von der kritischen Theorie geprägt – und deshalb politisch im linken Spektrum der politischen Diskussion angesiedelt. In der Schweiz verschwand das Konzept so schnell, wie es gekommen war, weil sich die Jugendlichen nicht auf jene Weise emanzipieren wollten, wie dies die JugendarbeiterInnen beabsichtigten.

Im Unterschied jedoch zu Deutschland, wo das Scheitern der emanzipatorischen Jugendarbeit die subjektorientieren Ansätze grundsätzlich infrage stellten (Scherr 2004, S. 161), bliebt die Subjektorientierung, da sie in der Grundhaltung der Soziokulturellen Animation erhalten ist.

Partizipation

Zu den am besten etablierten Leitthemen gehören in der deutschsprachigen Schweiz partizipative Ansätze im Sinn der Teilhabe der Jugendlichen an politischen Entscheidungsprozessen und der sozialen und kulturellen Teilhabe. So ist etwa in der aktuellen Kinder- und Jugendpolitik die Mitsprache und Mitbestimmung einer der drei Hauptpfeiler.

Die Wirkmächtigkeit des Ansatzes liegt wohl darin, dass in der Partizipation sowohl die Grundsätze der Soziokulturellen Animation als auch die Logik des schweizerischen direktdemokratischen Politikverständnisses zusammentreffen.

Die Bandbreite der Partizipationsangebote für Jugendliche reicht von Jugend- und Schulparlamenten über Zukunftsworkshops für Jugendliche bis zur aktiven Mitgestaltung von Angeboten und Projekten. Innerhalb des Leitthemas Partizipation stellt die Soziokulturelle Animation den theoretischen Bezugsrahmen und die Methodik bereit.

In der aktuellen Praxis stellen sich besonders bei Jugendlichen im Oberstufenalter rund um die Partizipation neue Herausforderungen. Das Interesse an partizipativen Projekten ist etwa in der jüngeren Vergangenheit rückläufig – im Gegensatz zu den Trends im Bereich der Jugendkultur bei den über 16-Jährigen.

Prävention

Prävention als Leitthema in der Jugendarbeit ist zweischneidig. Obwohl in der Fachwelt seit Längerem kritisch diskutiert (vgl. Lindner 2013), ist die Prävention seit den 1970er-Jahren ein Leitthema in der Offenen Kinder- und Jugendarbeit: In der Schweiz waren es erst die harten Drogen oder die destruktiven Kulte (sogenannte Jugendsekten), die im Blickfeld von Präventionsbemühungen der Jugendarbeit standen; dann sollten die Jugendlichen «aufgefangen» werden, um teure sozialpädagogische Massnahmen zu vermeiden; heute sollen die Jugendlichen vor vielerlei Risiken geschützt und von selbst- und fremdschädigendem Verhalten abgehalten werden.

Die Präventionsprogramme richten sich u. a. gegen Fremdenfeindlichkeit bzw. Rassismus, Jugendkriminalität, Gewalt, Rauchen, Drogen- und Alkoholmissbrauch, sexuell übertragbare Krankheiten, Gefahren im Zusammenhang mit Social Medias, Onlinespielen oder die Überschuldungsproblematik. Die aktuellen Präventionsprogramme wollen Jugendliche, als potenziell Gefährdete, auf den Umgang mit bestimmten Gefährdungen vorbereiten – dies im Sinn einer sekundären Prävention.

Dass qualitativ gute Kinder- und Jugendarbeit auf vielfältige Weise Kinder und Jugendliche zu stärken vermag, darf berechtigterweise angenommen werden – und somit auch, dass sie in einem breiten Sinn präventiv wirkt.

Sozialraumorientierung

Der Begriff der sozialräumlichen Jugendarbeit wurde Ende der 1980er-Jahre von Lothar Böhnisch und Richard Münchmeier (Böhnisch/Münchmeier 1987) geprägt. Im Fokus einer sozialräumlichen Kinder- und Jugendarbeit stehen die Heranwachsenden und ihre Interaktion mit dem sozialen Raum. Der Sozialraum ist mehr als der reale Raum (physisch-territorialer Raum), sondern erweitert diesen um die sozialen und symbolischen Dimensionen: Wozu ist der Raum da? Was bedeutet dieser Raum für wen? Was darf man in diesem Raum machen, was nicht – und wer bestimmt das? Wer nutzt den Raum auch noch und wie? Das heisst, Sozialräume eröffnen oder beschränken Handlungsräume. Der Blick erweitert sich so über das Individuum hinaus «auf den gesellschaftlichen Raum und menschlichen Handlungsraum» (Kessl/Reutlinger 2007, S. 23) und damit auf die gesellschaftliche Konstruktion des Raumes und die Auswirkungen auf die Handlungsfelder, Möglichkeiten und das Selbsterleben der Kinder und Jugendlichen.

Die Grundgrösse ist der physisch-territoriale Raum, der in den vergangenen Jahrzehnten generell knapper wurde. Verschärft wurde diese Verknappung durch die zunehmende Kommerzialisierung, Reglementierung und Überwachung des öffentlichen Raumes. Das heisst, die Handlungsmöglichkeiten von Kindern und Jugendlichen in ihrem Sozialraum haben in den vergangenen Jahren tendenziell abgenommen.

Eine sozialräumliche Kinder- und Jugendarbeit will, vereinfachend, die Handlungsmöglichkeiten für Kinder und Jugendliche vergrössern, die Aneignung von Räumen durch Kinder und Jugendliche erleichtern, ein gemeinschaftliches Leben in einer komplexen Welt partizipativ ermöglichen und Rückzug und Entfremdung reduzieren.

Genderorientierung

Die Genderorientierung in der Offenen Kinder- und Jugendarbeit hat das Ziel, die spezifischen Bedürfnisse von Mädchen und Buben zu berücksichtigen, eine umfassende Chancengleichheit herzustellen und genderspezifische Förderung zu ermöglichen. Im Gegensatz zu Westdeutschland, wo sich die Mädchenarbeit früh aus den Impulsen der Neuen Frauenbewegung Ende der 1960er-Jahre etablieren konnte, dauerte es in der deutschsprachigen Schweiz fast zwanzig Jahre länger, bis die parteiliche Mädchenarbeit breiter Fuss fassen konnte. Davon angeregt und aus der Beschäftigung mit Fragen der Geschlechteridentität der damals noch jungen Männerbewegung entstanden erste Angebote der Bubenarbeit.

Heute werden aus der Genderorientierung zwei Hauptpostulate abgeleitet: Erstens soll die Kategorie Gender mit dem Ziel der Gleichstellung der Geschlechter in der Gesellschaft durchgängig berücksichtigt werden (Gender-Mainstreaming). Zweitens soll in der Praxis der Offenen Kinder- und Jugendarbeit gendersensibel gearbeitet werden, u. a. durch die Schaffung von spezifischen Angeboten für Mädchen und Buben.

Informelles Lernen

Jugendarbeit und besonders die Verbandsjugendarbeit sind Lernorte für Heranwachsende – es ist innerhalb des Jugendarbeitsfachdiskurses seit Längerem eine Binsenwahrheit, dass Jugendarbeit Bildung ist. Die Diskussion um die internationalen Schulleistungsuntersuchungen der OECD (PISA-Studien) zeigte, dass die anderen Formen des Lernens mindesten so wichtig sind wie die formale schulische Bildung: Dies bewirkte eine Aufwertung der ausserschulischen und non-formalen Bildung und damit eine steigende Erkennung der Bildungsfunktion der Jugendarbeit.

Informelle Bildung vollzieht sich per Definition ungeplant im Alltag. Jugendarbeit bietet zahlreiche solche Bildungsanlässe, beispielsweise wenn eine Scharleiterin einen Elternabend zum Sommerlager-Programm gestaltet, wenn in einer Jugendgruppe Aushandlungsprozesse stattfinden oder die Renovation eines Jugendtreffs durch Jugendliche partizipativ geplant und durchgeführt wird.

Die non-formale Bildung als organisierte, aber freiwillige Bildung ist eine besondere Stärke der Jugendverbände – etwa im Vermitteln von Kenntnissen durch Leiterinnen an Teilnehmerinnen und idealtypisch in der Leiterinnen- und Leiterausbildung.

8.2 Soziokulturelle Animation als prägende Haltung in der Jugendarbeit der deutschsprachigen Schweiz[32]

Die Soziokulturelle Animation ist seit den 1970er-Jahren die prägende Haltung in der professionellen Kinder- und Jugendarbeit. In den aktuellen Grundlagenpapieren und Konzepten in der Offenen Kinder- und Jugendarbeit in der Deutschschweiz zeichnen sich klar die Begrifflichkeiten und Arbeitsmethoden der Soziokulturellen Animation ab: Der Einfluss der Soziokulturellen Animation auch auf die kirchliche Jugendarbeit gehört zu den fachlichen Hauptfaktoren, warum sich die Offene Kinder- und Jugendarbeit und die kirchliche Arbeit mit Kindern und Jugendlichen anders entwickelte als im deutschsprachigen Ausland.

In den frühen 1970er-Jahren suchten Mitarbeitende von Jugendeinrichtungen, die sich weder als Sozialarbeiter/in noch als Pädagoge/in verstanden, und kirchliche JugendarbeiterInnen der katholischen Kirche nach Ausbildungsmöglichkeiten. Die in der französischsprachigen Schweiz bereits bekannte Soziokulturelle Animation (Wettstein 2010, S. 24f.) passte zur Suche dieser JugendarbeiterInnen und mündete in der ersten Ausbildungsmöglichkeit für JugendarbeiterInnen in der deutschsprachigen Schweiz im Jahr 1973 in Luzern. Entscheidende Meilensteine in der Professionalisierung waren die Schaffung einer Ausbildung in Soziokultureller Animation 1977 und später der Übergang zum Fachhochschulstudium. In der Praxis der kommunalen wie der kirchlichen Jugendarbeit erwiesen sich die Methoden und Haltungen der Soziokulturellen Animation als so produktiv, dass sie zur generalisierten Haltung innerhalb der Jugendarbeit wurden.

32 Vgl. für das Folgende Schenker/Wettstein 2013.

8.2.1 Geschichte der Soziokulturellen Animation

Unter der Bezeichnung «Animation» entstanden im Frankreich der 1950er- bis Mitte der 1960er-Jahre neue Formen der Interessensvertretung und Selbstorganisation von Gruppen, die sich gesellschaftlich an den Rand gedrängt sahen, etwa Arbeiterinnen und Arbeiter, Teile der Landbevölkerung oder auch Jugendliche.

Die Beziehung zwischen den Theoriesträngen und Praxisansätzen, die die Soziokulturelle Animation beeinflusst haben oder durch diese beeinflusst wurden, ist komplex und noch nicht umfassend aufgearbeitet (vgl. Wettstein 2010, S. 27). Hinzu kommt, dass diese Entwicklungen in verschiedenen Ländern und Kontinenten stattfanden, zeitgleich oder zeitlich verschoben und in unterschiedlichen geschichtlichen und sozialen Umfeldern und unter verschiedenen Rahmenbedingungen. Gemeinsamkeiten dieser Strömungen scheinen u. a. die bewusste Förderung einer marginalisierten Gruppe zu sein, die Unterstützung der Selbstorganisation und der Bildung, ein Menschenbild, das dem Einzelnen und der Gruppe die Möglichkeit der positiven Veränderung zuspricht sowie die Unterstützung von kultureller und sozialer Teilhabe und die Förderung der Solidarität.

Im Folgenden werden, gestützt auf Heinz Wettstein (vgl. Wettstein 2010, S. 17–22), Vorläufer, Praxen und Theoriestränge vorgestellt, die mit der Entwicklung der Soziokulturellen Animation verbunden sind. Bei der Auswahl wurde darauf geachtet, dass jene Theoriestränge besonders beachtet werden, die direkt oder über die Soziokulturelle Animation einen Einfluss auf die kirchliche Jugendarbeit haben oder hatten.

Zu den ältesten Strömungen, die als Vorläufer der Soziokulturellen Animation betrachtet werden können, gehört in Frankreich die *éducation populaire*. Sie lässt sich bis ins Zeitalter der Industrialisierung zurückverfolgen und machte es sich zur Aufgabe, die Arbeiterinnen und Arbeiter zu bilden. Die Bestrebung, breite Bevölkerungsschichten ausserschulisch zu bilden, wurde von unterschiedlichen Institutionen und Motivationen getragen: Eine wichtige Rolle wurde von den Gewerkschaften und der katholischen Kirche übernommen.

Als eine weitere Wurzel der Soziokulturellen Animation beschreibt Wettstein die Jugendorganisationen (Pfadfinderinnen und Pfadfinder, christliche Verbände/Organisationen, Studierendenorganisationen und die Gewerkschaftsbewegung). Ältere Jugendliche und junge Erwachsene sahen als *animateurs de jeunesse* ihre Aufgabe darin, «die Jugendlichen bei ihrer Selbstorganisation zu unterstützen, ihnen als Pädagogen die verschiedensten Inhalte zu vermitteln und sich mit ihnen zusammen auch für ihre politischen Interessen einzusetzen» (Wettstein 2010, S. 18).

Im Gegensatz zu Deutschland, wo diese Formen jugendlicher Selbstorganisation während der Zeit des Nationalsozialismus fast vollständig verboten wurden, halten sich in der Schweiz diese Organisationsformen seit rund einem Jahrhundert ununterbrochen.

Die starke Beachtung der Kultur und des kulturellen Ausdrucks in der Soziokulturellen Animation geht auch auf die Bestrebungen der Volksfrontregierung in Frankreich in den 1930er-Jahren und auf die *maisons de la culture* ab den frühen 1960er-Jahren zurück.

Die Volksfrontregierung war bestrebt, den einfachen Menschen den Zugang zu Kultur zu ermöglichen. Neben der Förderung des Zugangs zu Film, Musik und Theater wurden Freizeit und Ferien als gemeinschaftliche, kulturelle Bildungsorte erkannt und bewusst gefördert: So entstanden u. a. Jugendherbergen und Feriendörfer, die sich auch einem weitgefassten Bildungsauftrag verschrieben.

In den *maisons de la culture* nach der Vorstellung von André Malraux kam zur Kulturvermittlung an breite Bevölkerungsschichten die Förderung ihres kulturellen Ausdruckes: von blossen Konsumentinnen und Konsumenten von Kultur hin zu Produzentinnen und Prozenten.

In Lateinamerika wurden bereits früh die Impulse der *éducation populaire* aufgenommen. In den frühen 1960er-Jahren entstanden in dieser Tradition zwei Strömungen, die einerseits die Soziokulturelle Animation und andererseits auch direkt die kirchliche Jugendarbeit stark beeinflussten: die «Pädagogik der Unterdrückten» von Paulo Freire und die lateinamerikanische Befreiungstheologie. Paulo Freire geht davon aus, dass jeder Mensch in der Lage ist, ein kritisches Bewusstsein zu entwickeln, das fatalistische Denken zu durchbrechen, die Passivität zu überwinden und selbsttätig die Situation im solidarischen Zusammenspiel mit anderen zu verbessern. Bekannt wurde Freire durch seine Alphabetisierungskampagne, in der der/die Koordinator/Koordinatorin ähnliche Funktionen übernimmt, wie sie heute die Soziokulturelle Animation beschreibt.

Die Theologie der Befreiung, u. a. in der Tradition von Gustavo Gutiérrez, Leonardo und Clodovis Boff, Jon Sobrino oder Ernesto Cardenal, erweitert die bestehenden Ansätze der Animation mit einer theologischen Grundlegung: Gott will das Leben in Fülle für alle. Daher soll eine gerechte Gesellschaftsordnung angestrebt werden, die den biblischen Verheissungen entspricht und in der Armut und Unterdrückung überwunden sind. Das vorrangige Interesse, die Option, liegt bei jenen, die in ihrem Menschsein am stärksten bedroht sind, den Armen.

Im Gegensatz zur Soziokulturellen Animation schliessen sich die Menschen nicht temporär rund um soziale Aktionen zusammen, sondern organisieren sich in einer verbindlichen Solidargemeinschaft, einer Basisgemeinde, um gemeinsam das Leben zu bewältigen.

Im ersten Schritt «Sehen» wird die gesellschaftliche Wirklichkeit der Unterdrückung analysiert. Im zweiten Schritt «Urteilen» wird die Situation theologisch gedeutet. Dabei werden die biblischen Zeugnisse aktualisiert und als Zuspruch Gottes für die Armen und Entrechteten interpretiert. Im dritten Schritt «Handeln» folgen die konkreten Veränderungen, ähnlich der sozialen Aktion in der Soziokulturellen Animation.

Die Animation stellte sich in den lateinamerikanischen Ländern in der Tradition der Pädagogik der Unterdrückten und der Befreiungstheologie klar auf die Seite der Armen und Unterdrückten. Das führte dazu, dass diese Strömungen politischer sind resp. waren als der Durchschnitt der Animation in Europa: Einerseits wurde vielfach auf eine marxistische Gesellschaftsanalyse und -kritik (z. B. die Dependenztheorie) zurückgegriffen und eine basisdemokratische, oft sozialistische Gesellschaftsordnung angestrebt. Andererseits herrschten in weiten Teilen Lateinamerikas über längere Zeit soziale Unruhen, repressive staatliche Unterdrückung und gewaltsame Auseinandersetzungen, was Stellungnahmen von allen sozialen Akteuren erforderte und fast zwangsläufig jede soziale Bewegung politisierte.

8.2.2 Was ist Soziokulturelle Animation?

Die Soziokulturelle Animation will das Zusammenleben verbessern, Spiel- und Handlungsräume schaffen, über kulturelle, Herkunfts- und Generationengrenzen hinweg Austausch ermöglichen, Konflikte lösen und Beteiligungsmöglichkeiten schaffen.

Die übergeordneten Handlungsziele sind eine Humanisierung und Demokratisierung: eine «gerechtere» Gesellschaft. Diese Ziele sollen mit sozialen Aktionen erreicht werden, deren Träger im Idealfall eine Gruppe von «Betroffenen» ist.

Bei den sozialen Aktionen zählt nicht nur das Ergebnis, sondern auch der Weg der Umsetzung. Soziale Aktionen sind als Projekte mit hoher Prozessqualität zu verstehen: In einem ersten Schritt erkennt die

Gruppe ihre Bedürfnisse und äussert diese. Gemeinsam werden im zweiten Schritt die notwendigen Veränderungen geplant. Im dritten Schritt erfolgt die gemeinsame Umsetzung. Alle Entscheide von der Bedürfnissammlung bis zur Umsetzung sollen transparent und gleichberechtigt erfolgen. Alex Willener (2007) bezeichnet folglich die Projektmethode als Kernmethode der Soziokulturellen Animation. In Erweiterung und im Unterschied zu anderen Projektmethoden gehört es zu den Eigenheiten sozialer Aktionen, damit auch die kulturellen Ausdrucksformen der beteiligten Gruppen zu fördern.

Die Soziokulturelle Animation ist immer auch eine politische Praxis, da in der Umsetzung sozialer Aktionen Themen wie Macht, Gerechtigkeit und unterschiedliche Interessen zur Sprache kommen – unweigerlich politische Themen. In den letzten zehn bis zwanzig Jahren ist aber ein Veränderung des Selbstverständnisses der Träger der sozialen Aktionen feststellbar: So verstehen die meisten Jugendlichen ihre Aktionen selbst nicht mehr explizit als politisch und würden eine solche Fremdetikettierung zurückweisen.

8.2.3 Die Rolle des Animators/der Animatorin in der Soziokulturellen Animation

Ihre Grundannahmen (und die Infragestellung von aussen) machen die Soziokulturelle Animation zu einem Ansatz, in dem die Rolle und das Selbstverständnis der Professionellen zentrale Themen der (Selbst-)Reflexion sind. Eine der Herausforderungen besteht darin, eine professionelle Haltung zu entwickeln, in deren Zentrum die selbsttätige Gruppe und nicht der/die Animator/in steht. Der Animator/die Animatorin hat die Aufgabe, die Selbstorganisation der Gruppe zu fördern, dabei aber nicht zu dominant zu werden und trotzdem die grossen Linien nicht aus den Augen zu verlieren. In den bisherigen Überlegungen üben der Animator/die Animatorin drei Hauptfunktionen aus (vgl. auch K. O. S. S. A. 1990; Wettstein 2010, S. 38f.), die von Gabi Hangartner (2010) mit der Funktion der Aktivierung auf vier Hauptaufgaben erweitert wurden:

1. Die Konzeptionierungsfunktion: Der/die Animator/in analysiert die Situation in einem Gemeinwesen und leitet daraus ab, was (Veränderungsbedarf) wie (Methoden) wohin (Veränderungsrichtung) verändert werden soll. Zur Konzeptionierung gehört neben einer ersten Zieldefinition auch eine vorläufige Umsetzungsplanung im Sinn von Machbarkeitsüberlegungen: Diffuse Problemlagen und Unzufriedenheiten werden

so weit geklärt, bis sich klar konturierte Probleme und Zusammenhänge zeigen. Zur Lösung dieser Probleme werden erste hypothetische Lösungsweg gesucht.

2. Die Aktivierungsfunktion: Motivierung der «Betroffenen», ihre Situation aktiv zu verändern, und damit verbunden die «positive Zumutung», dass sie als Beteiligte ihre Situation selbst verändern können. Das heisst die Vermittlung einer aktivierenden We-can-do-it-Haltung zur Überwindung einer Man-kann-ja-doch-nichts-tun-Hilflosigkeitshaltung.

3. Die Informationsfunktion: Informations- und Aushandlungsprozesse ermöglichen es einer grossen Gruppe, an sozialen Aktionen aktiv teilzunehmen und möglichst gleichberechtigt mitbestimmen zu können. Bei Konflikten in der Gruppe erleichtert der/die Animator/in die Bearbeitung des Konfliktes.

4. Die Funktion der Umsetzungsbegleitung: Durch die Unterstützung der Gruppe in der Umsetzungsvorbereitung und durch eine Umsetzungsbegleitung werden die Grundlagen für eine erfolgversprechende Verwirklichung der Ziele der Sozialen Aktion geschaffen: Der/die Animator/in stellt der Gruppe sein/ihr Wissen und Netzwerk in der Umsetzung von sozialen Aktionen zur Verfügung, zum Beispiel im Einholen von Bewilligungen oder Fundraising.

Die vier Hauptaufgaben, verbunden mit der Ausrichtung aus der Grundtheorie, sind für das professionelle Selbstverständnis verantwortlich: AnimatorInnen verstehen sich als Katalysatoren gesellschaftlicher Veränderung. Speziell im Jugendbereich machen es gesellschaftliche Veränderungen Jugendlichen zunehmend schwerer, selbst aktiv zu werden. Ähnlich chemischen Katalysatoren senken die AnimatorInnen die Aktivierungsenergie eines Prozesses. Die Träger der sozialen Aktion sind und bleiben aber die Jugendlichen. Durch ihr individuelles Tun und den Gruppenprozess sind sie für den Erfolg oder Misserfolg ihrer sozialen Aktion verantwortlich: Der/die Animator/in wirkt ermöglichend, verbindend, erleichternd und moderierend.

8.2.4 Praxis und Entwicklung in der Zwischenposition

Die Soziokulturelle Animation will die Praxis mit der Theorie in einem zirkulären Prozess verbinden, einem «Hin und Her zwischen dem Gelebten, dem Handeln und dem Denken» (Gillet 1998, S. 23). In diesem Punkt weicht sie vom gängigen Vorgehen in der Sozialwissenschaft ab:

Das erste Vorgehen, die Induktion, ist idealtypisch für die sozialwissenschaftliche Forschung. Hier werden vereinfachend gesagt objektiv beobachtbare Daten zu einer Theorie verdichtet. Es werden z. B. Jugendliche beobachtet und befragt, wie sie Plätze nutzen, daraus wird eine Theorie der Platznutzung formuliert und diese in einem weiteren Schritt überprüft. Das zweite Vorgehen, die Deduktion, ist idealtypisch für die Anwendung. Mit dem Ziel, einen Platz so zu gestalten, dass er von Jugendlichen genutzt wird, wird der Platz ausgehend von den Theorien zur Raumnutzung durch Jugendliche gestaltet: Die theoretischen Aussagen werden auf die konkrete Situation angewandt, die Theorie in der Praxis angewandt. Im Unterschied zu den beschriebenen Vorgehensweisen will die Soziokulturelle Animation für die Praxis orientierend wirken und im Sinn einer Konzeptualisierung ein Fundament zur Weiterentwicklung schaffen (vgl. Gillet 1998). Die Ziele dieser Reflexion sind sowohl die Weiterentwicklung der Praxis als auch der wissenschaftliche Erkenntniszuwachs. Jean-Claude Gillet versteht die Soziokulturelle Animation als Praxiswissenschaft, in der die Theorie und das Tun in einem wechselseitigen, kreisförmigen Prozess verbunden werden. Wird in der Praxis eine «Lücke» entdeckt, soll diese nicht primär mit einer neuen Theorie geschlossen werden, sondern durch eine innovative Praxis. Wird etwa festgestellt, dass Jugendliche in einem Gemeinwesen keine Plätze habe, um sich zu treffen, wird idealtypisch gemeinsam mit den betroffenen Jugendlichen ein Projekt zur Platznutzung initiiert und gemeinsam mit allen Akteuren (Jugendliche, AnwohnerInnen, PolitikerInnen, Verwaltung) an einem Runden Tisch nach einer Lösung gesucht. Erweisen sich gewisse innovative Formen als zielführend (z. B. Runder Tisch zu Konflikten im öffentlichen Raum), wird in einem zweiten Schritt eine allgemeinere Konzeption der erfolgreichen Praxisformen erstellt. Die Soziokulturelle Animation ist keinesfalls theoriefeindlich, aber auch in der Theoriebildung stehen die Praxis und ihre Weiterentwicklung im Fokus.

Dieses Vorgehen führt dazu, dass sich die Soziokulturelle Animation in eine Zwischenposition stellt: zwischen Theorie und Praxis, je nach theoretischer Ausrichtung entweder zwischen die Systeme oder zwischen das System und die Lebenswelt, zwischen die Partnerwissenschaften Soziale Arbeit, Pädagogik, Organisationsentwicklung, Sozial- und Kommunikationsmanagement oder zwischen die Ansprüche unterschiedlicher Interessengruppen.

Durch diese Zwischenstellung und das Praxisinteresse eignet sich die Soziokulturelle Animation sowohl aus der Sozialen Arbeit resp. der

Sozialwissenschaft als auch aus dem Management unterschiedlichste Methoden an. Sie verwendet diese Methoden aber nach einem eigenen Prinzipienraster. Dadurch steht die Soziokulturelle Animation in einer losen Koppelung zu den Nachbarwissenschaften und zu gesellschaftlichen Trends. Das heisst, die Soziokulturelle Animation entwickelt sich im Verbund mit anderen Grössen, kann aber unbeschadet den Bedeutungsrückgang oder den Paradigmenwechsel einer benachbarten Strömung überstehen. Das heisst auch, dass die Animation sich mit einer leichten zeitlichen Verzögerung an die Veränderungen ihrer Umwelt anpasst.

In der Schweiz hat jedoch nicht nur die Soziokulturelle Animation Methoden und Vorgehensweisen aus anderen Bereichen übernommen: Mit den breit rezipierten Methoden und dem reflexiven Selbstverständnis prägt die Soziokulturelle Animation die gesamte Offene Arbeit mit Kindern und Jugendlichen. Ganz selbstverständlich werden typisch animatorische Haltungen wie eine partizipative Grundhaltung etwa vom Dachverband Offene Kinder- und Jugendarbeit Schweiz zum Kernbestand des Arbeitsfeldes gezählt. Vieles, das aus österreichischer oder deutscher Perspektive als typisch für die Situation in der Deutschschweiz betrachtet wird, ist eine Kombination aus der politischen Kultur und der animatorischen Grundhaltung.

Das Arbeiten in der Zwischenposition, verbunden mit der erwähnten Koppelung an externe Trends, verschafft der Soziokulturellen Animation die evolutionäre Fähigkeit, in sich verändernden Kontexten aktuell zu bleiben. Gleichzeitig wird aber die Soziokulturelle Animation durch gesellschaftliche Entwicklungen verändert. Letzteres zeigt sich an der Entpolitisierung der Soziokulturellen Animation bis in die jüngere Vergangenheit: Als 1968 die Soziokulturelle Animation aus Frankreich kommend in der deutschsprachigen Schweiz übernommen wurde, erwies sie sich durch ihr explizit politisches Selbstverständnis (*animation militante*) im politisierten Klima als praxisrelevant. Mit der Individualisierung blieb vom ursprünglichen politischen Bewusstsein wenig übrig. Etwas überspitzt: Eine Entpolitisierung der Soziokulturellen Animation, im Nachvollzug des gesellschaftlichen Wandels, ist der Preis der Überlebensfähigkeit. Neuste Trends zeigen jedoch eher wieder in Richtung einer Re-Politisierung (siehe unten).

Die Stellung der Soziokulturellen Animation zur Sozialen Arbeit wird unterschiedlich interpretiert: An der Hochschule Luzern, der traditionsreichsten Ausbildungsstätte für Soziokulturelle Animation in der Schweiz, versteht man die Soziokultur als Teilbereich der Sozialen

Arbeit: Sie stellt im Bachelorstudiengang eine von drei Studienrichtungen dar (Soziale Arbeit, Soziokulturelle Animation, Sozialpädagogik), wobei Soziale Arbeit als Basiswissen für alle drei Bereiche angeboten wird. Aus der Geschichte der Fachhochschule wäre es auch denkbar und dem Selbstverständnis der Animation angemessen, die Soziokulturelle Animation als Basis zu verwenden und die Studienrichtungen z. B. nach Arbeitsfeldern (Gemeinwesen, Schule, Jugend, Alter usw.) zu strukturieren und in den Arbeitsfeldern jeweils die Methoden der Sozialen Arbeit resp. Sozialpädagogik anzuwenden. In Deutschland ist die Soziokulturelle Animation wenig bekannt und wird fälschlicherweise z. T. mit der ähnlich ausgerichteten Gemeinwesenarbeit als Methode oder Fachrichtung gleichgesetzt oder lediglich als Unterbereich der Freizeitpädagogik gesehen.

8.2.5 Trend von der Jugend- zur Gemeinwesenarbeit

In der Deutschschweiz ist die Soziokulturelle Animation historisch stark mit der Jugendarbeit verbunden: Die Jugendarbeitsausbildungen, die in den frühen 1970er-Jahren entstanden sind, verwendeten die Soziokulturelle Animation als Bezugswissenschaft. Wie bereits erwähnt, prägten die Methodik und die professionellen Haltungen der Soziokulturellen Animation das Arbeitsfeld in der deutschsprachigen Schweiz nachhaltig. Viele der fachlichen und strukturellen Innovationen in der Offenen Kinder- und Jugendarbeit der letzten 25 Jahre stammen aus dem Umfeld der Soziokultur: partizipativ erarbeitete jugendpolitische Konzepte; Jugendbüros anstelle von Jugendtreffs als Hauptangebot der Jugendarbeit; Mediation bei Konflikten im öffentlichen Raum; Vernetzung aller relevanten Akteure im Jugendbereich einer Gemeinde; interkulturelles und intergenerationelles Arbeiten; Ausdehnung der Altersgruppen auf Kinder oder die kommunale Jugendarbeit auf Mandatsbasis. Die meisten dieser Innovationen wurden auch auf die Arbeit innerhalb der Kirchen übertragen.

Aktuell ist innerhalb der Soziokulturellen Animation ein klarer Trend von der spezifischen Jugendarbeit hin zur Gemeinwesenarbeit[33] erkennbar. In der Praxis zeigt sich dies in der Umbenennung erster Jugendarbeits- resp. Jugendanimationsstellen zu Fachstellen für Jugend-

33 Die neu geschaffene Höhere Fachschule für Gemeindeanimation in Luzern ist ein weiteres Zeichen dieses Trends.

und Gesellschaftsfragen, die ihr Angebot auf andere Alters- und Gesellschaftsgruppen ausweiten. Oder es werden Zugangsweisen gewählt, die Jugendliche bewusst als Teil des Gemeinwesens betrachten: So wird etwa der öffentliche Raum als Ganzes in den Blick genommen. Jugendliche werden in dieser Betrachtungsweise von der spezifischen Problemgruppe zu einer Anspruchsgruppe unter vielen.

Auch auf der Theorieebene zeigt sich diese Bewegung: Am nationalen Symposium «Labor Soziokultur» 2014 in Luzern war der Trend von der Jugendarbeit zur Gemeinwesenarbeit klar erkennbar – zusammen mit einer überraschenden Re-Politisierung: Auf Gemeindeebene sollen personell starke Fachstellen für Soziokultur entstehen, die die Anliegen aller Altersgruppen vertreten, in die Kommunalpolitik eingebunden sind und sich für eine umfassende Demokratisierung im Sinn einer Menschenrechtsprofession sowie für ökologische Nachhaltigkeit einsetzen (El-Maawi/Stade 2014). Zusammen mit weiteren Symposiumsbeiträgen könnte dies als markante Verschiebung des Selbstverständnisses der Soziokulturellen Animation gedeutet werden: von der Arbeit aus der Zwischenposition in Richtung einer kritischen Anwendungswissenschaft, ausgehend von normativen Vorstellungen (soziale Gerechtigkeit, umfassende Demokratisierung und Ökologie), vom Katalysator gesellschaftlicher Entwicklungen zum Motor einer gerichteten Entwicklung. Die Soziokultur würde in der Folge als Teil des links-grünen Spektrums wahrgenommen. Die Gefahr dieser Profilierung besteht u. a. darin, dass der Soziokultur daraufhin die Neutralität in der Vermittlung zwischen Interessengruppen abgesprochen wird.

Die Idee, nicht ausschliesslich eine Altersgruppe, sondern alle anzusprechen, scheint bestechend. Für die Jugendarbeit ist diese Entwicklung jedoch nicht unproblematisch. Jugendarbeit ist ein anspruchsvolles Arbeitsfeld mit wenig Prestige: Die Arbeitszeiten für die direkte Arbeit mit den Jugendlichen sind ausserhalb der Bürozeiten und deshalb wenig attraktiv. Durch die rasanten Veränderungen im Jugendbereich sind dauernde Anpassungen der Angebote notwendig. Die Erfahrung zeigt auch, dass Durststrecken zu jeder Jugendarbeit gehören. M. E. besteht beim Wechsel zum Gemeinwesenansatz die reale Gefahr, dass das Arbeitsfeld Jugend in den Hintergrund rückt. Erfahrungen deuten zudem darauf hin, dass Mehrgenerationenansätze nur wenige Jugendliche ansprechen: Es gehört zu den Eigenheiten des Jugendalters, sich von den anderen Altersgruppen abzugrenzen. Da sich zudem Kinder gut ansprechen lassen, löst das Fehlen der Jugendlichen kaum Irritationen aus. Diesen Tendenzen ist m. E. mit einer klaren Option für die Jugend innerhalb der Gemeinwesen- und Mehrgenerationenansätze zu begegnen, und zwar sowohl in einem kirchlichen wie auch in einem kommunalen Umfeld.

8.3 Subjektorientierte Jugendarbeit[34]

Die subjektorientierte Jugendarbeit ist, so Albert Scherr, eine Praxis, Jugendliche dazu zu befähigen, sowohl ein selbstbestimmtes Leben zu führen als auch das Recht der anderen auf ein ebenfalls selbstbestimmtes Leben anzuerkennen (Scherr 2013, S. 297).

Eine subjektorientierte Jugendarbeit will jene Schlüsselfähigkeiten fördern, die eine verantwortungsvolle Erweiterung des selbstbewussten und selbstbestimmten Lebens ermöglichen: die Fähigkeit, über sich und seine Situation nachzudenken, die Fähigkeit, zielgerichtet zu handeln, und die Fähigkeit, im Nachdenken und Tun die anderen, ihre Situation, ihre Bedürfnisse und Motivationen miteinzubeziehen. Subjektsein ist immer soziales Subjektsein, das heisst u. a. die Anerkennung, dass auch die anderen das gleiche Recht zum Subjektsein haben.

Subjektorientierte Jugendarbeit versteht sich deshalb als Bildung in emanzipatorischer Absicht. Jugendarbeit wird zur kritischen Praxis: Gesellschaftliche Einschränkungen, Ungerechtigkeiten und Strukturen werden benannt die ein selbstbestimmtes Leben erschweren oder verhindern Ein gesellschaftlicher Anpassungs- und Kontrollauftrag an die Jugendarbeit wird zurückgewiesen (Scherr 2013, S. 298).

8.3.1 Der Subjektbegriff als handlungsleitende Utopie

Eine aktuelle Subjektorientierung eignet sich für die Jugendarbeit als handlungsleitende Utopie. Sie kann als Massstab dienen, an dem die Ziele und die Praxis reflektiert und weiterentwickelt werden. Subjektorientierte Jugendarbeit kann als Klammer und gemeinsamer Kern verschiedener Ansätze der Kinder- und Jugendarbeit dienen (Scherr 2013, S. 297), etwa für die (meisten) sozialräumlichen, lebensweltlichen oder gender- und ressourcenorientierten Ansätze, oder für alle in diesem Buch vorgestellten aktuellen Ansätze der kirchlichen Jugendarbeit. Herbert

34 Die Ausführungen zur subjektorientierten und mystagogischen Jugendarbeit basieren auf Schenker (2006).

Haslinger zeigt zudem in seiner Dissertation (1996) überzeugend, dass sich das Subjektsein als theologisches Kriterium für die Fundierung einer diakonischen Praxis idealtypisch eignet. Der Denkansatz der Subjektorientierung bietet sich deshalb m. E. an, um aus relativ hoher Flughöhe gemeinsame Ziele zwischen verschiedenen theoretischen Ansätzen der Jugendarbeit zu finden.

Mit dem Bericht «Heute hier, morgen dort …» (AG Reflexion 1995, S. 57–68) wurde die subjektorientierte Jugendarbeit zu einem Referenzansatz innerhalb der kirchlichen Jugendarbeit der katholischen Kirche in der deutschsprachigen Schweiz.

Die Verwendung des Begriffs des Subjekts war in der Jugendarbeit bis Ende der 1980er-Jahre stark von der kritischen Theorie geprägt, die sich als praktische Philosophie verstand. Praktisch deshalb, weil sie sich nicht nur auf das Nachdenken beschränkt, sondern aktiv eingreifen und die Gesellschaft verändern will. Das Ziel dieser Veränderungen ist es, dass die Menschen selbstbestimmt – als Subjekte – leben können. Das heisst, die bestehenden gesellschaftlichen Beschränkungen und hinderlichen Macht- und Wirtschaftsverhältnisse sollen radikal infrage gestellt und weggeräumt werden. Die kritische Theorie stellt sich damit als progressiver Gegenpol der bürgerlichen Philosophie und Wissenschaft entgegen. Aus der Sicht der kritischen Theorie stehen in der bürgerlichen Wissenschaft nicht das Subjekt, sondern die wirtschaftlichen Austauschbeziehungen im Zentrum. Die VertreterInnen der kritischen Theorie stütz(t)en sich auf die Weiterentwicklung des Subjektbegriffes durch Karl Marx und Friedrich Engels und der Tiefenpsychologie von Sigmund Freud. Der Subjektbegriff selbst, den Marx und Engels aufgriffen, ist älter und stammt aus der Philosophie der Aufklärung (vgl. Meuler 1998, S. 15–41).

Die emanzipatorische Jugendarbeit, die sich massgeblich auf die kritische Theorie berief, erlebte in der Bundesrepublik Deutschland[35] in den 1960er- und 1970er-Jahren eine Hochblüte. Spätestens in den 1980er-Jahren waren die Krisenzeichen der emanzipatorischen Jugendarbeit nicht mehr zu übersehen. Lothar Böhnisch und Richard Münchmeier (1987) «beerdigten» die herkömmliche emanzipatorische Jugendarbeit 1987 mit ihrem Buch «Wozu Jugendarbeit?». Nur noch eine Minderheit der Jugendlichen sei aus der Perspektive der emanzipatorischen Jugend-

---

35 In der deutschsprachigen Schweiz war die emanzipatorische Jugendarbeit nur eine kurze Episode zu Beginn der 1970er-Jahre.

arbeit greifbar. Die Jugendarbeit müsse sich von den alternativen Rändern abziehen und für die «durchschnittliche Mehrheit» der Jugendlichen die emanzipatorische Perspektive neu formulieren (vgl. Böhnisch/ Münchmeier 1989, S. 21).

Das Buch von Böhnisch und Münchmeier hatte zur Folge, dass sich viele AutorInnen ganz von der emanzipatorischen Perspektive verabschiedeten und damit auch vom Subjekt. Nicht Albert Scherr (1997): Er entschlackte die emanzipatorische Jugendarbeitstheorie vom ideologischen Ballast der späten 1960er- und 1970er-Jahre und arbeitete zeitgemässe Begründungslinien heraus. In der Neuformulierung verzichtete Scherr etwa auf eine dezidiert linke Gesellschaftskritik und den Rückgriff auf die Tiefenpsychologie. An ihre Stelle treten wohlfahrtsstaatliche Gerechtigkeitsüberlegungen und eine Orientierung an den Menschenrechten. Ein grundsätzlich positives Menschenbild, die Kritik an den bestehenden Verhältnissen und die Orientierung an den Idealen der Aufklärung ist auch bei Scherr zu finden: Sie gehören zur «DNA» jeder Subjekttheorie.

In den neueren Publikationen ist dank der Arbeiten von Scherr eine schrittweise Rückbesinnung auf den Subjektbegriff festzustellen. Die Subjektorientierung wird zwar nicht als zentraler Bezugspunkt verwendet, jedoch entweder als weiterer Ansatz erwähnt oder untergeordnet in die Theorie integriert.

Auch wenn die Subjektvorstellung wieder auf grössere Beachtung stösst, ist sie in der Philosophie heftig umstritten. Im Nachgang von Michel Foucault wird etwa vom «Tod des Subjekts» gesprochen. Vereinfachend: Der Mensch sei heute so von derart übermächtigen gesellschaftlichen Strukturen bestimmt, dass für ein autonomes Subjekt schlicht kein Platz mehr bleibe (Meuler 1998, S. 42). Doch selbst wenn es das autonome Subjekt nicht gäbe und die Subjektvorstellung eine idealistische Illusion wäre, könnte sie es dennoch als eingangs erwähnte handlungsleitende Utopie dienen: Sie kann eine mögliche Basis für eine Jugendarbeitspraxis sein, die den Glauben an die Verwirklichung einer humanen, gerechteren Gesellschaft trotz allen Herausforderungen nicht aufgibt.

Unabhängig von der Subjektdiskussion: Nachfolgenden Generationen die grundsätzliche Möglichkeit abzusprechen oder auszureden, die Welt nicht doch zum Besseren verändern zu können, ist zynisch. Eine Instrumentalisierung ist es, die Aufgabe der nachfolgenden Generationen darin zu sehen, das eigene Projekt der Weltverbesserung aus- oder weiterzuführen. Die «heutigen Jugendlichen» als zu brav und überangepasst zu betrachten, verkennt die gesellschaftlichen Realitäten und Machtverhältnisse. In der Berichterstattung über den fünften Credit Suisse Jugendbarometer (Golder et al. 2014) wird der Soziologe Kurt Imhof von der Schweiz am Sonntag mit der Einschätzung, «es handelt sich um eine angepasste, ja sogar langweilige Jugend» (Kappeler 2014) zitiert. Erstaunlich ist, dass eine ähnliche Betrachtungsweise einer kraftlosen, ekstasefeindlichen und überängstlichen Jugend an einer Tagung vom Rechtswissenschaftler Marcel Niggli (Niggli 2015) vorgebracht wird und fünfzig anwesende Fachpersonen der Kinder- und Jugendförderung nicht widersprechen. Denn wie sich der Mainstream der Jugendlichen verhält oder verhalten kann, ist primär von der Gesellschaft und nicht von den Jugendlichen selbst bestimmt – in diesem Punkt bin ich mit Foucaults Analyse einig: Ohne Leistungswille und Anpassung ist es heute kaum möglich, sich im Berufsleben zu integrieren oder ein Studium im Bologna-System zu absolvieren. Den Jugendlichen aus einer gesicherten Position heraus den Vorwurf zu machen, sie seien ängstlich und überangepasst, ist zumindest unfair.

Wenn man heute in der Begründung der Jugendarbeit zwischen (realistischem?) Zynismus und (weltfremdem?) Idealismus wählen müsste, stünde ich für eine wohltemperierte Form des Idealismus ein – immer mit dem (Selbst-)Zweifel, dass es doch anders sein könnte.

Was ist aber nun ein Subjekt? Das Subjekt ist eine aufklärerische Vorstellung: Der Mensch lebt in Lebensumständen, die durch äussere und innere Zwänge bestimmt sind. Die Zwänge stammen also nicht nur von der Familie und der Gesellschaft, sie sind auch selbstgemacht: Der Mensch ist nicht nur Produkt einer beschränkenden Umwelt, sondern auch seines eigenen Bewusstseins: Da die Umwelt ein Gefängnis ist, ist man zugleich sein/e eigene/r Gefängniswärter/in. Der Ausgang aus diesem Zustand der Unmündigkeit ist es, dies zu erkennen und diese Begrenzungen zu überwinden. Damit wird der aktive Handlungsspielraum des/der Einzelnen in der Gesellschaft erweitert, das Zwanghafte nimmt ab: Das Verlassen des Gefängnisses ist möglich. Um den Subjektbegriff heute als Leitbegriff verwenden zu können, sollte er mit mindestens fünf Aspekten erweitert werden: Das Subjekt ist immer ein soziales, geschichtliches, körperliches, gesellschaftlich-geschlechtsbestimmtes[36] und spielerisch-kreatives Sub-

36 Ich habe keinen verständlichen deutschen Begriff für den Genderaspekt gefunden, in dem «Geschlecht» nicht vorkäme, und nehme Vorschläge gern entgegen.

jekt. In einem theologischen Kontext kommt der Aspekt des sich selbst übersteigenden Subjekts hinzu.

Das *soziale Subjekt*: Die Subjektwerdung geschieht einerseits in sozialen Bezügen, andererseits steigt mit der Erhöhung der eigenen Handlungsfähigkeit auch die Verantwortung für das eigene Handeln, als politisch-solidarisches resp. fürsorgliches.

Das *geschichtliche Subjekt*: Der geschichtliche Kontext beeinflusst die Lebensumstände und das Verständnis des Subjektseins auf der überindividuellen Ebene. Auf der Ebene der individuellen Entwicklung verändern sich die Möglichkeiten und das Verständnis des verantwortlichen, selbstbewussten und selbstbestimmten Handelns.

Das *körperliche Subjekt*: Es wäre verkürzt, aus dem Subjektbegriff ein ausschliesslich rationales Menschenbild abzuleiten. Die Körperlichkeit ermöglicht und beschränkt das Erkennen der realen Lebensumstände, wie auch körperlich-emotionale Bedürfnisse untrennbar zum Menschsein gehören.

Das *gesellschaftlich-geschlechtsbestimmte Subjekt*: Die gesellschaftliche Wirklichkeit zwingt uns zu einer Positionierung in der Geschlechterrolle (im Sinn von Gender) als Frau oder Mann: Das heisst, die Subjektbildung geschieht immer in Auseinandersetzung mit und in den Grenzen der eigenen und zugeschriebenen Vorstellungen des Frau- oder Mannseins. Diese Auseinandersetzung kann sowohl im Mainstream der Gesellschaft als auch in einer Subkultur geschehen.

Das *spielerisch-kreative Subjekt*: Zum Subjektsein gehören auch das Spiel und der kreative Ausdruck. Spiel, kreativer Ausdruck und Kunst schaffen freie Denkmodelle, Gegenwelten, Diagnosen, Visionen und Utopien. Im Spiel werden die bestehenden Beziehungs- und Machtverhältnisse leichtfüssig, werden aber zeitlich und örtlich begrenzt ausser Kraft gesetzt; in der Kunst werden Strukturen, Beziehungs- und Machtverhältnisse sichtbar oder infrage gestellt. Kunst und Spiel ermöglichen die sinnliche und intellektuelle Erfahrung, wie es ist und wie sein könnte. Spiel und Kreativität dürfen nicht ausschliesslich auf die Subjektwerdung hin gedacht werden – sie haben als Selbst- und Gruppenerlebnis ihren Selbstwert.

Das *sich selbst übersteigende Subjekt*: Durch das Nachdenken über den Sinn und Zweck des Lebens weist der Mensch über sich selbst hinaus auf das Absolute.

Die Subjektbildung ist nur indirekt möglich: Es braucht ein geeignetes Jugendarbeitssetting, Zeiten und Räume, innerhalb derer Lernerfahrungen stattfinden können, die zur Subjektbildung führen können: Es braucht eine Praxis, die den Lebensrealitäten und individuellen Voraussetzungen der Jugendlichen gerecht wird, damit die Jugendlichen die Fähigkeiten eines selbstbewussten und selbstbestimmten Lebens erwerben können.

Die Reflexion steht in der subjektorientierten Jugendarbeit in Verbindung mit konkretem Tun, das selbstbestimmtes Handeln erfahrbar macht. Eine selbstständig durchgeführte Renovation des Jugendtreffs, ein selbstständig organisiertes Zeltlager oder ein selbstständig produzierter Videofilm sind ideale Möglichkeiten, um Selbstwirksamkeit und Anerkennung zu erfahren. Wer seine eigene Wirksamkeit erfährt, überwindet generalisierte Ohnmachtserfahrungen («Man kann ja doch nichts tun.»). Die Reflexion hilft, die eigene Vergangenheit (Biografie) und die gegenwärtige Situation als Teil von sozialen Bezügen zu verstehen und Handlungsperspektiven zu entwickeln.

Analytisch können drei Aspektgruppen als förderlich für die Subjektbildung betrachtet werden: eine bedeutsame, gerechte Gruppe, die Ermöglichung von Partizipation und Selbstorganisation und die Ermöglichung von Reflexion (vgl. Scherr 2013, S. 304):

Der primäre Lernort ist die bedeutsame Gruppe
- Der primäre Ort der Subjektbildung ist die Gruppe.
- Die Gruppe muss für die Mitglieder eine positive Bedeutung haben.
- In diesen bedeutsamen Gruppen müssen ein Klima der Wertschätzung, ein moralischer Umgang und Anerkennung herrschen.
- Die Entscheide innerhalb der Gruppe werden diskursiv und auf der Grundlage demokratischer Verfahren gefällt.
- Die sozialen Beziehungen innerhalb der Gruppe zeichnen sich durch Verlässlichkeit und Echtheit aus.

Ermöglichung von Partizipation und Selbstorganisation
- Die Aufforderung und Anregung, selbsttätig zu werden und die eigenen Ideen zu verwirklichen.
- Die Möglichkeit, im Tun und Entscheiden Selbstwirksamkeit zu erleben.

- Die Möglichkeit, dass die Gruppe und die Einzelnen ihre eigenen Stärken erleben.

Ermöglichung von Reflexion
- Die Möglichkeit, sich (in der Gruppe) mit der eigenen Lebensgeschichte und -situation, den Wertvorstellungen und Genderbildern auseinanderzusetzen.
- Die Möglichkeit zu erkennen, dass das Selbst- und Weltverständnis eines unter mehreren ist, was eine Grundlage des interkulturellen Lernens darstellt.
- Die Möglichkeit, sich mit den eigenen Lernerfahrungen auseinanderzusetzen.
- Die Möglichkeit, sich mit Gruppenprozessen auseinanderzusetzen.

Die Analyse eines durchschnittlichen Leitungsteams eines Jugendverbandes würde wohl zeigen, dass viele der oben beschriebenen Aspekte auf einem hohem Reflexionsniveau verwirklicht werden – auch, da die Leitenden meist über hohe soziale und reflexive Kompetenzen verfügen. Die Praxis zeigt, dass etwa JugendarbeiterInnen in Jugendtreffs in sozialen Brennpunkten häufig auf Jugendliche mit geringem Selbstvertrauen treffen. Diese haben bisher oft wenig Wertschätzung erfahren. Stellen sich die JugendarbeiterInnen als verlässliche Bezugspersonen im Sinn einer professionellen Begleitung zur Verfügung und anerkennen und wertschätzen sie die Jugendlichen als Personen, zeigen sich oft erstaunliche Effekte in der Subjektbildung.

An beiden Orten, im Jugendtreff und Jugendverband, findet Subjektbildung statt, eine Wertung oder gar ein gegeneinander Ausspielen dieser Praxisformen ist unsinnig. Zentral in der subjektorientierten Jugendarbeit ist es jedoch, nicht wertend von den jeweiligen Voraussetzungen auszugehen und die Praxis entsprechend zu gestalten.

8.3.3 Paradoxien und Herausforderungen der subjektorientierten Jugendarbeit

In der subjektorientieren Jugendarbeit zeigen sich zwei Paradoxien der Jugendförderung, die in der Kurzdefinition «Jugendarbeit ist Anleitung zur Selbstständigkeit in vorgegebenen Grenzen» versteckt sind. Beide Widersprüche werden in der Theorie der Jugendarbeit zwar erkannt, jedoch wenig bearbeitet. Der erste Widerspruch betrifft vor allem die

Jugendarbeitsformen, die auf die Lebensgestaltung ausgerichtet sind, der zweite Widerspruch betrifft alle Formen der Jugendarbeit:

- Subjektorientierte Jugendarbeit versteht sich als Bildung in emanzipatorischer Absicht. Emanzipation meint hier etwas verkürzt Anleitung zur Selbstständigkeit. Zur Selbstständigkeit anzuleiten ist im Grunde ein unauflöslicher Widerspruch, insbesondere deshalb, weil die Selbstständigkeit zusätzlich innerhalb eines professionellen, animatorischen Rahmens mit «Spielregeln» und vorgegebenen Grenzen stattfinden soll.
- Der zweite Widerspruch der subjektorientierten Jugendarbeit bezieht sich auf den zweiten Teil der Kurzdefinition, die vorgegebenen Grenzen: Nicht jede Handlung, Einstellung oder jedes Bewältigungsmuster der Jugendlichen wird von den JugendarbeiterInnen gutgeheissen. Als Beispiele können etwa destruktives Verhalten, Diskriminierung oder Gewalt genannt werden. Überspitzt könnte man sagen: Subjektorientierte Jugendarbeit ist Anleitung zur Selbstständigkeit, wobei gewisse Formen der Selbstständigkeit nicht akzeptiert werden. Denn zumindest implizit haben die JugendarbeiterInnen eine definierte Idee, wohin sich der Prozess der Subjektbildung *nicht* bewegen soll.

Der erste Widerspruch lässt sich entweder methodisch angehen, durch die Übertragung von echter Verantwortung, oder radikal, durch Transparentmachen der pädagogischen Inszenierung.

Mit der Übertragung echter Verantwortung ist der erste Widerspruch methodisch aufgelöst. Nur wem Verantwortung zugemutet wird, kann lernen, selbstverantwortlich zu handeln. Segelunterricht im knietiefen Wasser bleibt recht theoretisch. Jene verantwortete Verantwortungsübertragung verbessert die Übereinstimmung zwischen dem emanzipatorischen Anspruch und der jugendarbeiterischen Wirklichkeit: Durch die Übergabe der Verantwortung verlässt die Jugendarbeit die pädagogisch abgesicherte Spielwiesensituation und gewinnt an Ernsthaftigkeit. Vom Hafen geht es ins offene Gewässer. Ein selbstverwaltetes Budget, ein Schlüssel zum Jugendraum oder das Aushändigen einer teuren Videoausrüstung sind erfahrbare Belege dafür, dass Jugendlichen zugemutet wird, eigenverantwortlich zu handeln. Einer 16-Jährigen oder einem 16-Jährigen wird nirgends auch nur annähernd so viel Verantwortung übertragen wie als LeiterIn in einem Jugendverband: Sie sind verantwortlich für eine Gruppe von Kindern und Jugendlichen – ohne dass sie von Erwachsenen beständig kontrolliert werden. Die Leiterinnen und Leiter der schweizerischen Jugendverbände sind, wie erwähnt, im internationalen Vergleich sehr jung, meist zwischen 16 und 20 Jahre alt, die ältesten Mitte zwanzig. Heute liesse sich eine neue Organisationsform mit 16-jährigen LeiterInnen aus «Sicherheitsbedenken» nicht mehr verwirklichen: Man mutet den Heranwachsenden wenig echte Verantwortung zu und staunt, wie wenig Verantwortungsbewusstsein «die Jugend» hat. Deshalb wird für jede Verantwortungsübergabe eine pädagogische Begleitung (sprich: Kontrolle) durch ausgebildete Fachpersonen gesellschaftlich gefordert. Das heisst: Segeln ist nur bei schönem Wetter, im Segelunterricht und unter Aufsicht eines/r Segellehrers/in HF/FH gestattet. Dabei ist eine graduelle Übertragung echter Verantwortung möglich, und mit Ausbildungen kann das Risiko der Überforderung gesenkt werden, dies zeigen die Praxis der Jugendverbände sowie zahlreiche Projekte der Offenen Jugendarbeit. Ein objektives Risiko aber bleibt, trotz Segelausbildung und Rettungsweste. Es ist m. E. sogar eine der Voraussetzungen für die Subjektbildung: Jugendliche müssen genug Handlungsspielraum haben, um zu scheitern. Es muss ihnen auch zugemutet werden, die Konsequenzen des Scheiterns zu tragen. Letzteres ist untrennbar mit echter Verantwortung verbunden. Wer nicht kentern darf, lernt nie sportliches Jollensegeln.

Die radikale Überwindung des ersten Widerspruchs ist die Transparentmachung der pädagogischen Inszenierung: Dies ist kein harmloser Schritt. Er verändert das Bewusstsein der Jugendlichen und ist das Ende ihres Daseins als «naive» TeilnehmerInnen. Nimmt sich eine subjektorientierte Jugendarbeit ernst, will sie Jugendliche ermächtigen und sich selbst überflüssig machen. Deshalb ist die Entlarvung der Inszenierung als Abschluss notwendig. Durch die Offenlegung der Spielanlage ist zudem für die Jugendlichen das Gegenstück zur professionellen Abgrenzung der JugendarbeiterInnen gegeben, die Möglichkeit einer selbstbestimmen emotionellen Distanz. Schmerzhaft ist dieser Schritt für beide Seiten, für die Jugendlichen wie für die JugendarbeiterInnen. Für die Jugendlichen, die sich stark in der Jugendarbeit engagiert haben, ist die Erkenntnis ernüchternd: Ihre bedeutsamen Gruppen und/oder Projekte, in denen sie sich engagiert haben, waren Teil eines professionellen Settings. Das Motiv der Begleitung durch die JugendarbeiterInnen war nicht primär Freundschaft, sondern ein bezahlter Auftrag. Für die JugendarbeiterInnen ist die Offenlegung schmerzhaft, weil sich unweigerlich die Beziehung zu den Jugendlichen verändert: Die Spanne reicht von der enttäuschten Abwendung bis hin zur Ermöglichung einer egalitären Beziehung.

Dass die Auflösung des ersten Widerspruch möglich und notwendig ist, zeigt sich in der Jugendkulturarbeit: Eine im Herbst 2014 durchgeführte Befragung der Aktiven des Jugendkulturhauses Merkker/Werkk in Baden bestätigte indirekt diese These: Die engagierten Jugendlichen und jungen Erwachsenen sind sich erstens der Spielanlage bewusst, auch dass die Stadt Baden die Jugendkultur mit mehreren Hunderttausend Franken[37] pro Jahr unterstützt. Zweitens ist es den engagierten Jugendlichen und jungen Erwachsenen wichtig, über klare Verantwortungsbereiche zu verfügen – und dass ein ressortübergreifendes, unterstützendes Controlling die Aufgabe der bezahlten professionellen AnimatorInnen ist.

Dem zweiten Widerspruch, dass zwar zur Selbstständigkeit angeleitet werden soll, jedoch nicht jede Form der Autonomie toleriert wird, kann nur mit einem moralischen Diskurs begegnet werden: Zentral ist es hier, dass der Diskurs nicht erst im Wertekonflikt geführt wird, sondern ein durchgehendes Thema ist.

Albert Scherr nennt es einen Balanceakt zwischen dem Gewährenlassen der Jugendlichen und dem Infragestellen von regressiven und destruktiven Verhaltensmustern und dem Aufzeigen alternativer Handlungsorientierungen (Scherr 2013, S. 308). Nach Scherr lassen sich keine eindeutigen Regeln festlegen, die Jugendarbeit sei hier auf dialogische Aushandlungsprozesse angewiesen, «was jeweils als subjektiv angemessenes und zugleich sozial akzeptables Verhalten gelten kann» (Scherr 2013, S. 308).

Dies löst m. E. den zweiten Widerspruch nicht auf: Das reaktive und situative Vorgehen zeigt höchstens, dass die Jugendlichen die Toleranzschwelle des/der Jugendarbeitenden überschritten haben und er/sie nun einseitig korrigierend einschreitet, da seine/ihre Wertmassstäbe verletzt wurden. Der moralische Diskurs wird so leicht zum Machtkampf zwischen den Jugendlichen und dem/der JugendarbeiterInnen. War von Werten bisher kaum die Rede, verwandeln sich im Empfinden der Jugendlichen die Jugendarbeitenden zur moralisierenden Instanz, zur Spassbremse und zum Bünzli/Spiesser.

37 2013 wurde in einer Volksabstimmung in Baden ein Kredit über sechs Millionen Schweizer Franken für den Umbau des Jugendkulturhauses mit einer Zweidrittelmehrheit bewilligt.

Ich halte es für notwendig, die bedeutsame Gruppe der subjektorientierten Jugendarbeit als «just community» im Sinn von Lawrence Kohlberg zu verstehen. Die Gruppe wird so zum Ort der moralischen Reflexion/Entwicklung und zum Ort des moralischen «Tuns». Wolfgang Althof und Fritz Oser nennen vier Aspekte des moralischen «Tuns» einer «just community»: die Herausbildung gemeinsamer Normen, die Förderung des moralischen Einfühlungsvermögens, Solidarität durch Mitbestimmung und gemeinsam getragene Verantwortung (vgl. Oser/Althof 2001, S. 233). Der moralische Diskurs darf nicht mit der gemeinsamen Erarbeitung von Regeln des Zusammenlebens enden, sondern ist eine ernsthafte Bearbeitung der moralischen Dimension der Konflikte und ein dauerndes Ringen um das «richtige Tun».

Wenn sich Menschen in Gruppen für etwas Wichtiges einsetzen, kommt es unweigerlich zu Konflikten. Diese Konflikte sind nicht ärgerliche Störungen, sondern notwendige Prozessbestandteile: Die moralischen Aspekte solcher Konflikte können zu Katalysatoren für subjektbildende Erkenntnisprozesse und zur Moralentwicklung werden. Positionen müssen geklärt, Interessen offengelegt, Gefühle verbalisiert und ein Konsens gesucht werden. Je nach Konflikt kommen auch die Aspekte von Schuld und Sühne hinzu. Durch die aktive Auseinandersetzung mit sich, der Gruppe und dem Gegenstand werden die beteiligten Personen, die Gruppe und der Entstehungsprozess und dessen Reflexion wichtiger als das fertige Ergebnis – ein renovierter Jugendtreff, ein durchgeführtes Lager oder ein vorführbereiter Film.

8.4 Orientierung am subjektiven Erleben und den Lebenslagen: lebensweltlich und sozialräumlich orientierte Jugendarbeit

Die Orientierung am subjektiven Erleben der Jugendlichen und an ihren Lebenslagen hat sich seit Ende der 1980er-Jahre unter der Bezeichnung Alltags- oder Lebensweltorientierung durchgesetzt. Die Begriffe Sozialraum und Lebenswelt werden in der Sozialen Arbeit und der Pastoraltheologie selten trennscharf genutzt, «sondern umschreiben unterschiedliche Zugangsweisen, die auch auf unterschiedlichen theoretischen Grundlagen» (Deinet 2015, S. 79) beruhen. In diesem Unterkapitel sollen deshalb einerseits die Begriffe systematisiert den entsprechenden Zugangsformen zugeordnet werden und andererseits jeweils die Bedeutung der jeweiligen Zugangsformen für die kirchliche Jugendarbeit beschrieben werden.

Der lebensweltliche und der sozialräumliche Ansatz haben sich in der Sozialen Arbeit in der Bundesrepublik Deutschland entwickelt und sind über die Literatur und Fachtagungen in die deutschsprachige Schweiz gelangt. Es gibt heute in der kommunalen oder kirchlichen Jugendarbeit kaum mehr Konzepte, die sich nicht (zumindest implizit) auf die sozialräumlichen oder lebensweltlichen Vorstellungen stützen.

Die Orientierung in der Jugendarbeit an der Lebenswelt resp. am Sozialraum hat, wie wir sehen werden, einen direkten Zusammenhang mit der «Krise der Jugendarbeit» der späten 1980er-Jahre in Deutschland. Für die deutschsprachige Schweiz stellte sich die Situation in der Jugendarbeit anders dar: Wenn auch einige JugendarbeiterInnen Mitte der 1980er-Jahre von Krise sprachen, beurteilt Heinz Wettstein die Situation in der Schweiz differenzierter (Wettstein 1989a, S. 54–61): Im Nachgang der Züricher Unruhen (1980 bis 1982) wurden Jugend und Jugendarbeit zu öffentlichen Themen. In der Folge wurden zahlreiche kommunale Jugendarbeitseinrichtungen geschaffen oder bestehende ausgebaut. Die kommunale Jugendarbeit befand sich auf einer Ausbau- und Gründungswelle, was eigentlich dem Gegenteil von Krise entspricht. Jene JugendarbeiterInnen, die von Krise sprachen, monierten jedoch den Rückgang der Beteiligung durch engagierte Jugendliche in der kommunalen Jugendarbeit (Wettstein 1989a, S. 59). Das mag für gewisse Formen der Jugendarbeit und Regionen gegolten haben, in der kirchlichen Jugendarbeit und der Jugendkulturarbeit nahm jedoch die Zahl der engagierten Jugendlichen in den 1980er-Jahren zu. Dass in der Schweiz dieselben gesellschaftlichen Veränderungen – Pluralisierung und Entstrukturierung der Jugendphase – die Jugendarbeit nicht wie in Deutschland in die Krise geführt hatten, liegt an den unterschiedlichen Theorietraditionen: Mit der Soziokulturellen Animation stand in der deutschsprachigen Schweiz ein Ansatz zur Verfügung, der die Veränderungen relativ problemlos bewältigte: Die Animation bot eine theoretische Orientierung, die nicht infrage gestellt wurde, wenig politisch-ideologischen Ballast mitführte und in ihrer Methodik bereits nah an den Lebenswelten der Jugendlichen war. Die Methoden und Tools, die im Zug des Paradigmenwechsels ausgearbeitet wurden, stiessen im weiteren Verlauf auf grosse Beachtung. In der Soziokulturellen Animation wurden und werden etwa die sozialräumlichen Analysetools von Ulrich Deinet aufgenommen und auch in partizipativen Projekten mit Kindern und Jugendlichen breit angewendet, wie etwa Ortsbegehungen, subjektive Landkarten oder die Nadelmethode (Deinet/Kirsch 2013, S. 318) – dies ist nicht weiter verwunderlich, denn die Übernahme von Methoden aus Partnerwissenschaften für die eigene Praxis gehört zur Funktionsweise der Soziokulturellen Animation.

Ab Mitte der 1990er-Jahre verzeichnete die sozialräumliche Perspektive und etwas später die aufsuchende Jugendarbeit (vgl. Huber 2014) einen enormen Aufschwung, und zwar durch die Thematisierung der Nutzungskonflikte im öffentlichen Raum in der Jugendarbeit und des «Jugendgewalt-, Littering- und Ruhestörungsdiskurses» auf kommunalpolitischer Ebene. Die sozialräumliche Jugendarbeit stellt seither (zumindest als Postulat) eine Grundausrichtung in der Offenen Arbeit mit Kindern und Jugendlichen dar.

8.4.1 Krise und Paradigmenwechsel in der deutschen Jugendarbeit Ende der 1980er-Jahre

Im Verlauf der 1980er-Jahre wurde es offensichtlich, dass die Jugendarbeit in der Bundesrepublik Deutschland die Mehrheit der Jugendlichen nicht mehr ansprechen konnte. Die herkömmliche Jugendarbeit fand im «egalisierten System der Massenkultur und Massenfreizeit ihren Platz nicht mehr» (Böhnisch/Münchmeier 1987, S. 15). Zusätzlich wurde die Jugendarbeit von den Jugendlichen im Vergleich zu den 1970er-Jahren anders genutzt. Böhnisch und Münchmeier führen dies im bereits erwähnten Buch «Wozu Jugendarbeit?» auf die Pluralisierung und Entstrukturierung der Jugendphase zurück: Bereits Kinder zeigen das typische Verhalten von Jugendlichen, die Jugendlichen werden soziokulturell früher von den Erwachsenen unabhängig, sind aber im Gegenzug auch früher mit den Bewältigungsaufgaben des Jugendalters konfrontiert, und durch die Verlängerung der Ausbildungsphase sind die Jugendlichen wirtschaftlich länger von den Eltern abhängig (Böhnisch/Münchmeier 1989, S. 22f.).

Als Folge ihrer Analyse fordern Böhnisch und Münchmeier einen radikalen Neuansatz in der Jugendarbeit: Einerseits eine neue normative Basis, als Alternative zu den bisherigen emanzipatorischen Ansätzen, und andererseits die «Raumorientierung» als neue, theoretische und konzeptionelle Perspektive. Die erste Forderung, die Neuorientierung, wurde u. a. von Albert Scherr mit der Subjektorientierung eingelöst. Den

Vorschlag der Raumorientierung entwickelte Ulrich Deinet zur sozialräumlichen Jugendarbeit weiter.

Das Buch von Böhnisch und Münchmeier kann auch als Plädoyer für eine Orientierung an den Jugendlichen und ihren Lebenswelten gelesen werden. Unabhängig von diesem Buch wurde die Lebensweltorientierung durch Hans Thiersch ebenfalls zu einer zentralen Grösse in der Jugendarbeit. Thiersch führte den Begriff ab den 1970er-Jahren in die Soziale Arbeit ein. Durch seine Mitarbeit am Achten Jugendbericht der Deutschen Regierung (Bundesminister für Jugend, Familie, Frauen und Gesundheit 1990) prägte er den Bericht und in der Folge die gesamte Kinder- und Jugendarbeit mit seiner lebensweltlichen Perspektive. Im Zentrum der lebensweltorientierten Jugendarbeit stehen die Jugendlichen, wie sie ihre Lebenswelt wahrnehmen, und nicht in erster Linie die Vorstellungen der SozialarbeiterInnen oder normative pädagogische oder sozialpolitische Vorgaben: Es hatte sich ein grundsätzlicher Perspektivenwechsel vollzogen.

8.4.2 Lebenswelt, Lebenslage und sozialräumliche Jugendarbeit

Die *lebensweltorientierte Jugendarbeit* geht von den objektiven Rahmenbedingungen (Lebenslagen) der Jugendlichen und ihren subjektiven Wirklichkeiten (Lebenswelt) aus (vgl. Kraus 2000): Sie betrachtet einerseits die objektiven Wirklichkeiten und andererseits, wie die Jugendlichen diese Wirklichkeiten als ihre Realität erleben. Aufgrund der beiden Grössen, objektive Lebenslage und subjektive Lebenswelt, werden in der lebensweltlichen Jugendarbeit die Angebote konzipiert.

Die *Lebenslagen* sind die gesellschaftlichen und materiellen Bedingungen, die den Spielraum für das Handeln eines Jugendlichen bestimmen. Die Grundfrage lautet hier: Welche Möglichkeiten hat der/die Jugendliche? Um diese Grundfrage zu klären, wird seine/ihre Lebenslage analysiert: In welchem Milieu wächst er oder sie auf? Was darf er/sie tun, was nicht? Über welche finanziellen, kulturellen und sozialen Ressourcen verfügt er oder sie? Was schränkt den Handlungsspielraum ein? Die *Lebenswelt* ist das Abbild der persönlichen Lebenslage «im Kopf» der Jugendlichen, es ist seine/ihre subjektive Konstruktion der Wirklichkeiten. Nach Hans Thiersch zielt die Frage nach der Lebenswelt auf die Subjektivität (Thiersch 1998, S. 84). Die Grundfrage lautet hier: Welches ist die subjektive Lebenswelt der Jugendlichen? Die Lebenswelt wird beispielsweise mit den folgenden Analysefragen erhoben: Was ist den Jugendlichen wichtig? Wie beurteilen die Jugendlichen ihre objektive Lebenslage? Wie beurteilen sie ihre Möglichkeiten, die ihnen aus ihrer Lebenslage erwachsen? Was beurteilen sie als förderlich, was als hemmend? Was sind die Kategorien der Deutung? Was motiviert oder hemmt sie, ihre Lebenslage positiv zu verändern?

Lebenslage und Lebenswelt stehen in einer wechselseitigen Abhängigkeit: Trotz aller Subjektivität orientiert sich die subjektive Lebenswelt an der objektiven Lebenslage. Je nach Zustand der subjektiven Lebenswelt besteht eine grössere oder kleinere Bereitschaft, die Lebenslage aktiv verändern zu wollen.

Mit *Sozialräumen* wird in der Sozialen Arbeit Unterschiedliches bezeichnet: Erstens der Sozialraum als Planungs- oder Verwaltungsgrösse, z. B. eine Gemeinde/Stadt, ein Quartier, eine Pfarrei oder ein Pastoralraum. Zweitens der Sozialraum als Verortung eines Arrangements, das Lebenslagen verbessern will; das Ziel dieser Arrangements ist es, dass die Menschen gemäss ihren Vorstellungen möglichst gut in ihren Quartieren, Stadtteilen oder Gemeinden leben können. Drittens das relationale Verhältnis vom Raum und den Menschen, die den Raum nutzen und durch ihre Raumnutzung den Raum selbst verändern; dieses Verständnis ist eine Synthese aus sozialgeografischen, soziologischen und sozialarbeiterischen Zugängen – und am weitesten vom Alltagsverständnis des Begriffs «Raum» entfernt.

Die *sozialräumliche Kinder- und Jugendarbeit* ist durch die Arbeiten von Ulrich Deinet in der deutschsprachigen Schweiz zu einem der prägenden Ansätze geworden. Diese Variante der sozialräumlichen Jugendarbeit entspricht einem lebensweltlichen Ansatz mit dem primären Zugang über die «Raumaneignung». Durch die sozialräumliche Perspektive sollen die Jugendlichen und ihr Verhalten verstanden werden. Das Ziel ist es, durch dieses Verständnis möglichst gute Angebote zu machen, die Aneignung und damit Entwicklung sowie informelles Lernen ermöglichen.

8.4.3 Lebensweltorientierte Jugendarbeit nach Hans Thiersch

Als Lebensweltorientierung versteht Thiersch die Abkehr von einer normativen Sozialen Arbeit hin zu einem Vorgehen, das sich an der subjektiven Lebenswelt der AdressatInnen orientiert. Der Ausgangpunkt ist das Selbst- und Weltverständnis des Subjekts (vgl. Freigang 2009, S. 144f.):

Wie sich ein/e Jugendliche/r selbst sieht und wie er/sie seine/ihre Lebenswelt beurteilt, ist das Entscheidende – und nicht das, was (Sozial-)PädagogInnen, Eltern oder JugendarbeiterInnen für angemessen, normal oder selbstverständlich halten.

Der Versuch, die Lebenswelt der Jugendlichen verstehen zu wollen und ihren Eigensinn zu respektieren, gehört zu den Grundlagen der Lebensweltorientierung. In der lebensweltlichen Analyse ist die beschriebene Unterscheidung zwischen der Lebenslage und der Lebenswelt (Kraus 2000) eine wichtige Weiterentwicklung des Ansatzes von Thiersch: Die subjektive Lebenswelt und die materiellen und sozialen Lebenslagen sind zwei unterschiedliche Dinge, die vom Individuum über Wahrnehmung und Interpretation verknüpft werden.

Jugendliche befinden sich jeweils in einer bestimmten Lebenslage. Diese Lage bestimmt ihren Handlungsspielraum. Die Lebenslagen werden von unterschiedlichen Aspekten beeinflusst: Gender, Alter, soziale Schicht, Milieu, familiäre Situation, Wohnlage und -situation, soziokultureller Hintergrund, Nationalität, wirtschaftliche Lage der Eltern, kulturelle Ressourcen, religiöses Umfeld, körperliche Verfassung usw. Die Lebenslage bestimmt die objektiven Möglichkeiten und damit den Spielraum, den ein/e Jugendliche/r hat. Zum Beispiel: Ermöglicht es die konkrete Lebenslage einer 15-jährigen Jugendlichen, bei ihren Eltern zu wohnen, ihre grundlegenden Bedürfnisse zu befriedigen, ihre Wunschausbildung zu absolvieren oder ihre Freizeit ähnlich wie der Durchschnitt ihrer Altersgenossinnen zu verbringen?

Die subjektive Wahrnehmung und Deutung der Lebenslage durch den/die Jugendliche/n wird als Lebenswelt bezeichnet. Die Lebenswelt ist also eine individuelle «Konstruktionsleistung» der Jugendlichen. Die Lebenswelten sind noch individueller als die Lebenslagen selbst: Selbst wenn sich Zwillinge in derselben Lebenslage befinden, kann ihre subjektive Lebenswelt sehr unterschiedlich sein. Die Lebenswelt ist also ein subjektives Abbild der materiellen und sozialen Lebenslage. Das heisst analog zur Aufzählung oben, dass es um das persönliche Frauen- und Männerbild, die Vorstellung von alterstypischem Verhalten, die persönliche Sicht auf die eigene Schichtzugehörigkeit, ästhetische Präferenzen, Einschätzungen der Familien- und Wohnsituation, Nationalitäten- und ethnische Vorstellungen, religiöse Einstellungen oder das eigene Körperbild geht.

Um diese subjektiven Lebenswelten zu kennen, müssen die Jugendlichen befragt werden. Sie sind die SpezialistInnen ihrer Lebenswelt: Was zählt, ist ihr Empfinden und ihr Urteil. Aus einer wissenschaftlichen und Jugendarbeitsperspektive interessiert zusätzlich zur konkreten Lebenswelt, wie diese Lebenswelten konstruiert werden und in welchem Verhältnis diese zur Lebenslage stehen.

Hans Thiersch versteht die lebensweltorientierte Jugendarbeit als kritisches Konzept: Zur Lebensweltorientierung gehören nach Thiersch auch ein Streben nach gesellschaftlicher Gerechtigkeit und die Humanisierung der Gesellschaft. Von den Vorstellungen einer heilen Welt und normativen Bildern wird Abstand genommen, und es werden die Ungleichheiten benannt, die aus den unterschiedlichen Lebenslagen entstehen (2003, S. 5). Die Lebensweltorientierung versteht sich also nicht bloss als eine neutrale Beschreibung des Alltags von Jugendlichen.

Bei der lebensweltlichen Jugendarbeit soll es ausschliesslich um die Jugendlichen gehen: Erstens orientiert sich die lebensweltliche Jugendarbeit an den Jugendlichen und ihrer Lebenswelt. Zweitens will die Jugendarbeit den Jugendlichen helfen, ihre Schwierig-keiten zu bewältigen, und nicht anderen helfen, jene Schwierigkeiten zu bewältigen, die sie mit den Jugendlichen haben (Thiersch 2003, S. 24): Thiersch weist damit jeglichen gesellschaftlichen Anpassungs- und Kontrollauftrag zurück.

Als Dimensionen der lebensweltorientierten Arbeit werden u. a. (Lebens-)Zeit, Raum und Beziehungen genannt (Thiersch/Grundwalt/Köngeter 2012, S. 187): Die lebensweltorientierte Jugendarbeit orientiert sich an den Biografien und den alterstypischen Bewältigungsaufgaben; sie sieht die Jugendlichen als eingebettet in die Dimension des Raumes und im Kontext des sozialen Geflechts von Familie und Freundschaften.

Aus diesen Grundannahmen werden fünf Handlungsmaximen abgeleitet (Thiersch/Grundwalt/Köngeter 2012, S. 188f.): allgemeine Prävention, im Sinn von belastbaren und unterstützenden Beziehungen und Strukturen; Alltagsnähe als leichte Erreichbarkeit zu den Jugendlichen und als Anknüpfung an die Alltagserfahrungen; Dezentralisierung als Anpassung der Angebote an die Situation vor Ort; Integration als Verminderung der Ausgrenzung, Unterdrückung und Gleichgültigkeit; Partizipation als Beteiligungs- und Mitbestimmungsmöglichkeit (vgl. Schnurr 2015).

Die Zurückweisung externer Interessen als Ziel der Jugendarbeit deckt sich mit dem Postulat der Selbstlosigkeit der kirchlichen Jugendarbeit: In beiden Fällen sollen ausschliesslich die Heranwachsenden und ihre Interessen handlungsleitend sein und nicht intentionelle oder ordnungspolitische Interessen.

8.4.4 *Lebensweltorientierung in der kirchlichen Jugendarbeit in den 1990er-Jahren*

In der kirchlichen Jugendarbeit der deutschsprachigen Schweiz vollzog sich in den 1990er-Jahren eine lebensweltliche Wende. Dies aus zwei Gründen: erstens durch die Entscheidung der JugendseelsorgerInnen als Folge eines Reflexionsprozesses, sich an den Jugendlichen und ihren Bedürfnissen zu orientieren, und zweitens durch die Erfahrung, dass das herkömmliche Vorgehen nur noch eine kleine Minderheit der Jugendlichen ansprach. Bis Ende der 1980er-Jahre erlaubten es die Reste der konfessionellen Milieus, die Jugendlichen als mehr oder weniger geschlossene Gruppe anzusprechen. Das heisst, es war möglich, in einem beschränkten Mass Inhalte und Vorstellungen aktiv zu vermitteln. Voraussetzungen dazu waren, dass es Anknüpfungspunkte mit der Lebenswelt der Jugendlichen gab, die Inhalte nicht im Widerspruch zu den zentralen Werten der Mainstreamjugendlichen standen und die jugendgerecht aufgearbeiteten Inhalte zur Diskussion gestellt wurden. Die Junge Gemeinde wandte Mitte der 1980er-Jahre dieses Vorgehen mit Erfolg an.

Mit der vollständigen Auflösung der Milieus verschwand die einende Klammer. Innerhalb dieser Klammer war es möglich gewesen, katholische oder reformierte Jugendliche als Gruppe anzusprechen. Durch die Pluralisierung verloren die grossen Kirchen ihre dominante Stellung und wurden im Feld des Religiösen zu einer Akteurin unter vielen. Mit dem Verschwinden der Milieuklammer setzte eine Individualisierung von religiösen Subjekten ein: Mit dem Verlust der Selbstverständlichkeit entstand zusätzlich der Zwang zur Wahl (vgl. Berger 1992). Jeder und jede musste sich aus den Möglichkeiten seine/ihre Weltsicht erarbeiten, da es nicht mehr möglich war, ein selbstverständliches Paket von Einstellungen unhinterfragt zu übernehmen.

Die Herausforderung der frühen 1990er-Jahre lässt sich folgendermassen formulieren: Will die kirchliche Jugendarbeit weiterhin für eine zahlenmässig grössere Gruppe von Jugendlichen relevant sein, muss sie einerseits die Lebenswelt der Jugendlichen verstehen und andererseits bei der Planung ihrer Angebote von den Jugendlichen und ihren Lebenswelten ausgehen.

Auch wenn die Grundhaltung der kirchlichen Jugendarbeit jener von Hans Thiersch in der Orientierung an den KlientInnen ähnelt, unterscheiden sich das Erkenntnisinteresse und die Ziele: Thiersch interessiert sich für soziale Ungleichheiten in den Lebenslagen und will aus diesem Wissen heraus die Jugendlichen in der Lebensbewältigung unterstützen. In der kirchlichen Jugendarbeit war von Interesse, welche Rolle die Religiosität in der Lebenswelt der Jugendlichen einnimmt und wie die gesellschaftlichen Veränderungen die Religiosität der Jugendlichen veränderten. Aus diesem Verständnis heraus sollten Angebote gemacht werden, die die Jugendlichen in der Subjektbildung und der religiösen Identitätsfindung unterstützen. Während Thiersch eine politische Perspektive vertrat, standen in der kirchlichen Jugendarbeit der deutschsprachigen Schweiz entwicklungspsychologische und kirchensoziologische Aspekte im Zentrum. Idealtypisch zeigt sich die Lebensweltorientierung in der kirchlichen Jugendarbeit der 1990er-Jahren etwa im Sammelband von Werner Tzscheetzsch und Hans-Georg Ziebert «Religionsstile Jugendlicher und moderne Lebenswelt» (1996). Obwohl die meisten BeiträgerInnen eine Orientierung an der Lebenswelt der Jugendlichen fordern, wird das Konzept von Thiersch nicht erwähnt, und der Begriff Lebenswelt bleibt diffus: Unter moderner Lebenswelt verstehen die AutorInnen nicht die subjektive Wahrnehmung der Wirklichkeit, sondern die gesellschaftliche Wirklichkeit. Etwas überspitzt formuliert, könnte man «moderne Lebenswelt» mit dem unspezifischen «die heutige Gesellschaft» ersetzen.

Die Hinwendung zur Lebenswelt ist aber eine klare Hinwendung zu einer religionspsychologischen und -soziologischen Fundierung und eine Absage an normativ-instruktive Modelle – und damit ein eigentlicher Paradigmenwechsel! Die zentralen Aussagen aus den Beiträgen sind etwa: Religiosität und Kirchlichkeit sind zwei unterschiedliche Grössen; aus der Abnahme der Kirchlichkeit darf nicht auf ein Verschwinden der Religion geschlossen werden; die Religion der Jugendlichen ist von der Entwicklung der Religiosität geprägt, wie sie etwa von Fritz Oser beschrieben wird; eine kirchliche Jugendarbeit ohne Lebensweltbezug ist für die grosse Mehrheit der Jugendlichen irrelevant usw. In diesen Aussagen ist die Hinwendung zu sozialwissenschaftlichen Methoden in der kirchlichen Jugendarbeit, etwa in der grossen Erhebung im Rahmen der AG Spiritualität, sowie die starke Orientierung an der Studie «Jede(r) ein Sonderfall? Religion in der Schweiz» (Dubach/Campiche 1993) erkennbar. Ein wichtiger Nebeneffekt der sozialwissenschaftlichen Betrachtungsweise war die Legitimation eines lebensweltlichen Vorgehens gegenüber der Kirchenleitung: Die wissenschaftlichen Resultate belegten die Unmöglichkeit einer beliebigen Veränderung religiöser Einstellungen und der rekrutierenden Sozialisation durch die Jugendarbeit und die Katechese: Die Zeiten, in denen am Lagerfeuer religiös-kirchliches Wissen in die Köpfe der Jugendlichen «abgefüllt» werden konnte, sind vorbei – wenn es sie denn überhaupt je gegeben hat. Heute kann die Beschäftigung mit Religion und das Nachdenken über Ziel und Zweck des Lebens in der kirchlichen Jugendarbeit nur über ein lebensweltliches, mystagogisches Vorgehen erfolgen. Und auch dann wird die Jugendarbeit nur eine Stimme innerhalb eines riesigen Chores von Sinnangeboten sein.

8.4.5 Sozialräume und sozialräumliche Jugendarbeit

Der Sozialraum gehört zu den Trendbegriffen in der Jugendarbeitsdiskussion. Wie in der Kapiteleinleitung dargestellt, ist der Begriff schillernd und wird uneinheitlich gebraucht. Im Folgenden werden zwei Strömungen der sozialräumlichen Jugendarbeit näher beschrieben:

Zunächst die sozialräumliche Jugendarbeit von Ulrich Deinet als Weiterentwicklung des Ansatzes von Böhnisch und Münchmeier (Böhnisch/Münchmeier 1987, S. 89–118). Der Blick in die Übersichtswerke der Kinder- und Jugendarbeit zeigt: Dies ist aktuell nicht nur in der Jugendarbeit der dominante Ansatz.

Das Sozialraumkonzept von Wolfgang Hinte weicht in der Raumvorstellung wesentlich von Deinet ab und beruft sich auf andere Traditionen. Hintes Ansatz der Sozialraumorientierung hat einerseits über seine radikale Ressourcenorientierung in der Sozialpädagogik und andererseits über stadtplanerische Initiativen in der Bundesrepublik Deutschland Eingang in den Deutschschweizer Jugendarbeitsdiskurs gefunden.

Die Theorie von Ulrich Deinet ist wegen ihrer Vielschichtigkeit komplex. Mit den Arbeiten zum Sozialraum von Christian Reutlinger ist ein anspruchsvoller Raumbegriff hinzugekommen. Es lohnt sich daher, zuerst den ursprünglichen Ansatz von Böhnisch und Münchmeier (Böhnisch/Münchmeier 1987) zu betrachten: Dieser Ansatz ist einfacher zu verstehen, hat auch nach fast dreissig Jahren wenig von seiner Aktualität eingebüsst und war Ausgangspunkt für Ulrich Deinet und Christian Reutlinger.

8.4.6 Sozialraumorientierung nach Böhnisch und Münchmeier

Böhnisch und Münchmeier fordern in ihrem bereits mehrfach erwähnten Buch «Wozu Jugendarbeit?» ein neues «‹Verständnis› für das, was sich in der Jugendszene abspielt. Gesucht ist [...] ein Modell von Jugend [...] an dem sich die Jugendarbeit orientieren kann» (Böhnisch/Münchmeier 1987, S. 47): Die bisherigen Jugendtheorien erfassten die Auswirkungen der Pluralisierung und der Entstrukturierung der Jugendphase ungenügend. Im Kapitel «Sozialraumorientierung» legen Böhnisch und Münchmeier ein neues, sozialräumliches Modell der Jugendarbeit vor, das die veränderten Bedingungen berücksichtigt. Die Jugendarbeit versteht sich als ein Element in der Lebenswelt der Jugendlichen und nicht als Sozialisierungsinstanz wie etwa die Familie, die Gleichaltrigen oder die Schule. Eine spezifische Aufgabe der Jugendarbeit ist es, den Jugendlichen mit Räumen Möglichkeiten zu eröffnen: Jugendliche «wollen sich die Möglichkeiten aneignen, die in Räumen stecken» (Böhnisch/Münchmeier 1987, S. 91). Räume verstehen Böhnisch und Münchmeier einerseits als reale Innen- und Aussenräume (physischer Raum), andererseits als psychischen Raum (Öffentlichkeit, Medien, Kontakte und Kommunikation), der sich aus den realen Räumen ergibt. Im Fokus der Jugendarbeit steht eine Auseinandersetzung mit den speziellen Formen der Raumaneignung (vgl. Böhnisch/Münchmeier 1987, S. 91) durch Jugendliche.

Die Wichtigkeit des räumlichen Sozialverhaltens hängt damit zusammen, dass Kinder und Jugendliche noch nicht in (Erwachsenen-) Rollen und Institutionen eingebunden sind. Bei den 9- bis 14-Jährigen zeigt sich das Erlebnis des Raums im sozialen Mikrokosmos, bei den Älteren in den «Auseinandersetzungen mit sozialen und gesellschaftlichen Entwicklungen, die [...] sich im Raum manifestieren» (Böhnisch/Münchmeier 1987, S. 106). Aus diesem Grund ist «die Erfahrung der Welt über den unmittelbaren physischen und psychischen Nahraum [...] eine zentrale Dimension in der Entwicklung [...] des Selbstkonzeptes» (Böhnisch/Münchmeier 1987, S. 106) von Kindern und Jugendlichen.

Böhnisch und Münchmeier greifen auf das Aneignungskonzept des sowjetischen Psychologen Alexei Nikolajew Leontjew zurück, wie es von der kritischen Psychologie für die Situation in Deutschland übernommen wurde: In der Aneignung der Räume erleben die Jugendlichen die in den Räumen enthaltenen gesellschaftlichen Werte und Normen. Die Aneignung ist also eine tätige und kognitive Auseinandersetzung der

Jugendlichen mit den Normen, Werten und Machtverhältnissen einer Gesellschaft.

Wenn etwa Jugendliche den Vorplatz einer Kirche zum Skateboardfahren nutzen, verhalten sie sich auf dem Platz anders, als es von den Erwachsenen gedacht war. Sie verwenden Treppen, Absätze, Bänke und Rampen als «Obstacles» für ihre akrobatischen Tricks. Es findet eine Aneignung statt. Die Jugendlichen nutzen den Raum auf ihre Weise, und sie sind unübersehbar da. Der Kirchplatz wird zur Bühne für das Selbst- und Gruppenerleben sowie für die Interaktionen mit anderen Jugendlichen und Erwachsenen. Aus der Aneignungsperspektive der sozialräumlichen Jugendarbeit ist ein weiterer Aspekt des Raumerlebens zentral: die Sichtbarwerdung von gesellschaftlichen Prozessen, von Werten und Normen durch das Agieren im Raum: Wie reagiert die Erwachsenengesellschaft auf ihre Aneignung, wie treten die Raumhüter mit den Jugendlichen in Kontakt?[38] Bleiben sie vollkommen «unbeachtet»? Reklamieren AnwohnerInnen wegen der Lärmbelästigung? Wird das Skaten verboten, weil sich der Sigrist über die schwarzen Spuren ärgert, die die Rollen auf den bemoosten Betonsitzbänken hinterlassen? Werden in einem Aushandlungsprozess mit den Jugendlichen einschränkende Nutzungsregeln und -zeiten festgelegt, im Gegenzug jedoch wird das Skaten nicht verboten? Wird die Polizei gerufen, um die Jugendlichen zu vertreiben, weil sich ältere Frauen nicht mehr in die Kirche trauten? Wird die Jugendarbeit damit beauftragt, die SkaterInnen vom Kirchplatz auf die in einem partizipativen Prozess entstandene, abseits gelegene Skateranlage zu verlagern, oder werden die SkaterInnen eingeladen, im nächsten Jugendgottesdienst in der Kirche ihre Tricks zu zeigen? In der Reaktion der Erwachsenengesellschaft zeigen sich kulturelle Normen und die gesellschaftliche Stellung von Jugendlichen.

Die Aufgabe der Jugendarbeit ist es, räumlich-zeitliche Settings zu erstellen oder zu erhalten, die die entwicklungsfördernde Auseinandersetzung in Form der Raumaneignung ermöglicht. Ähnliche Vorstellungen der Schaffung von Zeiten und Räumen, die eine Auseinandersetzung mit der eigenen Identität und der Frage nach dem Sinn und Zweck des Lebens ermöglichen, sind in den Publikationen zur Animation Spirituelle des

38 Die im Folgenden aufgezählten Reaktionen basieren übrigens keineswegs nur auf theoretischen Überlegungen, sondern auf realen Reaktionen auf die Raumaneignung Jugendlicher an verschiedenen Orten und Gemeinden.

Verbandes katholische PfadfinderInnen (VKP) ab Mitte der 1990er-Jahre zu finden. Hierbei soll nicht eine Aneignung im Sinn von Leontjew stattfinden, sondern mit einer speziellen Form der jugendgerechten, pädagogischen Inszenierung (z. B. nächtlicher Postenlauf mit einem/r PartnerIn zu Sinnfragen) die kognitive Entwicklung im Sinn der strukturgenetischen Psychologie (Piaget, Kohlberg, Oser) angeregt werden.

8.4.7 *Sozialraumorientierung nach Deinet und Reutlinger*

Für Deinet ist die Sozialraumorientierung eine Grundhaltung und gleichzeitig eine methodische «Analysebrille», jedoch «keine eigenständige Form der Kinder- und Jugendarbeit, sondern steht als Begriff für ein Grundverständnis» (Deinet 2005, S. 8). Sie soll dazu dienen, die Jugendlichen, ihre Lebenswelt und ihr Verhalten zu verstehen, um ihnen angemessene Jugendarbeitsangebote machen zu können. In der Sozialraumorientierung geht es «darum, die Lebensbedingungen und das Lebensgefühl von Kindern und Jugendlichen in ihren Sozialräumen, Stadtteilen, Lebenswelten zu analysieren» (Deinet 2005, S. 7): «Das breite Verständnis von Sozialräumen als subjektive Lebenswelten lenkt den Fokus auf das subjektive Erleben und Verhalten der Kinder und Jugendlichen» (Deinet 2005, S. 7). Das sozialräumliche Verständnis dient Deinet sowohl als Haltung wie auch als Analyseinstrument für konkrete Angebote der Jugendarbeit.

Deinet schuf innovative Tools, die Wechselwirkungen zwischen dem sozialen Handeln und dem Raum abbilden «und damit Ressourcen und Probleme in den sozialräumlichen Zusammenhängen eines Stadtteils/einer Region sichtbar machen» (Deinet/Kirsch 2013, S. 317). Die partizipative Kraft dieser Methoden (z. B. Cliquenraser, Natelmethode, Autofotografie, Fremdbilderkundung) lässt die Analyse bereits zur aktiven Beteiligung und damit zu einem Teil der jugendarbeiterischen Praxis werden (Deinet/Kirsch 2013, S. 318).

Deinet entwickelte seine Theorie u. a. durch die Übernahme der modernen Raumtheorie weiter. Christian Reutlinger und Fabian Kessl (2007) unterscheiden verschiedene Raumbegriffe: den Raumbegriff, der dem Alltagsverständnis nahekommt, und ihr Konzept des Sozialraumes. Im Alltagsverständnis werden Räume als «Behälter» oder «Gebiete» mit einer unveränderlichen Ausdehnung betrachtet. Im Unterschied dazu verstehen Reutlinger und Kessl Räume als Resultate eines Handelns gesehen. Das Interesse der sozialräumlichen Jugendarbeit gilt nicht den

Plätzen, Gebäuden oder Quartieren als solchen: In einer Sozialraumperspektive interessiert, wie die Räume sozial geschaffen werden und welche Rückwirkungen diese Raumschaffung auf das Soziale hat (Kessl/Reutlinger 2007, S. 25). Sozialräume spiegeln immer auch die Machtverhältnisse und den geschichtlichen Kontext. «Mit Sozialraum werden somit der gesellschaftliche Raum und der menschliche Handlungsraum bezeichnet» (Kessl/Reutlinger 2007, S. 25).

Die wichtigste Erweiterung des Raumkonzeptes stammt aus der Übernahme der Raumsoziologie von Martina Löw (2001). Räume entstehen, so Löw, aus der Verknüpfung von Dingen und Menschen: Räume sind (An-)Ordnungen von sozialen Gütern und Menschen. Das Adjektiv sozial weist darauf hin, dass die Güter neben ihren materialen Eigenschaften auch eine symbolische Wirkung entfalten (Löw 2001, S. 224). Eine bemooste Steinbank auf einem Kirchplatz ist mehr als eine Vierteltonne Beton. Die Betonbank symbolisierte bei der Errichtung in den 1970er-Jahren selbstbewusste Modernität, heute eher Unbeweglichkeit und die Möglichkeit, sich auf eine harte, kalte Unterlage setzen zu können.

Mit der Schreibweise (An-)Ordnung verdeutlicht die Autorin, dass Räume einerseits eine erkennbare Ordnung von Dingen und Menschen sind und andererseits etwas, das durch Handlungen angeordnet wurde (Löw 2001, S. 166). Entsprechend unterscheidet die Autorin einen zweistufigen Prozess der Raumbildung: das Spacing und die Syntheseleistung. Spacing bezeichnet das Anordnen, das heisst die Platzierung von sozialen Gütern und die Positionierung von Menschen im Raum. Das Erkennen der Ordnung wird als Syntheseleistung bezeichnet: Über Wahrnehmungs- und Vorstellungsprozesse werden Anordnungen als Räume zusammengefasst. Um auf das Beispiel mit den SkaterInnen auf dem Kirchplatz zurückzukommen: Ihr Raum entsteht durch ein Spacing. Sie ordnen den Raum Kirchplatz durch ihr Tun neu und positionieren sich im Raum. In einer Syntheseleistung verknüpfen sie die von ihnen mitgeschaffene Ordnung von Menschen und Gütern mit sich selbst als Akteuren und den weiteren Menschen (AnwohnerInnen, ZuschauerInnen, Vorübergehende, der Sigrist, die Jugendarbeit, die Polizei, die SeelsorgerInnen). Durch ihr Tun haben sie aus dem Kirchplatz ihren Skaterplatz geschaffen. In der neuen Anordnung wird die Steinbank zusammen mit dem Skateboard zu einem Turngerät. Die Betonschwere kontrastiert mit dem spielerischen Umgang, die Immobilität mit der Geschwindigkeit und dem Wagnis: Das soziale Gut «Steinbank vor der Kirche» wechselt durch das

Spacing seine symbolische Bedeutung. Martina Löw beschränkt ihren Raumbegriff nicht auf die physische Welt: Wenn die SkaterInnen mit dem Handy einen Sprung über die Steinbank auf dem Kirchplatz filmen und das Video auf YouTube stellen, steht der Film in einer relationalen Beziehung zum physischen Platz – ebenso, wenn sich die SkaterInnen auf dem Platz per WhatsApp mit anderen SkaterInnen auf anderen Plätzen verabreden oder sich per Snapchat Bilder zuschicken: Die Räume werden miteinander verbunden.

Durch Spacing können «unterschiedliche Orte auf demselben Grund und Boden entstehen» (Löw 2001, S. 245): der Skateplatz einer SkaterInnengruppe und der Treffpunkt der Kirchgängerinnen nach Festtagsgottesdiensten. Die Reaktionen auf die Räume, die durch das Spacing entstehen (z. B. durch das Skateboarden auf dem Kirchplatz), besitzen als «Kämpfe um den Raum» auch politische Aspekte und verfügen über ein pädagogisches Potenzial (Deinet 2004, S. 189f.; Löw 2001, S. 245).

Wie bei Böhnisch und Münchmeier ist auch für Deinet die Auseinandersetzung mit der Raumaneignung durch die Jugendlichen der zentrale Punkt der sozialräumlichen Jugendarbeit: Er betrachtet die Aneignung als eine der zentralen Aufgaben des Jugendalters und als das wichtigste Lernfeld der Jugendarbeit. Die Aneignung ermöglicht eine aktive Auseinandersetzung mit der Umwelt, die Verortung im öffentlichen Raum und das kreative Spurenhinterlassen im Raum (vgl. Deinet/Kirsch 2013, S. 316). Dadurch schaffen sich die Jugendlichen neue Möglichkeiten in den bestehenden Räumen und schaffen im Sinn des Spacings (Deinet 2004) neue Räume: In der Neuanordnung (alte Steinbank als Sportgerät) und durch die Verknüpfung von anderen virtuellen und realen Räumen entsteht durch das Tun der Jugendlichen ein neuer Raum.

8.4.8 Von der Gemeinwesenarbeit zum Sozialraum nach Wolfgang Hinte

Der Sozialraumansatz von Wolfgang Hinte unterscheidet sich in seiner Herkunft und im Raumverständnis von Deinets Ansatz der sozialräumlichen Jugendarbeit. Hinte beschreibt sein Sozialraumverständnis als Weiterentwicklung der Gemeinwesenarbeit, die in den 1960er-Jahren aus den USA in die Bundesrepublik Deutschland kam. Die Gemeinwesenarbeit wurde zuerst als «dritte Methode der Sozialarbeit, neben der

Einzelfallhilfe und der Gruppenarbeit», betrachtet «und anschliessend als eigenständiges ‹Arbeitsgebiet› ausgerufen» (Hinte 2009, S. 25).

Diese Form der Gemeinwesenarbeit erlebte in den gesellschaftlichen Umbrüchen nach 1968 einen kurzen Boom. Sie verstand sich als emanzipatorische Sozialarbeit dezidiert politisch (Freigang 2009, S. 145): Aus diesem Verständnis heraus trat sie fordernd und progressiv auf: Ihre politische Kampagnenarbeit, Demonstrationen, Betroffenen-Initiativen oder das öffentlichen Anprangern von Missständen irritiere neben bürgerlichen Kreisen auch die VertreterInnen der herkömmlichen Sozialen Arbeit. Hinte beschreibt externe und interne Gründe, die zum raschen Niedergang dieser Variante der Gemeinwesenarbeit führten (Hinte 2009, S. 15).

Zu Beginn der 1980er-Jahre wurde am Duisburg-Essener Institut für Stadtteilentwicklung, Sozialraumorientierte Arbeit und Beratung (ISSAB) unter dem Lead von Wolfgang Hinte der Ansatz «Stadtteilbezogene Soziale Arbeit» geschaffen, der später zur «sozialraumorientierten Sozialen Arbeit» weiterentwickelt wurde. Hinte und MitautorInnen griffen ausdrücklich auf die gescheiterte Gemeinwesenarbeit zurück und ergänzten sie mit weiteren Zugängen.

Nach Wolfgang Hinte ist es das Ziel der sozialraumorientierten Arbeit, die Lebensbedingungen an einem Ort oder Stadtteil «so zu gestalten, dass Menschen dort entsprechend ihren Bedürfnisse zufrieden(er) leben können» (Hinte 2009, S. 17). Hinte setzt bei der Veränderung der Lebensbedingungen an, weil er es für aussichtslos hält, Menschen pädagogisch ändern zu wollen (Hinte/Treeß 2011, S. 34). Zudem masst er sich nicht an, für andere zu entscheiden, was die richtige Lebensform sei: Normative Vorstellungen eines glücklichen Lebens hält er für überkommen. Hinte resp. die sozialraumorientierte Arbeit in seinem Verständnis «sieht die BewohnerInnen eines Quartiers als tätige Subjekte, die (zum Teil unter schwierigen Lebensbedingungen) versuchen, das ‹Beste› aus ihrem Leben zu machen» (Hinte 2012, S. 670). Hinte will die Gestaltungsfähigkeit dieser Subjekte ernst nehmen und radikal von ihren Lebenswelten ausgehen. Der Ausgangspunkt der Arbeit sind der Wille und die Interessen der Menschen, da er allen Menschen die Ressourcen zuspricht, selbst aktiv zu werden. Die Arbeit soll deshalb aktivierend und nicht betreuend ausgerichtet sein. Methodisch und organisatorisch fordert Hinte Arbeiten mit Querschnittsthemen und eine Vernetzung der AkteurInnen der Sozialen Arbeit (vgl. Hinte 2009, S. 21).

Aus diesen methodischen Prinzipien wird klar, dass das Verständnis des Sozialraumes von Wolfgang Hinte einerseits vom Sozialraum als

Bewegungs- und Alltagsraum der Menschen sowie als subjektive und identitätsstiftende Grösse (meine Gemeinde/Stadt, mein Quartier, unsere Strasse, mein Platz) und andererseits vom Sozialraum als Planungsgrösse für Hilfsarrangements geprägt ist.

Hintes sozialraumorientierte Jugendarbeit ist in der Praxis auf die Lebensbewältigung und auf sozialpädagogische Einrichtungen ausgerichtet. In der Offenen Jugendarbeit in der Deutschschweiz spielt sein Ansatz der sozialräumlichen Arbeit eine untergeordnete Rolle. Wenn sie zur Sprache kommt, dann meist indirekt durch die Beachtung seiner radikalen Ressourcenorientierung (Hinte/Treeß 2011, S. 60–71) in einem sozialpädagogischen Kontext.

9 Diakonische Jugendarbeit

Der Begriff Diakonie und das Adjektiv diakonisch werden im theologischen Diskurs uneinheitlich und oft wertend verwendet: Je nach theologischem Grundentwurf sowie Menschen- und Kirchenbild gilt diakonische Jugendarbeit als die zentrale Verwirklichung der Kirche oder wird zu einem zweitrangigen Feld kirchlicher Vorfeld- und Hilfsarbeit.

Im Vorwort des Buches «Diakonische Jugendarbeit» von Kruip, Hobelsberger und Gralla (1999a, S. 7) findet sich eine Aufzählung von aktuellen Ausrichtungen diakonischer Jugendarbeit. Bereits in dieser Liste leuchten unterschiedliche Begründungshorizonte auf: diakonische Jugendarbeit als Option für die am meisten Benachteiligten; diakonische Jugendarbeit als Orientierung an den Betroffenen und nicht am Aufbau der Institution Kirche (selbstloser bzw. absichtsloser Dienst der Kirche); diakonische Jugendarbeit als Aktivierung der Jugendlichen als Subjekte der diakonischen Arbeit; diakonische Jugendarbeit als Öffnung der kirchlichen Jugendarbeit über die jugendlichen Kirchenmitglieder hinaus und diakonische Jugendarbeit als Mit- und Umgestaltung der Gesellschaft (politische Diakonie). Eine spezifische Form ist die Verwendung von «diakonisch» als Kurzformel für die Verantwortung für den/die Andere/n von Emmanuel Lévinas. Darauf wird im nächsten Kapitel «Diakonisch-mystagogische Jugendarbeit und der Respekt vor der selbstgewählten Differenz» näher eingegangen.

9.1 Diakonie: Verbindung von Tun, Motivation und Deutung

Diakonie ist die Verbindung eines christlichen Sinnhorizontes mit konkreter Hilfe. Die Diakonie verfügt über einen eigenen Reflexions- resp. Deutungsrahmen[39] des Hilfehandelns. Die Bezugswissenschaft dieser Reflexion ist die Theologie (vgl. Braune-Krickau/Ellinger 2010, S. 23f.).

39 Über einen zusätzlichen Reflexionsrahmen innerhalb der Sozialen Arbeit zu verfügen, ist keine Besonderheit des diakonischen Ansatzes: Ähnlich kann Soziale Arbeit z. B. aus einer humanistischen Haltung heraus gedeutet werden, der Referenzrahmen

In der Verbindung von Tun, Motivation und Deutung sind drei Perspektiven zu unterscheiden: erstens das *christlich motivierte, persönliche Hilfehandeln*, zweitens das *Hilfehandeln der Organisation Kirche* und drittens *theologisch gedeutetes Hilfehandeln.*

Die erste Perspektive, Diakonie aus dem persönlichen Glauben, bezieht sich auf den Wert- und Sinnhorizont, der Christinnen und Christen zu Hilfehandeln motiviert (Kruip/Hobelsberger 1999, S. 11). Nach Martin Lechner ist eine christliche Motivation «nicht von exklusiver, sondern von spezifischer Art» (Lechner 2010, S. 121) – andere Sinnhorizonte führen in ähnlicher Weise zu Hilfehandeln: Glaubensüberzeugungen können, neben der persönlichen Hilfe, auch Motivation sein, einen Beruf im Bereich der Sozialen Arbeit zu ergreifen und/oder in der Kirche tätig zu werden. Je nach persönlicher Glaubenswelt unterscheidet sich die Motivation stark: Hilfe als Feld möglicher Mission/Bekehrung; als Absicht, in der Hilfe ein tätiges Zeugnis der Glaubensüberzeugung abzulegen; Hilfe als Praxis eines politisch-theologischen Selbstverständnisses; als religiöse Vorstellung einer verbindlichen Verpflichtung zur Hilfe; als Wille, mit guten Taten vor Gott besser dazustehen; als Absicht, sich auf dem «harten Feld der Hilfe» als ChristIn zu bewähren; als genereller Humanisierungswille; als Überzeugung, dass die Spur Gottes im Hilfehandeln erkennbar wird. Das heisst, die Differenzen zwischen den verschiedenen Hilfemotivationen sind gross: Innerhalb des christlichen Sinnhorizontes sind die persönlichen Gründe, warum jemand Hilfe leistet, kaum weniger unterschiedlich als zwischen christlichen und nichtchristlichen Sinnhorizonten. Dies heisst auch, dass christlich motiviertes Hilfehandeln Verschiedenes bedeuten kann und damit die persönliche Motivation geklärt werden muss: Nicht alle Motivationen, die sich auf den Glauben gründen, sind zudem mit den Zielen der kirchlichen Jugendarbeit kompatibel.

Die Diakonie als Hilfehandeln der Organisation Kirche ist die zentrale Perspektive im Diakoniediskurs. Ähnlich wie bei den persönlichen Motivationen unterscheidet sich, je nach Theologie, der Stellenwert der Diakonie. Mit Ausnahme stark auf die Liturgie und Verkündung ausgerichteter Modelle, in denen die Diakonie nur die Rolle der Vorfeldarbeit und der Folge aus einer Glaubensüberzeugung übernimmt, wird in den meisten Ansätzen praktischer Theologie generell die zentrale Rolle

---

sind hier die humanistische Philosophie resp. die Grundlagen einer humanistischen Psychologie.

der Diakonie betont (vgl. Haslinger 2009): Diakonie wird als ein, wenn nicht gar als der Hauptzweck der Kirche beschrieben: Hans Hobelsberger beschreibt das Hilfehandeln als Urgeste der Kirche und Vorzeichen alles kirchlichen Handelns (Hobelsberger 2013, S. 121; Kruip/Hobelsberger 1999, S. 22). Kurzformeln dafür sind etwa die bekannten Aussagen von Dietrich Bonhoeffer: «Die Kirche ist nur Kirche, wenn sie für andere da ist.» (Bonhoeffer 1985), oder von Jacques Gaillot: «Eine Kirche, die nicht dient, dient zu nichts» (Gaillot 1990). Auch ausserhalb der Kirche erfährt von allen kirchlichen Leistungen die Hilfe die grösste Anerkennung: Die Kirche schöpft als Organisation einen Teil ihrer Legitimation aus der Diakonie, wobei die Hilfe jedoch nicht von institutionellen Interessen geleitet werden darf: Innerkirchlich wird vom selbstlosen Dienst der Kirche an den Menschen resp. der Jugend gesprochen. Für Martin Lechner ist es kennzeichnend für die diakonische Jugendarbeit, dass die Kirche hier auf «Institutionsinteressen verzichtet – oder theologisch richtiger gesagt: dass sie dies immer wieder aufs Neue versucht!» (Lechner 2010, S. 117): Es geht um die Jugendlichen und nicht um den kirchlichen Nachwuchs oder das Kirchenimage.

Die dritte Perspektive ist die Diakonie als theologisch gedeutetes Hilfehandeln: Aufgrund theologischer Überlegungen wird einer konkreten Hilfehandlung eine besondere Qualität zugesprochen. Zentral für die Deutung der Diakonie ist die theologische Grundhaltung. Dies ist eine Binsenwahrheit und trotzdem der Schlüssel zum Verständnis, warum der Stellenwert der Diakonie je nach Theologie und kirchlicher Strömung variiert. Dabei wäre der biblische Befund in dieser Frage, verglichen etwa mit Fragen zur persönlichen Lebensführung, recht eindeutig. Zentrale Texte des Neuen Testaments betonen den Vorrang des richtigen Tuns vor dem richtigen Glauben: das Gebot der Nächstenliebe (Mt 22,40; Mk 12,28–34; Lk 10,25–28), das Samaritanergleichnis (Lk 10,25–37) und die Rede vom Weltgericht (Mt 25,31–46) (vgl. Haslinger 2009, S. 237–273). In der Reich-Gottes-Verkündigung als befreiende Botschaft kommen zur Aufforderung zur persönlichen Hilfe politisch-herrschaftskritische Aussagen hinzu (vgl. für das Folgende Haslinger 2013, S. 273–301). Im Magnificat (Lk 1,46–55) verheisst die Geburt Jesu eine Umkehr der Machtverhältnisse: Die Mächtigen werden gestürzt, die Reichen gehen leer aus, während die Niedrigen erhöht und die Hungernden beschenkt werden. In der Verkündungsrede in Nazaret (Lk 4,16–21) lässt Lukas Jesus programmatisch verkünden, dass der Herr ihn gesandt habe, um den Armen die entscheidende Botschaft zu bringen, den Gefangenen die

Entlassung zu verkünden, den Blinden, dass sie sehen werden, und den Unterdrückten die Freiheit zu bringen. Die Seligpreisungen der Bergpredigt (Mt 5,1–12; Lk 6,20–23) können als Umkehrung einer Macht- und Besitzlogik und Hinwendung zu den Armen, Besitzlosen, Unglücklichen und Gewaltlosen gelesen werden. In diesen Texten wird neben der Parteinahme für die Unterdrückten und Rechtlosen eine Verbindung von Hilfehandlungen und dem Willen Gottes hergestellt: Hobelsberger bezeichnet etwa die Reich-Gottes-Praxis als Diakonie (Hobelsberger 2006, S. 153–156). Es erstaunt nicht, dass die Reich-Gottes-Verkündigung in den politischen und feministischen Theologien einen zentralen Stellenwert einnimmt.

Neben dieser biblischen Herleitung aus dem Alten und Neuen Testament kann das diakonische Handeln ebenfalls theologisch und religionsphilosophisch hergeleitet werden. Ein Beispiel für eine solche Herleitung ist die Lévinas-Rezeption für die diakonischen Jugendarbeit (siehe «Die Philosophie Emmanuel Lévinas' als Grundlage einer diakonischen Jugendarbeit», Abschnitt 10.2.1, S. 227 f.).

9.2 Die theologische Grundhaltung und Diakonie

In Anlehnung an Dorothee Sölle sollen drei theologische Grundentwürfe (Sölle 1990) unterschieden werden: die glaubenszentrierte, die liberale und eine kontextuell-politischen Grundhaltung.[40] Je nach Grundentwurf sind die Sicht, der Stellenwert und die Praxen der Diakonie sehr unterschiedlich.

9.2.1 Diakonie in der glaubenszentrierten Grundhaltung

Bei einer glaubenszentrierten Grundhaltung stehen Lehrsätze, überzeitliche Wahrheiten und die Offenbarung im Zentrum. Der/die zentrale Akteur/in ist der/die Einzelne, der/die sich für oder gegen die Annahme der Glaubenswahrheit als Ganzes entscheidet: Das heisst, der richtige Glaube ist (heils-)entscheidend. Je nach Ausrichtung und Tradition der Strömungen innerhalb der glaubenszentrierten Grundhaltung ist die gemeinschaftlich organisierte Diakonie entweder kaum existent oder ein

40 Im Original bezeichnet Sölle die Ansätze als orthodox, liberal und befreiungstheologisch.

zentrales Identitätsmerkmal. Dies zeigt sich idealtypisch in der Bekenntnisgemeinschaft in Abgrenzung zur Welt und in der Verbindung von Mission und Hilfe.

Typus als Bekenntnisgemeinschaft in Abgrenzung zur Welt: Wer die Welt und das irdische Leben verglichen mit dem ewigen Leben und dem Seelenheil für unwichtig hält, muss selber nicht unbedingt diakonisch tätig werden – zumal Gott, wie in gewissen freikirchlichen Theologien, an den Naturgesetzen vorbei Wunder wirken und die Lebenslage verbessern kann – und könnte. Die Ressourcen werden in diesem Typus eher für die Organisation selbst als für die organisierte Diakonie verwendet. Die Jugendarbeit in diesen Strömungen ist auf Mission und Bekenntnis ausgerichtet. Auch wenn Bekenntnisgemeinschaften als Organisationen weniger diakonisch tätig sind, herrscht das Verständnis der Diakonie als christlich motiviertes, persönliches Hilfehandeln vor. Dies hat zur Folge, dass Mitglieder häufig in pädagogische und soziale Berufe streben.

Typus Verbindung von Mission und Hilfe: In diesem Typus ist das Bekenntnis eine spezielle Form des Hilfehandelns, die mit theologischen Paradigmen verknüpft ist. Kennzeichnend für dieses Hilfehandeln ist, dass sich die so motivierte Diakonie meist an «klassische» Zielgruppen richtet (z. B. Suchtkranke, Armutsbetroffene, Obdachlose, Jugendliche in schwierigen Lebenslagen). Die Hilfe wird von einem «religiösen Team» mit einem mehr oder weniger einheitlichen Bekenntnis geleistet: Eine gemeinsame religiöse Praxis des Teams wird vorausgesetzt. Wichtiger als die formale Befähigung der Helfenden ist der persönliche Glaube resp. die persönliche Motivation: Ähnlich wie die Diakonie selbst ist die Professionalisierung nachgelagert – auch wenn etwa gewisse Freikirchen eigene Ausbildungsgänge anbieten. Je nach Betrachtungsweise gehört die mögliche Bekehrung von Personen aus der Zielgruppe zum *hidden curriculum* oder stellt einen erwünschten Nebeneffekt dar. Dies kann in der Offenen Kinder- und Jugendarbeit z. T. zu Interessenkonflikten führen.

9.2.2 *Diakonie in der liberalen Grundhaltung*

Die liberale Grundhaltung ist die Grundhaltung des Mainstreams der reformierten und katholischen Kirchen in der Schweiz. Kennzeichnend für diese Grundhaltung ist das Selbstverständnis, im Zentrum der Gesellschaft angesiedelt zu sein und darin aus einer christlich-abendländischen Perspektive den Fokus auf das Menschliche, Soziale und Ethische zu lenken. Aus einer liberalen Grundhaltung heraus besteht zwischen der Wissenschaft und dem Glauben kein Widerspruch. Die Hauptperspektive der Diakonie ist auf das Hilfehandeln der Organisation Kirche gerichtet. Dies heisst, dass die Professionalität der Hilfe im Vordergrund steht und die persönlichen Motivationen der Akteure als wichtig, aber klar zweitrangig betrachtet werden.

Eine moderne liberale Grundhaltung ist auch als kritische Grundhaltung zu verstehen: die Anerkennung der Relativität des eigenen Standpunktes, eine Sensibilität für Ungerechtigkeiten und Genderfragen sowie das Verständnis, selber Produkt von gesellschaftlichen und historischen Entwicklungen zu sein.

Die Mehrheit der Offenen Kinder- und Jugendarbeit in der katholischen und reformierten Kirche wird aus dieser Grundhaltung heraus getragen. Als Referenz für die Praxis dienen die Fachwissenschaften Soziale Arbeit/Soziokulturelle Animation oder Sozialpädagogik. Durch die Verortung der liberalen Grundhaltung in der Volkskirche richten sich viele der Angebote an Jugendliche aus dem Mainstream der Gesellschaft oder an die Jugendlichen der Kirchenmitglieder und sind deshalb primär auf Lebensgestaltung ausgerichtet.

9.2.3 Diakonie in der kontextuell-politischen Grundhaltung

Im Unterschied zur liberalen Grundhaltung werden in einer kontextuell-politischen Grundhaltung Parteilichkeiten und Optionen klar benannt – dieses Verständnis erstreckt sich auch auf die Wissenschaften.

Das Verständnis des eigenen Handelns ist politisch reflektiert und neben Gerechtigkeit, Frieden und Ökologie auch dezidiert auf Gendergerechtigkeit und Interkulturalität ausgerichtet. Daher wird Diakonie immer als soziale und gleichzeitig politische Diakonie gedacht. Die Anforderungen an die Fachlichkeit der Akteure sind im Rahmen einer kontextuellen Grundhaltung am höchsten, mit der Kirche als Organisation wird am selbstkritischsten umgegangen.

Die kirchliche Jugendarbeit richtet sich aus einer kontextuell-politischen Grundhaltung heraus optional an Jugendliche, die sich in schwierigen Lebenslagen befinden oder über wenig Ressourcen verfügen. Das heisst, es handelt sich meist um Angebote der Lebensgestaltung oder in der Ermöglichung des Engagements. Die parteiliche Mädchen- und Bubenarbeit ist ebenfalls im Bereich der kontextuell-politischen Grundhaltung anzusiedeln. In der aktuellen Praxis sind dezidiert kontextuell-politische Angebote eher selten.

9.3 Kriterien für die Tätigkeit religiöser Organisationen in der Offenen Jugendarbeit

In der Fachdiskussion der Sozialen Arbeit resp. der Soziokulturellen Animation wird die Rolle religiöser Organisationen in der Offenen Kinder- und Jugendarbeit aktuell kontrovers diskutiert. Den Ausgangspunkt der Kontroverse bildeten die Angebote freikirchennaher Gruppierungen, die Offenen Jugendarbeit für Gemeinden kostenlos zu übernehmen. So wurde etwa einer Freikirche in einer Gemeinde im Mittelland die Führung des Jugendtreffs übertragen, nachdem die Gemeinde zweieinhalb Jahre zuvor die Jugendarbeiterin aus Spargründen gekündigt hatte (Kirchhofer 2012, S. 28). Dem zuständigen Gemeinderat genügte die Vereinbarung, dass sich die Initiativgruppe neutral verhalte, das heisst, auf Missionierung verzichte. Betrachtet man den Vorgang, entsteht der Eindruck, die primäre Motivation der Gemeinde sei es gewesen, Geld zu sparen, und die Verantwortlichen sähen bewusst über mögliche Schwierigkeiten hinweg: So spricht die Gemeine etwa von einer Initiativgruppe von jungen Leuten, die vom Jugendpastor einer Freikirche vertreten werde, und nicht von der Freikirche X, die nun den städtischen Jugendtreff führt.

Das Angebot von Freikirchen, politischen Gemeinden unentgeltlich Leistungen im Bereich der Offenen Jugendarbeit anzubieten, wirft in einem Fachdiskurs eine Reihe von Fragen auf: Fragen zum Stellenwert der Offenen Arbeit und der Professionalisierung auf der einen Seite und auf der anderen die Grundsatzfrage, ob religiöse Organisationen durch ihre Grundausrichtung überhaupt geeignete Anbieterinnen von Offener Kinder- und Jugendarbeit sein können.

Das erste Fragebündel berührt das Selbstverständnis der Offenen Arbeit mit Kindern und Jugendlichen: Ist Offene Kinder- und Jugendarbeit eine Nice-to-have-Leistung, die in einer finanziell angespannten Situation weggespart werden kann? Über welche Ausbildung müssen Personen verfügen, die in der Offenen Jugendarbeit tätig sind?

Das zweite Fragebündel betrifft die Umsetzung von Kinder- und Jugendarbeit: Welche Bedingungen müssen Kirchen und andere religiöse Organisationen erfüllen, um Offene Kinder- und Jugendarbeit anbieten können? Daraus ergibt sich ein grundsätzlicher Klärungsbedarf, der auch die Landeskirchen betrifft – auch wenn die Landeskirchen zu den Pionierinnen der Offenen Kinder- und Jugendarbeit zählen. In der Schweiz steht es allen Organisationen frei, innerhalb des gesetzlichen Rahmens Angebote für Kinder und Jugendliche zu machen – und das ist gut so. Trägt das Angebot aber die Bezeichnung «Offene Kinder- und Jugendarbeit», sollten sich die AnbieterInnen an die aktuellen fachlichen Standards, Haltungsfragen und Arbeitsansätze der «Offenen Kinder- und Jugendarbeit» halten. Dies gilt besonders dann, wenn die Kinder- und Jugendarbeit im Auftrag oder mit Billigung einer Gemeinde stattfindet, z. B. wenn Räumlichkeiten zur Verfügung gestellt werden. Offene Kinder- und Jugendarbeit oder Kinder- und Jugendförderung sind keine geschützten Begriffe, eine missbräuchliche oder naive Verwendung hat keinerlei rechtliche Konsequenzen. Es geht hier also in erster Linie um Redlichkeit und Transparenz: Sowohl Kinder und Jugendliche als auch ihre Bezugspersonen, Drittpersonen und -organisationen, politisch Verantwortliche und GeldgeberInnen sollten die Garantie haben, dass sich alle, die unter dem Label «Offene Kinder- und Jugendarbeit» auftreten, an die fachlichen Standards halten – und dass weder implizit noch explizit bereichsfremde Ziele verfolgt werden. Die Bezugswissenschaft der Offenen Arbeit mit Kindern und Jugendlichen und damit die Referenz für die fachlichen Standards ist die Soziale Arbeit resp. die Soziokulturelle Animation. Zu den fachlichen Standards gehört, dass die in der Offenen Kinder- und Jugendarbeit Tätigen über eine Ausbildung in Sozialer Arbeit/Soziokultureller Animation oder eine gleichwerte Ausbildung verfügen.

Im Gegensatz zu den grossen Jugendverbänden (z. B. Pfadibewegung Schweiz, CEVI Schweiz, Jungwacht Blauring), in denen die Beschäftigung mit Sinnfragen von jeher einen Teil der Verbandsmethodik bildet, war und ist in der Offenen Kinder- und Jugendarbeit das Nachdenken über Sinn und Zweck des Lebens oder die Frage nach Gott selten ein geplanter Programmpunkt. Die Erfahrung zeigt aber, dass sich Jugendliche in der Eins-zu-eins-Situation auch mit Sinn- oder religiösen Fragen an JugendarbeiterInnen wenden. Dies besonders, wenn die Jugendarbeitenden in der Offenen Kinder- und Jugendarbeit von einer Kirche angestellt sind oder mit Kirche/Religion in Verbindung gebracht werden. Beratungsgespräche über existenzielle oder höchstpersönliche Themen wie z. B. Religion oder Sexualität zu führen, ist anspruchsvoll. Es verlangt von den JugendarbeiterInnen Rollensicherheit und beraterisches Know-how: Die Gesprächshaltung soll einfühlend, echt und wertschätzend sein. Das Ziel dieser Gespräche ist es, gemeinsam Klarheit zu schaffen, die Fragen der Jugendlichen zu bearbeiten und/oder zur Problemlösung beizutragen sowie, wenn nötig, die Jugendlichen an weitere Stellen zu verweisen (Triagefunktion). Im Zentrum eines solchen Beratungsgespräches stehen ausschliesslich die/der Jugendliche und ihre/seine Anliegen, Belehrungs- und Bekehrungsbemühungen haben keinen Platz.

Wie in den geschichtlichen Kapiteln ausführlich beschrieben wurde, hat sich seit den 1970er-Jahren in der katholischen Kirche der deutschsprachigen Länder im Nachgang des Zweiten Vatikanischen Konzils die Haltung durchgesetzt (vgl. Synode 72 St. Gallen 1976; Synode 75 BRD 1976), Jugendarbeit als selbstlosen Dienst der Kirche an der Jugend zu betrachten. Ähnliches kann im Zusammenhang mit der aktuellen Diskussion der diakonischen Jugendarbeit innerhalb der reformierten Kirche festgehalten werden (Braune-Krickau/Ellinger 2010). Für den Bereich der Offenen Kinder- und Jugendarbeit bedeutet dies, dass in der Offenen Arbeit der Kirchen über die eigentliche Arbeit für und mit den Kindern und Jugendlichen hinaus keine weiteren Absichten, etwa Bekehrungs- oder Rekrutierungsabsichten, verfolgt werden.

Wenn religiöse Akteure und Organisationen in der Offenen Kinder- und Jugendarbeit tätig sein wollen, müssen sie sich Schlüsselfragen stellen: Passen die eigenen Grundhaltungen und das eigene Menschenbild zu den geforderten Haltungen in der Offenen Kinder- und Jugendarbeit? Auch die Klärung der eigenen Motivation resp. der Motivation der Organisation ist wichtig: Können sich die Akteurinnen und Akteure mit einem rein selbstlosen Handeln ohne weitere Absichten zufriedengeben, oder ist eine zentrale Motivation der Akteurinnen und Akteure die Vermittlung von Glaubensinhalten im Sinn einer Einstellungs- oder Verhaltensänderung bei den Kindern und Jugendlichen? Im zweiten Fall ist es für die Akteure wohl angezeigt, sich in anderen Feldern der kirchlichen Angebote für Kinder und Jugendliche (z. B. Religionsunterricht, Glaubenskurse, Gemeindepastoral, Gottesdienste) zu engagieren, da implizite oder explizite Konversionsanstrengungen in der Offenen Kinder- und Jugendarbeit keinen Platz haben sollten.

Innertheologisch ist zusätzlich die Frage nach der Heilsnotwendigkeit des christlichen Glaubens ein wichtiger Indikator für die Eignung einer Organisation als Anbieterin von Offener Kinder- und Jugendarbeit: Ist das Bekenntnis zum Christentum resp. zu Jesus Christus heilsnotwendig oder nicht? Wer davon ausgeht, dass ein Bekenntnis heilsnotwendig ist und daher unbedingt anzustreben sei, wird u. U. auf Dauer die geforderte Abstinenz in der Glaubensvermittlung nur schwer durchhalten können – und eben doch implizit immer versuchen, die «entscheidende Botschaft» zur als notwendig beurteilten Hinwendung zum Christentum weiterzugeben.

Aus der Perspektive der Sozialen Arbeit/Soziokulturellen Animation, der Entwicklungspsychologie und hinsichtlich der Ziele der Kinder- und Jugendförderung können für die theologischen Haltungen und das Menschenbild die folgenden drei Hauptkriterien abgeleitet werden:

1. Die Akteurinnen und Akteure der Offenen Kinder- und Jugendarbeit sollen sich innerhalb der Vorstellungen und dem rationalen Weltbild einer wissenschaftlichen Theologie bewegen. Das heisst etwa: Wunder werden nicht als Ereignisse ausserhalb der Naturgesetze verstanden; ein direkter Tun-Ergehen-Zusammenhang wird ebenso verneint wie ein kreationistisches Schöpfungsverständnis.

2. Wenden sich Kinder und Jugendliche mit religiösen oder Sinnfragen an Jugendarbeitende, sollen durch eine offene Diskussion die religiöse Entwicklung angeregt und ggf. heteronome, Angst machende oder nicht mehr altersgemässe Vorstellungen abgebaut werden. Um dies zu erreichen, ist eine rationale und offene Zugangsweise notwendig.

3. Eine weitere zwingend erforderliche Grundhaltung für die Tätigkeit in der Offenen Kinder- und Jugendarbeit ist die Überzeugung, dass in allen Religionen gleichermassen Wahrheit zu finden ist und dass es keine absoluten Wahrheiten gibt.

In der Offenen Kinder- und Jugendarbeit kommen die Professionellen mit Kindern und Jugendlichen mit unterschiedlichsten Religionen oder ohne konfessionelle Bindungen in Kontakt. Allen Kindern und Jugendlichen und ihren Einstellungen soll mit derselben Wertschätzung begegnet werden. Deshalb ist es notwendig, alle Religionen und Formen der gelebten Religiosität als gleichwertig zu betrachten. Das heisst auch, den unterschiedlichen Religionen und Einstellungen zur Religion der Kinder und Jugendlichen auf Augenhöhe zu begegnen und auch von ihnen religiöse Toleranz einzufordern.

Zusammenfassend: Erstens sollen, wenn im Zusammenhang mit Angeboten für Kinder und Jugendliche feststehende Fachbegriffe wie Offene Kinder- und Jugendarbeit, Kinder- und Jugendanimation oder Kinder- und Jugendförderung verwendet werden, die aktuellen fachlichen Standards umgesetzt werden. Wird das nicht gemacht, sollte redlichkeitshalber ein anderer Begriff verwendet und klar auf die Trägerschaft hingewiesen werden (z. B. Jugendarbeit der Kirche/Gemeinschaft/Bewegung X). Zweitens müssen sich jede religiöse Organisation und ihre Akteurinnen und Akteure ehrlich fragen, ob ihre Motivation und Einstellungen wirklich kompatibel mit den Zielsetzungen der Offenen

Kinder- und Jugendarbeit sind. Drittens bestehen vonseiten der Sozialen Arbeit/Soziokulturellen Animation Kriterien, wie die Vertretung eines rationalen Weltbildes, die gelebte religiöse Toleranz sowie die Ablehnung jeder Form von Diskriminierung von Anbietern Offener Kinder- und Jugendarbeit beachtet und eingehalten werden sollten.

9.4 Hilfe in der Sozialen Arbeit und die Entstehung von Leistungen

Die Nähe der Diakonie zur Sozialen Arbeit ist wenig erstaunlich, da das kirchliche Hilfehandeln (etwa in Form der Armenpflege/-fürsorge) eine zentrale historische Wurzel der Sozialen Arbeit darstellt (vgl. Schilling/Zeller 2012, S. 15–32). Die historische Diakonie war einer der zentralen Ausgangspunkte einer Entwicklung, die zur heutigen Sozialen Arbeit geführt hat: Das Helfen wurde zum Beruf und zur Wissenschaft. Es wird in der Sozialen Arbeit nicht religiös, sondern aufgrund von fachwissenschaftlichen und Menschenrechtsüberlegungen (vgl. Staub-Bernasconi 2007, kritisch dazu Müller-Hermann/Becker-Lenz 2013) begründet. Die Soziale Arbeit dient heute der Diakonie als Bezugswissenschaft für ihre Praxis des Hilfehandelns: Es hat sich in der Diakonieliteratur durchgesetzt, die Diakonie als die Soziale Arbeit der Kirche (vgl. Haslinger 2009, S. 310; Lechner 2000) zu bezeichnen.

Das Ziel der Sozialen Arbeit ist es, Lebenslagen zu verbessern, den gesellschaftlichen Zusammenhalt zu stärken, gerechtere gesellschaftliche Strukturen zu fördern und zu einer generellen Humanisierung beizutragen. Dies soll dadurch erreicht werden, dass der soziale Wandel gefördert wird, Probleme des Zusammenlebens gelöst und Menschen gestärkt werden und ihr Wohlbefinden generell verbessert wird (vgl. Müller-Hermann/Becker-Lenz 2013, S. 126). Für die Jugendarbeit bedeutet dies neben der Beseitigung von Phänomenen, die die Lebenslage verschlechtern (z. B. Armut, Ausschluss, fehlende Bildungschancen, prekäre Wohnsituationen, Substanzabhängigkeiten), auch die Ermöglichung von Partizipation, Gestaltungsräumen, Selbstwirksamkeitserfahrungen sowie die Verbesserung der Generationengerechtigkeit: Verallgemeinernd kann von der Schaffung von guten Bedingungen des Aufwachsens gesprochen werden. Das heisst, die Soziale Arbeit wendet sich nicht nur an Einzelpersonen, Gruppen und das Gemeinwesen, sie setzt sich auch auf der politischen Ebene für die generelle Verbesserung der Lebensbedingungen ein. Hilfe in der Sozialen Arbeit ist also wesentlich mehr als das Alltagsverständnis, in dem Hilfe als Beitrag zur Verminderung von persönlichen Problemlagen betrachtet wird.

Mit dem Social Impact Modell (SIM) beschreiben Beat Uebelhart und Peter Zängl (Uebelhart/Zängl 2013) u. a., wie Leistungen der Sozialen Arbeit zustande kommen: Im Zentrum stehen ein soziales Problem und seine Folgen. Welche Risiken bestehen für die Gesellschaft, wenn kein Bedarfsausgleich erfolgt? Als Beispiel soll hier das soziale Problem des Ausschlusses von Kindern und Jugendlichen in der Raumplanung und damit das Übergehen ihrer Interessen und Anliegen stehen. Der erste Schritt im SIM ist die Problemkonstruktion. Mit einem Agenda-Setting und Lobbying gelangt das soziale Problem auf die politische Agenda. Auf der Fachebene wird das soziale Problem beschrieben, der Bedarf abgeschätzt und werden Leistungs- und Wirkungsziele definiert. War die Problemkonstruktion erfolgreich, folgt der handlungsauslösende Beschluss, das soziale Problem anzugehen resp. den Bedarf auszugleichen. Ein Stadtparlament beschliesst etwa, Kinder und Jugendliche vermehrt in die politischen Entscheide einzubeziehen, und erteilt der Verwaltung (z. B. Fachstelle für Kinder und Jugend) den entsprechenden Auftrag. In einem zweiten Schritt wird nun die Lösung für das soziale Problem konstruiert. Es wird ein Konzept erstellt, wie aus fachlicher Sicht das Problem der mangelnden Beteiligung von Kindern und Jugendlichen an politischen Entscheiden behoben werden kann. Eine Lösung könnten etwa Workshops mit Kindern und Jugendlichen sein. Nach der Bewilligung der Ressourcen für die Umsetzung durch das Stadtparlament erfolgt der dritte Schritt: die tatsächliche Umsetzung. In einem vierten und abschliessenden Schritt wird die Wirkung der Umsetzung überprüft, also: Konnten sich die Kinder und Jugendlichen durch die Workshops an den politischen Entscheiden beteiligen, und wurden die Wirkungsziele aus der ersten Problemkonstruktion erreicht? Aufgrund dieser Evaluation wird die Problemkonstruktion verfeinert und die Lösung des sozialen Problems geht in die zweite Runde.

Vergleicht man die aktuelle Praxis mit dem SIM-Modell, fällt auf, dass in der kommunalen Kinder- und Jugendarbeit zunehmend durch Agenda-Setting und Lobbying Lösungen verkauft werden, anstatt sich eingehend mit einer Problemkonstruktion zu befassen. Um beim obigen Beispiel zu bleiben: Anstatt sich in einer vertieften Problemkonstruktion mit den fehlenden Mitwirkungsmöglichkeiten und daraus resultierenden Problemen im öffentlichen Raum zu befassen, werden Leistungen in der aufsuchenden Jugendarbeit eingekauft, die u. U. auch als Möglichkeit der Partizipation angepriesen werden. Da durch das Fehlen einer eigentlichen Problemkonstruktion Wirkungsziele in Bezug auf das soziale Problem fehlen, werden höchstens die dem Anbieter vorgegebenen Ziele überprüft werden können.

9.5 Diakonie als Grundvollzug der Kirche

Unter den Grundvollzügen werden die grundlegenden kirchlichen Handlungsfelder verstanden. Je nach AutorIn werden drei oder vier Grundfunktionen unterschieden. Entweder ist die Koinonia (Gemeinschaft) neben der Diakonie (Hilfehandeln), der Martyrie (Verkündigung) und der Liturgie (Gottesdienst) eine vierte gleichwertige Funktion, oder die Gemeinschaft wird – etwa im Verständnis von Leo Karrer – in allen drei Funktionen verwirklicht und ist daher keine eigenständige Grundfunktion. Dorothee Sölle (Sölle 1990) unterscheidet zwischen Kerygma (Verkündigung, Lehre), Diakonie und Koinonia. Die Liturgie sieht Sölle als Unterkategorie der Koinonia im Sinn von Gemeinschaft mit Gott und Gemeinschaft untereinander an. Die soziale und politische Diakonie sind für Sölle gemeinsam die Orthopraxis (das richtige Tun) des Christentums.

Werden die drei Grundfunktionen der Kirche in Diakonie, Martyrie und Liturgie unterteilt, existiert keine nicht-diakonische Jugendarbeit. In diesem Fall sind alle Formen der kirchlichen Jugendarbeit der Grundfunktion der Diakonie zugeordnet.

Tabelle 5: Angebote der Jugendpastoral in den drei Grundvollzügen Diakonie, Martyrie und Liturgie.

Diakonie	Martyrie	Liturgie
Kirchliche Jugendarbeit mit den Unterkategorien: Verbandliche Jugendarbeit, Offene Jugendarbeit, Vereine und vereinsähnliche Gruppen	Religionsunterricht/ Katechese für 13- bis 16-Jährige, Firmung 17/18+	Liturgische Angebote für Jugendliche: Jugendgottesdienste, Jugendkirche

Werden mit der Diakonie, Martyrie, Koinonia und Liturgie vier Grundfunktionen der Kirche unterschieden, so werden die Angebote der kirchlichen Jugendarbeit je nach der Unterscheidung in Lebensbewältigung und Lebensgestaltung der Diakonie oder der Koinonia zugeordnet.

In der Diskussion um die Theologie und Praxis der Jugendverbände wurde z. B. in den späten 1990er-Jahren innerhalb des Verbandes Katholischer Pfadfinderinnen und Pfadfinder argumentiert, dass in den Jugendverbänden mit dem Leben der Grundfunktion der Koinonia/Gemeinschaft Kirche im Vollsinn verwirklicht wird.

Tabelle 6: Angebote der kirchlichen Jugendarbeit in den Grundvollzügen Diakonie und Koinonia.

Diakonie	Koinonia
Angebote der Lebensbewältigung: Treffangebote Aufsuchende Arbeit Prävention Peergruppenräume Beratung/Begleitung	*Angebote der Lebensgestaltung:* Jugendverbände Projekte Konzerte/Partys Kurse/Workshops Erlebnis- und Reiseangebote Jugendkultur

Das Konzept der kirchlichen Grundfunktionen wird breit und mit grosser Selbstverständlichkeit verwendet. In jüngerer Zeit erfährt es jedoch von verschiedener Seite Kritik: Die altgriechischen Bezeichnungen suggerieren ein weit höheres Alter des Konzeptes (es ist vermutlich weniger als achtzig Jahre alt), die Zahl der Grundfunktionen variiert je nach AutorIn, und es lässt sich bibeltheologisch nicht wirklich fundieren. Problematisch kann eine interessengeleitete Zuordnung der einzelnen Grundfunktionen untereinander werden, etwa wenn die Diakonie als Vorform ausgehend von einem Stufenmodell oder in einem Modell der konzentrischen Kreise als Aussenbezirk der Liturgie dargestellt wird (vgl. Haslinger 2009, S. 168–175).

Trotzdem verschafft das Konzept der Grundfunktionen im innerkirchlichen Diskurs Klarheit und eine Diskussionsgrundlage für die Ziele und Aufgaben der kirchlichen Jugendarbeit und zur Abgrenzung von anderen Bereichen der (Jugend-)Pastoral. Besonders in der Diskussion mit kirchlichen Mitarbeitenden vor Ort oder Mitgliedern kirchlicher Gremien erweist sich diese Konzeption als produktiv, da das Konzept bereits bekannt ist und alle Angebote der Pastoral in ein Verhältnis zueinander gesetzt werden.

9.6 Die Option für die Jugend

Optionen sind in einem befreiungstheologischen Verständnis die Klärung und Offenlegung der zentralen Perspektive, unter der der Analyse-, Diagnose- und Handlungszirkel in Form des Schemas von «Sehen, Urteilen, Handeln» durchgeführt wird (vgl. für das Folgende Haslinger 2009, S. 382–392; Hobelsberger 2006, S. 217–231). Optionen sind mehr als bloss erkenntnisleitende Voranannahmen im Sinn von Hypothesen: Im Verständnis einer politischen Theologie, wie der Befreiungstheologie, gibt es keine neutralen Standpunkte, von denen aus Theologie betrieben werden könnte. Theologie ist immer parteilich und hat immer mit der Legitimation oder Kritik bestehender Verhältnisse zu tun. Deshalb müssen das Vorverständnis, der eigene Standpunkt, die eigene Betroffenheit und Verstrickung mit den bestehenden Verhältnissen/Strukturen sowie die eigene Parteilichkeit reflektiert und transparent gemacht werden. Die Optionen zeigen sowohl das zentrale Erkenntnisinteresse als auch den parteilichen Standpunkt, von dem aus die befreiungstheologische Arbeit geschieht.

Optionen in diesem Sinn wurden mit der «Option für die Armen» erstmals im Nachgang zur Zweiten Generalversammlung der lateinamerikanischen Bischöfe in Medellin 1969 verwendet. Das Abschlussdokument von Medellin verwendet den Begriff Optionen noch nicht, sondern betont die Solidarisierung der Kirche mit den Armen. Erstmals wurde die Option für die Armen von Giancarlo Collet an einem Treffen der peruanischen Priesterbewegung verwendet (Haslinger 2009, S. 387).

Die befreiende Botschaft Jesu Christi ist keine abstrakte, zeit- und kontextlose Wahrheit, sondern sie richtet sich in erster Linie ganz konkret an die Armen, Unterdrückten und Entrechteten: Ihnen wird die Befreiung aus ungerechten Strukturen und das Leben in Fülle für alle verheissen. Gott ist parteiisch, er ist auf der Seite der Armen und Unterdrückten – und nicht bei den Unterdrückenden. Die Kirche hat sich daher in erster Linie für die Armen und Entrechteten einzusetzen. Das heisst, die Option für die Armen bedeutet eine radikale Rückbesinnung auf die Hauptaussagen des Neuen Testamentes und den Kampf gegen ungerechte Strukturen in Wirtschaft, Kultur und Politik. Die Sünden, die Gott und den Menschen trennen, sind nicht in den persönlichen moralischen Verfehlungen der Einzelnen, sondern in den ungerechten Gesellschaftsstrukturen zu suchen. Als visionäre Ausrichtung und Zielbestimmung gilt die Reich-Gottes-Verheissung als utopische Verwirklichung einer universalen Gerechtigkeit.

Im Abschlussdokument der Dritten Generalversammlung der lateinamerikanischen Bischöfe in Puebla 1979 ist neben der Option für die Armen auch von der Option für die Jugend die Rede. Im Dokument von Puebla bezieht sich diese sowohl auf Jugendliche als besonders Schutzlose, von Armut und Ungerechtigkeit Betroffene, als auch auf die Jugendlichen als HoffungsträgerInnen. Der Jugend wird eine bewusstseinsverändernde Kraft in Gesellschaft und Kirche zugesprochen, was dem befreiungstheologischen Verständnis von Evangelisierung entspricht. Dieses neue Bewusstsein ist die Basis für die Veränderungen hin zu einer gerechteren Gesellschaft.

Norbert Mette und Hermann Steinkamp entwickelten daraus eine sozialpastoral-diakonische Jugendpastoral (vgl. Hobelsberger 2006, S. 217f.), die jedoch in der deutschsprachigen Schweiz wenig rezipiert wurde. Für die Schweiz waren die Impulse aus der direkten Auseinandersetzung mit der Befreiungstheologie in den 1980er- und 1990er-Jahren wichtiger, etwa an der Universität Freiburg i. Üe. in Vorlesungen, Seminaren und Sonderwochen oder im Umfeld der Basisgruppe der Studierenden und der von ihnen organisierten La-Roche-Studienwochen sowie unabhängig davon in der Übertragung der Befreiungstheologie auf die kirchliche Jugendarbeit durch die theoretische und praktische Arbeit der Jungen Gemeinde.

Nach der Mitte der 1990er-Jahre wurde die Option für die Jugend in der kirchlichen Jugendarbeit der deutschsprachigen Schweiz kaum mehr in einem engen befreiungstheologischen Sinn verwendet, d. h. nicht mehr im Rahmen eines befreiungstheologischen Prozesses, der von einer kritischen Gesellschaftsanalyse ausgeht, theologisch urteilt und dann daraus Handlungsansätze ableitet. Option für die Jugend wird vielmehr im Sinn der Bezeichnung eines besonderen Schwerpunktes oder einer speziellen Berücksichtigung verwendet – dies mit einem befreiungstheologischen Anklang.

Die Diskussion in der deutschsprachigen Schweiz scheint sich hier nicht von der Diskussion in Deutschland zu unterscheiden. So führt etwa das Buch «Diakonische Jugendarbeit» (Kruip/Hobelsberger/Gralla 1999) den Untertitel «Option für die Jugend und Option für die Jugendlichen», jedoch wird weder im Einführungskapitel die Funktion und Stellung der Doppeloption des Untertitels näher erläutert, noch argumentiert einer der Buchbeiträge dezidiert befreiungstheologisch. Trotzdem zeigen die Artikel einen Perspektivenwechsel auf.

Im Unterschied zu den oben erwähnten AutorInnen besteht jedoch die Gefahr, dass heute in einem mitteleuropäischen Kontext die Rede von den Optionen oft lediglich als Anleihe (vgl. für das Folgende Haslinger 2009, S. 391–411) verwendet wird. Ein Vorgehen, das der Ernsthaftigkeit der Optionen gerecht wird, erfordert nach Haslinger verschiedene Elemente: Erstens muss ein «bewusstseinsbildender Perspektivenwechsel», ein Sich-in-die-Situation-Hineinbegeben, stattfinden. Die Option für die Jugendlichen heisst, sich selbst in die Lebenswelt der Jugendlichen zu begeben und nicht in der beobachtenden 8-bis-17-Uhr-Bürozeiten-Perspektive zu verbleiben. Zweitens umfasst ein optionales Vorgehen immer auch die politische Ebene: Es gibt niemals eine «unpolitische» Hilfe, gleichwertig zur direkten Arbeit ist die politische Arbeit mit den Jugendlichen und für sie. Drittens heisst in einem befreiungstheologischen Kontext Solidarisierung auch Verzicht auf Privilegien. Das könnte z. B. für eine Pfarrei bedeuten, auf einen Teil teurere Inneneinrichtung zu verzichten und mit dem gesparten Geld Jugendliche aus armutsbetroffenen Familien zu unterstützen. Viertens bedeutet die Option auch, die Perspektive der Zielgruppe ein- und ihre Lebenswelt als Ausgangspunkt ernst zu nehmen. Das heisst auch, dass auf normative Vorstellungen und Vorgaben durch die Jugendarbeitenden verzichtet wird (dies ähnlich der Haltung von Wolfgang Hinte).

Zusammenfassend: Es ist möglich, kirchliche Jugendarbeit ohne den Rückgriff auf die befreiungstheologische Option für die Jugend zu konzipieren. Werden jedoch explizit Optionen genannt, sollte sich das Konzept an Befreiungs- resp. kontextuellen Theologien (vgl. etwa: Eckholt/Hünermann 1998) ausrichten, um nicht zum inhaltsarmen Anklang oder «theologischen Kitsch» zu verkommen.

9.7 Die Veränderungen des Helfens durch gesellschaftliche Veränderungen

Niklas Luhmann zeichnet in seinem Artikel «Formen des Helfens im Wandel gesellschaftlicher Bedingungen» (vgl. für das Folgende Luhmann 2005) die geschichtlichen Entwicklungen des Helfen nach. Hierbei versteht er unter «Helfen» einen «Beitrag zur Bedürfnisbefriedigung eines anderen Menschen» (Luhmann 2005, S. 167).

Luhmann unterscheidet drei Gesellschaftstypen: archaische, hochkultivierte und moderne Gesellschaften. Seine Überlegungen werden jeweils mit Hinweisen zur Diakonie innerhalb dieser Gesellschaftstypen ergänzt.

In *archaischen Gesellschaften* erfolgt die Hilfe – ausser sie kommt spontan – aufgrund eines festgelegten Verfahrens für gegenseitige Hilfe unter Stammesangehörigen. Die Mitglieder einer Grossfamilie, eines Clans oder Stammes sind verpflichtet, sich bei definierten Notlagen gegenseitig zu helfen. Die Notlagen sind bekannt und können jede und jeden treffen (z. B. kann eine Ernte ausfallen, ein Haus abbrennen usw.). Die Funktionsweise eines archaischen Hilfesystems lässt sich vereinfachend mit einer Versicherung vergleichen: Wer zur Gruppe (zu den Versicherten) gehört, kann mit Hilfe rechnen. In einer archaischen Gesellschaft ist der «Versicherungsbeitrag» quasi der gesellschaftliche Zwang, der «Gemeinschaft der Versicherten» in einer Notlage zu helfen. Wie weit die Dankbarkeit des/der Hilfeempfängers/in geht, ist unterschiedlich und kann in archaischen Gesellschaften sehr weitreichend sein. Für den Diakoniediskurs ist relevant, dass die biblischen Erzählungen vor dem Hintergrund archaischer Gesellschaftsformen entstanden sind. Viele dieser Erzählungen können als Forderungen der Erweiterung der Hilfe auf «Nicht-Stammesangehörige» und eine Beschränkung der Dankbarkeitserwartung des/der Hilfeleistenden bei einer geleisteten Hilfe gelesen werden.

In *hochkulturellen Gesellschaften* muss die Motivation «über Umwege beschafft und kulturell vermittelt werden» (Luhmann 2005, S. 173). Durch Arbeitsteilung und Ausbildung von gesellschaftlichen Schichten können nicht mehr alle in dieselben Notlagen geraten. Eine erntebedingte Nahrungsmittelknappheit bedeutet für einen reichen Bauern etwas anderes als für eine Wäscherin. Dadurch entfallen die Hilfemotivation, weil man in dieselbe Lage geraten könnte, und die grundsätzliche Gegenseitigkeit der Hilfe. In hochkulturellen Gesellschaften beruht das Helfen neu auf einer verinnerlichten religiös-moralischen Grundlage, wobei je nach Schichtzugehörigkeit ein spezifisches Handeln erwartet wird (vgl. Luhmann 2005, S. 176). Vom Fürsten wird ein anderes Handeln erwartet als von einem Untertanen.

Das Zeitalter der hochkulturellen Gesellschaften war auch das Zeitalter der religiös-kirchlichen Hilfe, auf der religiös-moralischen Begründungsebene und im Bereich des Hilfehandelns von konfessionell getragenen sozialen Institutionen. Beides blieb in der Schweiz bis in die 1960er-Jahre hinein zentral, obwohl die Schweiz längst eine modere Gesellschaft war – und ist in Resten noch in populären Vorstellungen von Sozialer Arbeit und Diakonie feststellbar.

Bezeichnend für das Helfen in hochkulturellen Gesellschaften sind, nach Luhmann, die anekdotischen Erzählungen von Einzelfällen der Hilfe; die Frage nach einer generellen Wirksamkeit oder einem sozialpolitischen Sinn wird nicht gestellt (vgl. Luhmann 2005, S. 174). In den hochkulturellen Gesellschaften entstanden Professionen (Priester/PastorInnen, ÄrtzInnen, JuristInnen) zur Lösung von Problemen. Die Professionen verfügen über Spezialwissen, ein Berufsethos und hohes Sozialprestige, was ihnen eine gewisse Handlungsfreiheit und Unangreifbarkeit verschafft. Dies machte Helfen auch zum Beruf: Helfen ist nicht mehr ein auf Gegenseitigkeit beruhendes, intrinsisch motiviertes Tun, sondern eine Möglichkeit des Gelderwerbes mit hohem Prestige.

In *modernen Gesellschaften* sind, nach Luhmann, organisierte Sozialsysteme (Heime, Sozialämter, Schulsozialarbeit, Jugendarbeit, Eingliederungseinrichtungen usw.) auf das Helfen spezialisiert: Damit wird die Hilfe «in nie zuvor erreichter Weise eine zuverlässig erwartbare Leistung» (Luhmann 2005, S. 174). Hilfe in einer moderne Gesellschaft beruht weder auf gegenseitiger Hilfe noch auf religiös-moralischen Vorstellungen: Das Ziel ist die effiziente Beseitigung von Problemfällen.

Im Unterscheid zu hochkulturellen Gesellschaften *muss* Hilfe in einer modernen Gesellschaft nicht mehr religiös begründet werden. Man kann zwar, so Luhmann, immer noch sinnvoll als Person aufgrund der eigenen ethisch-religiösen Einstellungen oder einer Gegenseitigkeitsvorstellung helfen. «Nur mit dem Pathos des Helfens ist es vorbei. Man kann es tun oder lassen» (Luhmann 2005, S. 181). Durch den Wegfall der gesellschaftlichen Normierung der Hilfe durch eine verinnerlichte Moral geschieht (fast) jede persönliche Hilfe auf freiwilliger Basis. Martin Lechner spricht von einer Motivkrise des Helfens, die vom Ende des Pathos ausgelöst (Lechner 2010, S. 118) und durch die Ökonomisierung des Helfens verstärkt werde.

Der Wegfall der verinnerlichten Hilfe-Moral als Grundlage des Helfens in der modernen Gesellschaft ist eine Tatsache: Als negative Punkte lassen sich die erwähnte Motivationskrise und eine generelle Abnahme der Selbstverständlichkeit der Hilfe anführen. Der Wegfall hat aber auch positive Seiten: Das «richtige» Handeln muss in einer hochkulturellen Gesellschaft durch die Vermittlung einer internalisierten Hilfe-Moral begründet werden. Dies ist jedoch nicht unproblematisch: Für das gesellschaftliche Funktionieren *genügt* es, wenn die Normen und Regeln von den religiösen oder staatlichen Autoritäten übernommen und durch die Individuen recht starr angewendet werden. Eine breite Diskussion der

Werte und Normen zur Begründung von Hilfehandlungen ist in einer hochkulturellen Gesellschaft weder notwendig noch vorgesehen. Von den Autoritäten wird sie wohl sogar tunlichst vermieden: Sie könnte das soziale Gefüge stören und gesellschaftliche Machtverhältnisse und damit sie selbst in Frage stellen.

Auf der individuell-psychologischen Seite entspricht die Befolgung von Normen und Regeln aufgrund des Gehorsams gegenüber Autoritäten (z. B. PastorInnen/Priester, Lehrpersonen, AufseherInnen, Polizei) dem Stadium der heteronomen Moral nach Jean Piaget. Erst auf einer Stufe der autonomen Moral kann das richtige Handeln aufgrund allgemeiner Prinzipien (z. B. Menschenrechte) abgeleitet werden: Regeln können flexibel angewendet werden, da die Grundlogik und dahinterliegende Prinzipien erkannt werden. Für das Individuum wird es möglich, die gesellschaftlichen Normen und Werte einer kritischen Prüfung zu unterziehen.

In der Begründung der kirchlichen Jugendarbeit als einer Jugendpastoral des Engagements (vgl. Hobelsberger 2006) sind die Freiwilligkeit der Hilfe durch den Wegfall einer verinnerlichten Moral sowie eine autonome Stufe der Moralentwicklung zentrale Voraussetzungen: Die Jugendlichen sollen sich in einer freien Entscheidung für ein soziales Handeln entscheiden.

9.8 Diakonie als Hilfe jenseits staatlicher Hilfsprogramme

Nach Niklas Luhmann kann in einer modernen Gesellschaft nur dann (staatliche) Hilfe geleistet werden, wenn und soweit sie erwartet werden kann (vgl. Luhmann 2005, S. 167): Damit eine Hilfeleistung erbracht werden kann, muss ein bestimmtes staatliches Programm bestehen, und für den Einzelfall muss jeweils nachgewiesen werden, dass in diesem spezifischen Fall die Voraussetzungen für die Ausführung des Programms gegeben sind. Wenn in einem Programm Kindern mit einer Leseschwäche vor dem Übergang in die Oberstufe eine Aufgabenhilfe zur Verfügung steht, haben nur exakt jene Kinder den Anspruch auf diese Leistung, die die zentralen Kriterien des Hilfeprogramms erfüllen. Sind die Kinder zu jung oder zu alt oder liegt eine Rechen- und nicht eine Leseschwäche vor, gehören die Kinder nicht in dieses Programm. Wenn kein Programm vorliegt oder jemand nicht ins Programm passt, ist keine staatliche Hilfeleistung möglich. Dies mag im Einzelfall unsinnig sein und bürokratisch wirken, doch nur so wird die Effektivität und Zuverlässigkeit des staatlich verantworteten Helfens gewährleistet. Der Entscheid zwischen helfen oder nicht helfen wird von Fachpersonen aufgrund eines möglichst objektiven, methodischen Vorgehens und nicht mehr motiviert durch Gegenseitigkeit, emotionale Reaktionen, religiöse Einstellungen oder aufgrund einer moralischen Entscheidung gefällt.

Bemerkenswert ist nun, dass Luhmann die Kirche als eine der Organisationen nennt, die ohne Vorliegen eines Programmes helfen könnte (Luhmann 2005, S. 180). Das heisst, die Kirche könnte eine der Organisationen sein, «die sich darauf spezialisieren, diese Lücken auszufüllen und Hilfen jenseits systemisch organisierter Programme bereitzustellen» (Lechner 2000, S. 27). So könnte Diakonie als die Hilfe bei Problemlagen verstanden werden, die andere gesellschaftliche Subsysteme verursachen, jedoch von diesen nicht adäquat bearbeitet werden können (Kruip/Hobelsberger 1999, S. 12). Wichtig ist hier, das Programm im Sinn Luhmanns als gesetzlich geregelten Auftrag zu verstehen und nicht als Fachkonzept. Es wäre naiv – und für die Praxis verheerend – anzunehmen, die Diakonie brauche weder konzeptuelle Grundlagen noch Fachlichkeit.

Luhmann lässt sich für die Diakonie weiterdenken: Wenn die Kirche eine Organisation ist, die ohne gesetzlich-formales Programm helfen kann, worauf stützt sie dann ihre Entscheide zu helfen oder nicht zu helfen? Einerseits kann in der Diakonie für die Entscheidung zur Hilfe oder Nichthilfe der Mensch als Individuum stärker im Zentrum stehen, da die Hilfeleistung im Einzelfall – im Unterschied zu staatlichen Leistungen – nicht oder weniger formal begründungspflichtig ist. In unserem Beispiel könnte auch ein Kind mit Rechenschwäche in die Aufgabenhilfe aufgenommen werden, ohne potenziell mit dem Auftraggeber in Konflikt zu geraten. Zweitens, und das ist wichtiger: Durch das Fehlen eines Programmes werden eine praktische Philosophie des kirchlichen Helfens, eine Diakonie-Theorie und eine Theologie der Diakonie notwendig. Eine Grundlegung der diakonischen Jugendarbeit muss Antworten, etwa im Beispiel mit der Aufgabenhilfe, auf die Fragen nach den Zielen und Aufgaben sowie den Optionen in der Kinder- und Jugendpastoral geben können. Etwa, warum die Zielgruppe über das kirchliche «Klientel» hinaus geöffnet werden sollte usw.

Staatliche Hilfeleistungen sind, nach Luhmann, definierte und erwartbare Leistungen. Innovationen im engeren Sinn können meist nicht eigenständig von der Praxisebene aufgrund eines Professionsverständnisses umgesetzt werden – dies im Kontrast zum Selbstverständnis vieler Akteure der Sozialen Arbeit. Eine echte Innovation ist nach Luhmann eine Nichteinhaltung der Erwartung, eine Enttäuschung oder Überraschung. Wem aufgrund einer Innovation eine gesetzliche Leistung nicht zugestanden würde, der hätte gute Chancen, diese gerichtlich einzuklagen; eine wesentliche Leistungserweiterung aufgrund einer Innovation würde eine Organisation resp. ihre Verantwortlichen und ihre Auftrag-/GeldgeberInnen unweigerlich unter Begründungszwang setzen.

Vielfach ist das, was Innovation genannt wird, eine interne Programmverbesserung: eine Effizienzsteigerung oder die Möglichkeit der Akteure, ein definiertes Programm einfacher umzusetzen. Bevor sich eine echte Innovation durchsetzen kann, muss nach Luhmann vorgängig ein neues Programm geschaffen werden, was eine Reihe von politischen Entscheiden bedingt. Innovationen auf der Ebene der praktischen Kinder- und Jugendförderung sind/wären in der Kirche daher einfacher umzusetzen. Eine so verstandene kirchliche Jugendarbeit könnte ein Innovationsmotor für die Kinder- und Jugendarbeit sein. Das Neue, Unerwartbare (im engeren, nicht in einem methodischen Sinn) liesse sich in der kirchlichen Jugendarbeit einfacher verwirklichen, da weniger restriktive Vorgaben oder Rechenschaftspflichten vorliegen.

Die Kinderhexe der katholischen Kirche Region Bern als eine der ersten professionellen Stellen für die Offene Arbeit mit Kindern oder die Pionierrolle der katholischen Kirche in der Offenen Jugendarbeit in den frühen 1970er-Jahren können als Beispiel solcher Innovationen gelten: Mit Ausnahme von Städten mit Zentrumsfunktion wie Baden, Biel oder Zürich war Offene Jugendarbeit bis in 1980er-Jahre ein untergeordnetes Thema. Sie lag so ausserhalb der politischen Agenden, dass sich keine Mehrheiten hätten finden können, um sie zu finanzieren. Hingegen waren im Rahmen des offeneren Auftrages der in den 1970er-Jahren neu entstandenen Jugendseelsorgestellen solche Innovationen möglich. Wobei die Innovation teilweise auch darin bestand, Erwartungen *nicht* zu erfüllen: Es gab keine kontrollierende Bändigung und Eingliederung der Jugendlichen in die Kirche im Sinn der 1950er-Jahre mehr.

10 Diakonisch-mystagogische Jugendarbeit und der Respekt vor der selbstgewählten Differenz

Die drei Ansätze Mystagogie, Diakonie aus der Verantwortung und Respekt vor der selbstgewählten Differenz können als Analyse-, Planungs- und Reflexionsgrundlage für die Praxis der kirchlichen Jugendarbeit der katholischen Kirche in der Deutschschweiz dienen.

Das Konzept der mystagogischen Jugendarbeit ist einerseits eine theologische Vergewisserung der Jugendarbeit und andererseits die Grundlage für eine professionelle Haltung der JugendseelsorgerInnen resp. -arbeiterInnen für das Verhältnis der eigenen Religiosität zur Religiosität der Jugendlichen.

Die diakonische Jugendarbeit aus der Verantwortung für den/die Andere/n gibt einerseits Antworten auf die Frage, warum eine Pfarrei überhaupt Offene Kinder- und Jugendarbeit anbieten sowie Verbandsjugendarbeit fördern soll, und andererseits Hinweise auf die Bedingungen von respektierenden Begegnungen mit Jugendlichen.

Der Respekt vor der selbstgewählten Differenz ist die Aufforderung zur religiösen Toleranz nach innen. Er fusst auf den Überlegungen zur religiösen Toleranz in den Dokumenten des Zweiten Vatikanischen Konzils gegenüber nichtchristlichen Religionen und beschreibt eine Haltung zur Selbstabgrenzung der Jugendlichen von der Kirche.

10.1 Mystagogie

Das Konzept der Mystagogie von Karl Rahner kann ein Schlüssel sein, die pastorale Praxis zu reflektieren und zu begründen. Herbert Haslinger hat dies auf gründliche und intelligente Weise für die Jugendpastoral getan und damit für die kirchliche Jugendarbeit einen wichtigen Bezugspunkt geschaffen. In der Reflexion der kirchlichen Jugendarbeit der katholischen Kirche in der deutschsprachigen Schweiz erwies sich das Konzept der Mystagogie in der Bearbeitung von Haslinger als zentral: Die Mystagogie wird im internen Diskurs der JugendarbeiterInnen seit rund zwanzig Jahren neben der Subjektorientierung als zweiten Hauptansatz der kirchlichen Jugendarbeit betrachtet. 2003 wurde die kirchliche Jugendarbeit in den «Perspektiven pfarreilich orientierter Jugendarbeit» (Fachstelle für kirchliche Jugendarbeit 2003), die vom damaligen Jugendbischof Denis Theurillat mitverantwortet wurden, «offiziell» als mystagogisch-subjektorientiert beschrieben.

Mystagogie als Begriff ist erklärungsbedürftig und das Konzept so anspruchsvoll, dass es sich nur schwer ihm Rahmen eines Referates über die Ziele der kirchlichen Jugendarbeit allgemein verständlich darstellen lässt und sich kaum für eine Kommunikation ausserhalb der Fachdiskussion, etwa in einem Presseartikel, eignet. Seine Stärke und Originalität entfaltet der Ansatz in der Auseinandersetzung mit Haltungsfragen in der kirchlichen Jugendarbeit und der Begründung der grundsätzlichen Ziele und Aufgaben in der Fachdiskussion. In diesen Bereichen sind die Voraussetzungen gegeben, um die recht anspruchsvolle Auseinandersetzung mit dem Ansatz zu führen. Da das Konzept der Mystagogie bei den Alltagserfahrungen der Jugendlichen ansetzt und den aktuellen Handlungsansätzen der Jugendarbeit folgt, ist es möglich, in der Praxis mystagogisch zu arbeiten, ohne den Ansatz zu kennen. «In der Praxis der Jugendpastoral ist das, was man als mystagogische Jugendpastoral bezeichnet, sehr weit verbreitet. Unabhängig davon, ob die jeweiligen JugendseelsorgerInnen das so nennen würden oder ob sie diesen Begriff überhaupt kennen. Sie handeln oft instinktiv, weil es keine andere Möglichkeit gibt» (Herbert Haslinger in: Müller 2005).

Karl Rahner hat auf den altkirchlichen Begriff der Mystagogie zurückgegriffen, um in der «neuen Mystagogie» seine zentralen theologischen Anliegen anzuwenden. Wollen wir das Konzept der Mystagogie in der kirchlichen Jugendarbeit verstehen, ist eine recht lange Annäherung notwendig: Wir müssen uns mit der ursprünglichen Bedeutung befassen und auch durch Kernthesen der Theologie Rahners arbeiten, um uns schliesslich dem Ansatz einer mystagogischen Jugendpastoral von Herbert Haslinger widmen zu können.

Mystagogie bedeutet auf Altgriechisch «Hinführung ins Geheimnis» und bezeichnete ursprünglich den Vorgang der Einweihung in die antiken Mysterienreligionen – Aussenstehenden sollten deren Geheimnisse verborgen bleiben. Wer aber in eine Mysterienreligion eintrat, wurde in die jeweiligen Mysterien eingeweiht. Cyrill von Jerusalem entlieh den Begriff der Mystagogie im vierten Jahrhundert. Er verwendete ihn für seine 24 mystagogischen Katechesen, die Christinnen und Christen nach der Taufe ins Christentum einführen sollten. Der/die Mystagoge/in ist in diesem Verständnis ein Mensch, der selbst ins Christentum eingeführt wurde und nun Neueingetretene begleitet. Seine/ihre Aufgabe ist es, den neuen Christen/die neue Christin zu befähigen, «den Ruf Gottes zu hören und darauf zu antworten» (Haslinger 2002, S. 41).

Karl Rahner nahm den Begriff der Mystagogie im 20. Jahrhundert wieder auf, jedoch mit einem neuen Verständnis davon, was «das Geheimnis» ist (vgl. für das Folgende Haslinger 2002, S. 153ff.): Das Geheimnis im Sinn Rahners beschreibt die Beziehung zwischen Gott und dem Menschen. Diese Beziehung besteht ohne Zutun oder Verdienst des Menschen, sie ist für ihn nicht fassbar und kann vom Menschen nicht herbeigeführt werden. Der Impuls zur Beziehungsaufnahme geht nach Rahner von Gott aus. Der Mensch ist frei, dieses Angebot Gottes anzunehmen oder nicht. Das Geheimnis ist nicht etwas Verborgenes, das dem Menschen nahegebracht werden müsste: Gott und sein Beziehungsangebot sind immer schon da.

Nach Rahner bilden die Selbst- und Gotteserfahrung eine Einheit: Subjektwerdung ist gleichzeitig Gotteserfahrung. Jugendliche haben immer schon die Erfahrung mit und ein Wissen von Gott, bevor sie mit kirchlichen JugendarbeiterInnen in Kontakt treten, auch wenn ihnen das nicht bewusst ist: Im Prozess der Subjektwerdung stösst das Individuum unweigerlich auf die grossen Sinnfragen: Wer bin ich? Was ist der Mensch? Was sind Ursprung und Ziel des Lebens? Hat das Leiden einen Sinn? Gibt es ein Leben nach dem Tod? Nach Karl Rahner transzendiert sich das Subjekt mit diesen Fragen: Im Nachdenken darüber weist der Mensch über sich hinaus auf das Absolute, das Rahner Gott nennt. Der Mensch erwirbt sich nach Rahner «mit dieser transzendentalen Erfahrung «ein anonymes und unthematisches Wissen von Gott» (Rahner 1984, S. 32). Das heisst, Gott ist in jedem Menschen immer schon da: Einerseits als Frage und Geheimnis, das über den Menschen hinaus auf ein Absolutes verweist und anderseits als der Erfahrung glückender Beziehungen.

Die Rahner'sche Mystagogie beginnt bei dieser Erfahrung des Absoluten, die jedem Menschen möglich ist. Gotteserfahrung braucht keine von der Welt ausgegrenzten heiligen Orte und Zeiten oder speziellen Fähigkeiten – sie ist im Alltag enthalten. Da Gott nicht vorgängig zum Menschen gebracht werden muss, kann die Theologie beim Jugendlichen und seiner Erfahrung ansetzen und auch bei seiner Erfahrung enden. Es muss auch keine christliche Botschaft an den Menschen herangetragen werden, «sondern die Erweckung und Interpretation des Innersten im

Menschen, der letzten Tiefe der Dimension seiner Existenz» (Rahner 1984, S. 69). Mystagogie im Sinn Rahners zielt auf die Befähigung ab, Gott im Alltag wahrzunehmen. Die Aufgabe einer mystagogischen Pastoral ist es, diesem alltäglichen Wissen nachzugehen und es bewusstzumachen.

Die Kritik der feministischen und der politischen Theologie macht heute eine Erweiterung des Rahner'schen Ansatzes nötig: Die Gotteserfahrung darf nicht privatisiert und psychologisiert als Erfahrung eines einzelnen Menschen mit einem unveränderlichen Gott ausserhalb von menschlicher Beziehung, Geschichte und Gesellschaft gedacht werden.

Johann Baptist Metz fordert, das Subjektverständnis seines Lehrers Karl Rahner um die soziale und geschichtliche Dimension zu erweitern: Der Glaube ist immer in Geschichte und Gesellschaft zu verorten (Metz 1984). Daher hat das Subjektverständnis von Metz zwei untrennbare Dimensionen: Die Dimension zwischen Gott und den menschlichen Subjekten und die Dimension zwischen den menschlichen Subjekten untereinander (vgl. für das Folgende Cochrane 2007, S. 71). Nach Metz ist der Mensch einerseits ein werdendes Subjekt vor Gott, andererseits ist es die Bestimmung des Menschen, das Subjektsein aller zu verwirklichen: Ein wahres Subjektsein ohne Solidarität mit den anderen Subjekten gibt es nach Metz nicht. Und selbst wenn die Subjektwerdung eines Menschen scheitern sollte, der Mensch bleibt vor Gott Subjekt, unabhängig von seinem gesellschaftlichen und persönlichen Erfolg. Nach Metz duldet die Solidarität keine zeitlich-räumlichen Grenzen; sie muss universell sein. Deshalb sei es wichtig, die Erinnerung an jene wachzuhalten, denen das Subjektsein in der Vergangenheit verwehrt wurde, die Unterdrückten, Besiegten und Opfer der Geschichte.

Nach Carter Heyward (1986) ist der primäre Ort der Gotteserfahrung die Beziehung zu anderen Menschen. Gott ist keine statische, unabhängig existierende Grösse, die gefunden werden kann. God happens. Er/sie zeigt sich nicht nur in der Beziehung zwischen Menschen, es braucht die Beziehung zwischen Menschen überhaupt, damit Gott «wird». In den Rahner'schen Kategorien hiesse dies: Der Mensch transzendiert sich nach Heyward primär nicht im Nachdenken, sondern in der konkreten Beziehung zum anderen Menschen. Das Geheimnis liegt darin, dass Gott in gerechten, solidarischen Beziehungen «entsteht».

Herbert Haslinger sieht in der Mystagogie eine *Haltung*, «in der man dem anderen Menschen so begegnet bzw. ihn so begleitet, dass er sich seiner geheimnishaften Existenz in Beziehung zu Gott bewusst wird und dass sich dieses Bewusstsein in einem Mensch-sein-Können auswirkt, das dem Wert des Menschen vor Gott gerecht wird» (Haslinger 2002, S. 155f.).

Daraus leitet Haslinger sechs Handlungsprinzipien ab: Wertschätzung, Echtheit, Empathie, Alltäglichkeit, Befreiung und universale Solidarität. Die ersten drei Handlungsprinzipien *Wertschätzung*, *Echtheit* und *Empathie* stammen aus der klientenzentrierten Gesprächstherapie von Carl Rogers, einem der Hauptvertreter der Humanistischen Psychologie. Diese drei therapeutischen Grundhaltungen wurden von Rogers einerseits aufgrund seines humanistischen Menschenbildes postuliert, andererseits aufgrund empirisch-wissenschaftlicher Untersuchungen des Therapieerfolges. Haslinger erweitert die Begründung der ersten beiden therapeutischen Haltungen (Haslinger 1991; Haslinger 1996; Haslinger 2002): Jeder Mensch verdient aufgrund der Beziehung, die Gott mit ihm eingeht, von vornherein Achtung und Wertschätzung. Die seelsorgerliche Begegnung muss echt sein, es darf nur um den Menschen und nicht irgendwelche Fremdinteressen gehen. In der Tradition der klientenzentrierten Gesprächstherapie beinhaltet die Echtheit auch konfrontative Elemente. Zwar wird dem/der Klienten/in mit bedingungsloser Wertschätzung begegnet und auf jegliche moralische Richtig-oder-falsch-Beurteilung verzichtet. Trotzdem soll der/die Therapeut/in seine/ihre persönlichen Wahrnehmungen äussern. Empirische Untersuchungen belegen, dass diese Haltungen bewirken, dass ein therapeutischer Prozess in Gang kommt. Übertragen auf die Mystagogie heisst die, dass der/die Seelsorger/in die Menschen damit konfrontierten soll, wenn er/sie wahrnimmt, dass Menschen sich oder andere durch ihr Handeln oder Denken an der vollen Entfaltung des Subjektsein hindern, ohne jedoch zu belehren oder zu moralisieren (Müller 2005). Mit dem Handlungsprinzip der *Alltäglichkeit* betont Haslinger, dass die authentische Gotteserfahrung «vor allem in der banalen, alltäglichen Lebenswirklichkeit» (Haslinger 1991, S. 74) anzusiedeln ist – und nicht in «künstlich geschaffenen Sondersituationen» (Haslinger 2004, S. 156). Das Subjektsein des Menschen vor Gott verbietet jede Form von Vereinnahmung, Instrumentalisierung, Entfremdung und Unterdrückung. Deshalb ist die *Befreiung* (oder Freisetzung zum Leben) ein mystagogisches Handlungsprinzip. Das sechste Prinzip ist die *universale Solidarität.*[41] Die mystagogische Praxis darf weder zu einer privatisierenden Gotteserfahrung führen noch zu einem Modus der patriarchalisch-wohlwollenden Zuwendung durch den/die Seelsorger/in.

Der Solidaritätsgedanke und das Prinzip der Befreiung verhindern eine einseitige Individualisierung und Spiritualisierung der mystagogischen Subjektwerdung: Subjektwerdung geschieht immer in einem sozialen Zusammenhang und verfügt deshalb untrennbar immer auch über Menschenrechts-, Gendergerechtigkeits- oder politische Aspekte.

10.1.2 Mystagogische Jugendarbeit als radikale Fragegemeinschaft

Die mystagogische Jugendarbeit will zur konkreten Erfahrung – in Beziehung und Reflexion – des Absoluten führen und damit die Subjektwerdung aller vor Gott verwirklichen. Die Jugendarbeit darf nicht als «vorbereitender Schritt oder nachfolgende Konsequenz» (Haslinger/Honecker/Kühn 2003, S. 20) einer expliziten Glaubensüberzeugung verstanden werden, sondern als «Modus, in dem Gott ‹vorkommt›» (Haslinger/Honecker/Kühn 2003, S. 20).

Der Kerngedanke der mystagogischen Jugendpastoral ist es, dass Jugendliche aus ihrer eigenen Erfahrung das Geheimnis ihrer eigenen Existenz erleben. Aus der Deutung dieser Erfahrung können sie Rückschlüsse auf ihre Lebenswirklichkeit ziehen und diesen Glauben an Gott als «befreienden Impuls zum Subjektsein» erleben (vgl. für den ganzen Absatz Haslinger 2004, S. 19).

Mystagogie ist nie ein einseitiger Prozess: Da alle Menschen authentische Gotteserfahrungen machen, sind es nicht nur die Jugendlichen, die Gott erfahren und entdecken, sondern in gleicher Weise erfahren und entdecken die JugendseelsorgerInnen mit und in den Jugendlichen Gott. Es ist also weder die Aufgabe des/der kirchlichen Jugendarbeiters/in, Gott irgendwie in die Jugendarbeit hineinzutragen, noch definiert sich kirchliche Jugendarbeit über die Rede von Gott. Subjektwerdung vor Gott kann auch dann geschehen, wenn nie explizit von Gott die Rede ist oder Jugendliche eine religiöse Dimension für sich verneinen.

41 Haslinger und Metz verfügen über unterschiedliche Konzepte zur universellen resp. universalen Solidarität. Metz meint damit die Überwindung von räumlich-zeitlichen Grenzen, Haslinger eine Begegnung aller Menschen auf Augenhöhe.

Durch die Grundstruktur der Rahner'schen Theologie ist die Subjektwerdung vor Gott untrennbar mit der Bearbeitung jener Fragen verbunden, mit denen der Mensch über sich auf das Absolute verweist. Mystagogisches Arbeiten bedeutet deshalb für die kirchliche Jugendarbeit, dass diese existenziellen Fragen gemeinsam suchend bearbeitet werden.

Zusammenfassend: Erstens ist Gott immer schon da, wenn die Jugendlichen auf SeelsorgerInnen treffen. Zweitens ist die «natürliche» Gotteserfahrung von Kindern und Jugendlichen nicht weniger wertvoll oder weniger echt als jene eines/r erfahrenen Mystikers/in. Drittens überfordert das Geheimnis Gottes im Sinne Rahners per Definition alle – das gesamte theologische und Offenbarungswissen reichen nicht aus, dieses zu erschliessen. Folglich geraten die Jugendlichen und die JugendarbeiterInnen dabei in eine «gemeinsame Notlage des Nichtwissens», in der nicht mit einer «dogmatischen Antwort auf die Frage nach dem Lebenssinn das fragwürdige Lebensrätsel gewissermassen zugedeckt» (Fink 1970, S. 199) werden darf.

Eine mystagogische Jugendarbeit will ermöglichen, dass gemeinsam Erfahrungen gedeutet und existenzielle Fragen in einer geeigneten Form bearbeiten werden können: Dazu stellen sich die Jugendarbeitenden als von den Fragen Mitbetroffene, Mitsuchende und Mitdenkende zur Verfügung und sorgen für Zeit und Raum, die diese Bearbeitung erleichtern, und zwar als radikale Frage-Gemeinschaft im Sinn von Eugen Fink (Fink 1970). Der Erziehungswissenschaftler Fink unterscheidet zwischen der harmlosen und der radikalen Form der Fragegemeinschaft. Harmlos ist sie immer dann, wenn Kinder und Jugendliche durch Fragen zum Denken angeregt werden sollen oder wenn die Fragen auf die Überprüfung eines Kenntnisstandes abzielen. Radikal ist die Fragegemeinschaft, wenn Jugendliche und Jugendarbeitende «durch eine gemeinsame Notlage des Nichtwissens und Nichtverstehens betroffen sind. [...] als Genossen einer Not beraten sie gemeinschaftlich das Not-Wendende, suchen sie nach Einsicht und nach einer vernünftig begründeten Tat. Jedoch nicht nach einer einzelnen Einsicht [... Es] sollen [...] der geistige Stil und die Haltung ausgebildet werden, doch dies nun nicht mehr in der Art einer doktrinären Anpassung an eine herrschende Lebensdeutung. Nicht mehr in derjenigen Weise, wo mit einer dogmatischen Antwort auf die Frage nach dem Lebenssinn das fragwürdige Lebensrätsel gewissermassen zugedeckt wurde. Es kommt vielmehr alles darauf an, menschliche Antworten als vorläufige Entgegnungen zu verstehen, als endliche Versuche, das unendliche Problem anzugehen [...] und ein kleines Stück weit mit dem Flackerschein unseres begrenzten Geistes zu erhellen» (Fink 1970, S. 199).

Wenn Jugendliche in der kirchlichen Jugendarbeit geeignete «Frage-GenossInnen» finden, stellen sie ihre Fragen zur gemeinsamen Diskussion, die über den Menschen hinaus auf das Absolute verweisen. Voraussetzung dafür ist, dass die Jugendlichen eine wohlwollend-echte Haltung (im Sinn der Grundhaltungen von Carl Rogers) und eine Kompetenz des Gegenübers in der Diskussion existenzieller Fragen wahrnehmen – und Ort und Zeit stimmen. Wer als JugendarbeiterIn radikale Fragegemeinschaften ermöglicht, hat die Verantwortung, einen geschützten Rahmen (im Sinn eines Settings) zu schaffen, der die Bearbeitung von sehr persönlichen Fragen in einer Gruppe von Gleichaltrigen zulässt. Zudem sollte er oder sie über methodisches, entwicklungspsychologisches und theologisch-religionswissenschaftliches Wissen verfügen, das es ihm oder ihr ermöglicht, Argumentationsstrukturen zu verstehen und einen echten Diskurs sowie gegenseitiges Verstehen zu erleichtern.

Es ist eine Stärke der kirchlichen Jugendarbeit, über eine hohe Erlebnisdichte, einen Unterbruch der alltäglichen Selbstverständlichkeiten, über Zeit und geeignete Settings zu verfügen, die den Rahmen für radikale Fragegemeinschaften bilden können, z. B. nächtliche Gespräche am Lagerfeuer, Wanderungen, Reisen, gemeinsames Kochen und Arbeiten, Essens-, Pausen- und Wartezeiten. Die JugendarbeiterInnen müssen jedoch die Spannung aushalten, dass radikale Fragegemeinschaften weder planbar noch häufig sind – da eine existenzielle Fragenstellung auf eine passende personal-räumlich-zeitliche Konstellation treffen muss. Die Anzahl der mystagogischen Diskurse oder der expliziten Rede von Gott kann und will kein «Erfolgskriterium» mystagogischer Jugendarbeit sein: Desinteresse, Verweigerung oder Scheitern müssen möglich bleiben, sonst würden die Jugendlichen in ihrer grundsätzlichen Freiheit, die das Subjektsein auszeichnet, eingeschränkt. Zudem bestünde die Gefahr, dass, bewusst oder nicht, die Wertschätzung der Jugendlichen durch die JugendarbeiterInnen an ihre Bereitschaft, solche Diskurse anzuregen oder einzugehen, gekoppelt würde.

Nur harmlose Fragegemeinschaften lassen sich methodisch setzen; radikale Fragegemeinschaften sind methodisch nicht erzeugbar, sie ergeben sich aus echten radikalen Fragen, der Situation und der zwischenmenschlichen Interaktion heraus. Wollte man so etwas wie einen künstlichen Ersatz (ein Surrogat) für radikale Fragegemeinschaften schaffen, müsste auf manipulative Methoden zurückgegriffen werden. Diese laufen dem Grundanliegen der Subjektwerdung zuwider. Manipulative Methoden werden in einer abgeschwächten Form von der angewandten Werbepsychologie oder stärker von einem Teil der politischen und religiösen Sondergruppen in der Rekrutierung von Neumitgliedern, Indoktrinierung und Selbstbestätigung in der Gruppe/Masse eingesetzt. Sie zielen auf die zeitweilige Ausschaltung/Einschränkung der kritischen Rationalität, die unhinterfragte Übernahme von Inhalten/Wahrheiten und auf die Vermassung des Einzelnen zum Kollektiv.

Priska Filliger Koller schlägt in ihrem Buch vor, von einer abwartenden Mystagogie zu einer aktiv gestaltenden Mystagogie zu wechseln (Filliger Koller 2012, S. 46–49) und im Sinn von *pro-vocare* auffordernd und herausfordernd zu arbeiten. Dies betont in besonderer Weise das konfrontative Element der Echtheit nach Carl Rogers. Die Überlegungen von Filliger Koller zielen auf die aktive Bewusstmachung der Tiefendimension der eigenen Existenz: Ein Abwarten aus Angst oder Unsicherheit wird einen mystagogischen Diskurs sicher verunmöglichen; ein geplantes, methodisches Forcieren wird jedoch fast zwangsläufig zu einer harmlosen Fragegemeinschaft führen. Es wäre jedoch falsch, den Wert geplanter Diskussionen oder des Ansatzes von Priska Filliger Koller zu schmälern: Der primäre Sitz des methodisch geplanten mystagogischen Lernens ist m. E. überall dort, wo eine geplante Thematisierung des Religiösen zur Grundanlage gehört. Dies ist etwa der Fall in der Katechese, bei der Firmung ab 17/18 und in der Arbeit mit Jugendlichen/Jugendgruppen, die an einer bewussten theologischen und/oder spirituellen Auseinandersetzung interessiert sind – jedoch kaum als umfassendes Paradigma der kirchlichen Jugendarbeit.

Für den mystagogischen Diskurs in der kirchlichen Jugendarbeit stellt sich die grundsätzliche Frage, wie viel Glaubenswissen wann und wie aktiv in die Diskussion eingebracht werden soll. Herbert Haslinger äussert sich hier zurückhaltend. Er schlägt vor, dieses nur auf explizite Nachfrage einzubringen. Viel wichtiger sei es, so zu handeln, dass für den/die Jugendliche/n spürbar wird, aus welcher Überzeugung gehandelt wird (Herbert Haslinger in: Müller 2005).

10.1.3 Mystagogische Jugendarbeit und Häresie-Beratung

Es ist ein Ziel der Jugendpastoral und besonders, wenn Religion oder Gott in der kirchlichen Jugendarbeit Thema werden, die Jugendlichen zu befähigen, «in Religionsdingen sich ihres eigenen Verstandes ohne

Leitung eines andern sicher und gut […] bedienen» (Kant 1784, S. 491) zu können. Durch die Auflösung der Traditionen (vgl. Individualisierungsthese von Beck) ist dieses aufklärerische Grundpostulat auf der einen Seite einfacher geworden, denn die Jugendlichen müssen sich nicht mehr einer autoritären Orthodoxie stellen, die eine hohe gesellschaftliche Anerkennung geniesst. Auf der anderen Seite müssen Jugendliche heute aus dem vielfältigen Sinndeutungsangebot eine für sie stimmige Auswahl treffen. Sie müssen die Kompetenz zum selbstständigen theologischen Denken und Entscheiden erwerben, damit sie befähigt sind, diese zwangsläufige Wahl verantwortet und selbstständig vornehmen zu können.

Von der Herangehensweise ähnlich sind der Ansatz der Häresie-Beratung von Hermann Steinkamp (2003) und der Vorschlag von Stefan Gärtner (2002), religionspädagogisch die Häresiekompetenz zu fördern. Diese Verwendung des Häresiebegriffs geht auf Peter L. Bergers «The Heretical Imperative» (dt. «Zwang zur Häresie») (Berger 1980) zurück. Jede Form der Religion ist – nach Berger – in einer pluralen Gesellschaft häretisch, da sie Folge einer Auswahl ist. Eine Orthodoxie im traditionellen Sinn gibt es nicht mehr. Obwohl mir die provokative Verwendung von Häresie gefällt, halte ich es für angemessener, von der Kompetenz des selbstständigen theologischen Denkens und Entscheidens zu sprechen (vgl. auch Helbling 2004).

10.2 Diakonie aus der Verantwortung für den/die Andere/n

Die Diakonie aus der Verantwortung für den/die Andere/n stützt sich auf das Werk des jüdischen Philosophen Emmanuel Lévinas (1906–1995). Übertragen auf den Diakoniediskurs und später auf die Jugendpastoral wurde es, wie bereits das Konzept der Rahner'schen Mystagogie, von Herbert Haslinger. Der diakonische Ansatz in der Lévinas-Rezeption von Haslinger und die Mystagogie sind hochkompatibel, sie stützen sich u. a. auf übereinstimmende Subjektvorstellungen.

Herbert Haslinger entwickelte den Ansatz in den frühen 1990er-Jahren und verwendete ihn u. a. im Rahmen seiner Dissertation (1996). In einem Beitrag in seinem Sammelband zur diakonischen Jugendarbeit (1999) sowie in einem Vortrag (2004) präsentierte er die Anwendung des Konzeptes auf die Jugendarbeit. Dieser Vortrag bildet die theoretische Grundlage von mehreren Artikeln im Handbuch Diakonische Jugendarbeit (Braune-Krickau/Ellinger 2010). Mit der für Haslinger typischen Gründlichkeit legte er fünf Jahre später das Buch «Diakonie. Grundlagen für die soziale Arbeit der Kirche» (Haslinger 2009) nach, in dem er diesen Ansatz weiterführt.

10.2.1 Die Philosophie Emmanuel Lévinas' als Grundlage einer diakonischen Jugendarbeit

Der Mensch will, so Emmanuel Lévinas, die Welt begreifen und sie sich verfügbar machen. Dazu schafft er sich ein Bild der Welt (vgl. Haslinger 2004; Haslinger 2009, S. 206). «Dieses Selbstverständnis ist geprägt von seinem Interesse, die Welt nach den eigenen Vorstellungen zu gestalten und so zur eigenen Welt zu machen» (Haslinger 2009, S. 206). Der Anspruch, sich zum Mass und Mittelpunkt der Welt zu machen, ist nach Lévinas selbstherrlich. Die Gefahr bestehe, im Kontakt mit anderen Menschen nicht ein bestehendes Bild anzupassen, sondern zu versuchen, die Menschen so zu verändern, dass sie zum Bild passen, das von ihnen gemacht wurde: Es wird versucht, die anderen Menschen in die eigenen Schablonen zu pressen. Damit wird dem/der Anderen das Recht abgesprochen, anders sein zu können als das Bild, das von ihm oder ihr gemacht wurde – und damit das Recht auf sein resp. ihr Anders-Sein. Darf ein Mensch nicht anders sein, so habe er seine Identität den Vorstellungen anzupassen, die andere von ihm haben. Das heisst, der Mächtigere hat die Möglichkeit, die Identität des weniger Mächtigen zu bestimmen. Deshalb ist die Frage «Wer gehört zu uns?» ein gewalttätiger, inhumaner Akt, weil sie die anderen Menschen zwingt, sich entlang vorgegebener Vorstellungen anzupassen oder ausgeschlossen zu werden. Hat ein Mensch oder eine Gruppe die Möglichkeit, ihre selbstherrlichen Vorstellungen gewaltsam durchzusetzen, kann dies zu extremer Inhumanität führen, wenn sich das «Sich-die-Welt-verfügbar-Machen» gegen andere Menschen richtet.

Wie können wir aber dem oder der Anderen begegnen, ohne ihm oder ihr Gewalt anzutun? Eine wirkliche Begegnung zwischen Menschen setzt voraus, den/die Andere/n in seinem/ihrem Anders-Sein zu respektieren. Das heisst, die Verantwortung zu übernehmen, «dass der/die Andere als Andere/r leben kann» (Haslinger 2004). Lévinas bezeichnet die Verantwortung für den/die Andere/n als unendlich. Unendlich in dem Sinn, dass diese Verantwortung nicht anderen Zwecken untergeordnet oder von Voraussetzungen abhängig gemacht werden kann.

Bemerkenswerterweise verwendet der jüdische Denker Lévinas den christlichen Begriff der Diakonie selbst als Schlüsselbegriff und verweist auch ausdrücklich auf die Gerichtsrede in Matthäus (Mt 25,31–40) (Haslinger 2009, S. 209). Nach Haslinger verwendet Lévinas den Begriff Diakonie als Synonym «für das Basismotiv der Verantwortung für den Anderen» (Haslinger 2009, S. 210) resp. die Andere.

Durch die Unendlichkeit der Verantwortung wird die wahre Begegnung mit dem/der Anderen zum Ort, an dem Immanenz überschritten wird: Das Auf-sich-selbst-bezogen-Sein des Menschen wird aufgebrochen (vgl. Haslinger 2004, S. 8; Haslinger 2009, S. 208) – der/die Andere wird zum Ort der Gotteswahrnehmung.

Nach Lévinas begegnet uns aber in dem/der Anderen nicht Gott; dies würde allein schon der grundsätzlichen Unverfügbarkeit Gottes widersprechen: «Im Angesicht der/des Anderen ist die Spur des Unendlichen wahrnehmbar, die Spur dessen, den wir ‹Gott› nennen» (Haslinger 2004, S. 8). Das Lévinas'sche Bild der Spur zeigt die Widersprüchlichkeit der gleichzeitigen Präsenz und Entzogenheit Gottes: Die Spur etwa eines Tieres zeigt an, dass es das Tier gibt, und gleichzeitig, dass es für den die Spur Entdeckenden in diesem Moment nicht vorhanden ist. In der unendlichen Verantwortung für den/die Andere/n ist im Angesicht des/der Anderen die Spur oder das Im-Spiel-Sein des Unendlichen wahrnehmbar (vgl. Haslinger 2004, S. 8).

10.2.2 Diakonische Jugendarbeit aus der Verantwortung für den/die Andere/n

Aus der Philosophie von Emmanuel Lévinas und der Pastoralkonstitution «Kirche in der Welt von heute» leitet Haslinger (2004, S. 14–24) zentrale Dimensionen der Jugendpastoral ab. Übertragen auf die kirchliche Jugendarbeit heisst dies für ihn:

1. Es geht in der kirchlichen Jugendarbeit um die Jugendlichen – und sonst um nichts: Bei der Begegnung mit Jugendlichen geht es nur um die Jugendlichen und keine weiteren Zwecke und Interessen anderer. Es werden weder offen noch verdeckt weitere Ziele verfolgt.

2. Jugendliche können in der kirchlichen Jugendarbeit sie selbst sein, dürfen also anders sein: Sie müssen in der kirchlichen Jugendarbeit nicht dem Bild entsprechen, das sich andere von ihnen machen. Das heisst auch, dass sie gemäss ihrer Würde vor Gott als Subjekte leben können.

3. In der Jugendarbeit steht nicht die Rede von Gott im Zentrum, sondern das Zeugnis Gottes in der Beziehung zum/zur Anderen: In dieser Begegnung wird die Spur Gottes erkennbar. Es braucht keinen wie auch immer gearteten Zusatz im Sinn eines religiösen oder kirchlichen Mehrwertes oder der expliziten Rede von Gott.

4. In der Jugendarbeit wird die befreiende Botschaft und die Reich-Gottes-Verheissung praktisch verwirklicht. Das Sprechen über Gott ist nachgelagert und weder konstitutiv noch wesensnotwendig. Kommt der Glaube zur Sprache, soll ein ermächtigendes Wissen weitergegeben werden; es ist ein Wissen, das eigenständige Orientierung und kritisches Denken fördert. Der Diskurs wird so geführt, dass Jugendliche als gleichberechtigte PartnerInnen daran teilnehmen können.

5. Die Jugendpastoral ist im gleichen Mass politisch, wie sie sich auch an den/die Einzelne/n wendet. Es geht nicht nur um persönliche Zuwendung, sondern um die Wahrnehmung und Veränderung ungerechter, unterdrückender und entmündigender Strukturen und Zustände.

6. In der Jugendpastoral geht es um die Würde aller vor Gott, deshalb besonders um jene, deren Subjektsein besonders gefährdet ist. Haslinger fordert, dass mit der vorrangigen Option für die Armen die kirchliche Jugendarbeit im Bereich der Lebensbewältigung verstärkt wird und bewusst auch Jugendliche in herausfordernden Lebenslagen angesprochen werden. Er versteht seine Kritik jedoch nicht als Aufforderung, sich von den Mittelschicht-Jugendlichen abzuwenden, sondern ihnen Engagement und Solidarisierung zu ermöglichen.

Die diakonische Jugendpastoral nach Haslinger ist durch die Orientierung an Emmanuel Lévinas dem/der Jugendlichen radikal zugewandt und gleichzeitig radikales Zeugnis von Gott: In der Begegnung mit dem/der Anderen scheint die Spur Gottes auf. Die Grundversuchung der kirchlichen Jugendarbeit besteht darin, Momente der aufscheinenden Spur Gottes als situative Katechese zu verwenden. Das heisst, der/die JugendarbeiterInnen verfolgt eine eigene Absicht und die Durchsetzung eigener Interessen, es geht als nicht nur um den/die Andere/n. Nun könnte man einwenden, bei der Rede von Gott gehe es um Wichtigeres: die Vermittlung eines Wissens von Gott in der Form einer befreienden Botschaft und das Offenlegen, die Vergegenwärtigung der Spur Gottes im eigenen Leben. Lévinas (Lévinas 1992, S. 312) und Haslinger (Haslinger 2009, S. 212) lehnen genau dieses Vorgehen ab. Der/die JugendarbeiterInnen hätte in diesem Fall ein vorgefasstes Bild von dem/der Anderen:

Der/die Andere ist jemand, dem/der etwas fehlt. Der/die Jugendliche ist sich nicht bewusst, dass Gott in seinem/ihrem Leben wirkt. Wenn der/die Jugendarbeitende Gott «selbstsicher wie ein Trophäe vor sich her trägt» (Haslinger 2009, S. 212), trennt die Rede von Gott den/die JugendarbeiterInnen und den/die Jugendliche/n. Das Zeugnis von Gott ist es, Verantwortung für den/die Andere/n zu übernehmen, also diakonisch zu handeln und nicht von Gott lehren zu wollen oder bekehrendes Zeugnis abzulegen. Die kirchliche Jugendarbeit muss daher ein selbstloser Dienst an den jungen Menschen und an der Gestaltung der Gesellschaft sein: «Wo die Kirche selbstlos der Welt und den Menschen dient, dient sie zugleich Gott» (vgl. Synode 75 BRD 1976). Die Rede von Gott ist in der diakonischen Jugendarbeit immer nachgelagert und nie das Ziel: Die Diakonie an sich ist das authentische Zeugnis von Gott (vgl. Haslinger 2004, S. 5). Wir können aber Gott nur erahnen, da sich nur die Spur Gottes zeigt und Gott selbst nie konkret fassbar ist. Es ist die Versuchung, sich dieser Gotteserfahrung bemächtigen zu wollen und sie in Form von Wahrheiten und Bekenntnissen festschreiben zu wollen. Sobald das Sprechen in der Form von Glaubensbekenntnissen erfolgt, ist unweigerlich mit dem Einenden das Trennende da. Ein Beispiel: Ein Jugendarbeiter begleitet einen Jugendlichen, der sich in einer schwierigen Lebenslage befindet, über längere Zeit bei der Lehrstellensuche. Der Jugendliche fühlt sich verstanden und erlebt die Beziehung zum Jugendarbeitenden als Ressource im Alltag. Legt nun der JugendarbeiterInnen (ungefragt) ein Zeugnis über seinen Glauben ab, ist dies mehr als eine Selbstaussage. Hinter jedem Zeugnisablegen steht eine Motivation, und sei es nur, dem Jugendlichen Einblick in die eigene Glaubenswelt zu geben. Ein Zeugnis beinhaltet immer auch die implizite Frage «Wo stehst du? Gehörst du zu mir?» Es bestehen zwei Möglichkeiten: dazuzugehören oder nicht dazuzugehören. In dieser Form (implizit) vor die Annahme oder Ablehnung eines Bekenntnisses gestellt zu werden, verletzt nach Lévinas den/die Andere/n in seinem/ihrem Anders-Sein. Die Frage steht im Raum: «Schau, das ist mein Glaube, willst du so glauben, wie ich glaube? Willst du so werden, wie ich bin?» Einerseits wird so von dem/der Jugendarbeitenden die Beziehungsebene ins Spiel gebracht: Nimmt es der Jugendliche an, dass seine Reaktion auf dieses Bekenntnis die Beziehung zu ihm verändern könnte? Verbessert sie sich bei der Annahme oder verschlechtert sie sich bei einer neutralen Reaktion oder gar Ablehnung? Andererseits entsteht aus dieser Asymmetrie der sozialpädagogischen Beziehung ein Machtverhältnis, das nicht für die Interessen des JugendarbeiterInnen

(Weitergabe seines Glaubens) verwendet werden darf. Im Zentrum steht nur der/die Jugendliche mit seinen/ihren Anliegen.

Um nicht falsch verstanden zu werden: In der diakonischen Jugendarbeit ist die Rede von Gott durchaus möglich und theologisch, wie wir später sehen werden, sogar notwendig, jedoch gegenüber den Jugendlichen zurückhaltend, und in einer mystagogischen Haltung. Im genannten Beispiel müsste die Frage vom Jugendlichen ausgehen: «Was glaubst du?» Diese Frage ist kein Steilpass für einen Missionierungsversuch oder eine Selbstoffenbarung, sondern der Ausgangspunkt für ein gemeinsames Suchen in der Form einer ernsthaften Fragegemeinschaft. Nur so wird im Sinne Lévinas' dem/der Anderen keine Gewalt angetan.

Theologisch notwendig ist der Diskurs über den Ort der Gotteserfahrung: Einer diakonischen Jugendarbeit wird innerkirchlich z. T. der Vorwurf gemacht, nicht kirchliche, sondern bloss humanistische Jugendarbeit zu sein. Erst die explizite Rede von Gott mache sie zu «kirchlicher» Jugendarbeit im Vollsinn: Sei Gott nicht explizit Thema und würden keine institutionellen Ziele verfolgt (z. B. besseres Kirchenimage, Nachwuchsrekrutierung, Besuch von Gottesdiensten), handele es sich bloss um allgemein humanistisch begründete Hilfe. In dieser Argumentationslinie folgt meist die Empfehlung, diese Form der Jugendarbeit der kommunalen Jugendarbeit zu überlassen und sich auf das «Kerngeschäft», die Religion oder den christlichen Glauben, zu beschränken. Mit Lévinas und Haslinger soll hier vehement widersprochen werden: Eine aus dem Humanen begründete Hilfe, also eine Hilfe ohne Hintergedanken, ist keine «Relativierung, sondern die Radikalisierung des Glaubens an den christlichen Gott» (Haslinger 2004, S. 5). Die gelebte Diakonie ist das wahre Zeugnis von Gott und der/die Andere ist der Ort der Erfahrung Gottes. Das «Kerngeschäft» ist das diakonische Handeln. Exemplarisch zeigt sich dies in der Gerichtsrede im Matthäusevangelium (Mt 5,31–40): Das richtige Handeln ist das Sättigen von Hungrigen und Durstigen, das Kleiden von Nackten, die Pflege von Kranken, die Aufnahme von Fremden und Obdachlosen und der Besuch von Gefangenen und nicht das richtige Bekenntnis oder eine explizite Thematisierung von Gott. In der Logik dieses Gleichnisses ist es sogar belanglos, Christ/in zu sein oder nicht: Im Gleichnis finden sich «alle Völker» (Juden/Jüdinnen, HeidInnen, ChristInnen ...) vor dem Weltgericht: Der einzige Massstab des göttlichen Richters ist das diakonische Handeln zugunsten von Notleidenden. Das diakonische Handeln ist nicht die Konsequenz aus einer Gottesbeziehung, die Gottesbeziehung ereignet sich im diakonischen

Handeln und wird als Spur des Göttlichen sichtbar (vgl. Haslinger 2009, S. 272).

10.3 Respekt vor der selbstgewählten Differenz

In der kirchlichen Jugendarbeit ist die Frage der Religion immer ein präsentes Subthema: Die JugendarbeiterInnen sind von der Kirche (Kirchgemeinde) angestellt; zum Teil übernehmen JugendarbeiterInnen im Rahmen ihres Anstellungsportfolios zusätzliche Aufgaben in anderen Feldern der Jugendpastoral. Sie treffen in der Jugendarbeit dieselben Jugendlichen, mit denen sie in den Firmkursen über ihren Glauben reflektiert haben; der Raum der kirchlichen Jugendarbeit ist (meist) kirchlich geprägt, und in der seit Langem bestehenden Jugendverbandsarbeit sind oft spezifische religiöse Traditionen oder die kollektive Erinnerung an solche Praktiken zu finden. Im Gegensatz zu anderen Feldern der Jugendpastoral gehört in der kirchlichen Jugendarbeit die Vermittlung von religiösem Wissen oder eine religiöse Sozialisation jedoch nicht zu den primären Zielen. Trotzdem: Die Themen Religion, Kirche und persönlicher Glaube sind aus der Perspektive der reflektierenden Jugendlichen immer mehr oder weniger präsent. Dies ist vermutlich einer der Hauptunterschiede zwischen einer Jugendarbeit in kirchlicher oder ohne kirchliche Trägerschaft. Die jugendarbeiterische Praxis ist kaum unterschiedlich, im Unterschied zu gängigen Projektionen eines Teils der VertreterInnen kommunaler Jugendarbeit: Es wird mit denselben Methoden, Theorien und jugendarbeiterischen Haltungen gearbeitet. Ein Unterschied ist aber, dass Religion und Kirche ein Teil des Sozialraumes sind, innerhalb dessen die Offene Kinder- und Jugendarbeit in kirchlicher Trägerschaft oder die kirchliche Jugendverbandsarbeit stattfindet.[42]

Die meisten Jugendlichen nehmen, wie erwähnt, das Umfeld der kirchlichen Jugendarbeit als religiös-kirchlich war, nicht aber die Jugendarbeit selbst. Daraus entsteht ein Feld, das die persönliche Reflexion des Glaubens der Jugendlichen und der JugendarbeiterInnen anregt. Diese

42 Solche Raum-Feld-Effekte zeigen sich nicht nur in der kirchlichen Jugendarbeit: An Veranstaltungen die beispielsweise die Infrastruktur von Organisationen nutzen, die den Alkoholkonsum reduzieren wollen (z.B. ein Haus, das dem Blauen Kreuz gehört), tauchen in dem Pausengesprächen fast zwangsläufig die Themen Alkoholmissbrauch und Umgang mit Alkohol auf.

Felder sind für Jugendliche im Zeitalter der sozial tolerierten Minimumreligion selten, ähnlich der Spur Gottes im diakonischen Handeln. Will man sich dieses Feldes der persönlichen Reflexion des Glaubens bemächtigen, löst es sich auf; es verschwindet durch den Zugriff. Sobald eine externe Intention, etwa eine institutionelle Absicht oder der persönliche Wunsch des/der JugendarbeiterInnen spürbar wird, werden die meisten Jugendlichen unmittelbar darauf reagieren und sich einem ernsthaften Diskurs entziehen.

Damit ein Feld geschaffen werden kann, in dem eine persönliche Reflexion des Glaubens möglich ist, sind in der Jugendarbeit vier Voraussetzungen notwendig: Erstens das echte Interesse am Gegenüber und an dessen Einstellungen und Ansichten. Zweitens eine kritische Reflexion der eigenen Glaubensbiografie und der eigenen Motivation in der kirchlichen Jugendarbeit: Stehen wirklich nur die Interessen der Jugendlichen im Zentrum? Das heisst, können die Jugendlichen ihr Anders-Sein im Sinn von Lévinas leben, oder müssen sie sich nach dem Bild richten, das von ihnen gemacht wird? Drittens eine mystagogische Haltung und die Aufgabe eines Erfolgsdruckes: Mystagogische Diskussionen sind per Definition freiwillige Angebote, sie können erleichtert, aber nicht geschaffen werden. Jugendliche erhalten den Raum, in dem sich radikale, mystagogische Fragegemeinschaften bilden können. Sie müssen jedoch nicht zwingend stattfinden: Die kirchliche Jugendarbeit ist auch vollwertig und erfolgreich, wenn diese mystagogischen Diskussionen selten sind oder im Extremfall nie stattfinden. Viertens der Respekt vor der selbstgewählten Differenz, das heisst die vorbehaltlose Anerkennung der Religiosität der Jugendlichen, ihrer Selbstpositionierung auf dem Feld des Religiösen und ihrer ausgedrückten Distanz zur Kirche: Nichts von dem, was den Jugendlichen wahr und heilig ist, soll abgelehnt werden. Ein Schlüssel für dieses Verständnis ist das Missionsverständnis des Zweiten Vatikanums und die religionssoziologische Erkenntnis, dass der Mehrheit der Jugendlichen gar nichts anderes übrigbleibt, als sich von der Kirche abzugrenzen.

10.3.1 Nichts von alledem ist abzulehnen, was den Menschen wahr und heilig ist: die notwendige Toleranz nach aussen und innen

Mit dem Zweiten Vatikanischen Konzil hat sich das Missionsverständnis der katholischen Kirche grundlegend gewandelt (vgl. für das Folgende Roddey 2005): Das Konzil sieht in den verschiedenen Religionen unterschiedliche Antwortversuche auf dieselben Sinn- und Existenzfragen. Das Konzil betont zwar die unvergleichliche Stellung von Jesus Christus im Heilsgeschehen, aber auch die Verwirklichung des göttlichen Heilsplans ausserhalb der Kirche. Das heisst, der Heilswille Gottes ist universal: Der Heilsplan beschränkt sich nicht nur auf die ChristInnen. Den anderen Religionen wird deshalb mit Hochachtung begegnet, was im Kernsatz der Erklärung «Nostra aetate» gipfelt: «Die katholische Kirche lehnt nichts von alledem ab, was in diesen Religionen wahr und heilig ist.» Heute ist nur noch schwer zu erahnen, was für ein revolutionärer Schritt diese Konzilserklärung war.

Daraus entsteht die folgende Frage: Wenn alle Menschen ungeachtet der Religionszugehörigkeit das Heil erlangen können, warum soll die Kirche weiterhin das Evangelium verkünden? Die Antwort darauf lautet, etwas verkürzt: Es ist die Aufgabe der Kirche zu verkünden, dass Gott durch die Menschwerdung in Jesus alle Menschen retten will. Durch die missionarische Tätigkeit der Kirche soll diese Botschaft weiterverbreitet werden. Darüber hinaus darf den Menschen der Reichtum des Geheimnisses Christi und eine lebendige Verbindung zu Gott nicht vorenthalten werden (Evangelii nuntiandi 53). Es ist theologisch geboten, etwa in der Katechese, den Heranwachsenden die befreiende Botschaft von Jesus Christus nahezubringen – dies ist jedoch nicht die primäre Aufgabe der kirchlichen Jugendarbeit, sondern anderer Felder der Jugendpastoral. Die Bildungsarbeit in einem religionspädagogischen Kontext ist heute anspruchsvoll, verdient Anerkennung und wird mit grossem Ressourceneinsatz und Engagement betrieben. Wie schwierig die Aufgabe der religiösen Bildung ist, zeigen etwa die Interviews, die für das Buch «Zweiundzwanzig Jugendliche. Ansichten vom Göttlichen» (Demont/Schenker 2009) geführt wurden: Aufgrund der Interviews war es nicht möglich, die Aussagen der Jugendlichen und jungen Erwachsenen darin zu unterscheiden, ob sie neun Jahre Religionsunterricht besucht haben oder in einem konfessionslosen Milieu aufgewachsen sind.

Der Auftrag der Kirche ist es gemäss den Konzilstexten, sich mit den anderen Religionen zu beschäftigen und mit ihnen in einen Dialog in Augenhöhe zu treten. Die Kirche hat einen umfassenden Auftrag zum Dialog: Dieser Dialog soll sich nicht nur auf die anderen Religionen sowie die kulturellen, politischen und sozialen Strömungen beschränken, er soll auch mit AtheistInnen und KirchengegnerInnen geführt werden (vgl. Roddey 2005, S. 70f.). Als übergeordnetes Ziel dieses umfassenden Dialoges wird die Humanisierung der Welt und das friedliche Zusammenleben genannt. Das Ziel des Dialoges mit den anderen Religionen ist die «Anerkennung, Wahrung und Förderung der ‹geistlichen und sittlichen Güter› und der ‹sozial-kulturellen Werte› der nichtchristlichen Religionen» (Roddey 2005, S. 68).

Dieser Dialog darf sich heute nicht mehr nur auf die anderen Religionen beschränken: Im Zeitalter der sozial tolerierten Miniumreligion ist die konfessionelle Religiosität nicht mehr die gesellschaftliche Norm. Die Selbstverständlichkeit, katholisch oder reformiert zu sein, gibt es nicht mehr – und so ist es nicht mehr möglich, die zentralen Aussagen der eigenen Konfession selbstverständlich übernehmen zu können. Jugendliche sind heute «gezwungen», selbst bestimmen zu müssen, was sie für wahr und richtig halten – es ist weniger ein Selbstbestimmungsanspruch denn ein gesellschaftlicher Zwang, ebenso eine zumindest teilweise stattfindende Distanzierung von der Kirche. Dabei werden die Kirche und hochreligiöse Peers als Abgrenzungsreferenz benutzt, im Sinn von: «Ich bin zwar katholisch/reformiert, aber …» Dieses distanzmarkierende «aber» ermöglicht es den Jugendlichen, eine Position zu beziehen, ohne sich exponieren zu müssen. Wenn es keine allgemein geteilten Glaubensvorstellungen mehr gibt, ist der Mehrheit eine andere Verhaltensweise gar nicht möglich. Zudem ist heute auch die Übernahme kirchlicher Vorstellungen ebenso eine Entscheidung wie eine Abgrenzung. Durch die Auflösung der handlungsleitenden Traditionen nahm die Anzahl der konkurrierenden Sinndeutungsangebote innerhalb und vor allem ausserhalb der Kirchen in den letzten Jahren fast exponenziell zu. In der Folge decken sich die Vorstellungen der Mehrheit der Kirchenmitglieder nur noch teilweise mit den Mehrheitsmeinungen innerhalb der universitären Theologie oder dem kirchlichen Lehramt. Als Beispiele seien hier die Christologie, Nachtodesvorstellungen oder Fragen der Sexualmoral genannt.

Die Religion der Mehrheit der Kirchenmitglieder ist weder eine oberflächliche Bricolage-Religion noch eine Abweichung im Sinn einer Häresie: Es ist die Religionsform, die aufgrund des gesellschaftlichen Umfeldes entsteht und damit der soziale Modus, mit dem eine Mehrheit in der deutschsprachigen Schweiz ihre konfessionelle Religiosität lebt. Der gesellschaftliche Einfluss ist so prägend, dass es selbst theologisch gebildeten, aktiven Eltern schwerfällt, ihren eigenen Kindern einen expliziteren Glauben weiterzugeben und gleichzeitig Teil der Mehrheitsgesellschaft zu bleiben.

Eine untaugliche Alternative wäre es, sich aus der Mehrheitsgesellschaft in neue konfessionelle Milieus zurückzuziehen: Erstens gibt es auch innerhalb der Kirche eine grosse Meinungsvielfalt. Dies zeigt sich etwa in den unterschiedlichen Strömungen, die in der schweizerischen Bischofskonferenz vertreten sind. Es wären, ähnlich den Freikirchen, nur unterschiedliche Submilieus möglich. Zweitens fehlt im Gegensatz zum kirchenkritischen liberalen Staat des 19. Jahrhunderts ein gemeinsamer Gegner für den Bezug eines konfessionellen «Reduits»: Heute ist die Situation komplexer, und die theologischen und soziokulturellen Konfliktlinien laufen quer durch die grossen Kirchen. Für eine neue Milieubildung müsste wohl die einende Negativfolie eines mächtigen Feindes der Kirche geschaffen werden, analog zu den Verschwörungstheorien gewisser religiöser Strömungen in Frankreich.

Es wäre falsch, die heutige Situation zu beklagen und die Vergangenheit zu idealisieren. Eine angemessenere kirchliche Haltung ist es, mit den Kirchenmitgliedern in einen ähnlichen Dialog zu treten wie mit den anderen Religionen.

10.3.2 Respekt vor der selbstgewählten Differenz in der kirchlichen Jugendarbeit

Respekt vor der selbstgewählten Differenz ist kein postmodernes «anything goes», sondern der Versuch, das Gegenüber anerkennend zu verstehen und die Entscheidung von den Jugendlichen und ihren Lebenswelten ausgehen zu lassen. Für die kirchliche Jugendarbeit bedeutet dies, die religiöse Positionierung der Jugendlichen im Feld des Religiösen und die Abgrenzung von der Kirche zu respektieren und nichts von dem abzulehnen, was den Jugendlichen wahr und heilig ist.

Selbstverständlich sind nicht alle religiösen Einstellungen förderlich: Einige können für die Menschen selbst und ihre Umgebung negative Folgen haben. Im Extremfall löst Religion Ängste und Zwänge aus, oder es werden Vorurteile gerechtfertigt oder zu Gewalt aufgerufen. Dies ist aber trotzdem kein Argument gegen den grundsätzlichen Respekt vor den religiösen Einstellungen Jugendlicher: Erstens sind alle parareligiösen und religiösen Einstellungen, christliche und nichtchristliche, kirchliche und nichtkirchliche, esoterische, traditionelle oder progressive, einer grundsätzlichen Ideologiekritik zu unterziehen: Keine Einstellung darf etwa ungerechte Machtverhältnisse, Abhängigkeiten, Unterdrückung, Diskriminierungen oder Vorurteile z. B. aufgrund von Herkunft, Geschlecht, sexueller Orientierung oder Status rechtfertigen. Zweitens sind Auffälligkeiten oder pathologische Formen der Religiosität unter Jugendlichen kaum häufiger als in anderen Altersgruppen oder unter den kirchlichen Mitarbeitenden.

Folglich fehlt die Notwendigkeit, die Einstellungen der Jugendlichen im Rahmen der Jugendpastoral zu bearbeiten: Religiöse Zwänge und Ängste scheinen in den letzten Jahrzehnten durch die veränderten Sozialisationsbedingungen in der Mehrheitskultur tendenziell zurückgegangen zu sein. Ebenso lässt sich der Mythos schwer halten, die Heranwachsenden liessen sich heute durch Schicksalsschläge leichter aus der Bahn werfen, da ihnen ein stabilisierender Glaube fehle: In den letzten dreissig, vierzig Jahren hat unter den Jugendlichen nicht primär die Religiosität als Kontingenzbewältigung abgenommen, sondern die Kirchlichkeit – dies im Gleichschritt mit gesamtgesellschaftlichen Entwicklungen.

Zusammenfassend: Defizitmodelle der Religiosität Jugendlicher sind empirisch nicht haltbar. Das heisst, die Ermöglichung eines religiösen Diskurses innerhalb der kirchlichen Jugendarbeit kann nur unter dem Vorzeichen der Bereicherung und der Beschleunigung einer religiösen Entwicklung diskutiert werden. Der Ausgangspunkt für diesen Diskurs ist die Akzeptanz der religiösen Einstellungen der Jugendlichen, so wie sie sind – und damit der Respekt vor der selbstgewählten Differenz.

11 Herausforderungen in der (kirchlichen) Jugendarbeit

Die aktuelle Gesamtsituation der Jugendarbeit – verbandliche und Offene, innerhalb und ausserhalb der Kirche – ist von widersprüchlichen Phänomenen geprägt. Die Situation in der Offenen Jugendarbeit ist dynamischer, aber auch kritischer als in den Jugendverbänden. Die Offene Jugendarbeit in kirchlicher Trägerschaft sieht sich spezifischen inner- und ausserkirchlichen Anfragen gegenüber. Sie verfügt jedoch über eine grosse Gestaltungsfreiheit und damit über die Chance, innovative Ansätze verwirklichen zu können.

Die aktuellen Herausforderungen wirken sich auf die verschiedenen Jugendarbeitsformen unterschiedlich aus und müssen deshalb differenziert betrachtet werden. Im folgenden Kapitel folgt eine thesenhafte Übersicht über die Situation in den Handlungsfeldern und die gesellschaftlichen Veränderungen, die Veränderungen innerhalb der Zielgruppen und der Vorstellungen der EntscheiderInnen, die einen Einfluss auf die Jugendarbeit haben. Aus dieser pointierten Darstellung soll keinesfalls das Ende der Jugendarbeit, wie wir sie heute kennen, abgeleitet werden. Die Situation schönzureden, ideologisch auf alten Positionen zu verharren oder charismatisch einfache Lösungen anzupreisen, wird aber kaum zu jenen Innovationen führen, die die Jugendarbeit letztlich voranbringen.

Es bestehen viele Anzeichen dafür, dass die Offene Jugendarbeit und damit auch die Offene Jugendarbeit in kirchlicher Trägerschaft vor tiefgreifenden Veränderungen steht: Je nach Beurteilung wird die Situation als Krise oder als Ausgangspunkt für einen Paradigmenwechsel wahrgenommen. Wenn man von einer Krise sprechen wollte (was ich nicht tue), handelte es sich nicht um eine Krise, die die Jugendlichen betrifft, sondern um eine Krise der Offenen Jugendarbeit – hier paraphrasiere ich Heinz Wettstein, der sich auf die späten 1960er-Jahre bezog (1989, S. 54ff.).

Wenn wir uns vor einem Paradigmenwechsel befinden, zeichnen sich eine Reihe möglicher Entwicklungslinien ab, die im nächsten Kapitel näher ausgeführt werden: die 10- bis 13-/14-Jährigen als neue Hauptzielgruppe; der neue Fokus auf die Jugendkultur, Kunst und den Marktzugang; Angebote der Lebenshilfe/Diakonie für über 16-jährige Jugendliche; die Mitarbeit von bezahlten über 16-Jährigen in der Mittel- und Oberstufenjugendarbeit und unabhängig vom gewählten Ansatz einer Einbettung der Offenen Jugendarbeit in die Gemeinwesenarbeit resp. die Gesamtpastoral.

Die Möglichkeiten der Jugendverbände, auf die sozialen Veränderungen zu reagieren, sind aufgrund der Organisationsform und der Methodik der Verbände geringer als bei der Offenen Jugendarbeit – der Veränderungsbedarf ist jedoch wohl auch einiges kleiner.

11.1 Offene Jugendarbeit vor einem Paradigmenwechsel?

Die Herausforderungen der Offenen Jugendarbeit liegen weder auf der Fach- noch auf der Theorieebene: In der Praxis sind gut ausgebildete Fachpersonen tätig, die anspruchsvolle Ausbildungsgänge an Fachhochschulen oder am Religionspädagogischen Institut Luzern (RPI) durchlaufen oder weitere Ausbildungen wie den Fachausweis kirchliche Jugendarbeit nach ForModula absolviert haben. Die JugendarbeiterInnen sind durch die Arbeit des Dachverbandes Offene Kinder- und Jugendarbeit (DOJ) und Infoklick vernetzt. Es besteht ein breites Weiterbildungsangebot der Fachhochschulen und weiterer Akteure. Die JugendarbeiterInnen in der kirchlichen Jugendarbeit profitieren zusätzlich von den Angeboten der regionalen, kantonalen/diözesanen und sprachregionalen kirchlichen Fach- und Arbeitsstellen. Neben der Theoriearbeit der Fachhochschulen sind selbstständige BeraterInnen mit grossem Know-how im Gebiet tätig.

Trotzdem ist die Offene Jugendarbeit heute alles andere als ein Selbstläufer: Das Verhalten und die Bedürfnisse der Jugendlichen und damit die Zielgruppe der Jugendarbeit haben sich in den letzten Jahren stark verändert. Bis Mitte der 1990er-Jahre waren die über 16-Jährigen die HauptnutzerInnen-Gruppe der Jugendarbeit – im folgenden Jahrzehnt waren es die 12- bis 16-jährigen OberstufenschülerInnen. In den letzten Jahren ging die Nutzung der Jugendarbeit durch über 14-Jährige tendenziell zurück. Seit ungefähr fünf Jahren bestehen Anzeichen, dass sich die Altersuntergrenze der NutzerInnen auf 10 Jahre senken könnte. In der letzten Dekade verlor die Jugendarbeit wichtige bisherige Alleinstellungsmerkmale an die Schulen und andere Anbieter.

Im Unterschied zu den 1968er-Ereignissen und den 1980er-Jahren gibt es in der Schweiz keine Jugendproteste, die die Jugend und damit die

Jugendarbeit auf die politisch-gesellschaftliche Agenda setzen. Das kommerzielle Freizeitangebot hat sich vervielfacht. Neue Kommunikations- und Unterhaltungsmöglichkeiten verdrängen die Langeweile. Die Mehrheit der Jugendlichen verfügt über genügend Geld, um als «vollwertige» KonsumentInnen am Konsumgüter- und Freizeitmarkt teilzunehmen. Der Generationenkonflikt als grundsätzlicher Werte- und Autoritätskonflikt zwischen Eltern und ihren Kindern im Jugendalter ist seit Jahren kein Mehrheitsphänomen mehr. Jugendkulturell geprägte Unterhaltung gehört seit Mitte der 1980er-Jahre zum Mainstream, Rock- und Popmusik dominieren das Gros der Radioprogramme. Es sind heute kaum mehr die Jugendlichen, die selbst Jugendarbeit einfordern. Werden der explizite Wunsch der Jugendlichen nach Jugendarbeit und ihr Engagement als Voraussetzungen für die Legitimation von professioneller Jugendarbeit betrachtet, besteht zumindest bei einer oberflächlichen Betrachtungsweise aktuell wenig Bedarf an Lebensgestaltungsangeboten der Offenen Jugendarbeit.

Durch die gestiegene Kontrolle im öffentlichen Raum und die Möglichkeit, über die Neuen Medien auch als Gruppe zeitgleich zu kommunizieren, ohne sich physisch zu treffen, sind heute im Vergleich mit der Situation vor fünf oder zehn Jahren bedeutend weniger Jugendliche im öffentlichen Raum anzutreffen. Mit Ausnahme der «Ausgangsmeilen» in den Innenstädten nahmen deshalb an den meisten Orten die Konflikte im öffentlichen Raum ab. Wird die Offene Jugendarbeit in einer Laiensicht als Problemlöseinstanz verstanden, scheint der Bedarf an Jugendarbeit zurückgegangen zu sein – besonders da sich in den letzten Jahren die Schulsozialarbeit breit durchgesetzt hat.

Offene Jugendarbeit ist für politische oder Kirchgemeinden ein freiwilliges Angebot: Es bestehen keine gesetzlichen Verpflichtungen oder Vorgaben der Kirchenleitung/Diözesen, Jugendarbeit anzubieten. Die meisten Gemeinden, politische oder kirchliche, verfügen, verglichen mit den Aufgaben, über knappe Mittel. In den letzten Jahrzehnten wurde den politischen Gemeinden eine Reihe von zusätzlichen Aufgaben übertragen, ohne dass die Steuererträge im gleichen Mass vermehrt wurden. Auf den Haushalten der Kirchgemeinden lasten steigende Unterhalts- und Sanierungskosten der Immobilen, und dies bei Mindereinnahmen durch Mitgliederrückgang.

Der scheinbar gesunkene Bedarf und die knappen Finanzmittel führten zu einem massiven Legitimationsdruck. Dieser Druck wird vor allem von den politisch Verantwortlichen oft direkt an die operative Jugendarbeit weitergereicht. Die Versuche der Offenen Jugendarbeit sich selbst zu legitimieren sind mitverantwortlich dafür, dass Prävention oder die Behandlung von Problemen im öffentlichen Raum heute verbreitet als zentrale Aufgaben der Jugendarbeit betrachtet werden, und haben zur Pädagogisierung der Jugendarbeit beigetragen – und gleichzeitig wird oft von der Jugendarbeit selbst implizit das Bild einer gefährdeten und gefährlichen Jugend verbreitet: Die Jugendlichen seien z. B. von den Möglichkeiten der Neuen Medien überfordert oder generell suchtgefährdet. Die Jugendarbeit habe folglich die Aufgabe, die Heranwachsenden so zu begleiten, dass diese einen angemessenen Umgang mit potenziellen Gefahren des Aufwachsens erlernen können. Würden diese Präventionsbemühungen scheitern, so die Logik, würden den Jugendlichen und damit der gesamten Gesellschaft ernsthafte Konsequenzen drohen, oder die Kosten für die polizeilichen, Gesundheits-, Rehabilitierungs- und Integrationsmassnahmen wären teurer als professionelle Jugendarbeit (vgl. Argumentation in Feller-Länzlinger 2015).

11.2 Offene Jugendarbeit in kirchlicher Trägerschaft: eine verpasste Chance?

Offene Jugendarbeit fristet in den Landeskirchen der Deutschschweiz heute, etwa im Vergleich zum Religionsunterricht, ein Randdasein. Bei Weitem nicht alle Pfarreien bieten Offene Jugendarbeit an. Offene Jugendarbeit wird z. T. nicht als Kernaufgabe der Kirche betrachtet, oder die Thematisierung religiöser Fragen oder gar kirchliche Sozialisation bis hin zur Rekrutierung werden fälschlicherweise als Besonderheit der kirchlichen Jugendarbeit angesehen. Dass die katholische Kirche in den 1970er-Jahren zu den Pionierinnen der Offenen Jugendarbeit zählte, ging auch kirchenintern praktisch vergessen.

Die Landeskirchen als Trägerinnen bieten heute der Offenen Jugendarbeit einzigartige Chancen. Im Unterschied zu anderen Trägerschafts- und Auftragsformen ist die Offene Jugendarbeit in der Kirche von der (versteckten) Erwartung, eine Problemlöse- und Befriedungsinstanz zu sein, weitgehend befreit. Die Gestaltungsmöglichkeiten der Offenen Kinder- und Jugendarbeit innerhalb der Kirche sind wesentlich grösser und der Legitimationsdruck kleiner als in einer politischen Gemeinde: Eine Jugendarbeit, die auf Lebensbewältigung ausgerichtet ist, wird innerhalb der Kirche als diakonisches Engagement verstanden. Ebenso ist eine konsequente Ausrichtung der Jugendarbeit auf die Lebensgestaltung möglich.

Offene Jugendarbeit in kirchlicher Trägerschaft spricht häufig andere Zielgruppen an als eine kommunale Jugendarbeit. Als Faustregel gilt, dass die kommunalen Einrichtungen heute eher die «wilderen», schulisch tendenziell weniger erfolgreichen Jugendlichen im Alter zwischen 12 und 14/15 Jahren ansprechen. Jugendtreffs in städtischen und Agglomerationsgebieten werden im Schnitt von überproportional vielen männlichen Jugendlichen mit Migrationshintergrund besucht. In der von den Landeskirchen getragenen Offenen Jugendarbeit sind im Gegensatz dazu oft mehr junge Frauen und schulisch erfolgreichere Jugendliche anzutreffen. Die genannten Zielgruppenunterschiede gehen auf verschiedene Faktoren zurück: Die kirchlichen JugendarbeiterInnen sind den Heranwachsenden oft aus anderen Kontexten bekannt. Dies senkt bei zurückhaltenderen Jugendlichen die Zugangsschwelle. Weil die kirchlichen JugendarbeiterInnen in ihrer Tätigkeit mit unterschiedlichsten Jugendlichen in Kontakt kommen, fällt es einzelnen Gruppen schwerer, ein Angebot oder eine Einrichtung so zu dominieren, dass andere Gruppen keinen Zugang mehr haben – was aus der Sicht der Jugendarbeit sowohl ein Vorteil (gemischteres Publikum) als auch ein Nachteil (Ausschlussmechanismus für marginalisierte Gruppen) sein kann. Vermutlich sind zudem die ausgesprochenen und unausgesprochenen Verhaltensregeln in der Offenen Jugendarbeit in kirchlicher Trägerschaft strikter und der Anspruch der JugendarbeiterInnen an die Umgangsformen im Schnitt höher. Dies macht es Jugendlichen mit guten kommunikativen Möglichkeiten einfacher, sich als Einzelpersonen auch gegenüber Gruppen durchzusetzen. Zusätzlich geniesst die von den Kirchen getragene Offene Jugendarbeit bei den Eltern meist einen guten Ruf – verdientermassen oder nicht –, was wiederum einen Einfluss auf den Besuch der Einrichtungen hat.

11.3 Jugendverbände: ein Angebot für eine gut integrierte Minderheit?

Die Jugendverbände sehen sich seit Längerem zwei Herausforderungen gegenüber: Einerseits gingen seit Mitte der 1980er-Jahren die Mitgliederzahlen zurück. So waren beispielsweise in der Jungwacht Blauring

1985 noch 17 183 Mädchen als Teilnehmerinnen gemeldet; dreissig Jahre später waren es noch 12 267. Die Anzahl der Knaben ging im gleichen Zeitraum vom 12 237 auf 7983 zurück (hingegen nahm die Zahl der LeiterInnen von 7483 auf 8634 zu!). Die zweite Herausforderung ist die Untervertretung von Kindern und Jugendlichen mit Migrationshintergrund und von Heranwachsenden aus der unteren Mittelschicht und der Unterschicht. Diese Untervertretung zeigt sich besonders bei den Leiterinnen und Leitern: Die Leitungsteams setzen sich grossmehrheitlich aus schulisch erfolgreichen Mittel- und Oberschichtsjugendlichen ohne Migrationshintergrund zusammen, deren Eltern meist bereits in einem Jugendverband aktiv waren.

Die Verbandsspitzen der Jugendverbände haben sowohl den Mitgliederrückgang als auch die erwähnten Untervertretungen erkannt und versucht entgegenzusteuern: Sowohl die Mitgliederzahl als auch der Anteil von Kindern und Jugendlichen mit Migrationshintergrund und aus den unteren sozialen Schichten sollen erhöht werden.

Die Versuchung ist gross, diese beiden Herausforderungen gleichzeitig anzugehen. Dabei ist es mehr als fraglich, ob eine höhere Diversität innerhalb des Verbandes mit einem höheren Mitgliederbestand korreliert. Vermutlich trifft wohl eher das Gegenteil zu: Eine höhere Diversität innerhalb der teilnehmenden Kinder und Jugendlichen stellt an die LeiteInnen grössere Herausforderungen. Bereits heute sind die Aufgaben der Leiterinnen und Leiter so anspruchsvoll, dass sie selektiv wirken: Um als LeiterIn in einem Jugendverband tätig sein zu können, müssen – neben der Bereitschaft, einen Grossteil der Freizeit in die Verbandsarbeit zu investieren –, hohe persönliche Ressourcen vorhanden sein. Die zusätzlichen Anforderungen in einer migrations- und milieusensiblen Arbeit schränken zwangsläufig den Kreis geeigneter Leiterinnen und Leiter, mit und ohne Migrationshintergrund, weiter ein. Dies zeigt sich etwa bei den Leiterinnen und Leitern der Pfadi Trotz Allem, die sich an Kinder und Jugendliche mit einer Behinderung richtet.

Zusätzlich ist zu erwarten, dass die notwendigen Kultur- und Programmänderungen nicht allen bisherigen Leitenden und Teilnehmenden entsprechen würden: Das alles sind Faktoren, die nicht für eine kurzfristige Mitgliederzunahme sprechen.

Die Frage, wie attraktiv Jugendverbände für Heranwachsende mit Migrationshintergrund ab dem Oberstufenalter sind oder sein können, scheint wesentlich komplexer zu sein, als auf den ersten Blick zu vermuten wäre: So hat etwa der Wohnort (ländlich, periurban, städtisch) einen grossen Einfluss auf den Anteil von Kindern und Jugendlichen mit Migrationshintergrund in einem Jugendverband. Zudem ist im Oberstufenalter ein auffälliger Rückgang feststellbar. Die Mitgliedschaft in einem Jugendverband scheint für viele Jugendliche mit Migrationshintergrund in dieser Altersgruppe unattraktiv zu werden.

Die Weitergabe von Selbsterlebtem innerhalb der Ortsverbände (Abteilungen/Scharen) gehört zur grundlegenden Funktionsweise der Jugendverbände. Die LeiterInnen waren meist TeilnehmerInnen in derselben Ortsgruppe. Quereinstiege sind selten. Die Leitenden geben in erster Linie das an die Teilnehmenden weiter, was sie selbst (aus ihrer heutigen Sicht) als TeilnehmerInnen positiv erlebt haben. Der Ort für eine kritische Reflexion und Horizonterweiterung ist die LeiterInnen-Ausbildung: Die Ausbildung ist damit auch der primäre Ort für von den Verbandsleitungen initiierte Veränderungsprozesse. Durch dieses Zusammenspiel der biografischen Erfahrungen als Grundlage des eigenen Handelns und der Ausbildung ist Zeit und viel Engagement der Verbandsleitungen notwendig, um in den Verbänden Kulturänderungen herbeizuführen.

Obwohl die Jugendverbände nicht in allen Gemeinden vertreten sind, ist es heute nur sehr schwer möglich, neue Ortsgruppen zu gründen: Für eine Neugründung ist eine grössere Gruppe von über 16-jährigen Jugendlichen notwendig, die den Willen haben, gemeinsam vor Ort die Ideale eines Verbandes zu leben,[43] oder eine bestehende nichtverbandliche Jugendgruppe hat den Wunsch, sich einem Jugendverband anzuschliessen. Beides ist heute selten. Weitaus häufiger lösen sich Ortsgruppen auf oder schliessen sich Ortsgruppen zusammen, um wieder eine kritische Grösse zu erreichen.

Jugendverbände haben sich seit ihren Anfängen in den 1910er- bis 1930er-Jahren stark weiterentwickelt. Mit Ausnahme der Brüche in den 1930er-Jahren und nach 1968 vollzog sich ihre Entwicklung langsam und kontinuierlich. Die Entwicklungsmotoren der Verbandsarbeit waren seit den 1970er-Jahren einerseits die Praxisanpassungen, die die LeiterInnen selbst vornahmen, andererseits die Reflexion auf Verbandsebene sowie die Auswirkungen der LeiterInnen-Ausbildung. Die Aktivitäten, Methodik und vor allem die Kultur verändern sich in den Jugendver-

43 Davon zu unterscheiden ist etwa, wenn eine Organisation (z. B. eine neue Freikirche) vor Ort mit der Jugendverbandsmethodik Arbeit mit Kindern und Jugendlichen betreiben will. Im Vordergrund stehen hier die Interessen der Organisation und nicht primär die Jugendverbandsidee.

bänden nur langsam. Deshalb sind die Jugendverbände – anders als die Offene Jugendarbeit – weniger von kurzfristigen Trends betroffen. Die Herausforderung für die Kinder- und Jugendverbände ist es, den grossen gesellschaftlichen und Jugendtrends zu folgen, ohne die eigene Identität zu verlieren – und alles daranzusetzen, Ausschlussmechanismen aufgrund von Herkunft oder Schicht zu minimieren.

Die Jugendverbände in der Schweiz sehen sich heute einem gesellschaftlichen Widerspruch gegenüber: Sie erfahren berechtigterweise eine hohe gesellschaftliche Anerkennung, trotzdem wäre es aber nicht möglich, sie aus dem Nichts aufzubauen: Gäbe es nicht das lebende Beispiel, würde 16- bis 20-jährigen LeiterInnen kaum zugetraut, umfassend Verantwortung für Kinder und jüngere Jugendliche zu übernehmen. Gegen das Ansinnen dieser Verantwortungsübernahme durch oft nicht volljährige «Nicht-Fachpersonen» würden wohl juristische wie auch fachliche Bedenken geltend gemacht. Ganz abgesehen davon wäre es fraglich, ob Eltern ihre Kinder «unbeaufsichtigten» Jugendlichen anvertrauen würden.

11.4 Gesellschaftliche Veränderungen

Es ist ein Allgemeinplatz, dass sich die Veränderungen in der Gesellschaft auch in der Jugend und in der Jugendarbeit abbilden. Trotzdem lohnt es sich, für die Darstellung der Herausforderungen jene sozialen Veränderungen der letzten Jahre zu betrachten, die heute direkte Auswirkungen auf die verbandliche resp. Offene Jugendarbeit haben.

11.4.1 Anerkennung der Jugendlichen als KonsumentInnen

Die gesellschaftliche Gruppe der Heranwachsenden gehört nicht zu den HauptgewinnerInnen der gesellschaftlichen Veränderungen der letzten 25 Jahre. Zwar stiegen das Verständnis für die Anliegen der Jugendlichen und ihre ökonomischen Ressourcen, die gesellschaftlichen Gestaltungsräume vergrösserten sich jedoch kaum im selben Mass: Der den Jugendlichen zugewiesene gesellschaftliche Platz hat sich seit den 1990er-Jahren kaum markant verändert – dies im Unterschied etwa zu den Veränderungen im Alterssegment der 65- bis 75-Jährigen.

Was sich jedoch verändert hat: Jugendliche werden als KundInnen ernst genommen und gleichberechtigt wie alle anderen Altersgruppen behandelt: Dies – und die gestiegene Kaufkraft der Jugendlichen – führte auch zur markanten Zunahme kommerzieller Freizeitangebote und deren Nutzung durch Jugendliche.

11.4.2 Zunahme der Regeldichte und des Sicherheitsbewusstseins

In den 1980er-Jahren konnte eine leerstehende Fabrikhalle mit relativ wenig Aufwand in ein temporäres Konzertlokal verwandelt werden. Mit dem Aufkommen von Regeln, die zum Beispiel den barrierefreien Zugang gewährleisten, von Hygienevorschriften oder Lärm- und Umweltschutzauflagen wie auch von höheren Sicherheitsstandards wurden wichtige Anliegen verwirklicht. Als unbeabsichtigten Nebeneffekt erschweren sie jedoch besonders für Jugendliche die spontane Verwirklichung ihrer Ideen. Eine Umsetzung wird teurer, und ausserhalb der Jugendverbände benötigen Jugendliche heute meist die Unterstützung von JugendarbeiterInnen oder anderen Erwachsenen, um etwa die notwendigen Bewilligungen (z. B. für ein Konzert mit Eintritt) zu erhalten.

11.4.3 Wertewandel und Familienklima

Im gesellschaftlichen Mainstream unterscheiden sich die Werte der Heranwachsenden und ihrer Eltern nicht mehr in jener fundamentalen Weise wie in den 1960er-Jahren bis in die 1980er-Jahre. Der innerfamiliäre Generationenkonflikt wurde in der Schweiz damals vermutlich zusätzlich durch den starken gesellschaftlichen Konformitätsdruck verstärkt. Sich «daneben zu benehmen» konnte für Jugendliche ernste Konsequenzen haben, was wiederum die Beziehung zwischen Eltern und ihren Kindern belastete. Die Eltern taten gut daran, dafür zu sorgen, dass ihre Kinder nicht zu negativ in Erscheinung traten: Bis 1981 (!) konnten in der Schweiz Jugendliche (und Erwachsene), die den Behörden im weitesten Sinn negativ auffielen, ohne Gerichtsurteil auf unbestimmte Zeit in eine geschlossene Anstalt/ein Gefängnis eingewiesen werden (Administrative Versorgung).

Die Vorstellungen, was ein gutes Leben, was elterliche Aufgaben und Autorität sind, welche Werte wichtig sind, welche Ausbildung anzustreben ist, welche Kleidung wann zu tragen ist oder wie Sexualität gelebt werden darf, unterscheiden sich heute kaum mehr fundamental zwischen den Mainstreameltern und ihren Teenagern. Dies sind mit Gründe dafür, warum sich heute Eltern und Kinder tendenziell besser verstehen und verständigen können als vor 25 oder 40 Jahren.

Ein Teil des Konfliktpotenzials des Aufwachsens hat sich aus den Familien heraus in die Gesellschaft verlagert. Einst potenziell konfliktträchtige Erziehungsaufgaben fallen aus der Sicht eines Teils der Eltern nicht mehr in ihren Verantwortungsbereich, so etwa die Kontrolle der Erledigung der Hausaufgaben.

Zeitgleich mit der innerfamiliären Klimaverbesserung verkleinerten sich jedoch gesellschaftliche Schon- und Freiräume, und die Kontrolle im öffentlichen Raum nahm zu, so dass die Gestaltungsräume für Jugendliche nicht im selben Mass zunahmen, wie das auf den ersten Blick zu erwarten wäre.

11.4.4 Ende der Epoche der Jugendkultur

Die Jugendkulturen der 1950er- bis in die 1990er-Jahre waren Eigenwelten in Abgrenzung zur Erwachsenengesellschaft: Die Jugendlichen schlossen sich in jugendkulturellen Szenen zusammen, um gemeinsam ihre Vorstellungen zu leben. Bis weit in die 1970er-Jahre hinein wurde jugendkulturellen Ausdrucksformen mit Vorbehalten begegnet. Rock- und Popmusik fristeten im Radioprogramm ein Randdasein. Eine offen zur Schau getragene Zugehörigkeit zu einer bestimmten jugendkulturellen Szene, wie lange Haare bei jungen Männern, konnte zu erheblichen Nachteilen führen – bis etwa zum Verlust einer Lehrstelle.

Ab den 1980er-Jahren begann sich die Mehrheit der Jugendlichen an einer der Jugendkulturen zu orientieren. Spätestens mit den Pionierprivatradios Radio24 Ende der 1970er-Jahre und 1983 mit dem dritten Schweizer Radioprogramm (DRS3) wurden Jugendkulturen zunehmend Mainstream. In der Folge stieg die Bedeutung der Unterhaltungsindustrie, gleichzeitig begann die Geschwindigkeit der Trendabfolgen zuzunehmen. Ab den 1990er-Jahren ist in vielen Jugendkulturen ein bedeutender Teil der Aktiven über 25 Jahre alt – und altersmässig nicht mehr zur Jugend zu zählen.

Nach 2000 endet durch die Kommerzialisierung, als Folge des Internets und ironischerweise auch durch deren gesellschaftliche Wertschätzung die Epoche der klassischen Jugendkulturen. Die Anerkennung der Jugendkulturen verkleinert den Graben zur Erwachsenengesellschaft: Der Druck auf die Jugendlichen in den Jugendkulturen und damit das Bedürfnis oder die Notwendigkeit sinkt, sich in einer festen Gruppe/Szene gegenseitig zu stärken. Die grundsätzliche Akzeptanz macht es schwierig, jugendkulturelle Zeichen als sichtbare Abgrenzungen zur Erwachsenengesellschaft zu verwenden. Jugendkultureller Ausdruck wird zunehmend zur Mode, zum persönlichen Style. Gleichzeitig Teil mehrerer Szenen zu sein, schliesst sich nicht mehr aus. Das Internet ermöglicht einen weltweiten Austausch in Echtzeit: Subkulturen verästeln sich so, Trends erscheinen in schneller Abfolge und verglühen wieder, ohne bleibende Spuren zu hinterlassen. In und mit jugendkulturellen Ausdrucksformen wird Geld verdient, was auch innerhalb der meisten Szenen nicht mehr auf Ablehnung stösst. Die Grenzen zwischen den kulturellen Ausdrucksformen und der Wirtschaft verschwimmen. Was geblieben ist, sind Felder des jugendkulturellen Ausdrucks sowie der Wille der Heranwachsenden, sich durch ihren kulturellen Ausdruck von den vorhergehenden Generationen abzugrenzen – und von der Erwachsenengesellschaft als kulturell eigenständig wahrgenommen zu werden.

11.4.5 Verlust von Alleinstellungsmerkmalen der Offenen Jugendarbeit

Die Anforderungen in der Schule und in der Berufsausbildung haben in den letzten Jahren zugenommen. Jugendliche stehen heute unter einem grösseren Leistungsdruck, den die überwiegende Mehrheit erfolgreich bewältigt. Mit den gestiegenen Anforderungen nimmt die freie Zeit ab. Gleichzeitig haben Methoden aus der Jugendarbeit Eingang in das schulische Lernen gefunden: An vielen Oberstufenstandorten steht Projektarbeit auf dem Lehrplan. Bei genauerer Betrachtung handelt es sich kaum um Projekte im Sinn der Sozialen Arbeit oder der Soziokulturellen Animation, sondern um begleitetes, selbstgesteuertes Lernen. Denn anders als in Projekten der Soziokulturellen Animation/Jugendarbeit geht der Impuls für die Projekte nicht von den Jugendlichen aus, sondern ist eine schulische Aufgabenstellung. Durch Übernahme von Methoden und Anpassung für die Schule (inkl. Dokumentation, Zeit- sowie formale Vorgaben und Benotung) verlor die Jugendarbeit nicht nur ein Alleinstellungsmerkmal, bei den Jugendlichen sank auch die Attraktivität der Projektmethodik, da sie das Projektangebot mit den schulischen Projekterfahrungen verbinden. In ähnlicher Weise gilt dies auch für Zukunftsgestaltungsprozesse und Partizipationsangebote in der Offenen Jugendarbeit. Viele Jugendliche haben bereits im schulischen Kontext an ähnlichen Prozessen teilgenommen und dabei unterschiedliche Erfahrungen gemacht. Werden Jugendliche im Rahmen von Offener Jugendarbeit in solche partizipativen Prozesse einbezogen, müssen oft erst die Erfahrungen aus ähnlichen schulischen Veranstaltungen bearbeitet werden.

Besonders dann, wenn die Jugendlichen die schulische Partizipation als Scheinpartizipation erlebt haben.

Auch das Coaching von Nachwuchsbands, für Bandproben bereitgestellte Räume oder die Vermittlung von Auftrittsmöglichkeiten waren über eine lange Zeit Domänen der Offenen Jugendarbeit. Heute sind viele Musikschulen in diesen Bereichen mit professionellen Angeboten aktiv.

Schulsozialarbeit ist in der Schweiz das «am schnellsten wachsende Handlungsfeld der Kinder- und Jugendhilfe» (Baier 2011, S. 61). Innerhalb rund eines Jahrzehntes hat die Schulsozialarbeit in der deutschsprachigen Schweiz eine weitere Verbreitung und höhere Anerkennung erreicht als die Offene Jugendarbeit. Der direkte Nutzen der Schulsozialarbeit in der Bearbeitung sozialer Probleme und der Prävention innerhalb der und für das System Schule ist heute kaum bestritten. Für Laien ist es z. T. schwierig, die Unterschiede der Handlungsfelder der Schulsozial- und der Offenen Jugendarbeit zu erkennen, besonders wenn Offene Jugendarbeit primär als Problemlöseinstanz betrachtet wird. Das kann im Extremfall so weit gehen, dass politisch Verantwortliche Offene Jugendarbeit als unnötig betrachten, wenn in einer Gemeinde Schulsozialarbeit angeboten wird, oder dass der Offenen Jugendarbeit auch der Schulbereich zugewiesen werden soll, um keine Schulsozialarbeit einrichten zu müssen.

11.5 Technologische Veränderungen

Wichtige Veränderungen im Jugendbereich der letzten Jahre gehen auf Entwicklungen im Bereich der Computer- und Kommunikationstechnologie zurück: der Siegeszug des Internets, die flächendeckende Verbreitung von Smartphones und die Digitalisierung von Kunst, Information und Unterhaltung.

Die meisten Oberstufenschülerinnen und -schüler verfügen heute über einen eigenen Computer oder Laptop, fast alle besitzen ein eigenes Smartphone. Durch Computer, Smartphones und Spielekonsolen ist ein umfassendes Unterhaltungsprogramm immer nur einen Klick entfernt: Langeweile ist weitgehend verschwunden.

Musik und Filme stehen – überall, wo der Internetzugriff gewährleistet ist – jederzeit kostenlos zur Verfügung. Das Fernsehen hat seine Bedeutung als Leitmedium für Jugendliche, evtl. mit Ausnahme von Casting-Shows und ähnlichen Formaten, weitgehend verloren.

11.5.1 Der Siegeszug des Internets

Nach dem Jahr 2000 setzte sich das Internet mit Breitband-Hausanschlüssen auch in der Schweiz flächendeckend durch. War das Internet vor der Jahrtausendwende tendenziell das Medium einer jüngeren, technikaffinen, gebildeten Minderheit, wurde es zu einem Alltagsmedium. Da die technischen Voraussetzungen (Internetanschluss und Computer) vorhanden waren, konnten sich die Social Media (Facebook ging 2004 online, YouTube 2005) rasend schnell durchsetzen. Die Geschwindigkeitssteigerung des mobilen Internets nach 2007 war die Voraussetzung für den Betrieb von datenintensiven Anwendungen auf mobilen Geräten.

Durch das Internet sind Informationen sehr viel einfacher zugänglich: Neben Inhalten, die für die Schule/Ausbildung verwendet werden können, Tagesaktualitäten und Freizeitinteressen trifft das aber auch für Inhalte zu, die für Kinder und Jugendliche nicht geeignet sind.

11.5.2 Das Smartphone als Kommunikationszentrale

Das erste iPhone kam 2007 auf den Markt, und bereits fünf Jahre später verfügte die Mehrheit der über 14-Jährigen in der Schweiz über ein eigenes Smartphone – heute hat sich diese Altersgrenze um zwei bis vier Jahre gesenkt.

Jugendliche ab dem Oberstufenalter stehen in ihrer Freizeit in ständigem Kontakt mit FreundInnen und Gleichaltrigen via Smartphones/Social Media (WhatsApp, Skype, Facebook, SMS): Eine räumliche Anwesenheit ist nicht mehr notwendig, um mit mehreren Personen gleichzeitig kommunizieren zu können.

Das Smartphone mit Internetzugang ist für die meisten Heranwachsenden die wichtigste persönliche Kontakt-, Kommunikations- und Unterhaltungszentrale. Zusätzlich verfügen Smartphones über die Möglichkeit der Foto- und Videoaufzeichnung inkl. Publikationsmöglichkeit (YouTube, Social Media).

11.6 Veränderungen innerhalb der Zielgruppen

Für die weitere Analyse lohnt sich die Abgrenzung der allgemeinen gesellschaftlichen Veränderungen vom Wandel innerhalb der Zielgruppen. Obwohl diese Grenze oft nicht trennscharf verläuft, ist es empfehlenswert, diejenigen Veränderungen, die auf die Zielgruppen zurückgehen, gesondert zu betrachten.

11.6.1 *Die Auflehnung gegen das Establishment ist vorbei*

Die grosse Mehrheit der Jugendlichen und jungen Erwachsenen versteht sich als Teil der Gesellschaft. Der zeitweilige Rückzug und das Suchen einer Eigenwelt scheinen noch immer zu den Eigenheiten des Jugendalters zu gehören. Aktuell zeigen jedoch wenig Jugendliche die Tendenz, sich von der Gesellschaft abzuwenden und Gegenwelten in Form von politischen, sozialen oder kulturellen Utopien verwirklichen zu wollen. Weder der Staat noch die Wirtschaft werden grundsätzlich abgelehnt. Ebenso legen die allermeisten Jugendlichen ihre Zukunftsplanung so an, dass sie einen Platz in der Gesellschaft finden können (vgl. Schwiter 2011).

11.6.2 *Engagement, Anerkennung und Bezahlung*

In der gesamten Gesellschaft haben sich in den vergangenen dreissig Jahren die Vorstellungen im Bereich des Engagements, der Anerkennung und Bezahlung verändert. Bereits Mitte der 1980er-Jahre zelebrierten (jugend)kulturelle Strömungen wie die Popper materielle Werte und setzten sich damit bewusst vom Mainstream der damaligen Jugendkulturen ab. Die Vorstellung, für sich eine bessere Gesellschaft zu wollen, entsprach jedoch eher dem Zeitgeist. Dies war klar mit der Vorstellung des selbstverständlich unbezahlten Engagements verknüpft.

Freizeitaktivitäten und von Jugendlichen nutzbare Räume waren rare Güter. Oft ging die Initiative für neue Freizeitmöglichkeiten oder Jugendarbeit innerhalb und ausserhalb der Kirchen direkt von den Jugendlichen aus. Es war nicht ungewöhnlich, dass grössere Gruppen von über 16-Jährigen bereit waren, Freizeit in den Aufbau und Betrieb von Jugendarbeit (Offene und verbandliche Jugendgruppen) zu investieren. Eine wichtige Aufgabe der JugendarbeiterInnen bestand darin, Jugendlichen dieses Engagement zu erleichtern. Wenn von bezahlter Arbeit die Rede war, dann höchstens als Infragestellung der Bezahlung der Profis durch die Jugendlichen.

Noch in den 1980er-Jahren bestand die von der Jugendarbeit geteilte Vorstellung, dass sich Jugendliche ganz selbstverständlich ehrenamtlich für das Gemeinwesen einsetzen sollen, wenn «beispielsweise die Wasserleitung für die Schrebergärten neu zu verlegen oder der Unterhalt für die Sportwiese zu gewährleisten» (Nowotny 1983, S. 145) ist. Heute wären das typische Taschengeldjobs, die viele Jugendarbeitsstellen an Jugendliche vermitteln. Die Idee, ältere Jugendliche für Mitleitungsaufgaben in der Mittel- oder Oberstufenjugendarbeit zu entschädigen, ist vielen Fachpersonen in der Jugendarbeit heute ähnlich fremd wie für Ronald Nowotny in seiner «Jugendarbeit als Aufgabe in der Gemeinde» (1983) der Gedanke, Jugendliche für die Verlegung der Wasserleitung im Schrebergarten zu entschädigen. Die meisten Jugendlichen vertreten heute die Einstellung, dass sich ein an sie von aussen herangetragenes Engagement lohnen müsse, sei es durch Bezahlung oder einen anderen persönlichen Nutzen (Anerkennung, Selbstwirksamkeitserleben, persönlicher Vorteil usw.).

In den 1980er-Jahren begannen die grossen Utopien zu verblassen. Zukunftsträume begannen sich vom Aussteigen auf dem Land über eine Karriere in Topunternehmen in Richtung Start-up zu verschieben: Mit Gleichgesinnten eine coole Geschäftsidee umzusetzen, sich darin selbst zu verwirklichen und wirtschaftlich erfolgreich zu sein, übt heute auf die Heranwachsenden mehr Anziehungskraft aus als ein Rückzug aus der Mainstreamgesellschaft in ein Alpkollektiv.

Noch immer engagieren sich Jugendliche ehrenamtlich für Anliegen, die ihnen wichtig sind – besonders wenn sie im gemeinsamen Engagement Gestaltungsräume eröffnen und Selbstwirksamkeit erlebt werden kann. Mühsame Hilfs- und Dienstleistungsaufgaben gelten jedoch als wenig attraktiv. In den grösseren Jugendkulturhäusern etwa hat sich die Praxis etabliert, dass die inhaltliche Arbeit unentgeltlich geleistet wird, dass jedoch die Supportleistungen (Kasse, Garderobe) oder die Arbeit an der Bar entschädigt werden. Jugendverbände scheinen heute mehr Mühe zu haben, ehrenamtliche Funktionen mit einem hohen Anteil an strukturellen Aufgaben etwa in Regionalleitungen zu besetzen.

11.6.3 Ästhetisierung und gestiegener Qualitätsanspruch

Quer durch alle Altersgruppen haben der eigene visuelle Auftritt und das damit verbundene Image an Bedeutung gewonnen. Es geht heute weniger darum, sich durch einen bestimmten Habitus oder mit Kleidungsstücken oder Frisuren als einer definierten Gruppe zugehörig zu zeigen, als durch einen Style die eigene Persönlichkeit und Unverwechselbarkeit im Wechselspiel mit wichtigen Peergruppen auszudrücken. Mit der Ästhetisierung sind die Qualitätsansprüche der Jugendlichen gestiegen: Dem Auftritt und den Angeboten der Jugendarbeit wird mit derselben Anspruchshaltung begegnet wie kommerziellen Angeboten.

Innerhalb der Jugendverbände scheint hier durch die verbandliche Dynamik und durch Traditionen ein ästhetischer Sonderraum vorhanden zu sein: So muss etwa eine thematische Einkleidung gemäss einem Lagermotto nicht perfekt sein. Die Improvisation macht sogar einen wesentlichen Teil des Reizes aus: z. B. eine Zugreise, mit einfachen Mitteln eingekleidet als «Wikinger»- oder «Schellenursli»-Gruppe. Dieselben Jugendlichen und jungen Erwachsenen haben an Aussenauftritte ausserhalb des Verbandes andere und vor allem höhere Ansprüche des Finishs und würden sich ausserhalb des Jugendverbandes gar nicht in ähnlicher Weise exponieren wollen.

11.6.4 Gestiegene finanzielle Ressourcen und Ausschlussmechanismen

Die Mehrheit der Jugendlichen verfügt, verglichen mit ihren Vorgängergenerationen, über mehr Geld – was in ähnlicher Weise für alle Altersgruppen gilt. Um am durchschnittlichen Freizeitkonsum teilhaben zu können, sind etwa für die Altersgruppe der 16- bis 17-jährigen Jugendlichen mehr als einhundert Franken Taschengeld pro Monat notwendig (ohne Bekleidung, Handy, Ferien und Sportgeräte). Für jene Minderheit von Jugendlichen, die nicht über diese Mittel verfügt, ergeben sich vielschichtige Ausschlussmechanismen. Nicht alle Jugendlichen, die sich vielleicht die Kosten für ein teures Ferienangebot (beispielsweise ein Segeltörn in Holland) der Jugendarbeit nicht aufbringen können, wollen dazu stehen, dass sie dafür eine finanzielle Unterstützung benötigen würden.

11.6.5 Wie brav und apolitisch ist die heutige Jugend?

«Die heutige Jugend» wird anhand der Ergebnisse von Jugendstudien oft als unpolitisch und brav beschrieben. Bei Erwachsenen, die etwa in den frühen 1980er- oder den 1968er-Jahren in der Jugendarbeit aktiv waren oder politisiert wurden, schwingt oft eine leichte Enttäuschung über «die heutige Jugend» mit – dass die Jugend rebellisch zu sein habe, gehört in gewissen Kreisen zu den gut gepflegten Mythen. Ebenso, dass es den Jugendlichen gar nicht mehr möglich sei, sich von den Erwachsenen produktiv abzugrenzen.

Kein Mythos ist hingegen, dass die Jugendlichen im Schnitt weniger zynisch sind und weniger bereit, strukturelle Ungerechtigkeiten zu billigen, als der Durchschnitt der Gesellschaft. Jugendliche machen jedoch keine Ausnahme in der Tendenz, sich eher für konkrete Anliegen zu engagieren und sich weniger in Organisationen und Parteien zu sammeln als noch vor einem Vierteljahrhundert.

Aktuelle Beispiele in der Schweiz weisen in Richtung eines möglichen Wiedererstarkens der Zivilgesellschaft: Einzelpersonen oder Gruppen von gebildeten jungen Erwachsenen engagieren sich leidenschaftlich und bewusst ausserhalb des traditionellen Politbetriebes, wenn zentrale Werte einer offenen demokratischen Gesellschaft zur Disposition gestellt werden. Keine der bestehenden Parteien scheint für diese jungen Erwachsenen attraktiv, die in ihren Augen als erstaunlich leidenschaftslos und verknöchert wirken (vgl. Seibt 2016). Auch scheinen die jungen ExponentInnen der Zivilgesellschaft gegenwärtig keine politischen Ämter anstreben zu wollen, sondern aus einem zivilgesellschaftlichen Verantwortungsbewusstsein zu handeln. Sie melden sich primär in den Neuen Medien zu Wort. Erst wenn ihre Anliegen bereits auf Facebook oder Twitter auf ein Echo stossen, erscheinen ihre Aussagen in den herkömmlichen Medien. Finanziert werden die neuen zivilgesellschaftlichen Kampagnen oft über Crowdfunding (Kleinspenden über Internet). So spielte etwa das Engagement einer Gruppe von jungen Erwachsenen (Operation Libero) bei der Ablehnung einer rechtsbürgerlichen Initiative, die straffällige AusländerInnen ohne Prüfung des Einzelfalles ausweisen wollte, im Frühjahr 2016 wahrscheinlich die entscheidende Rolle. Ein weiteres Beispiel ist die Aktion von Donat Acklin, einem einzelnen Studenten, der sich im Herbst 2015 an der geballten Finanzkraft und dem Wahlkampfgebaren einer rechtsbürgerlichen Partei störte. Er produzierte ein einfaches YouTube-Video, in dem er seine Empörung darüber äusserte und zu einem Gegenzeichen aufrief. Das Video stiess auf enorme Resonanz und per Crowdfunding kam genügend Geld zusammen, um als Gegenzeichen zur wahrgenommenen Inhaltslosigkeit und der fehlenden Transparenz im Wahlkampf die Titelseite einer Pendlerzeitung zu buchen (20 Minuten vom 14. Oktober 2015).

Der Impuls für dieses zivilgesellschaftliche Engagement ging weniger von den herkömmlichen Parteien und Verbänden oder den Kultur- und Bildungseliten aus als von jungen Erwachsenen, die die Möglichkeiten der Neuen Medien nutzen und sich bewusst ausserhalb der herkömmlichen Parteien positionieren. Das Ausdrucksmittel dieser jungen Bewegungen scheinen weder die Revolte noch die Grossdemonstration zu sein, sondern der pointierte, hartnäckige, leidenschaftliche und zugleich höfliche Diskurs und Kampagnen, die die Möglichkeiten des Internets nutzen.

11.6.6 Gestiegene Fähigkeit, Spielanlagen zu durchschauen

Unter den Jugendlichen verfügen heute viele über erstaunliche Fähigkeiten, Spielanlagen zu durchschauen. Das heisst, sie erkennen schnell, wenn sich hinter einem Angebot versteckte Ziele (im Sinn eines *hidden curriculum*) verbergen: Geht es wirklich um ihre Bedürfnisse und Anliegen, oder stehen andere Motivationen im Vordergrund, etwa Kontrolle und Präventionsabsichten? Jugendliche bemerken sogar, wenn eine Jugendarbeit unter einem Erfolgsdruck steht und auf eine höhere Beteiligung angewiesen wäre. So berichteten Jugendarbeitende, bei der Vorstellung der Möglichkeit, eigene Projekte verwirklichen zu können, von mehreren Jugendlichen provokativ gefragt worden zu sein, ob in der Jugendarbeit zu wenig laufe und sie deshalb auf der Suche nach Jugendlichen seien.

11.6.7 Einfachere Zugänge zu jugendkulturellem Wissen

Die JugendarbeiterInnen hatten vor dem Aufkommen des Internets, besonders für jüngere Jugendliche, eine grosse Bedeutung als TüröffnerInnen in den Bereich der Jugendkulturen: Zusammen mit Szenenläden erfüllte die Offene Jugendarbeit eine Informations- und Drehscheibenfunktion. Das jugendkulturelle Wissen wurde, je nach Altersgruppe und Jugendkultur, durch Zeitschriften (z. B. Bravo) und seit den 1980er-Jahren über die elektronischen Medien (Privatradios, DRS3, MTV) ergänzt. Durch das Internet und die breite Musik-, Mode- und Filmberichterstattung in den Mainstreammedien haben die Jugendlichen heute einen selbstverständlichen und selbstständigen Zugang zu spezifischem jugendrelevantem Wissen. Wer über basale Englischkenntnisse verfügt, findet im Internet zu fast jedem (kulturellen) Interesse aktuelle Informationen, eine Community, die Möglichkeit, entsprechende Güter zu erwerben, sowie den kostenlosen Zugang zu spezifischer Musik und Videos.

11.6.8 Neue Formen der Verbindlichkeit und Zeithorizonte der Planung

Durch die inzwischen zur Verfügung stehenden Kommunikationsmmittel ist es möglich, sich sehr kurzfristig mit einer grossen Gruppe von Peers zu verständigen und sich zu verabreden. Dies führt dazu, dass Jugendliche Entscheidungen, was sie etwa am Abend gemeinsam unternehmen, kurzfristig treffen können. Nur für sehr attraktive Freizeitaktivitäten, wie zum Beispiel einen Festivalbesuch, lohnt es sich aus der Sicht der Jugendlichen, sich weit im Voraus festzulegen. Das führt besonders bei Angeboten für Oberstufenschülerinnen und -schüler für die JugendarbeiterInnen zu der Herausforderung, dass es schwer voraussehbar ist, wie gut ein Anlass besucht wird. Verstärkt wird dieses Phänomen durch ein typisches «Schwarmverhalten» von Jugendlichen im Oberstufenalter und das Gewicht von Entscheidungen von «Alphatieren». Die Gründe für diese Gruppenentscheidungen sind auch von JugendarbeiterInnen, die in einem engen Kontakt mit den Jugendlichen stehen, oft schwer nachvollziehbar. Eine Jugendarbeit, die sich zeitnah über die Anzahl der BesucherInnen legitimieren muss, kann durch Wellenbewegungen im Besuch aber durchaus in Schwierigkeiten geraten.

11.6.9 Abnahme der Anzahl der 12- bis 16-Jährigen im öffentlichen Raum

In der ganzen deutschsprachigen Schweiz halten sich tendenziell weniger 12- bis 16-Jährige im öffentlichen Raum auf als noch vor fünf oder zehn Jahren. Worauf dies zurückzuführen ist, ist schwierig einzuschätzen. Eine zentrale Rolle spielen wohl die erwähnten neuen Kommunikationsmöglichkeiten: Die informellen Besprechungen, wo und wie man die Freizeit verbringen will, finden heute meist über die Sozialen Medien und nicht mehr primär beim Cliquen-Treffpunkt in öffentlichen Raum statt. Eine weitere Vermutung ist, dass sich die Jugendlichen vermehrt in Privaträumen treffen. Viele Eltern aus der Mittelschicht machen heute ihren jugendlichen Kindern zu Hause ein attraktives Raumangebot, das diese mit ihren Peers relativ ungestört nutzen können. Wie weit die zunehmende Videoüberwachung und der Einsatz von privaten Sicherheitsdiensten die Jugendlichen aus dem öffentlichen Raum vertrieben hat, ist umstritten.

Fakt ist, dass sich in den meisten Gemeinden abends eher wenig Jugendliche im Oberstufenalter im öffentlichen Raum aufhalten – jene Jugendliche, die zu diesen Zeiten draussen anzutreffen sind, sind tendenziell junge Männer. Jugendliche ohne Migrationshintergrund und schulisch Erfolgreiche sind untervertreten.

11.7 Herausfordernde Motivationslagen von EntscheidungsträgerInnen

Die Gründe, warum inner- und ausserhalb der Kirche Offene Jugendarbeit eingerichtet wird, sind vielfältig. Nicht alle der zugrunde liegenden Motivationen sind aus einer fachlichen Perspektive für die Offene Jugendarbeit förderlich. Die im Folgenden beschriebenen herausfordernden Motivationslagen sind in der deutschsprachigen Schweiz recht häufig anzutreffen. Es darf nicht darum gehen, diese Sichtweisen, und Einstellungen zu diskreditieren, sie müssen aber in einem Konzeptprozess oder einer fachlichen Beratung bearbeitet werden. Hinter den jeweiligen Motivationen verbergen sich oft persönliche Anliegen oder Ängste: Befürchtungen sind etwa, dass durch Heimplatzierungen und Sozialhilfe den Gemeinden hohe Kosten entstehen, Jugendliche in Abhängigkeiten und Süchte geraten, Parallelgesellschaften entstehen oder grössere Gruppen den Anschluss an die Gesellschaft verlieren. Zusätzlich stehen viele politisch Verantwortliche in den Gemeinden selbst unter Druck, etwa wegen Sparvorgaben oder wegen Beschwerden von Bürgerinnen und Bürgern infolge von Nachtruhestörungen, Vandalismus oder Littering. Kirchliche Verantwortliche fürchten z. T., dass ein Bruch der Weitergabe des Glaubens stattfinden und eine Mehrheit der Heranwachsenden später aus der Kirche austreten wird. Die Bearbeitung dieser Probleme gehört aus einer fachlichen Sicht oft entweder nicht zu den Kernaufgaben der Jugendarbeit oder sie können gar nicht mit Jugendarbeitsmethoden so «gelöst» werden, wie sich das die EntscheidungsträgerInnen vorstellen. Trotzdem dürfen die Anliegen und Ängste nicht als irrelevant erklärt oder übergangen werden. Es ist zentral, diese Anliegen im Prozess der Beratung anzusprechen oder in der Konzeptionierung der Offenen Jugendarbeit in geeigneter Form zu thematisieren und in einen fachlichen Kontext einzubetten.

Die herausfordernden Motivationen für die Offene Jugendarbeit innerhalb der Kirchen ergeben sich rund um drei Schlüsselbereiche: Erstens: Zählt die Offene Jugendarbeit zu den Kernaufgaben einer Kirchgemeinde resp. Pfarrei? Zweitens: Will die Offene Jugendarbeit in der Kirche institutionelle Ziele (Rekrutierung, Imageverbesserung usw.) verfolgen? Drittens: Gehören die explizite Thematisierung von Religion und die Weitergabe des Glaubens zu den Aufgaben der Offenen und verbandlichen Jugendarbeit in kirchlicher Trägerschaft?

Innerhalb der Konzeptionierung der Offenen Jugendarbeit in kommunaler Trägerschaft stellen sich andere Schlüsselfragen: Erstens: Welche Rolle spielt die Prävention in der Offenen Jugendarbeit? Zweitens: Sind Kontrolle und Disziplinierung intendierte Wirkungen der Offenen Jugendarbeit? Drittens: Soll mit Offener Jugendarbeit Geld gespart werden, das sonst für Repression, Reparaturen oder Heimplatzierungen ausgegeben werden müsste?

Inner- und ausserhalb der Kirche besteht die zusätzliche Herausforderung, dass viele EntscheidungsträgerInnen ihre eigenen Erfahrungen in ihrer Jugend als Referenz für die Situation und Wünsche der heutigen Jugendlichen heranziehen, sich die Jugendarbeit primär über die Anzahl der Teilnehmerinnen und Teilnehmer legitimieren soll und dass sich sofort nach der Einrichtung der Jugendarbeit zahlreiche Jugendliche in der vorgesehenen Form innerhalb der Jugendarbeit ehrenamtlich engagieren sollen.

11.7.1 Instrumentalisierung der Jugendarbeit

Verbandliche und Offene Jugendarbeit sind Orte, an denen Jugendliche in ihrer Freizeit erreicht werden, die wichtige Lernfelder bereitstellen und eine Reihe von positiven Effekten etwa im Bereich der Gesundheitsförderung haben. Jugendliche sind in ihrer Freizeit ausserhalb der Jugend- oder Vereinsarbeit schwer zu erreichen. Sie gelten aber als wichtige Zielgruppe für Präventionsanstrengungen und für das langfristige Bestehen von Organisationen. Deshalb sind die Anstrengungen verständlich, über die Jugendarbeit Zugang zu den Jugendlichen zu erhalten. Wenn das Interesse jedoch einseitig auf von aussen herangetragenen Sekundärinteressen liegt, wird es problematisch. Durch die Indienstnahme der Jugendarbeit besteht die Gefahr, dass die Umsetzung der Hauptzielsetzungen erschwert bis verunmöglicht wird. Das Paradox dieser Situation: Positiv beurteilte Nebeneffekte der Jugendarbeit sollen durch einen Eingriff resp. Vorgaben von aussen verstärkt werden. Durch den Versuch, diese Effekte gezielt zu verstärken, wird die Jugendarbeit pädagogisiert. Damit sinkt ihre Attraktivität. Jugendliche erkennen in der Regel schnell externe Absichten im Sinn eines Hidden Curriculums oder Vereinnahmungsversuche. Durch das zusätzliche, von aussen herangetragene Mandat wird den JugendarbeiterInnen auch noch der Spagat zwischen den jugendarbeiterischen Zielsetzungen und den von aussen herangetragenen Ansprüchen abgenötigt. Für die Jugendarbeit wird es anspruchsvoller, die Jugendlichen und die ursprünglichen Ziele zu erreichen. Unterm Strich vermindern sich durch die Instrumentalisierung sogar oft jene Nebeneffekte, die durch die pädagogische Indienstnahme der Jugendarbeit besonders hätten gefördert werden sollen.

Kirchliche Jugendarbeit als Nachwuchssicherung

Wer in der Offenen Jugendarbeit in kirchlicher Trägerschaft oder in den kirchlichen Jugendverbänden gute Erfahrungen gemacht hat, wird später eher bereit sein, sich innerhalb der Kirche zu engagieren. Befragt man kirchliche MitarbeiterInnen, was für ihre Berufswahl ausschlaggebend war, werden vielfach Erfahrungen aus der verbandlichen und der Offenen Jugendarbeit genannt. Dies, obwohl – oder gerade weil – mit der kirchlichen Jugendarbeit als selbstlosem Angebot keine institutionellen Ziele verfolgt wurden. Durch die Befürchtung, die nachfolgenden Generationen liessen sich nicht mehr in die Kirche integrieren, entsteht der Auftrag, die kirchliche Jugendarbeit solle für den notwendigen kirchlichen Nachwuchs sorgen. Die Forderung nach einer kirchlichen Sozialisation durch kirchliche Jugendarbeit wirkt sich in der Praxis meist kontraproduktiv aus: Je grösser die Absicht, Jugendliche für die Institution Kirche zu gewinnen, desto kleiner der Erfolg bei den Jugendlichen. Sie nehmen die Vereinnahmungsabsicht wahr und bleiben ihr fern. Im Gegenzug erleben viele Jugendliche eine kirchliche Jugendarbeit oft positiv, wenn sie keine institutionellen Interessen verfolgt. Geprägt durch diese Erfahrungen sind sie, wie erwähnt, später dann eher bereit, sich für die Kirche, eine Pfarrei, eine kirchliche Jugendinstitution oder einen Verband zu engagieren.

Offensive Thematisierung von Religion in der kirchlichen Jugendarbeit

Eine Besonderheit der kirchlichen Jugendarbeit in der deutschsprachigen Schweiz ist es, dass sie einer der wenigen Orte ist, an denen mit Mainstreamjugendlichen ein religiöser Diskurs geführt werden kann und informelle religiöse Bildung stattfindet. JugendarbeiterInnen und die Präsides der Jugendverbände werden von den Jugendlichen auch als kirchliche MitarbeiterInnen und damit als Fachpersonen für religiöse Fragen wahrgenommen. Erstaunlich häufig werden diese von Jugendlichen in

Eins-zu-eins-Situationen oder in Kleingruppen auf religiöse Fragen angesprochen. In den Deutschschweizer Jugendverbänden Jungwacht Blauring und dem Verband Katholischer PfadfinderInnen haben sich zudem spezielle Formen der niederschwelligen Beschäftigung mit Sinnfragen und niederschwelliger gemeinsamer Besinnung herausgebildet.

Ähnlich wie die oben erwähnten biografischen Erfahrungen, die später zu einem Engagement in den entsprechenden Institutionen führen, ist eine niederschwellige und absichtslose Auseinandersetzung mit dem Glauben und der Religion in der Jugendarbeit oft der Ausgangspunkt einer vertieften Beschäftigung mit dem Thema, bis hin zu einer katechetischen oder Jugendarbeitsausbildung oder einem Theologiestudium.

Innerhalb der Kirche wird seit Jahren wiederkehrend der Wunsch geäussert oder die Forderung erhoben, die Jugendarbeit solle die Religion offensiver thematisieren oder gar aktiv den kirchlichen Glauben an die nachfolgenden Generationen weitergeben. Persönlich bin ich davon überzeugt, dass es eine wichtige Aufgabe der Landeskirchen ist, für jene Jugendliche, die sich intensiver mit Theologie und Glauben auseinandersetzen wollen, entsprechende überregionale Angebote zu schaffen. Ein hochschwelliges Beispiel eines solchen Angebotes ist der Campus Kappel der Reformierten Kirchen der deutschen Schweiz und der Theologischen Fakultäten Basel, Bern und Zürich (vgl. WEKOT – Werbekomission Theologiestudium 2016). Diese neuen Gefässe dürfen aber weder in Konkurrenz zur Jugendarbeit stehen noch kann diese Aufgabe von der Offenen Jugendarbeit in kirchlicher Trägerschaft oder den kirchlichen Jugendverbänden erfüllt werden.

Offene Jugendarbeit als Präventionsarbeit

Offene und verbandliche Jugendarbeit wirkt in einer generellen Weise präventiv: Oft sind die LeiterInnen und die JugendarbeiterInnen wichtige ausserfamiliäre Bezugspersonen, die bei der Bewältigung der jugendtypischen Entwicklungsaufgaben eine wichtige Rolle spielen. Die hohe pädagogische Qualität der Settings und der Prozesse macht den Wunsch verständlich, Jugendarbeit pädagogisch für Präventionsanliegen zu verwenden. Diese Indienstnahme der verbandlichen und Offenen Jugendarbeit für die Präventionsarbeit stellt im besten Fall einen paternalistischen Kolonisierungsversuch dar (vgl. auch Lindner 2013), der von den heutigen Jugendlichen leicht durchschaut wird. Zentral ist auch hier: Jugendarbeit wird nicht betrieben, um Prävention zu leisten, sondern gute Jugendarbeit wirkt in einem generellen

Sinn präventiv. Das heisst nicht, dass Prävention nicht auch Thema in der Offenen Jugendarbeit oder der Verbandsarbeit sein kann. Auch hier könnte eine Reihe von guten Beispielen angefügt werden. Jedoch erschwert eine einseitig auf Prävention ausgerichtete Sichtweise die Verwirklichung der primären Ziele von Jugendarbeit wie etwa die Schaffung von offenen Lernfeldern oder die Ermöglichung von echter Mitbestimmung.

Das klassische Beispiel ist hier die Diskussion um den Alkoholausschank in Jugendeinrichtungen. Erst mit 16 Jahren dürfen Jugendliche in der Schweiz Getränke mit leichtem Alkoholgehalt konsumieren. Diese Jugendschutzbestimmung hat als paradoxer Nebeneffekt dazu geführt, dass die Erlaubnis des Konsums von leichten Alkoholika zu einem äusseren Zeichen des Erwachsenwerdens wurde. Wer nun fordert, die Jugendarbeit dürfe generell keinen Alkohol ausschenken, bewirkt in erster Linie keine Prävention, sondern eine massive Attraktivitätsreduktion der Jugendarbeit für über 16-Jährige. Nicht dass alle über 16-Jährigen immer und überall Alkohol trinken wollen. Das Verbot des Alkoholkonsums wird jedoch entweder als Bevormundung erlebt, oder die Veranstaltung/Einrichtung wird von den über 16-Jährigen als nicht altersgerecht taxiert und gemieden.

Das primäre Ziel der Jugendarbeit ist es nicht, suchtmittelfreie Begegnungszonen zu schaffen –, die für Jugendliche wie alle anderen starken pädagogischen Inszenierungen auch wenig attraktiv sind. Wohlgemerkt ist auch die Idee m. E. fragwürdig, dass es Aufgabe der Jugendarbeit sei, unter pädagogischer Begleitung den kontrollierten Alkoholgenuss zu erlernen. Die Möglichkeit, ein Bier trinken zu können, gehört schlicht und einfach zu den kulturell vermittelten Vorstellungen, die über 16-jährige Jugendliche vom «Ausgang» haben. Genau wie für die meisten Erwachsenen ein Apéro ohne Weisswein und Prosecco kein richtiger Apéro ist – ob uns das persönlich gefällt oder nicht.

Selbstverständlich müssen in Jugendeinrichtungen Jugendschutzbestimmungen strikt eingehalten und Exzesse unterbunden werden – das trifft aber für alle Orte zu, an denen alkoholische Getränke verkauft werden. Erstaunlicherweise sind es oft dieselben Kreise, die ein generelles Alkoholverbot in der Jugendarbeit fordern, die sich gegen die Beschränkung der Verkaufszeiten für alkoholische Getränke etwa in Tankstellen- oder Bahnhofsshops zur Wehr setzen. Im Gegensatz zum Alkoholverbot in Jugendeinrichtungen scheint jedoch der Rückgang des Alkoholmissbrauchs durch eine zeitliche Beschränkung des Verkaufs belegt.

Erzwungene Öffnung der Jugendverbände wegen ihres Lernpotenzials
Verbandliche Jugendarbeit ist besonders für die LeiterInnen ein Lernort, an dem Kompetenzen ermittelt werden, die sonst für Jugendliche schwer erwerbbar sind: etwa Führungserfahrungen, selbstständige Bewältigung von Teamkonflikten oder der Umgang mit echter Verantwortung für teilnehmende Kinder, Jugendliche und MitleiterInnen. Es ist ein Fakt, dass Jugendliche mit Migrationshintergrund in den Jugendverbänden untervertreten sind und in den Verbänden diese Lernerfahrungen nicht machen können. Dies ist in doppelter Hinsicht bedauerlich, für die Jugendlichen mit und ohne Migrationshintergrund wie auch für die Verbände.

An einer Tagung zur Kinder- und Jugendförderung an der Fachhochschule Luzern 2011 wurde in Diskussionen allen Ernstes gefordert, die Jugendverbände *müssten gezwungen werden*, sich zu öffnen, ansonsten seien ihnen die staatlichen Beiträge zu kürzen. Nur so könne gewährleistet werden, dass *allen* Kindern und Jugendlichen die Möglichkeiten offenstünden, diese wichtigen Kompetenzen zu erwerben. Um etwa für Jugendliche mit Migrationshintergrund attraktiver zu sein, solle, wo notwendig, die Methodik verändert werden. Ähnlich wie bei Präventionsabsichten handelt es sich bei dieser Argumentation um eine Form der einseitigen Indienstnahme: Der primäre Zweck der Jugendverbände ist nicht die Schaffung von Lernfeldern zur Kompetenzförderung aller Kinder und Jugendlichen. Um nicht falsch verstanden zu werden: Versuche, Jugendverbände für weitere Zielgruppen zu öffnen, sind wichtig und mehr als wünschenswert. Aktiver Ausschluss ist nicht tolerierbar. Die Überlegung eines Öffnungszwanges, um allen Jugendlichen den Kompetenzerwerb zugänglich zu machen, ist jedoch zurückzuweisen. Die Öffnung der Verbände und die Beseitigung von Ausschlussmechanismen muss von den Verbänden aus kommend partizipativ mit ihren Mitgliedern entschieden, erarbeitet und umgesetzt werden. Von aussen erzwungen verkehren sich die Bestrebungen leicht ins Gegenteil.

Die Umsetzung der Forderung der Kompetenzvermittlung an möglichst viele Jugendliche kann m. E. erfolgversprechend in der Unterstützung der bestehenden Öffnungsanstrengungen der Verbände und in der Schaffung von neuen Gefässen erreicht werden. Die Jugendverbandsmethode lässt sich auf weitere Zielgruppen und Tätigkeiten übertragen, in denen analog zu den Jugendverbänden die entsprechenden Kompetenzen erworben werden können. In der Ausgestaltung könnte mit der Hilfe und dem Know-how der bestehenden Jugendverbände gerechnet werden.

11.7.2 *Die eigene Jugend der strategisch Verantwortlichen als Referenz für die Jugendarbeit*

Das Jugendalter scheint in der eigenen Biografie eine zentrale Referenzgrösse zu sein: Die Erfahrung aus Konzeptprozessen für Kinder- und Jugendarbeit zeigt, dass Erwachsene unabhängig von ihrem aktuellen Lebensalter häufig ihre eigene Biografie zwischen 14 und 18 Jahren als Referenz heranziehen – und weniger die eigene mittlere Kindheit, wenn es um die Offene Arbeit mit Kindern geht. Nicht alle heutigen Entscheidungsträger gehen kritisch mit ihren ihren Vorstellungen und Wunschbildern um. Oft werden die Jugenderfahrungen aus den 1970er- und 1980er-Jahren unverändert auf die heutigen Jugendlichen und die Jugendarbeit projiziert. Jugendarbeit wird zudem so oft synonym als Jugendtreff verstanden: Alle Jugendlichen treffen sich, so diese Vorstellung, in einem Keller oder Haus, um gemeinsam die Freizeit zu verbringen. Dabei verstehen sie unter Freizeit verbringen: sich treffen, es lustig haben, miteinander reden, eine Cola trinken und gemeinsam Musik hören.

Die Rolle der oder des Jugendarbeitenden wird hier oft als Katalysator für die Ideen der Jugendlichen verstanden. Zudem wird in ihm oder ihr eine Person gesehen, die ein offenes Ohr für die Probleme der Jugendlichen hat, weiss, wie er oder sie die Heranwachsenden ansprechen und durch charismatische Interventionen auf den «richtigen Weg» führen kann. Die persönlichen Qualitäten der JugendarbeiterInnen werden in dieser Argumentation meist höher gewichtet als Fachlichkeit oder die formale Ausbildung. Wichtig sei es, dass die JugendarbeiterInnen «Zugang» zu den Jugendlichen finden und sie richtig ansprechen können.

Es ist positiv, wenn Entscheidungsträger solche Vorstellungen äussern: Als Ausgangspunkt für einen gemeinsamen Prozess sind die biografischen Erfahrungen wichtig. Zentral ist aber, die eigenen Erfahrungen und die damalige Lebenswelt mit der Lebenswelt der heutigen Jugendlichen zu vergleichen. Der Vergleich kann ein Ausgangspunkt für einen Strategieprozess sein, in dem Ziele und Aufgaben der Jugendarbeit in einer zeitgemässen Fachlichkeit gemeinsam definiert werden.

11.7.3 *Druck auf die Jugendarbeit, selbst ihre Notwendigkeit nachzuweisen*

Jugendarbeit ist in der Schweiz, wie bereits erwähnt, für politische und Kirchgemeinden eine freiwillige Leistung: Als Teil der kirchlichen Gesamtpastoral und kommunalen Jugendpolitik sollen damit förderliche Bedingungen des Aufwachsens geschaffen werden. Je nach Bedarf und Ausrichtung kann der Fokus der Arbeit eher auf der Lebenshilfe (oder kirchlich: Diakonie) oder auf der Lebensgestaltung (oder kirchlich: Koinonia) liegen. Da viele politische und Kirchgemeinden sehr zurückhaltend bei der Schaffung oder dem Ausbau von Leistungen sind oder im Zuge von Sparbemühungen sogar Leistungen kürzen wollen, geraten die Einführung, Ausbauwünsche oder z. T. sogar die bestehende Jugendarbeit unter Druck.

Heute ist die Tendenz spürbar, dass die Verantwortlichen den Druck an die Jugendarbeit resp. die JugendarbeiterInnen weitergeben: Die Jugendarbeit hat sich selbst zu legitimieren, d. h. zum Beispiel: An den Veranstaltungen der Jugendarbeit muss eine gewisse Anzahl Jugendlicher teilnehmen. Die typischen Besucherschwankungen innerhalb der Jugendarbeit können so zu einer generellen Infragestellung von Offener Jugendarbeit führen.

Offene Jugendarbeit wird von Gemeinden oft auch mit der Absicht eingeführt, die Probleme von und mit Jugendlichen anzugehen. Durch aufsuchende Jugendarbeit soll z. B. in der Vorstellung vieler Entscheidungsträger auch Littering und Vandalismus reduziert werden. Wenn nach der Einführung Sachbeschädigungen auftreten und Abfall liegenbleibt, wird z. T. sogleich an den Fähigkeiten der JugendarbeiterInnen oder der generellen Wirksamkeit von Offener Jugendarbeit gezweifelt.

12 Die Suche nach einer zukunftsfähigen (kirchlichen) Jugendarbeit

Ohne Innovationen läuft die Offene Jugendarbeit in städtischen und Agglomerationsgebieten in den nächsten Jahren Gefahr, für Mainstreamjugendliche im Oberstufenalter irrelevant zu werden. Bleiben Innovationen aus oder können sie wegen fehlenden politischen Willens nicht umgesetzt werden, würde dies nicht das schnelle Ende der Offenen Jugendarbeit bedeuten: Ein schleichender Bedeutungs- und Ressourcenrückgang, philanthropisch finanzierte potemkinsche Dörfer oder eine konzeptlos-passive Übernahme von Restmandaten in der Lebensbewältigung (z. B. Hausaufgabenhilfe) wären wahrscheinlicher.

Die Suche nach neuen Formen und Methoden in der Offenen Jugendarbeit ähnelt in gewisser Weise der Suche nach Bodenschätzen. Auch in der geologischen Prospektion reichen wissenschaftliche Überlegungen und Feldbegehungen nicht aus, irgendwann muss mit einer Probegrabung geprüft werden, ob sich hinter den Anzeichen tatsächlich eine Lagerstätte verbirgt. Denn trotz allen Hinweisen bleibt es unsicher, ob das gefunden werden kann, wonach gesucht wird. Die aktuelle Situation im Jugendbereich und theoretische Überlegungen geben Hinweise darauf, wo es sich zu graben lohnt resp. welche zukunftsfähigen Wege es in der Offenen Jugendarbeit geben könnte. Ähnlich wie in der Prospektion gibt es keine Erfolgsgarantie. Es bleibt unsicher, ob neue Methoden und Gefässe funktionieren: Lässt sich die Zielgruppe ansprechen und wenn ja, werden die angestrebten Wirkungen tatsächlich erzielt?

Für das Folgende sind drei Vorbemerkungen wichtig: Erstens: Es gibt auch heute erfolgreiche Offene Jugendarbeit in kirchlicher und kommunaler Trägerschaft. Zuerst sollen aktuelle Erfolgsfaktoren in der Offenen Arbeit mit Kindern und Jugendlichen benannt werden. Zweitens: Besonders unter den heute erfolgreich arbeitenden Führungs- und Fachpersonen ist eine gewisse Unzufriedenheit mit der aktuellen Situation oder Ernüchterung festzustellen, während ihr Wunsch nach und der Wille zu Innovation generell gross sind. Viele der im Folgenden beschriebenen möglichen Weiterentwicklungen in der Offenen Jugendarbeit sind in und aus Beratung von Jugendarbeitsstellen entstanden. Versuche, Innovationen umzusetzen, werden aktuell von politischen Realitäten und Legitimations- und Spardruck eher gehemmt als gefördert. Drittens: Um mit den herkömmlichen Ansätzen erfolgreich weiterarbeiten zu können, ist vermutlich mittelfristig eine Senkung des Zielgruppenalters auf die 10- bis 13-/14-Jährigen notwendig. Dies ist ein möglicher Weg zu einer erfolgreichen Offenen Arbeit. Die Verschiebung der Hauptzielgruppen sollte jedoch als strategisch-konzeptioneller Entscheid geplant, kommuniziert und durchgeführt werden und keine opportunistische oder schleichende Anpassung sein.

Betrachtet man jene Jugendarbeitsstellen, die heute erfolgreich sind, so zeigen sich gewisse Konstellationen, die den Erfolg in einem schwierigen Umfeld begünstigen:

- In der Offenen Jugendarbeit in kirchlicher Trägerschaft scheinen folgende Faktoren positiv auf den Erfolg resp. auf die Anzahl der angesprochenen Jugendlichen auszuwirken: ein eher ländliches Umfeld oder in einem urbanen und periurbanen Raum ein Nischenangebot für Mittelschichtsjugendliche; eine gendersensible Arbeitsweise; eine mehrjährige Tradition vor Ort und gut vernetzte, langjährige MitarbeiterInnen. Das Hauptangebot dieser erfolgreichen Stellen in einem kirchlichen Kontext sind meist Treffangebote und Reisen/Lager. Zum Teil wird die Firmung ab 17/18 resp. die Konfirmation genutzt, um mit dieser und/oder für diese Gruppe Jugendarbeitsangebote zu machen.
- In der Offenen Jugendarbeit in kommunaler Trägerschaft wird die erfolgreiche Arbeit meist von grösseren, gut geführten, fachlich starken Teams und/oder in einem Mandatsverhältnis geleistet. Erfolgsfaktoren scheinen hier auf der Führungs-, Fach- und Konzeptebene zu liegen sowie in der Bereitschaft und Möglichkeit, sich schnell den wechselnden Bedürfnissen anzupassen. Die Hauptangebote sind meist Jugendbüros, Raum- und Peergruppenraumvermietung sowie Projekte/Aktionen. Neben der direkten Arbeit mit Jugendlichen gehören Vernetzungs- und Bildungsaufgaben unter einer Gemeinwesenperspektive zu den zentralen Leistungen.
- Was für alle Angebote gilt: Ein reflektiertes Vorgehen, eine konsequente Wirkungsorientierung, ausgebildete Fachpersonen, zeitgemässe (Führungs-)Strukturen, entsprechende Ressourcen, das Ernstnehmen der Zielgruppe als MitproduzentInnen der Leistungen sowie Gendersensibilität sind für jede Form der Sozialen Arbeit heute Voraussetzungen. Für die Offene Jugendarbeit gilt zusätzlich, dass eine Pfarrei oder Gemeinde einen klaren Schwerpunkt setzen muss: Die

grundlegende Ausrichtung mit den wichtigsten Zielen und Massnahmen muss auf Konzeptebene festgelegt werden. Damit liegt sie als verbindlicher, überprüfbarer Auftrag an die operative Jugendarbeit mit einer klaren Führung durch die strategische Ebene vor.

Es ist üblich geworden, neue Jugendarbeitsstellen nicht unbefristet, sondern als Pilotphase einzuführen. Die Dauer dieser Einführungsphasen ist gegenwärtig oft zu kurz: Aktuell muss einer neu eingerichteten Jugendarbeit Zeit gegeben werden, damit sie die intendierten Wirkungen erzielen kann. Für eine Offene Jugendarbeit in kirchlicher Trägerschaft ist mit mindestens zwei Jahren Aufbauzeit zu rechnen, für eine kommunale Jugendarbeit mit mindestens drei Jahren.

Eine Offene Jugendarbeit innerhalb der Kirche hat den Vorteil, über einen erleichterten Zugang zu den engagierten Jugendlichen zu verfügen. Zusätzlich bringen Mittelschichtseltern der kirchlichen Jugendarbeit gegenüber einen Vertrauensvorschuss entgegen. Auf der anderen Seite benötigt die für kommunale Jugendarbeit typische Aufgabe, die Akteure im Jugendbereich einer Gemeinde zu vernetzen, oft mehrere Jahre, bis sie die angestrebte Wirkung entfaltet.

Mit Ausnahme der Zielgruppenverlagerung auf die 10- bis 13-/14-Jährigen gilt dies für alle der im Folgenden beschriebenen Innovationen: Ohne ausreichend lange Veränderungsphasen sind solche Transformationsprozesse kaum erfolgreich durchzuführen. Wird diesen Prozessen zu wenig Zeit eingeräumt, steht die Jugendarbeit von Anfang an unter Druck, (zu) schnell vorzeigbare Resultate erzielen zu müssen: Aus dieser Not heraus kann es vorkommen, dass die Jugendlichen von der Jugendarbeit zu deren Legitimation instrumentalisiert werden. Oder es werden mit grosser PR-Begleitung konsumlastige Standardprodukte angeboten, die ohne echte Partizipation planbar sind und eine grosse Zahl von Jugendlichen ansprechen sollen. Diese Formen der Legitimation werden aus der Not heraus typischerweise mit charismatischem Auftreten und unrealistischen Wirkungsversprechen (z. B. Verhinderung von teuren Heimplatzierungen) kombiniert.

Bei jeder Form der Veränderung und Innovation muss es m. E. das primäre Ziel sein, wirkungsorientiert eine zeitgemässe Umsetzung der Ziele der Jugendarbeit anzustreben: Verbandliche und Offene Jugendarbeit sind mehr als sinnvolle Freizeit. Sie sollen gute Bedingungen des Aufwachsens schaffen, Möglichkeiten der Mitsprache und Teilhabe ermöglichen sowie die Verwirklichung der eigenen Ideen, die Möglichkeit zum Engagement und zur Verantwortungsübernahme. Jene Formen der Jugendarbeit sind als ein spezifisches Lernfeld zu verstehen, in denen der Prozess wichtiger ist als das Resultat und in deren Zentrum die Jugendlichen und ihre Bedürfnisse stehen. Innovationen in der Offenen Jugendarbeit mit pädagogischen Absichten ausserhalb der primären Ziele zu verknüpfen (z. B. Prävention), vereinfacht/ermöglicht zwar die politische Legitimation oder eine Zusatzfinanzierung, ist aber bei genauerer Betrachtung keine Jugendarbeit, sondern im besten Fall pädagogische Intervention mit Jugendarbeitsmethodik auf der Basis einer umfassenderen Jugendpolitik.

In den anstehenden Innovationsprozessen ist es m. E. möglich, dass wie in den frühen 1970er-Jahren die Landeskirchen eine Pionierrolle übernehmen: In der Offenen Jugendarbeit in kirchlicher Trägerschaft ist der Legitimationsdruck gegenwärtig geringer, die Gestaltungsfreiheit grösser, und regionale Lösungen sind, etwa auf Pastoralraumebene, einfacher zu verwirklichen als in der Jugendarbeit in einer kommunalen Trägerschaft resp. Hauptfinanzierung.

12.1 Die 10- bis 13-/14-Jährigen als neue Hauptzielgruppe der Offenen Arbeit mit Kindern und Jugendlichen

Das Durchschnittsalter der TeilnehmerInnen in der Offenen Jugendarbeit ist, wie bereits mehrfach erwähnt, in den letzten Jahren gesunken. Heute interessieren sich bereits 10-Jährige für die Angebote der Offenen Jugendarbeit. Ab einem Alter von etwa 14 Jahren lassen sich Jugendliche heute tendenziell schwer ansprechen. Bei Angeboten der Lebensgestaltung sind seit rund zwanzig Jahren mit Ausnahme der Jugendkulturhäuser kaum mehr über 16-Jährige anzutreffen.

Es ist heute eine gängige Praxis, Jugendtreffs am Nachmittag für Kinder im Mittelstufenalter (Kids) und am Abend für OberstufenschülerInnen zu öffnen. Grössere Arbeitsstellen bieten bereits heute zwei Angebotslinien an: Angebote für Kinder und Kids sowie für über 12- bis 16-jährige Jugendliche. Ohne eine harte Altersgrenze zwischen den Angeboten nehmen die Jüngeren heute auch an jenen Angeboten teil, die für die Älteren gedacht sind. Das Erscheinen von 10- und 11-Jährigen hat meist zur Folge, dass die über 14-Jährigen diese Angebote kaum mehr nutzen – und durch das veränderte Nutzungsverhalten die beschriebene Zielgruppenverschiebung eintritt.

Für die Offene Arbeit wäre es *eine* der möglichen zukunftsfähigen Strategien, sich konsequent auf die 10- bis 13-/14-Jährigen als Hauptzielgruppe auszurichten. Die Angebote für Jugendliche im Oberstufenalter lassen sich methodisch relativ einfach an das jüngere Durchschnittsalter adaptieren: Für die Projektarbeit bedeutete dies etwa eine Verkürzung der Projektdauer, die Anpassung der Partizipationsformen und eine Intensivierung der Begleitung. Das Format als solches bliebe unverändert. Die Vorteile dieser Strategie wären ein relativ geringer Anpassungsbedarf und vermutlich eine schnelle Nutzung der Angebote durch eine grössere Gruppe von Kindern im Mittelstufenalter und jüngeren Jugendlichen. Die Elternarbeit käme hinzu oder müsste intensiviert werden. Eine so ausgerichtete Offene Arbeit würde, im Unterschied zu Angeboten für OberstufenschülerInnen, über bedeutende Alleinstellungsmerkmale verfügen: Für die 10- und 11-Jährigen bestehen weniger konkurrenzierende Freizeitangebote, ebenso wird in der vierten und fünften Primarklasse in der Schule noch kaum mit der Projektmethode gearbeitet.

Was sich ebenfalls ändert: Durch das jüngere Alter nimmt die Bedeutung des anwaltschaftlichen Handelns zu. Verglichen mit einer Oberstufenjugendarbeit sind Mittelstufenangebote zudem besser planbar, da eine enge Zusammenarbeit der Jugendarbeit mit der Schule und den Eltern aus der Sicht der Zielgruppe meist weniger problematisch ist. Die Nachteile dieser Zielgruppenverschiebung sind, neben dem Fehlen von Angeboten für über 14-Jährige, eine weitere Schwächung der jugendpolitischen Perspektive und der Verlust der produktiven Herausforderung für die Jugendarbeit durch die fordernde Direktheit der älteren OberstufenschülerInnen und ihrer ganz eigenen «Energie».

Eine Fokussierung auf die 10- bis 14-Jährigen ist für die Offene Arbeit in kirchlicher wie auch kommunaler Trägerschaft gleichermassen möglich.

12.2 Fokus auf die über 16-Jährigen: Jugendkultur, Kunst und Marktzugang

Eine mögliche Strategie, die Offene Jugendarbeit gesellschaftlich wieder relevanter zu machen, wäre der bewusste Fokus auf die 16- bis 20-jährigen Mainstreamjugendlichen – und damit die gegenteilige Strategie zur oben beschriebenen Senkung des Zielgruppenalters.

Eine Banalität und trotzdem zentral: Um die Zielgruppe der über 16-Jährigen zu erreichen, ist eine konsequente Ausrichtung an deren

Bedürfnissen, Selbstbild und Lebensgefühl notwendig. M. E. sind hier drei Wege möglich, von denen aktuell bereits zwei beschritten werden: die Jugendkulturhausarbeit und der Fokus auf die Produktion und Präsentation von junger Kunst und Kultur. Ein dritter, neuer Weg wäre es, Jugendlichen eine Plattform für Geschäftsideen anzubieten.

Alle drei Wege richten sich an «fitte» Jugendliche und junge Erwachsene mit grossen Ressourcen, die eine relativ hohe Verbindlichkeit eingehen wollen/können und über Leistungsbereitschaft verfügen. Sie gehören damit klar in den Bereich der Lebensgestaltung.

12.2.1 Jugendkulturhäuser

Grössere, professionell geführte Jugendkulturhäuser sind in der heutigen Ausprägung seit den 1980er-Jahren ein Erfolgsmodell – und haben Vorläufer, die in die 1960er-Jahre zurückreichen. Einst waren sie Inbegriff der Offenen Jugendarbeit. Jugendkulturhäuser sind mehr als bloss ein Freizeitangebot für 16- bis ca. 25-Jährige. Sie sind niederschwellige, jugendkulturelle Drehscheiben und schaffen Raum für Engagement und Auftrittsmöglichkeiten für junge BühnenperformerInnen. Neben den Öffnungszeiten, in denen die Jugendkulturhäuser als Bar oder Club funktionieren, finden von Jugendlichen und jungen Erwachsenen organisierte Konzerte, Parties und Spoken Word/Poetry Slams und Improvisationstheaterveranstaltungen statt. Um heute erfolgreich zu sein, müssen die Jugendkulturhäuser über ein ausreichend grosses Einzugsgebiet verfügen, d. h., sie müssen in einer Stadt mit Zentrumsfunktion liegen. Zusätzlich müssen die Jugendkulturhäuser über ein verhältnismässig grosses Budget verfügen.

Die zentralen Akteure in einem Jugendkulturhaus sind die VeranstalterInnen-Gruppen, die ehrenamtlich für die Inhalte resp. die Programmgestaltung zuständig sind. Bezahlte Jugendarbeitsprofis stellen die Schnittstellen zur Trägerschaft sicher, garantieren Nachhaltigkeit, moderieren, wenn nötig, Gruppenprozesse in den VeranstalterInnen-Gruppen/-Teams und sind für die rechtlichen Belange (Vorschriften, Bewilligungen) sowie Logistik, Unterhalt und Administration zuständig.

Vorschriften und Standards haben in den letzten dreissig Jahren den Betrieb der Jugendkulturhäuser, wie bei allen Bühnen und Clubs, kompliziert und stark verteuert. Sowohl hinsichtlich der benötigten Ressourcen als auch des Habitus der Jugendlichen, die sich von der Jugendkulturarbeit ansprechen lassen, kommt diese Form der Offenen Jugendarbeit für die Kirchen weniger in Frage. Von allen kirchlichen Angeboten sind Jugendkirchen in ihrer Funktionsweise den Jugendkulturhäusern zwar am ähnlichsten, trotzdem besteht ein tiefer «kultureller» Graben zwischen diesen beiden Angeboten.

12.2.2 Fokus auf die Produktion und Präsentation von Kunst und Kultur

Die Herstellung von bildnerischer Kunst und audiovisuellen Medien hat in verschiedenen Feldern der Jugendkultur einen hohen Stellenwert: Selbst künstlerisch tätig zu werden, ist attraktiv und geniesst unter den Jugendlichen und jungen Erwachsenen ein hohes Prestige. Die Unterstützung von Jugendlichen und jungen Erwachsenen bei der künstlerischen Tätigkeit und die Möglichkeit, ihre Werke einem grösseren Publikum zu zeigen, ist eine Form der Offenen Jugendarbeit für über 16-Jährige, die in den kommenden Jahren wohl noch an Bedeutung gewinnen wird.

Werkstätten und Fotolabore gehörten zur Ausstattung vieler der frühen Jugendhäuser. In den 1990er-Jahren scheinen diese Angebote etwas weniger genutzt worden zu sein – vielleicht mit Ausnahme der Fotolabore. In den 1970er-Jahren war die Motivation der Jugendlichen stärker auf die Selbsttätigkeit gerichtet, heute stehen der künstlerische Ausdruck, die Zugehörigkeit zu einem jugendkulturellen Feld oder die Vorbereitung auf eine Kunstausbildung im Vordergrund. Ein aktuelles Beispiel für diese Form der Jugendarbeit sind die Arbeits- und Proberäume des Jugendkulturraums Flon: Das Jugendsekretariat St. Gallen bietet hier ein Siebdruckatelier, ein Fotolabor, einen Grafikarbeitsplatz, einen Videoschnittplatz, ein Kunstatelier sowie einen Aktionsraum an.

Ein etwas anders ausgerichtetes Beispiel in diesem Bereich ist die JKON – Junge Kunst Olten. JKON hat ihren Ursprung in der kirchlichen Jugendarbeit. Gestartet ist diese Plattform für junge KünstlerInnen vor rund 25 Jahren als Projekt der Jugendstufe von Jungwacht Blauring mit Unterstützung der Jugendseelsorge unter dem Namen JugendArt und erlangte schnell eine überregionale Ausstrahlung (vgl. für das Folgende art i.g. Verein zur Förderung von Kunst&Kultur Olten 2015; Gretler Heusser 2011, S. 88). Als Angebot aus der kirchlichen Jugendarbeit richtete sich die JugendArt ursprünglich an 13- bis 26-Jährige. Angebote und Initiativen im Kunstbereich, die auf die kirchliche und Verbandsjugendarbeit zurückgehen, hatten in den vergangenen Jahren die Tendenz, sich von ihren Ursprüngen zu entfernen. Diese Tendenz wird vom Erfolg der Angebote verstärkt – wer heute «professionell» Kunst macht, will nicht mit Jugendarbeit und schon gar nicht mit Kirche in Verbindung gebracht werden. Dies lässt sich exemplarisch an JKON zeigen: Heute versteht sich JKON nicht mehr als Jugendarbeit, sondern als Plattform zur Förderung von KünstlerInnen in oder nach der Ausbildung zwischen 18 und 30 Jahren.

Es ist auch denkbar, dass sich der Bereich von Kunst und Kultur im Jugendbereich in Richtung der schwedischen Musik- und Kulturschulen (Musik- och Kulturskola) entwickelt: Aus den Musikschulen entwickelten sich von den Kommunen getragene Musik- und Kulturschulen. Das Zielpublikum sind Kinder, Jugendliche und junge Erwachsene im Alter zwischen 6 und 22 Jahren. Je nach Grösse der Kommunen wird ein breites Angebot von Kursen und Gruppen in den Bereichen Musik und Gesang, Tanz und Artistik, Theater und Musical und Kunst und Medien angeboten.

Das Besondere dieser Musik- und Kulturschulen scheint die Verbindung der Beschäftigung von Kultur mit einem für Schweden typischen egalitären Verständnis und sehr partizipativer Haltung bei einer gleichzeitigen Erfolgsorientierung zu sein. Das heisst, Förderung, Leistung und Erfolg werden mitgedacht, jedoch ohne Drill und Segregation: So werden etwa Songwriting-Kurse angeboten, die es ermöglichen sollen, nicht nur gute, sondern auch wirtschaftlich erfolgreiche Songs zu schreiben (vgl. Feusi/Küttel 2011).

Der Fokus auf die Produktion und Präsentation von Kunst und Kultur ist auch für die kirchliche Jugendarbeit interessant, jedoch nur bedingt für die Arbeit mit der Zielgruppe der über 16-Jährigen: Die bildnerisch oder audiovisuell tätige künstlerische Jugendszene gehört wohl mit zu den «kirchendistanziertesten» Jugendmilieus überhaupt. Diese Distanz kann zu spannenden Begegnungen im Rahmen von Veranstaltungen einer Jugendkirche führen. Die Zielgruppe selbst wird jedoch in der Regel eine kirchliche Ausstellungsplattform tendenziell als weniger attraktiv empfinden als eine nicht-kirchliche. Dies zeigt etwa die oben beschriebene Entwicklung der JugendArt Olten. Im Gegensatz dazu kann eine kirchliche Jugendarbeit OberstufenschülerInnen zu attraktiven Gefässen verhelfen, wie ein aktuelles Beispiel der Regionalen Jugendarbeit Surbtal (vgl. Jugendarbeit Surbtal 2016) zeigt.

12.2.3 Fokus auf den Marktzugang für Jugendliche und junge Erwachsene

In den letzten zwanzig Jahren hat sich die Einstellung zum Gelderwerb unter den Jugendlichen und jungen Erwachsenen verändert. Jugendarbeitsstellen bieten bereits heute für OberstufenschülerInnen Taschengeldjobbörsen an, die Jugendlichen kleine, bezahlte Arbeit vermitteln. Die Schwierigkeit ist hier nicht, die Jugendlichen zu finden, die bezahlte Arbeit leisten wollen, sondern die entsprechenden Arbeitsangebote.

Für die über 16-Jährigen kann es nicht mehr um die Vermittlung von Sackgeldjobs gehen, sondern um die Möglichkeit, mit einer eigenen Geschäftsidee selbst Geld zu verdienen. Mit Ausnahme der wirtschaftsnahen NGO Young Enterprise Switzerland (YES), die praxisorientierte Wirtschaftsbildungsprogramme für Schulen anbietet, werden Jugendlichen jedoch weder die notwendigen Kenntnisse vermittelt noch ein Marktzugang erleichtert. Es könnte in Zukunft ein Angebot der Offenen Jugendarbeit sein, Jugendlichen die Möglichkeit zu bieten, Geschäftsideen zu verwirklichen. Und zwar nicht in der primären Absicht, Jugendlichen die Funktionsweise der Wirtschaft beizubringen, sondern damit sie selber eine eigene Idee umsetzen können. Die Offene Jugendarbeit könnte Plattformen schaffen, etwa in der Organisation eines Street-Food-Festivals für junge AnbieterInnen oder gezielt kleine Start-ups von Jugendlichen fördern. In Branchenverbänden und der Wirtschafts- und Regionalförderung wären für die Offene Jugendarbeit interessierte KooperationspartnerInnen zu finden.

Aus der Perspektive der Sozialen Arbeiten wären Geschäftsideen von Jugendlichen im Bereich des Sozialunternehmertums (Social Entrepreneurships) besonders interessant. Jugendliche werden hier nicht nur als Zielgruppe von Leistungen, Trendscouts und Ideenlieferanten oder als ehrenamtlich Engagierte zur Lösung sozialer Probleme angesprochen, sondern als sozial und wirtschaftlich denkende und handelnde Subjekte. Dies bedeutet auch eine Form der Emanzipation der Jugendlichen und jungen Erwachsenen gegenüber der Erwachsenengesellschaft und ihrer Ansichten, wie soziale Probleme (von Jugendlichen) zu lösen sind. Es wird ihnen zugemutet soziale Probleme nicht nur zu erkennen und innovative Lösungsvorschläge auszuarbeiten, sondern auch auf Grundlage eines Buisnessplanes die Lösung der Probleme unter Mitberücksichtigung der ökonomischen Rahmenbedingungen anzugehen.

Modelle, die Jugendliche und junge Erwachsene als (soziale) UnternehmerInnen ansprechen, stossen bei der Zielgruppe wohl auf Interesse und bei einem Teil der JugendarbeiterInnen auf Widerstand. Auseinandersetzungen rund um das Thema Geldverdienen in der Jugendarbeit sind nicht neu: Noch in den 1980er-Jahren stellte ein Teil der Jugendlichen die Bezahlung der JugendarbeiterInnen in Frage. Heute würde es ein Teil der JugendarbeiterInnen kaum billigen, wenn Jugendliche im Rahmen der Jugendarbeit als UnternehmerInnen aufträten. Das Grundargument ist in beiden Fällen dasselbe: In der Jugendarbeit darf kein Geld verdient werden. Nimmt man den Einstellungswandel unter den Jugendlichen und jungen Erwachsenen ernst, verlieren diese Einwände an fachlicher Plausibilität: Für Jugendliche und junge Erwachsene sind Idealismus bzw. soziales Engagement und Ökonomie längst keine Gegensatzpaare mehr.

Der Fokus auf den Marktzugang für über 16-Jährige ist m. E. keine vorrangige Option für die kirchliche Jugendarbeit und müsste sich auf «soziale Unternehmen» beschränken: Ausserhalb des Sozialunternehmertums wäre diese Herangehensweise ideell zur kirchlichen Jugendarbeit kaum anschlussfähig.

12.3 Lebenshilfe/Diakonie für über 16-jährige Jugendliche

Im Gegensatz zu den oben erwähnten Lebensgestaltungsangeboten für über 16-Jährige sind Angebote der Lebenshilfe/Diakonie hoch kompatibel zur kirchlichen Arbeit: Diakonie ist ein konstitutives Element der Kirche. Den Kirchen ist es möglich, flexibel dort Hilfe zu leisten, wo soziale Probleme von Jugendlichen und jungen Erwachsenen bestehen, die der Staat nicht lösen will oder kann (vgl. Luhmann 2005). Der Graben zwischen sozialen Problemen und staatlich finanzierten Angeboten zur Problemlösung wird sich in Zukunft eher verbreitern: Die sozialen Aufgaben, die der Staat zu lösen hat, nehmen wohl stärker zu als die zur Verfügung stehenden staatlichen Gelder. Das heisst, der Staat wird in Zukunft wohl einen Teil der Probleme nicht oder nur noch teilweise bearbeiten. Die kirchliche Jugendarbeit könnte jene sozialen Probleme von Jugendlichen bearbeiten, um die sich der Staat nicht (mehr) kümmert, oder zusätzliche, ergänzende Angebote machen – ohne vom politischen Kräftespiel gehemmt zu werden oder sich aufwendig legitimieren zu müssen. Auch innerkirchlich müsste für solche Angebote bei den

EntscheidungsträgerInnen Goodwill geschaffen und Zweifel über die Realisierbarkeit ausgeräumt werden. Die Trümpfe dabei: Diakonische Angebote lassen sich innerkirchlich überzeugend theologisch begründen. Das Know-how ist innerhalb der Kirche und kirchlichen Jugendarbeit vorhanden. Zudem fiele es der kirchlichen Jugendarbeit leichter als ihrem kommunalen Pendant, zusätzliche Geld- und Zeitressourcen von Privatpersonen und Unternehmen zu akquirieren.

Konkret könnten die Kirchen etwa Angebote für (unbegleitete) minderjährige Asylsuchende bereitstellen; Peergruppenräume für Jugendliche und Treffpunkte in sozialen Brennpunkten; inkludierende Angebote und Arbeitsweisen; spezifische Unterstützungsangebote für Jugendliche in schwierigen Lebenslagen; anwaltschaftlicher Einsatz für marginalisierte Jugendliche und/oder Gassenarbeit.

Für jeden der genannten Bereiche lassen sich in der Deutschschweiz Beispiele nennen. Zum Beispiel das «Clubhüüs» in Erstfeld, eine Wohngemeinschaft für Jugendliche in schwierigen Lebenslagen (vgl. Verein für begleitetes Wohnen für Jugendliche in Uri 2015), das vom Regionaldekan Martin Kopp gegründet wurde und zusammen mit einem sozialpädagogischen Team geführt wird. Diesem wie ähnlichen Angeboten liegt eine klare theologische Option für Jugendliche in schwierigen Lebenslagen zugrunde. Sie sind in ihrem Selbstverständnis selbstlose Angebote der Kirche für die Jugendlichen: Es werden keine institutionellen Ziele verfolgt wie etwa eine Imageverbesserung oder die Suche nach neuen Mitgliedern. Das Paradoxe dabei: Gerade deshalb, weil sie nicht auf Imageverbesserung aus sind, verbessern sie besonders bei kirchenfernen Personen deren Bild von Kirche. Würden jedoch die Kirchen der Versuchung erliegen, diese Angebote werbestrategisch auszuschlachten, würde sich der ursprüngliche Imagegewinn leicht ins Gegenteil verkehren, da Bekehrungsabsichten oder institutionelle Ziele unterstellt würden.

Es ist heute zudem fast unmöglich, nach aussen etwa die Theologie des selbstlosen Dienstes verständlich zu machen. Ein möglicher Ausgang aus diesen mehrfachen Dilemmata: die diakonischen Angebote innerkirchlich theologisch zu begründen und auf der Ebene der kirchlichen Entscheidungsträger theologisch begründete strategische Entscheide anzustreben, jedoch darauf zu verzichten, die theologischen Grundlagen ausserkirchlich zu kommunizieren. Sie sind ausserhalb eines Binnendiskurses wenig interessant resp. bleiben ohne theologische Basiskenntnisse unverständlich. Die Kommunikation über die konkreten Angebote kann jedoch bewusst dazu genutzt werden, das Bewusstsein für Problemlagen

Jugendlicher zu schaffen und den jugendarbeiterischen Ansatz der Angebote zu verdeutlichen.

12.4 Bezahlte Mitarbeit von über 16-Jährigen in der Mittel- und Oberstufenjugendarbeit

Ein Teil der Angebote einer Mittel- oder Oberstufenjugendarbeit kann von 16- bis 20-jährigen Jugendlichen erbracht werden. Voraussetzungen für den sinnvollen Einsatz 16- bis 20-Jähriger in einer (Mit-)LeiterInnen-Funktion sind, neben den entsprechenden persönlichen Kompetenzen und Ausbildungen, die Begleitung durch Fachpersonen der Soziokulturellen Animation resp. der Sozialen Arbeit innerhalb eines abgesteckten konzeptionellen Rahmens: Die Leistungen, die von den 16- bis 20-Jährigen in einer Mitleitungs- resp. Leitungsfunktion erbracht werden, müssen sich in die Gesamtheit einer Jugendarbeit vor Ort einfügen. Die Spanne der Modelle des kombinierten Einsatzes von ausgebildeten Jugendarbeitenden mit bezahlten Jugendlichen reicht vom ergänzenden Einsatz bis hin zu einer operativen Jugendarbeit, die sich wesentlich über die Leistungen der 16- bis 20-Jährigen zugunsten von Mittel- und OberstufenschülerInnen definiert. Eine Bezahlung der 16- bis 20-Jährigen rechtfertigt sich über den professionellen Rahmen, in dem die Leistungen erbracht werden, und ihre klare Definition: Im Zentrum stehen nicht die Verwirklichung von Ideen der 16- bis 20-Jährigen, der kreative Ausdruck oder das Erleben von Selbstwirksamkeit, sondern die Arbeit zugunsten der Zielgruppe. Dass die 16- bis 20-Jährigen so selbst auch wieder zu einer Zielgruppe der Offenen Jugendarbeit werden, ist Teil des Vorgehens.

Dieses Modell kann als eine konsequente Weiterentwicklung der heutigen Praxis verstanden werden: Erstens zeigt die Praxis der Jugendverbände in der Schweiz, dass Jugendliche fähig sind, solche Arbeit zu leisten: Vor Ort werden die Verbände von 16- bis 20-jährigen LeiterInnen getragen. Zweitens werden bereits heute Jugendliche für Arbeiten im Rahmen der Jugendarbeit bezahlt: In Jugendkulturhäusern ist es z. B. üblich, Jugendliche und junge Erwachsene für die nicht-inhaltliche Arbeit (z. B. Arbeit an der Kasse, Garderobe oder Bar) zu entschädigen. Bei einem Teil der Sportangebote der Offenen Jungendarbeit (Offene Turnhallen, Mitternachtssportangebote) wird die Arbeit von Jugendlichen (Juniorcoaches) bereits finanziell abgegolten.

Das Ziel des Einsatzes von über 16-Jährigen ist weder Geld zu sparen noch mit weniger ausgebildeten Fachkräften auszukommen. Es handelt sich nicht um eine Budget-Jugendarbeit mit billigen Teilzeitkräften. Auch dürfen die über 16- bis 20-Jährigen weder überfordert noch sich selbst überlassen werden. Als Angebote eignen sich daher nur unproblematische Arbeitsfelder primär im Bereich der Lebensgestaltung.

Die Kombination von Fachkräften mit der Arbeit von bezahlten 16- bis 20-Jährigen darf nicht mit Jugendangeboten in kleinen ländlichen Gemeinden verwechselt werden, die ehrenamtlich oder mit sehr kleinen Pensen von Nicht-Fachpersonen erbracht werden.

Damit eine Kombination von professionellen Jugendarbeitenden mit bezahlten Jugendlichen möglich ist, muss die Rolle und Arbeitsweise der professionellen Jugendarbeitenden entsprechend angepasst werden. Die fachliche Fundierung verbleibt zwingend bei den Profis, wie auch die grundsätzliche Verantwortung für die einzelnen Angebote, ihr Zusammenspiel mit den anderen Angeboten der Jugendarbeit und die Vernetzungsaufgaben. Die veränderte Dynamik in der Jugendarbeit führt zu höheren Anforderungen an die Profis, etwa was die Rollensicherheit anbelangt, und eine Veränderung des Selbstverständnisses.

Die bezahlte Mitarbeit von über 16- bis 20-Jährigen in der Mittel- und Oberstufenjugendarbeit ist m. E. eine der wenigen Möglichkeiten, Offene Jugendarbeit in einer zeitgemässen Form für eine grössere Gruppe von über 16-jährigen Mainstreamjugendlichen anbieten zu können – jenseits der Jugendkulturhäuser und Lebenshilfeangebote. Durch eine Kombination von jugendlichen LeiterInnen mit ausgebildeten Fachpersonen erhöht sich nicht nur das Angebot und die Attraktivität der Jugendarbeit für Mittel- oder Oberstufenjugendliche, als erwünschter Nebeneffekt entwickeln sich um die Peergruppe der jugendlichen LeiterInnen neue Formen der Jugendarbeit für über 16-Jährige: einerseits in der Ausbildung und Begleitung von über 16-jährigen Leiterinnen und Leitern und andererseits etwa durch die Raumnutzung ausserhalb der Öffnungszeiten durch die über 16-Jährigen, ähnlich der Praxis in den Jugendverbänden. Dazu müssen die über 16-Jährigen die Räume nicht nur selber nutzen dürfen, die Räumlichkeiten müssten auch über eine gewisse Qualität verfügen – unattraktive Keller- und Luftschutzräume bleiben von dieser Altersgruppe wohl ungenutzt.

Jugendlichen die Möglichkeit zu bieten, Geld zu verdienen, stösst heute bei einem Teil der Verantwortlichen und Fachpersonen noch immer auf starke Vorbehalte, wie bereits weiter oben erwähnt wurde.

Erstaunlicherweise wird dieses Bezahlungstabu auch von manchen derjenigen Fachpersonen gestützt, die Hilfs- und Supportaufgaben entschädigen. Fakt ist jedoch, dass verordnete ökonomiefreie Räume für über 16-jährige Jugendliche heute wenig attraktiv sind und der Widerstand gegenüber einer bezahlten Mitarbeit ganz sicher nicht vonseiten der Jugendlichen kommt.

Pionierarbeit in der Umsetzung solcher Modelle zu leisten, ist für die kirchlich getragene Jugendarbeit bedeutend einfacher als für eine kommunale Jugendarbeit: Die Jugendarbeit in den Kirchen hat über andere Angebote (z. B. Firmung ab 17/Konfirmation) und die Jugendverbände einen erleichterten Zugang zu jenen Jugendlichen, die sich für die Leitungsarbeit in der Offenen Jugendarbeit eignen.

Interessante Modelle könnten Kooperationen der Offenen Jugendarbeit in kirchlicher Trägerschaft mit Leitungsteams von Jugendverbänden sein, da vonseiten der JugendverbandsleiterInnen bereits Jugendarbeits-Know-how und -erfahrung vorhanden sind. Bei dieser Zusammenarbeit müsste darauf geachtet werden, dass die Jugendverbände in ihrer eigenen Arbeit nicht geschwächt werden, etwa indem die Leitungsteams als Ganzes und nicht einzelne LeiterInnen angesprochen sowie bewusst Win-win-Situationen angestrebt werden, oder in der Verbindung mit den Anstrengungen der Jugendverbände, sich für neue Zielgruppen zu öffnen: Wenn etwa das Leitungsteam einer Jungwacht-Blauring-Schaar in einem sozialen Brennpunkt über längere Zeit regelmässig in einem Auftragsverhältnis Offene Spielangebote für Kinder macht, profitieren nicht nur die Kinder dieses Quartiers direkt von diesem Angebot, es finden so auch diejenigen Kinder Zugang zum Jugendverband, denen er sonst verwehrt bliebe.

12.5 Einbettung der Jugendarbeit in die Gemeinwesenarbeit resp. die Gesamtpastoral

Unabhängig von der gewählten Ausrichtung und den Zielgruppen wird die konzeptionelle Einbettung der Jugendarbeit in eine jungendpolitische resp. jugendpastorale Gesamtsicht an Bedeutung gewinnen: Welche Funktion und Position hat die Jugendarbeit innerhalb des Gemeinwesens resp. der Gesamtpastoral, und welche und wessen Absichten/Optionen stehen dahinter? Der Ausgangspunkt der Einbettung sind zwei resp. für die kirchliche Jugendarbeit drei Zugänge, in denen jeweils die Gender-,

Inklusions- und Milieu-/Herkunftsperspektiven einbezogen werden: erstens der jugendpolitische Zugang (Welche Bedingungen des Aufwachsens sollen Jugendliche vorfinden?), zweitens die Gemeinwesenperspektive der Soziokulturellen Animation (Wie kann das Zusammenleben im Gemeinwesen unter dem Einbezug aller gut gestaltet werden? Wie wird Generationengerechtigkeit gewährleistet?) und als Drittes, zusätzlich für die kirchliche Jugendarbeit, die Frage nach den jugendpastoralen Optionen.

Ein Ergebnis dieser mehrfachen Einbettung ist der Abschied vom Inseldenken: Offene Jugendarbeit ist in diesem Verständnis ein zentrales Element der Jugendpolitik und weder ein isoliertes Freizeitangebot für eine Altersgruppe noch primär eine Präventions- und Problemlösungsinstanz. In einer Gemeinwesenperspektive sind die Heranwachsenden Teil des Gemeinwesens und darin eine Altersgruppe mit besonderen Bedürfnissen und kulturellen Ausdrucksformen.

Für die kirchliche Jugendarbeit bedeutet eine Einbettung in die Jugendpastoral, dass die Offene und verbandliche Jugendarbeit in der Kirche ihren Grundauftrag als selbstlosen Dienst an den Jugendlichen wahrnehmen kann. Im Bereich des Religiösen bedeutet dies einerseits eine Entlastung vom (impliziten) Anspruch, in die Kirche hineinzusozialisieren und den Glauben aktiv an die nächste Generation weiterzugeben, und andererseits die Möglichkeit, als glaubwürdige PartnerInnen im Rahmen einer radikalen Fragegemeinschaft zu religiösen und Sinnfragen zur Verfügung zu stehen.

Literatur

AG Reflexion (1995). Heute hier, morgen dort ... Neue Perspektiven für die kirchliche Jugendarbeit. Zürich.

Altermatt, Urs (1989). Katholizismus und Moderne. Zur Sozial- und Mentalitätsgeschichte der Schweizer Katholiken im 19. und 20. Jahrhundert. Zürich: Benziger.

Amrein-Murer, José (1987). Impulse aus der lateinamerikanischen Theologie der Befreiung für die Jugendarbeit hier. Persönliche Notizen. In: Blum, Walter/Kohler, Franz/Widmer, Pius/Zangst, Lothar (Hg.). stromaufwärts. Lebendige Pfarrei aus der Sicht heutiger Jugendarbeit. Erfahrungen, Versuche, Aufbrüche. Luzern, Stuttgart: Rex. S. 37–47.

Anselm, Reiner/Pezzoli-Olgiati, Daria/Schenllenberg, Annette/Schlag, Thomas (2008). Auf meine Art. Jugend und Religion. Zürich: TVZ.

Arnold, Markus (1989). Autnomie – der Jugendtraum, der sich auch in der Kirche nicht «subito» verwirklichen lässt. In: Pastoralplanungskommission der Schweizer Bischofskonferenz (Hg.). Kirchliche Jugendarbeit. Entscheidungshilfe für Pfarreien und Kirchgemeinden bei der Anstellung von Jugendarbeiterinnen und Jugendarbeitern. St. Gallen. S. 76–85.

art i.g. Verein zur Förderung von Kunst&Kultur Olten (2015). jugendart wird jkon. URL: http://www.artig.ch/projekte/jugendart/ [10.10.2015].

Baden-Powell, Robert (2004 /1908). Scouting for Boys. The Original 1908 Edition. Oxford New York: Oxford University Press.

Baier, Florian (2011). Schulsozialarbeit in der Schweiz. In: Baier, Florian/ Deinet, Ulrich (Hg.). Praxisbuch Schulsozialarbeit. Methoden, Haltungen und Handlungsorientierungen für eine professionelle Praxis. 2. Aufl. Opladen, Farmington Hills, MI: Verlag Barbara Budrich. S. 61–81.

Basler Volksblatt (1954). Pioniere des katholischen Pfadfindertums. Erschienen am 17.3.1954. In: Basler Volksblatt.

Bayer-Birri, Niklaus (1987). Volkskirche die aufbricht. Überlegungen und Visionen zur Pfarrei heute. In: Blum, Walter/Kohler, Franz/Widmer, Pius/ Zangst, Lothar (Hg.). stromaufwärts. Lebendige Pfarrei aus der Sicht heutiger Jugendarbeit. Erfahrungen, Versuche, Aufbrüche. Luzern, Stuttgart: Rex. S. 14–19.

Beck, Ulrich (1986). Risikogesellschaft. Auf dem Weg in eine andere Moderne. Frankfurt a. M.: Suhrkamp.

Berger, Peter L. (1980). The heretical imperative : contemporary possibilities of religious affirmation. New York: Anchor Press.

Berger, Peter Ludwig (1992). Der Zwang zur Häresie : Religion in der pluralistischen Gesellschaft. [Durchges. und verbess. Ausg.] Freiburg i. Br.: Herder.

Berli, Georges/Stutz, Pierre (1991). Jugend bewegt Pfarrei. Luzern: Freizyt-Lade.

Biemer, Günter (1985). Der Dienst der Kirche an der Jugend. Grundlegung und Praxisorientierung. Bd. 1. Freiburg i. Br.: Herder.

Binder, Ulrich (2009). Das Subjekt der Pädagogik – Die Pädagogik des Subjekts. Das Subjektdenken der theoretischen und der praktischen Pädagogik im Spiegel ihrer Zeitschriften. Bern: Haupt.

Bischof, Franz Xaver (2013). Synode 72. In: Historisches Lexikon der Schweiz (HLS). URL: http://www.hls-dhs-dss.ch/textes/d/D27055.php [10.9.2014].

Bistum Basel, Bischöfliches Ordinariat (Hrsg) (2012). Jugend: Kirchliche Jugendarbeit – Arbeitshilfe Bd. 2013. Solothurn.

Blum, Walter/Kohler, Franz/Widmer, Pius/Zangst, Lothar (1987). stromaufwärts. Lebendige Pfarrei aus der Sicht heutiger Jugendarbeit. Erfahrungen, Versuche, Aufbrüche. Luzern/Stuttgart: Rex.

Böhnisch, Lothar/Münchmeier, Richard (1987). Wozu Jugendarbeit. Orientierung für Ausbildung, Fortbildung und Praxis. Weinheim/München: Juventa.

Böhnisch, Lothar/Münchmeier, Richard (1989). Wozu Jugendarbeit? Orientierungen für Ausbildung, Fortbildung und Praxis. 2. Aufl. Weinheim/München: Juventa.

Bonhoeffer, Dietrich (1985). Widerstand und Ergebung. Briefe und Aufzeichnungen aus der Haft. Gütersloh: Gütersloher.

Braune-Krickau, Tobias/Ellinger, Stephan (2010) (Hg.). Handbuch Diakonische Jugendarbeit. Neukirchen-Vluyn: Neunkirchener Verlagsgesellschaft.

Bruhn, Manfred/Grözinger, Albrecht (2000) (Hg.). Kirche und Marktorientierung: Impulse aus der Ökumenischen Basler Kirchenstudie. Freiburg i. Üe.: Universitätsverlag.

Bucher, Anton A./Oser, Fritz K. (1988). Hauptströmungen in der Religionspsychologie. In: Frey, Dieter/Hoyos, Carl Graf/Stahlberg, Dagmar (Hg.). Angewandte Psychologie. Ein Lehrbuch. München: PVU. S. 466–486.

Bucher, Anton A./Reich, K. Helmut (1992). Gottverständnis und religiöse Urteilsbildung. Ein stufentheoretischer Zugang nach Oser/Gmünder. Unveröffentlichtes Manuskript.

Bucher, Anton A./Reich, K. Helmut (1999). Einleitung zum dritten Teil: Zur Rezeption des religionspädagogischen und religionspsychologischen Werkes von Fritz Oser. In: Althof, Wolfgang/Baeriswil, Franz/Reich, K. Helmut (Hg.). Autonomie und Entwicklung. Freiburg i. Üe.: Universitätsverlag. S. 197–212.

Bucher, Anton A./Reich, K. Helmut (1989) (Hg.). Entwicklung von Religiosität: Grundlagen, Theorieprobleme, praktische Anwendung. Freiburg i. Üe.: Universitätsverlag.

Bund Schweizerischer Pfadfinderinnen (1944). 25 Jahre Bund Schweizerischer Pfadfinderinnen 1919–1944. Bern.

Bundesleitung Jungwacht (1971). New look in der Jungwacht. Luzern.

Bundesminister für Jugend Familie Frauen und Gesundheit (1990). Achter Jugendbericht. Bericht über Bestrebungen und Leistungen der Jugendhilfe. Bonn. URL: http://dipbt.bundestag.de/doc/btd/11/065/1106576.pdf [14.11.2016].

Bundesrat (2008). Strategie für eine schweizerische Kinder- und Jugendpolitik. Bericht des Bundesrats in Erfüllung der Postulate Janiak (00.3469) vom 27. September 2000, Wyss (00.3400) vom 23. Juni 2000 und Wyss (01.3350) vom 21. Juni 2001. Bern: BSV.

Bundesrat (2010). Botschaft zum Bundesgesetz über die Förderung der ausserschulischen Arbeit mit Kindern und Jugendlichen (Kinder- und Jugendförderungsgesetz, KJFG) vom 17. September 2010, BBl 2010 6803.

Cochrane, John (2007). Memoria et Promissio: Über die anamnetische Verfasstheit des christlichen Glaubens nach J. B. Metz und die kulturelle Amnesie in Samuel Becketts «Warten auf Godot» und «Endspiel». Berlin: Lit.

Cohn-Bendit, Daniel/Dammann, Rüdiger (2007). «I can't get no satisfaction» Die unangekündigte Weltveränderung – Ein Vorwort. In: Cohn-Bendit, Daniel/Dammann, Rüdiger (Hg.). 1968. Die Revolte. Frankfurt a.M.: S. Fischer.

Criblez, Lucien (2013). Jugend – Historische Konstituierung der Lebensphase Jugend. In: Historisches Lexikon der Schweiz (HLS). Version vom 17.10.2013 Aufl. URL: http://www.hls-dhs-dss.ch/textes/d/D7613.php [14.11.2016].

Deinet, Ulrich (2004). «Spacing», Verknüpfung, Bewegung, Aneignung von Räaumen als Bildungskonzept sozialräumlicher Jugendarbeit. In: Deinet, Ulrich/Reutlinger, Christian (Hg.). «Aneignung» als Bildungskonzept der Sozialpädagogik. Beiträge zur Pädagogik des Kindes- und Jugendalters in Zeiten entgrenzter Lernorte. Wiesbaden: VS. S. 174–189.

Deinet, Ulrich (2005). Sozialräumliche Jugendarbeit. Grundlagen, Methoden und Praxiskonzepte. 2., völlig überarb. Aufl. Aufl. Wiesbaden: VS.

Deinet, Ulrich (2015). «Raumaneignung im Alter? Sozialökologische Ansätze und das Aneigungskonzept für die Alterforschung nutzbar machen. In: van Rießen, Anne/Bleck, Christian/Knopp, Reinhold (Hg.). Sozialer Raum und Alter(n). Zugänge, Verlaufe und Übergänge sozialräumlicher Handlungsforschung. Wiesbaden: Springer VS. S. 79–98.

Deinet, Ulrich/Kirsch, Richard (2013). Das sozialräumliche Muster in der Offenen Kinder- und Jugendarbeit. In: Deinet, Ulrich/Sturzenhecker, Benedikt (Hg.). Handbuch offene Kinder- und Jugendarbeit. 4. Aufl. Wiesbaden: Springer VS. S. 311–324.

Demont, Oliver/Schenker, Dominik (2009). Ansichten vom Göttlichen: 22 Jugendliche. Zürich: Salis Verlag.

Deutschschweizer Fachstelle für kirchliche Jugendarbeit (2012a) (Hg.). Berufsprofil. Zürich.

Deutschschweizer Fachstelle für kirchliche Jugendarbeit (2012b) (Hg.). Anstellung. Zürich.

Deutschschweizer Fachstelle für kirchliche Jugendarbeit (2012c) (Hg.). Grundlagen. Zürich.

Deutschschweizer Fachstelle für kirchliche Jugendarbeit (2012d) (Hg.). Berufsinformation. Zürich.

Di Loreto, Ornella/Oser, Fritz K. (1996). Entwicklung des religiösen Urteils und religiöse Selbstwirksamkeitsüberzeugung – eine Längsschnittsstudie. In: Oser, Fritz K./Reich, K. Helmut (Hg.). Eingebettet ins Menschsein: Beispiel Religion. Aktuelle Studien zur Entwicklung von Religiosität. Lengerich u. a.: Pabst. S. 69–87.

Döbert, Rainer (1978). Sinnstifung ohne Sinnsysteme? Die Verschiebung des Reflexionsniveaus im Übergang von der Früh- zu Spätadoleszenz und einige Mechanismen, die vor möglichen Folgen schützen. In: Fischer, Wolfram/Marhold, Wolfgang (Hg.). Religionssoziologie als Wissenssoziologie. Stuttgart: Kohlhammer. S. 52–72.

Döbert, Rainer/Nunner-Winkler, Gertrud (1982). Adoleszenzkrise und Identitätsbildung: psychische und soziale Aspekte des Jugendalters in modernen Gesellschaften. 3. Aufl. Frankfurt a. M.: Suhrkamp.

Dubach, Alfred/Campiche, Roland (1993) (Hg.). Jede(r) ein Sonderfall? Religion in der Schweiz. 2. Aufl. Zürich: NZN Buchverlag.

Eckholt, Margit/Hünermann, Peter (1998) (Hg.). Option für die Jugend. Die lateinamerikansiche Jugend im Sog der Globalisierungsprozesse. München: Don Bosco.

El-Maawi, Rahel/Stade, Peter (2014). Soziokulturelle Animatorinnen und Animatoren: lokale Bezugspersonen für gesellschaftliches Handeln. Labor Soziokultur. Luzern.

Fachstelle für kirchliche Jugendarbeit (2003). Perspektiven pfarreilich orientierter Jugendarbeit. Gelebte und reflektierte Praxis der pfarreilich orientierten Jugendarbeit der katholischen Kirche in der deutschsprachigen Schweiz. Zürich.

Fachstelle für kirchliche Kinder- und Jugendarbeit (2001) (Hg.). Jugend und Religion. Neue Perspektiven für die religiöse Begleitung und Bildung von Jugendlichen. Zürich.

Fachstelle für kirchliche Kinder- und Jugendarbeit (1996). Werkzeug. Ein Hilfsmittel für Jugendarbeitende zum Bericht «Heute hier, morgen dort ...». Olten.

Fachstelle für kirchliche Kinder- und Jugendarbeit (1997). Werkzeugkasten. Ein Hilfsmittel zur Vermittlung des Berichtes «Heute hier, morgen dort ...». Olten.

Feller-Länzlinger, Ruth (2015). Kosten-Nutzen-Anaylsen in im sozialen Arbeitsfeld?! Über das Potential eine Quantifizierung von gesellschaftlichen Wirkungen in der offen Kinder- und Jugendarbeit. In: SozialAktuell. 47. Jg. (4). S. 38–39.

Feusi, Karin/Küttel, Daniela (2011). THERE'S NO (SWISS) BUSINESS LIKE (SWEDISH) SHOWBUSINESS! Populärmusikförderung als Basis für einen erfolgreichen Musikexport? Ein Vergleich zwischen Schweden und der Schweiz. Universität Basel, Masterthese.

Filliger Koller, Priska (2012) (Hg.). geistvoll. Werkbuch Spiritualität in der kirchlichen Jugendarbeit. St. Gallen: Verlag am Klosterhof.

Fink, Eugen (1970). Erziehungswissenschaft und Lebenslehre. Freiburg i. Br.: Rombach.

Flammer, August (1990). Erfahrung der eigenen Wirksamkeit. Einführung in die Psychologie der Kontrollmeinung. Bern: Huber.

Flammer, August/Alsaker, Francoise D. (2001). Entwicklungstheorien der Adoleszenz: die Erschliessung innerer und äusserer Welten in Jugendalter. Bern: Huber.

Foitzik Eschmann, Dorothee/Böhning, André/Hlavka, Theresia/Hehli, Karin/Ritter, Daniel (2007). und schuf sie als Mann und Frau. Die Kategorie Gender in der kirchlichen Jugendarbeit – Reflexion und Praxismethoden. Norderstedt: BoD.

Freigang, Werner (2009). Sozialraum oder Lebenswelt. In: Kluschatzka, Ralf Eric/Wieland, Sigrid (Hg.). Sozialraumorientierung im ländlichen Kontext. Wiesbaden: VS. S. 143–157.

Fuchs, Ottmar (1986). Prophetische Kraft der Jugend? Freiburg i. Br.: Lambertus.

Gabriel, Karl (1989). Das Unbehagen an der Wirklichkeit. Jugend als Zeichen der Zeit. In: Biesinger, Albert/Braun, Peter (Hg.). Jugend verändert Kirche. Wege aus der Resignation. München: Kösel. S. 29–44.

Gaillot, Jacques (1990). «Eine Kirche, die nicht dient, dient zu nichts». Erfahrungen eines Bischofs. Freiburg i. Br.: Herder.

Gärtner, Stefan (2002). Identitätsbildung durch Glauben? Zur religiösen Kommunikation mit Kindern und Jugendlichen. In: RpB. 48/2002. S. 53–67.

Gerodetti, Julia/Schnurr, Stefan (2013). Offene Kinder- und Jugendarbeit in der Schweiz. In: Deinet, Ulrich/Sturzenhecker, Benedikt (Hg.). Handbuch offene Kinder- und Jugendarbeit. 4. Aufl. Wiesbaden: Springer VS. S. 827–862.

Gillet, Jean-Claude (1998). Animation. Der Sinn der Aktion. Luzern: Verl. für Soziales und Kulturelles.

Gillis, John R. (1980). Geschichte der Jugend. Tradition und Wandel im Verhältnis der Altersgruppen und Generationen in Europa von der zweiten Hälfte des 18. Jahrhunderts bis zur Gegenwart. Weinheim/Basel: Beltz.

Glock, Charles Y. (1969). Über die Dimensionen der Religiosität. In: Matthes, Joachim (Hg.). Kirche und Gesellschaft. Einführung in die Religionssoziologie II. Reinbek: Rowohlt. S. 150–168.

Golder, Lukas/Longchamp, Claude/Beer, Cindy/Imfeld, Martina/Tschöpe, Stephan/Müller, Meike/Rochat, Philippe/Gauch, Carole/Jans, Cloé (2014). Credit Suisse Jugendbarometer Schweiz Bern: gfs.bern.

Gretler Heusser, Simone (2011). Resultate Teilstudie C «Entwicklung Jugendstufe». In: Stahl, Roland/Blaser, Nina/Bürgisser, Reto/Stremlow, Jürgen/Jud, Andreas/Gretler, Simone/Stade, Peter (Hg.). Entwicklung Grundlagen Jungwacht Blauring: Institutionelle Stabilität und neue Herausforderungen Studie im Auftrag von Jungwacht Blauring Schweiz Luzern: Hochschule Luzern Departement Soziale Arbeit. S. 87–101.

Hartmeier, Markus (1987). Jugendfestival 85 «Träumen, hoffen, wagen». In: Blum, Walter/Kohler, Franz/Widmer, Pius/Zangst, Lothar (Hg.). stromaufwärts. Lebendige Pfarrei aus der Sicht heutiger Jugendarbeit. Erfahrungen, Versuche, Aufbrüche. Luzern, Stuttgart: Rex. S. 171–176.

Haslinger, Herbert (1991). Sich selbst entdecken – Gott erfahren. Für eine mystagogische Praxis kirchlicher Jugendarbeit. Mainz: Matthias Grünewald.

Haslinger, Herbert (1996). Diakonie zwischen Mensch, Kirche und Gesellschaft. Eine praktisch-theologische Untersuchung der diakonischen

Praxis unter dem Kriterium des Subjektseins des Menschen. Würzburg: Echter.

Haslinger, Herbert (1999). «Um des Menschen willen». In: Kruip, Gerhard/ Hobelsberger, Hans/Gralla, Anneliese (Hg.). Diakonische Jugendarbeit. Option für die Jugend und Option für die Jugendlichen. München: Don Bosco. S. 57–82.

Haslinger, Herbert (2002). Glaubenswissen – nie war es so wertvoll wie heute. Von der Notwendigkeit, den Glauben zur Sprache zu bringen. In: Haslinger, Herbert/Honecker, Simone (Hg.). Na logo! Glaubenswissen in der Jugendpastoral. Kevelaer/Düsseldorf: Butzon & Bercker/Haus Altenberg. S. 121–190.

Haslinger, Herbert (2009). Diakonie. Grundlagen für die soziale Arbeit der Kirche. Paderborn, München, Wien, Zürich: Schöningh.

Haslinger, Herbert (2013). Pastoraltheologie. Paderborn: UTB.

Haslinger, Herbert (2004). Um Gottes willen?! Diakonische Jugendarbeit als Handlungsfeld der Jugendpastoral. Vortrag Referat an Point-academy. Fortbildung Offene Jugendarbeit Bistum Osnabrück, 1.12.2004. Sögel.

Helbling, Dominik (2004). Religiöse Kompetenz und Lebenswelt. In: Religionspädagogische Beiträge. (53) S. 55–58.

Heyward, Carter (1986). Und sie rührte sein Kleid an. Ein feministische Theologie der Beziehung. Stuttgard: Kreuz.

Hinte, Wolfgang (2009). Arrangements gestalten statt erziehen. In: Kluschatzka, Ralf Eric/Wieland, Sigrid (Hg.). Sozialraumorientierung im ländlichen Kontext. Wiesbaden: VS. S. 15–37.

Hinte, Wolfgang (2012). Von der Gemeinwesenarbeit über die Sozialraumorientierung zur Initiierung von bürgerschaftlichen Engagement. In: Thole, Werner (Hg.). Grundriss Soziale Arbeit. Ein einführendes Handbuch. 4. Aufl. Wiesbaden: VS. S. 663–676.

Hinte, Wolfgang/Treeß, Helga (2011). Sozialraumorientierung in der Jugendhilfe. Theoretische Grundlagen, Handlungsprinzipien und Praxisbeispiele eine kooperativ-integrativen Pädagogik. 2. Aufl. Weinheim/München: Juventa.

Hobelsberger, Hans (2006). Jugendpastoral des Engagements : eine praktischtheologische Reflexion und Konzeption des sozialen Handelns Jugendlicher. Würzburg: Echter.

Hobelsberger, Hans (2013). Zurück in die Zukunft. Die bleibende Bedeutung des Synodenbeschlusses «Ziele und Aufgaben kirchlicher Jugendarbeit». In: Feiter, Reinhard/Hartmann, Richard/Schmiedl, Joachim (Hg.).

Die Würzburger Synode. Die Texte neu gelesen. Freiburg i. Br.: Herder. S. 111–128.

Hodel-Kost, Toni (1987). Kirchenträumer/innen. Hoffung ist ein starker Rückenwind. In: Blum, Walter/Kohler, Franz/Widmer, Pius/Zangst, Lothar (Hg.). stromaufwärts. Lebendige Pfarrei aus der Sicht heutiger Jugendarbeit. Erfahrungen, Versuche, Aufbrüche. Luzern/Stuttgart: Rex. S. 20–25.

Hoppe-Graff, Siegfried (2014). Denkentwicklung aus dem Blickwinkel des strukturgenetischen Konstruktivismus. In: Ahnert, Lieselotte (Hg.). Theorien in der Entwicklungspsychologie. Berlin/Heidelberg: Springer VS. S. 148–173.

Hradil, Stefan (1987). Sozialstrukturanalyse in einer fortgeschrittenen Gesellschaft. Von Klassen und Schichten zu Lagen und Milieus. Opladen: Leske + Budrich.

Huber, Stefan (2003). Zentralität und Inhalt. Ein neues multidimensionales Messmodell der Religiosität. Opladen: Leske + Budrich.

Huber, Stefan/Reich, Helmut K./Schenker, Dominik (2003). Studying empirically religious development: Interview, Repertory Grid an specific Questionnaire Techniques. In: Archiv für Religionspsychologie. 24. Jg. S. 66–87.

Huber, Sven (2014). Zwischen den Stühlen. Mobile und aufsuchende Jugendarbeit im Spannungsfeld von Aneignung und Jugendpolitik. Wiesbaden: Springer VS.

Huber, Sven/Rieker, Peter (2013) (Hg.). Offene Kinder- und Jugendarbeit in der Schweiz. Theoretische Perspektiven – jugendpolitische Herausforderungen – empirische Befunde. Weinhein/Basel: Beltz-Juventa.

Hug, Annette (2010). Eine Praxis der alltäglichen Demokratie. In: Wandeler, Bernard (Hg.). Soziokulturelle Animation. Luzern: interact. S. 203–222.

Hurrelmann, Klaus (2002). Einführung in die Sozialisationstheorie. Weinheim: Belz.

Imfeld, Karl (2012). Pfarreigeschichte von Kerns. 10. Jh. bis 2010. Alpnach: Martin Wallimann.

Jäger, Christian (2007). 75 Jahre Blauring & Jungwacht Schweiz – ein geschichtlicher Abriss. URL: http://schub.jubla.ch/uploads/media/Geschichte_75-Jahre.pdf [19.12.2016].

Jugendarbeit Surbtal (2016). Die Vernissage der SurbArt 2016. Erschienen am 24.2.2016. In: Aargauer Zeitung. URL: http://www.aargauerzeitung.ch/beitrag/leserbeitrag/die-vernissage-der-surbart-2016-130086482 [19.12.2016].

Jung, Joseph (1988). Katholische Jugendbewegung in der deutschen Schweiz. Der Jungmannschaftsverband zwischen Tradition und Wandel von der Mitte des 19. Jahrhunderts bis zum Zweiten Weltkrieg. Freiburg i. Üe.: Universitätsverlag.

K. O. S. S. A. (1990). Ausbildung und Arbeitsplätze in der soziokulturellen Animation. ohne Ort.

Kaifel, Mario (1994). Die Dignität des Alltagsglaubens. In: Gabriel, Karl/ Hobelsberger, Hans (Hg.). Jugend, Religion und Modernisierung. Kirchliche Jugendarbeit als Suchbewegung. Opladen: Leske + Budrich. S. 201–216.

Kant, Immanuel (1784). Beantwortung der Frage: Was ist Aufklärung? In: Berlinische Monatszeitschrift. 2. Jg. (Dezember 1784). S. 481–494.

Kappeler, Anna (2014). Konservativ ist für Junge hip. Erschienen am 18.10.2014. In: Schweiz am Sonntag. URL: http://www.schweizamsonntag.ch/ressort/nachrichten/konservativ_ist_fuer_junge_hip/ [14.11.2016].

Käppler, Christoph/Morgenthaler, Christoph (2013). Das Forschungsprojekt – Konzeption, Erkenntnisinteressen und Methoden. In: Käppler, Christoph/ Morgenthaler, Christoph (Hg.). Werteorientierung, Religiosität, Identität und die psychische Gesundheit Jugendlichen. Suttgart: Kohlhammer. S. 11–26.

Kessl, Fabian/Reutlinger, Christian Th. (2007). (Sozial)Raum – ein Bestimmungsversuch. In: Kessl, Fabian/Reutlinger, Christian Th. (Hg.). Sozialraum: Eine Einführung. Wiesbaden: VS. S. 24–38.

Kessler, Andreas (2015). Empirische Befunde zu Jugend und Religion – ein Überblick. In: Bietenhard, Sophia/Helbling, Dominik/Schmid, Kuno (Hg.). Ethik, Religionen, Gemeinschaft. Ein Studienbuch. Bern: heb.

Kirchhofer, Beat (2012). Wenn Freikirchen der Gemeinde sparen helfen. Erschienen am 3.9.2012. In: Aargauer Zeitung. S. 28.

Kongregationszentrale (1949) (Hg.). Blauring-Buch. Ein Handbuch für Führerinnen und Präsides der Blauring-Jugendgruppen. Zürich.

Kraus, Björn (2000). «Lebensweltliche Orientierung» statt «instruktive Interaktion»: eine Einführung in den Radikalen Konstruktivismus in seiner Bedeutung für die Soziale Arbeit und Pädagogik. Berlin: VWB.

Krause, Selina (2010). «Marienkinder» im Katholizismus des 19. Jahrhunderts. Religiosität, Weiblichkeit und katholische Gesellschaftsbildung. Berlin: Frank & Timme.

Krüggeler, Michael (1993). Insel der Seligen. Religiöse Orientierung in der Schweiz. In: Dubach, Alfred/Campiche, Roland (Hg.). Jede(r) ein Sonderfall? Religion in der Schweiz. 2. Aufl. Zürich: NZN Buchverlag. S. 93–133.

Krüggeler, Michael (1995). Heute hier, morgen dort ... Neue Perspektiven für die kirchliche Jugendarbeit. In: AG Reflexion des Vereins Deutschschweizerischer JugendseelsorgerInnen (Hg.). Zürich. S. 35–43.

Kruip, Gerhard/Hobelsberger, Hans (1999). «Diakonsiche Jugendarbeit» und «jugendbezogene Diakonie». Ein Orientierungsversuch. In: Kruip, Gerhard/Hobelsberger, Hans/Gralla, Anneliese (Hg.). Diakonische Jugendarbeit. Option für die Jugend und Option für die Jugendlichen. München: Don Bosco. S. 11–25.

Kruip, Gerhard/Hobelsberger, Hans/Gralla, Anneliese (1999) (Hg.). Diakonische Jugendarbeit. Option für die Jugend und Option für die Jugendlichen. München: Don Bosco.

Kyburz, Thomas (1990). Der Jugendverband JUNGE GEMEINDE im Spannungsfeld aktueller Konzepte der kirchlichen Jugendarbeit. Universität Luzern. unveröffentliche Diplomarbeit.

Kyburz, Thomas (2014). Mündlicher Hinweis (Oktober 2014).

Lechner, Martin (2000). Theologie in der Sozialen Arbeit. Begründung und Konzeption einer Theologie an Fachhochschulen für Soziale Arbeit. München: Don Bosco.

Lechner, Martin (2010). Glaube als Formation: Motive christlichen Helens und ihre Wirkung auf die Qualität der Praxis. In: Braune-Krickau, Tobias/ Ellinger, Stephan (Hg.). Handbuch diakonische Jugendarbeit. Neukirchen-Vluyn: Neunkirchener. S. 117–124.

Lenfers Grünenfelder, Bernd (1996). Junge Gemeinde wird nicht mehr älter. In: läbig. Das andere Jugendmagazin. 11–12. Jg. S. 40–43.

Lévinas, Emmanuel (1992). Jenseits des Seins oder anders als Sein geschieht. Freiburg i. Br./München: Karl Alber.

Lévinas, Emmanuel/Krewani, Wolfgang Nikolaus (1987). Die Spur des Anderen : Untersuchungen zur Phänomenologie und Sozialphilosophie. 2. Aufl. Freiburg i. Br./München: Karl Alber.

Lindner, Werner (2013). Prävention und andere «Irrwege» der Offenen Kinder- und Jugendarbeit: Fortsetzung absehbar. In: Deinet, Ulrich/Sturzenhecker, Benedikt (Hg.). Handbuch offene Kinder- und Jugendarbeit. 4. Aufl. Wiesbaden: Springer VS. S. 359–371.

Löw, Martina (2001). Raumsoziologie. Frankfurt a. M.: Suhrkamp.

Lübbe, Hermann (1996). Religion nach der Aufklärung. 2. Aufl. Graz: Styria.

Luhmann, Niklas (2005). Soziologische Aufklärung 2. Aufsätze zur Theorie der Gesellschaft. 5. Aufl. Wiesbaden: VS.

Meier, Bruno (2003). Katholisch jung sein vor 50 Jahren: eine kleine Geschichte der katholischen Jungmannschaft Wettingen. In: Badener Neujahrsblätter. (78). S. 10–24.
Metz, Johann Baptist (1984). Glaube in Geschichte und Gesellschaft. 4. Aufl. Mainz: Matthias Grünewald.
Meuler, Erhard (1998). Die Türen des Käfigs. Wege zum Subjekt in der Erwachsenenbildung 2. Aufl. Stuttgart: Klett-Cotta.
Meyerhans, C. (1942). Der echte Bub. In: Vogt, Eugen (Hg.). Jungwacht: Vorstufe des Schweizerischen Katholischen Jungmannschaftsverbandes. Luzern: Rex. S. 20–21.
Mugglin, Walter (1949). Zum Geleit. In: Kongregationszentrale (Hg.). Blauring-Buch. Ein Handbuch für Führerinnen und Präsides der Blauring-Jugendgruppen. Zürich: Schweizerische Kongregationszentrale. S. 3–4.
Müller-Hermann, Silke/Becker-Lenz, Roland (2013). Die Soziale Arbeit als «Menschenrechtsprofession» – Ein (zu) hoher Anspruch. In: Mührel, Eric/Birgmeier, Bernd (Hg.). Perspektiven für die Entwicklung der sozialen Arbeit als Profession und wissenschaftliche Disziplin. Wiesbaden: Springer VS. S. 125–142.
Müller, Matthias (2005). Mystagogie: Eine leise (Jugend-)Pastoral klingt länger nach. Im Gespräch mit Herbert Haslinger, Pastoraltheologe und Mystagogie-Experte aus Paderborn. Zürich: Radio kath.ch.
Münchmeier, Richard (1998). Jugend als Konstrukt. Zum Verschwimmen des Jugendkonzepts in der «Entstrukturierung» der Jugendphase – Anmerkungen zur 12. Shell-Jugendstudie. In: Zeitschrift für Erziehungswissenschaft. (1). S. 103–118.
Niggli, Marcel Alexander (2015). Norm und Normalität. Das Häufige und das Gesunde. Philosophische und kriminologische Bemerkungen. Referat an Infoklick Sommerakademie 15.8.2015. Engelberg.
Nowotny, Ronald (1983). Jugendarbeit als Aufgabe in der Gemeinde: Möglichkeiten der Gestaltung lokaler Lebensbedingungen. Zürich: Pro Juventute.
Nussbaumer, Hannes (2008a). Der Krawall war ein Missverständnis. Erschienen am 24.6.2008. In: Tages-Anzeiger. S. 29.
Nussbaumer, Hannes (2008b). Als in Zürich der Generationenkonflikt eskaliserte. Erschienen am 23.6.2008. In: Tages-Anzeiger. S. 23.
Nussbaumer, Hannes (2008c). An diesem Tag bin ich richtig auf die Welt gekommen. Erschienen am 25.6.2008. In: Tages-Anzeiger. S. 29.
Oerter, Rolf/Dreher, Eva (2002). Entwicklungsaufgaben im Jugendalter. In: Oerter, Rolf/Montada, Leo (Hg.). Entwicklungspsychologie. 5. Aufl. Weinheim: Beltz. S. 258–318.

Oser, Fritz/Althof, Wolfgang (2001). Die Gerechte Schulgemeinschaft: Lernen durch Gestaltung des Schullebens. In: Edelstein, Wolfgang/Oser, Fritz/ Schuster, Peter (Hg.). Moralische Erziehung in der Schule. Entwicklungspsychologie und pädagogische Praxis. Weinheim/Basel: Beltz. S. 233–268.

Oser, Fritz/Bucher, Anton A. (2002). Religiosität, Religionen und Glaubens- und Wertegemeinschaften. In: Oerter, Rolf/Montada, Leo (Hg.). Entwicklungspsycholgogie. 5. Aufl. Weinheim/Basel/Berlin: Beltz PVU. S. 940–954.

Oser, Fritz K./Gmuender, Paul (1996). Der Mensch – Stufen seiner religiösen Entwicklung: ein strukturgenetischer Ansatz. 4. Aufl. Gütersloh: Chr. Kaiser.

Pastoralplanungskommission der Schweizer Bischofskonferenz (1989) (Hg.). Kirchliche Jugendarbeit. Entscheidungshilfe für Pfarreien und Kirchgemeinden bei der Anstellung von Jugendarbeiterinnen und Jugendarbeitern. St. Gallen.

Piller, Edith Maud/Schnurr, Stefan (2013) (Hg.). Kinder- und Jugendhilfe in der Schweiz. Forschung und Diskurse. Wiesbanden: Springer VS.

Pollack, Detlef (1995). Was ist Religion? Probleme der Definition. In: Zeitschrift fuer Religionswissenschaft. 2. Jg. (3). S. 163–190.

Rahner, Karl (1984). Grundkurs des Glaubens. Einführung in die Begriffe des Christentums. Freiburg i. Br.: Herder.

Reich, Helmut K./Schenker, Dominik (2004). Empirische Studien religiöser Entwicklung. In: Rollet, Brigitta/Herle, Marion/Braunschmid, Ingrid (Hg.). Eingebettet ins Menschsein: Beispiel Religion. 3. Band: Aktuelle Studien zur religiösen Entwicklung. Lengerich u. a.: Papst.

Reichenbach, Roland (2003). Einleitend: Die Psychologisierung des pädagogischen Denkens und Handelns. In: Reichenbach, Roland/Oser, Fritz (Hg.). Psychologisierung der Pädagogik. Übel, Notwendigkeit oder Fehldiagnose. Weinheim/München: Juventa.

Riedener, Sepp (1987). Eine Pfarrei die aufbricht. In: Blum, Walter/Kohler, Franz/Widmer, Pius/Zangst, Lothar (Hg.). stromaufwärts. Lebendige Pfarrei aus der Sicht heutiger Jugendarbeit. Erfahrungen, Versuche, Aufbrüche. Luzern/Stuttgart: Rex. S. 50–57.

Roddey, Thomas (2005). Das Verhältnis der Kirche zu den nichtchristlichen Religionen. Die Erklärung «Nostra aetate» des Zweiten Vatikanischen Konzils und ihre Rezeption durch das kirchliche Lehramt. Paderborn: Schöningh.

Savage, Jon (2008). Teenage. Die Erfindung der Jugend (1875–1945). Frankfurt a. M. u. a.: Campus.

Schäfers, Bernhard/Scherr, Albert (2005). Jugendsoziologie. Einführung in Grundlagen und Theorien. 8. Aufl. Wiesbaden: VS.

Schenker, Dominik (1996). Der Einfluss der Religiosität auf die Bewältigung existentieller Fragen bei Jugendlichen und jungen Erwachsenen. Eine empirische Studie an 362 Personen im Alter zwischen 16 und 20 Jahren in der Schweiz. Lizentiatsarbeit. Universität Freiburg i. Üe.

Schenker, Dominik (2000). Von der lehrenden zur beratenden Kirche. In: Bruhn, Manfred/Grözinger, Albrecht (Hg.). Kirche und Marktorientierung: Impulse aus der Ökumenischen Basler Kirchenstudie. Freiburg i. Üe.: Universitätsverlag. S. 169–184.

Schenker, Dominik (2001). Jugendliche und Religion – Resultate einer Untersuchung mit 1089 Jugendlichen. In: Fachstelle für kirchliche Kinder- und Jugendarbeit/Beeler, Marie-Theres/Schenker, Dominik/Suter, Roberto (Hg.). Jugend und Religion. Zürich: Fachstelle für kirchliche Kinder- und Jugendarbeit.

Schenker, Dominik (2006). Subjektivität und Mystagogie. In: Religionspädagogische Beiträge. 2006. Jg. (56). S. 5–14.

Schenker, Dominik (2009). Religion: Jugendilche als Seismografen. In: Demont, Oliver/Schenker, Dominik (Hg.). Ansichten vom Göttlichen: 22 Jugendliche. Zürich: Salis. S. 192–197.

Schenker, Dominik (2010). Die kirchliche Jugendarbeit ist Wegbegleitung junger Menschen. In: Verein Deutschschweizer JugendseelsorgerInnen (Hg.). Zürich. S. 6–12.

Schenker, Dominik/Wettstein, Heinz (2013). Soziokulturelle Animation und Jugendarbeit: eine Standortbestimmung vor dem Hintergrund der Praxis in der deutschsprachigen Schweiz. In: Sven, Huber/Rieker, Peter (Hg.). Offene Kinder- und Jugendarbeit in der Schweiz. Theoretische Perspektiven – jugendpolitische Herausforderungen – empirische Befunde. Weinheim/Basel: Beltz-Juventa. S. 44–63.

Scherr, Albert (1997). Subjektorientierte Jugendarbeit. Eine Einführung in die Grundlagen emanzipatorischer Jugendpädagogik. Weinheim/München: Juventa.

Scherr, Albert (2004). Rückzugsräume und Grenzüberschreitungen. Überlegungen zu subjekt- und bildungstheoretischen Perspektiven sozialräumlicher Jugendarbeit. In: Deinet, Ulrich/Reutlinger, Christian (Hg.). «Aneignung» als Bildungskonzept der Sozialpädagogik. Beiträge zur Pädagogik des Kindes- und Jugendalters in Zeiten entgrenzter Lernorte. Wiesbaden: VS. S. 161–174.

Scherr, Albert (2013). Subjektorientierte Offene Kinder- und Jugendarbeit. In: Deinet, Ulrich/Sturzenhecker, Benedikt (Hg.). Handbuch offene Kinder-

und Jugendarbeit. 4., überarb. und aktual. Aufl. Wiesbaden: Springer VS. S. 297–309.

Scheuch, Erwin K (1975). Die Jugend gibt es nicht: zur Differenziertheit der Jugend in heutigen Industriegesellschaften. In: von Hentig, Hartmut/Lübbe, Hermann/Scheuch, Erwin K./Mühlmann, Wilhelm E./Rassem, Mohammed/Hofstätter, Peter R./Scherf, Walter (Hg.). Jugend in der Gesellschaft. München: DTV. S. 54–78.

Schilling, Johannes/Zeller, Susanne (2012). Soziale Arbeit. Geschichte – Theorie – Profession. München: Ernst Reinhardt.

Schnurr, Stefan (2015). Partizipation. In: Otto, Hans-Uwe/Thiersch, Hans (Hg.). Handbuch Soziale Arbeit. Grundlagen der Sozialarbeit und Sozialpädagogik. 5. Aufl. München/Basel: Ernst Reinhardt. S. 1171–1180.

Schulze, Gerhard (1997). Die Erlebnisgesellschaft. Kultursoziologie der Gegenwart. Frankfurt a. M./New York: Campus.

Schweitzer, Friedrich/Niemelä, Kati/Schlag, Thomas/Simojoki, Henrik (2015) (Hg.). Youth, Religion and Confirmation Work in Europe: The Second Study. Gütersloh: Gütersloher.

Schwiter, Karin (2011). Lebensentwürfe. Junge Erwachsene im Spannungsfeld zwischen Individualität und Geschlechternormen. Frankfurt a. M./New York: Campus.

Seibt, Constantin (2016). Der Albtraum der SVP. Die Liberale Flavia Kleiner ist der Kopf der DSI-Gegenkampagne. Erschienen am 24.2.2016. In: Tages-Anzeiger.

Sölle, Dorothee (1990). Gott denken: Einführung in die Theologie. Stuttgart: Kreuz.

Stalder, Johann (1944). Bildungs- und Materialmappe VKP. Basel.

Staub-Bernasconi, Silvia (2007). Soziale Arbeit als Handlungswissenschaft. Bern/Stuttgart/Wien: Haupt.

Steiner, Alois (1991). Der Rex-Verlag Luzern. In: Zeitschrift für schweizerische Kirchengeschichte. 85. S. 171–182.

Steiner, Rolf (2007). VKP – Verband Katholischer Pfadi. Vom Dachverband im Vereinskatholizismus zur Ideen-Tankstelle. URL: http://www.vkp.ch/download/Geschichte%20VKP.pdf [19.12.2016].

Steiner, Rolf (2014). Persönliches Gespräch vom 14.8.2014.

Steinkamp, Hermann (2003). «Häresie-Beratung» und Kultivierung des Schweigens. Ermächtigung zum theologischen Ausdruck. In: Diakonia. (2/2003). S. 113–119.

Steinkamp, Hermann (2005). Seelsorge als Anstifung zur Selbstsorge. Münster: Lit.

Stroppel, Dominik (1996). Der Schweizerische Pfadfinderbund 1918 bis 1945. Zürich: gdz.
Synode 72 Bistum St. Gallen (1975). XI. Bildungsfragen und Freizeitgestaltung. St. Gallen.
Synode 72 St. Gallen (1976). XI: Bildungsfragen und Freizeitgestaltung. Synode 72 Bistum St. Gallen. Verabschiedeter Text. St. Gallen.
Synode 75 BRD (1976). Ziele und Aufgaben kirchlicher Jugendarbeit. Beschluss. Gemeinsame Synode der Bistümer in der Bundesrepublik Deutschland. Beschluss der Vollversammlung. Freiburg i. Br.
Theurillat, Denis (2003). An die Pfarreien der deutschsprachigen Bistümer (Brief des Jugendbischofs als Begleitschreiben der Kurzfassung von Perspektiven pfarreilich orientierter Jugendarbeit) vom 2.10.2003. Solothurn.
Thiersch, Hans (1998). Lebensweltorientierte Soziale Arbeit und Forschung. In: Rauschenbach, Thomas/Thole, Werner (Hg.). Sozialpädagogische Forschung. Gegenstand und Funktionen, Bereiche und Methoden. Weinheim/München: Juventa. S. 81–96.
Thiersch, Hans (2003). Lebensweltorientierte Soziale Arbeit. Aufgaben der Paxis im sozialen Wandel. 5. Aufl. Weinheim/München: Juventa.
Thiersch, Hans/Grundwalt, Klaus/Köngeter, Stefan (2012). Lebensweltlichorientierte Soziale Arbeit. In: Thole, Werner (Hg.). Grundriss Soziale Arbeit. Wiesbaden: VS. S. 175–193.
Uebelhart, Beat/Zängl, Peter (2013). Das Konzept des Social-Impact-Modells – Logik, Grundsätze und Phasen. In: Uebelhart, Beat/Zängl, Peter (Hg.). Praxisbuch zum Social-Impact-Modell. Baden-Baden: Nomos
Verband katholischer Pfadfinder (1957). 25 Jahre Verband katholischer Pfadfinder. Wallfahrt und Jubiläumstagung Einsiedeln 25./26. Mai 1957.
Verein Deutschschweizer JugendseelsorgerInnen (1991). Magna Charta der kath. kirchlichen Jugendarbeit für die deutschsprachige Schweiz. Bad Schönbrunn.
Verein Deutschschweizer JugendseelsorgerInnen (2001). Magna Charta – Grundlage für eine gelingende kirchliche Jugendarbeit in der deutschsprachigen Schweiz.
Verein Deutschschweizer JugendseelsorgerInnen (2005). Magna Charta – Grundlage für eine gelingende kirchliche Jugendarbeit in der deutschsprachigen Schweiz. URL: www.kath.ch/jugend/jusesoverein/Documents/Magna%20Charta%20JUSESO%20Verein.pdf [22.11.2016].
Verein Deutschschweizer JugendseelsorgerInnen (2010a) (Hg.). Klarsicht Arbeitsheft. Zürich.

Verein Deutschschweizer JugendseelsorgerInnen (2010b) (Hg.). Klarsicht Begleitheft. Zürich.

Verein für begleitetes Wohnen für Jugendliche in Uri (2015). clubhuus.ch – dini Aalaufstell in Uri. URL: http://www.clubhuus.ch/ [14.11.2016].

Vogt, Eugen (1937). Der katholischen Jungmannschaft. Ziel und Wollen. Luzern: Rex SKJV.

Vogt, Eugen (1938a). Für und wider die Jugendorganisationen. Luzern: Rex SKJV.

Vogt, Eugen (1938b). Katholische Jungmannschaft und geistige Landesverteidigung. Zug: Rex.

Vogt, Eugen (1984). 75 Jahre Eugen Vogt. o. O.: Selbstverlag.

Vogt, Eugen (1942) (Hg.). Jungwacht: Vorstufe des Schweizerischen Katholischen Jungmannschaftsverbandes. Luzern: Rex.

von Streng, Franziskus (1944). Zum Geleit. In: Stadler, Johan (Hg.). Bildungs- und Materialmappe VKP. 2. Aufl. Basel.

Vorstand BSP (1938). Ratschlägen für Hautführerinnen, die konfessionellen Sektionen betreffend. Genf.

Weber, Jean-Marie (2013). Von der Religiosität und dem Weg zur Spiritualität des Subjektes bei Baden-Powell und in der Pfadfinderbewegung. In: Witte, Matthias D./Niekrenz, Yvonne (Hg.). Aufwachsen zwischen Traditions- und Zukunftsorientierung. Gegenwartsdiagnosen für das Pfadfinden. Wiesbaden: Springer VS. S. 153–171.

Weibel, Rolf (2008). Entwicklungen in der Schweiz seit der Mitte des 19. Jahrhunderts. In: Gatz, Erwin (Hg.). Laien in der Kirche. Freiburg i. Br.: Herder.

WEKOT – Werbekomission Theologiestudium (2016). Campus Kappel. URL: www.campuskappel.ch [14.11.2016].

Wettstein, Heinz (1989a). Jugendarbeit in der Schweiz. Grundlagen – Ziele – Methoden – Entwicklungen. Zürich: Pro Juventute.

Wettstein, Heinz (1989b). Keine Jugendarbeit ohne Jugendliche. In: Pastoralplanungskommission der Schweizer Bischofskonferenz (Hg.). Kirchliche Jugendarbeit. Entscheidungshilfe für Pfarreien und Kirchgemeinden bei der Anstellung von Jugendarbeiterinnen und Jugendarbeitern. St. Gallen. S. 67–75.

Wettstein, Heinz (1995). Situation der Jugendlichen heute. In: AG Reflexion des Vereins Deutschschweizerischer JugendseelsorgerInnen (Hg.). Heute hier, morgen dort ... Neue Perspektiven für die kirchliche Jugendarbeit. Zürich. S. 20–24.

Wettstein, Heinz (2005). Geschichte der Professionalisierung der Offenen Jugendarbeit in der deutschen Schweiz. In: InfoAnimation. (5). S. 2–6.
Wettstein, Heinz (2010). Hinweise zu Geschichte, Definitionen, Funktionen ... In: Wandeler, Bernard (Hg.). Soziokulturelle Animation Luzern: interact. S. 15–60.
Willener, Alex (2007). Integrale Projektmethode für Innovationen und Entwicklung in Quartier, Gemeinde und Stadt. Luzern: interact.
Zehnder Grob, Sabine (2013). Jugendliche in der Deutschschweiz und ihre Religiosität. In: Käppler, Christoph/Morgenthaler, Christoph (Hg.). Werteorientierung, Religiosität, Identität und die psychische Gesundheit Jugendlichen. Suttgart: Kohlhammer. S. 51–79.
Zeiher, Helga (1983). Die vielen Räume der Kinder. Zum Wandel räumlicher Lebensbedingungen seit 1945. I. In: Preuss-Lausitz, Ulf (Hg.). Kriegskinder, Konsumkinder, Krisenkinder. Zur Sozialisationsgeschichte seit dem 2. Weltkrieg. Weinheim: Beltz. S. 176–194.
Ziele und Aufgaben kirchlicher Jugendarbeit (1975). Ziele und Aufgaben kirchlicher Jugendarbeit. Ein Beschluss der Gemeinsamen Synode der Bistumer der Bundesrepublik Deutschland. In: Gemeinsame Synode der Bistümer in der Bundesrepublik Deutschland. Offizielle Gesamtausgabe, Band I. Freiburg i. Br.: 2001, S. 288–311.

Themenregister

Ausführliches Inhaltsverzeichnis